元田永孚と明治国家

——明治保守主義と儒教的理想主義——

沼田　哲著

吉川弘文館

目次

第三部　「対外観」の諸相

序論　明治前期保守主義と幕末・明治の儒学

はじめに

元田永孚という肥後熊本出身の儒学者が居る。(1)彼については、ほぼ同時代人というべき勝海舟が次のように評したことがある。「土州では坂本（竜馬）と岩崎弥太郎、熊本では横井（小楠）と元田だろう……元田永孚。温良恭謙譲の人」とか「元田とは私はひどく懇意にしました。もう、あんな人は在ません。だまつて居て、議論はせず、それで誠実で、しつかりして居て、とても熊本には、もうありません」と、勝は彼独特の談話(2)などの中で元田の人柄に触れ、辛口の勝としてはめずらしく讃めている。

図１　元田永孚

ところで元田永孚については、儒学者として明治天皇の側近に仕え、天皇個人の人格形成に強い影響を及ぼしただけではなく、その信任を通じて、国政、就中教育と国民教化政策に大きな影響を与え、教育勅語の起草と発布に中心的役割を果した人物、というような理解がましな方であり、大方としては大変保守的な思想家であるという印象が強いであろう。しかしこのような元田のイメージは、元田永孚個人の生涯の後半期、即ち明治四年、すでに

図２　元田永孚の進講
（堂本印象画「侍講進講」明治神宮聖徳記念絵画館所蔵）

五十四歳となっていた彼が宮内省に出仕し、天皇の侍読（のち侍講）として儒教の進講を始めて以後の彼の立場と行動によって形成されてきたものであったし、また横井小楠の弟子であった肥後の豪農徳富一敬の息子、徳富蘇峰がいみじくも「併し先生の最も振うたるは後半期である。若し前半期のみならば、先生は唯一個の道学先生として、僅かに儒林伝の一頁を充たしたに過ぎまい。但だ後半期あるが為めに、茲に特筆すべき一個の元田先生は聳え出でたのである(3)」と述べている如く、元田を歴史上の人物たらしめ、また上述の如き評価が加えられたのも、彼の明治前半期における活動の故であったと言えよう。

　私が元田永孚に関心を有するのは大きく二つの理由による。一つは、元田の明治期における活動を通して見受けられる保守的傾向は、必ずしも体制と一体化したものではなく、明治政府に対する一定の立場からする批判を含んでいるのではないか、その一定の立場とは（政治的）保守主義と言われるものではないだろうか、ということである。そして二つ目に、それを支える思想が元田における儒教、或は横井小楠思想（それを儒教的理想主義と評する）ということなのだろうか、ということである。一つ断わっておかねばならないのは、小楠思想が即ち保守主義であると断定しているわけではないということである。本書全体を通して保守主義と儒教との関係について考えてゆくつもりなのである。(4)そこで、事の順序として、まずは保守主義について、次に幕末・明治期の儒教について、私の理解を提示してから本論に入ってゆくべきと考えるのである。

一 保守主義と近代日本

さて本書で言うところの保守主義は、概念としては政治学において定義づけられたものに準拠しているのであり、特定の思想だけを限定的に規定するものではない。

丸山真男氏は、反革命・反動・保守という三つの概念の相違について、それらの西欧政治史・思想史の展開過程の中での登場の仕方を紹介した上で、次のように説明された。即ち「このように反革命・反動・保守の三つの言葉が、僅かではあるが時間的なずれをもって順次に政治的舞台に登場して来たことは、単なる偶然といえばそれまでだが、そこには各々の本来の意味合いが象徴的に暗示されていないだろうか」と述べ、「『反革命』は、革命と対語であり、現実にもつねに革命過程の開始にほとんど踵を接して現われる。これに対して『反動』という範疇は、『動』の過程が、ある時間的な幅で継続し、しかもそれが社会の深層までゆるがすものだという感覚が一般化してはじめて、それを押しかえそうという動向との揉み合いが、なまなましい力学的イメージをよびおこすわけである。最後に保守は、文字通りConserveすることであるから、反革命や反動の概念がもともと消極的で反対的なものにとどまるのとちがって、保存すべき価値の積極的な選択が前提されている。したがって単に衝動的、感情的なものが、ある反省にまで高まらぬと出て来ないので、革命過程などでは前二者に比して登場が遅れても不思議ではないことになる」とされるの

である。(5)

では次に、ヨーロッパにおいて成立した政治思想概念としての保守主義について、まずそれがどのようなものとして考えられているかを、諸先学の仕事に拠りながら明らかにしておきたい。(6)

政治思想史的に保守主義をとり上げる場合、まず保守主義という概念に存在すると通常指摘されている二通りの意味を区別しなければならない。一つは、人間一般の性向たる新しいもの、未知なるものへの恐れや忌避、不信などの感情と、これまで慣れ親しんできたものになじむという、多かれ少なかれ人々が経験する態度や感情を保守主義と呼ぶ場合であり（マンハイムの言う「伝統主義」）、もう一つは、一定の歴史的段階において発達するに至った特定の政治思想の傾向（近代の政治的進歩主義に対する反対概念として登場）をさす場合であり、政治的保守主義などと呼ぶ場合である。この二つは区別されねばならないということは、マンハイムも明らかにしている。(7)

さて後者の意味での保守主義の歴史的展開が、フランス革命の進歩主義に対する反対潮流として生じたことと、その創唱者がエドマンド・バークであったことはひろく知られている。(8) バークは保守主義最大の哲学者と称されているが、バークの思想の中に、それ以後のヨーロッパに展開した保守主義のあらゆる特性を見出すことができるばかりでなく、直接バークの思想に影響されたとは到底思われない地域や時代において、一般に保守主義とよばれる政治や思想の傾向のなかに、バークのそれと本質的に同一の発想を見出すことができると言われている。

小松茂夫氏によれば、(9) バークの保守主義の哲学の特色は、第一につねに「現状」のなかに、「守るべき」ものと「改善すべき」ものとを弁別し、「絶対的破壊」の「軽薄」と、「一切の改革をうけつけない頑迷」とを、ともに排除しようとするものであり、第二にそのような「保守と改革」とにあたっては、「旧い制度の有益な部分が維持され」、「改革」によって「新しくつけ加えられた」部分は、「これに適合するようにされるべきであり」、全体としては「徐々とはしているが、しかしきれ目のない進歩が保たれることを政治の眼目とするというところにその顕著な特色が存在する」とされる。従って「現状」のなかにつねに「守るべき」ものを見出すことを起点として政治的思惟が運転されていくという思惟様式および「きれ目のない進歩への政治的志向」、この二者は「バーク的保守主義の核心である」とされる。以上のことからも了解されるように、近代的保守主義は決して一切の「改善」をうけつけない「頑迷」と同じものではない。それは人間の政治的・社会的諸関係の進歩と変革とを否定するものではなく、ただその進歩が過去からの完全な断絶と、全般的な現実の否定によってのみ達成されるであろうと考える思惟様式と、そこから生じる行動様式にのみ対立するものだと言える。(10)

次に以上の如き西洋政治思想の展開過程の中で形成された保守主義は、日本において如何なる形で受け容れられ理解されてきているだろうか。例えば橋川文三氏は論文「保守主義と転向」(11)において、「日本における近代的保守主義は思想伝統としても政治的な伝統としても安定した実体を形成しえなかった。そのことはおそらく近代国家としての日本の急速な形成を可能とした事情と同じものにもとづいており、逆にまた保守主義の社会的な不安定性が日本の近代化をかくも急速ならしめたともいえよう。いいかえれば近代日本の国家理性のなかには、保守の原理を容れるようなゆとりがなかった。それはもっぱら権力の原理にもとづく反動の機能をいとなむ場合にのみ公認の役割を認められるという形となった。保守はある意味での権力原理に対する反対物であり、権力の発動形態としての反動とは本来結びつかない。しかし近代日本が明治開国にさいして選びとったものは強力国家という権力原理であり、保守と反動の区別は社会的実体と結びついて理解されるような条件がなかった」と述べているあたりが妥当な説明であると言えよう。このように近代日本では、保守主義の扱われかたが、いわば大した検討もなく、反動と同一的にうけとめられるという一般的傾向があった状況（それは現在でもあまり変っていない）において、この点を識別することは、保守主義を検討しようとする場合においてはまず必要であると考えるのである。

以上の如き前提の上で、近代日本における保守主義の性質・役割について明らかにすることは、日本の「近代化」そのものとの構造的連関のもとに考察することになるのである。なぜならば、保守主義思想は、前に見てきたように「進歩」思想（＝近代）との相関関係のもとに形成されるものとするならば、一方において維新以降における「進歩」（＝近代）のあり方が問題とされなければならないからである。その意味で日本近代において保守主義が成立したとすれば、それはやはり明治前半期（あいまいな表現だが、ここでは明治十年代後半から二十年代全体位を想定している）ということになるであろう。[12] 明治維新をフランス革命に単純に比定することには多くの問題があるが、[13] 少くともそれはそれまでの政治体制・社会に対する大変革であり、明治初年以来の政府によって推進された文明開化・富国強兵の政策は、古い制度文物の広汎にわたる変革をもたらしてゆくのであり、丸山氏が言われる如く、大変動（革命）に対する反作用の運動が、反革命→反動→保守という継起的過程を辿るとすれば、維新の変革以後の日本においても、事態はほぼそのように展開したと見ることもできよう。たとえば神風連の乱などに典型的にあらわれた不平士族の動きや、経済思想の面でランプ亡国論や鉄道亡国論を唱えた佐田介石、政府内部においても内外上下の名分的秩序の維持を強調した島津久光などは、いずれも多かれ少なかれ維新に対する反動の表現と見なすことができる。保守主義はこのような過去の否定への反動として登場するものではなく、積極的な近代化の進行過程の中から出現するとすれば、そのような急速・広汎な変革の過程に対して、単に反射的な抵抗ではなく、その時代に対して有する進歩的改革の一定の受容により、その意味がある程度明確化し、またそれに対する新たな反省や批判が形成されてくるのであり、それが、前述したように明治十～二十年代までの時期であったと考えられる。

政治の過程に限定してみても、維新後の政治の大きな目的は、「王政復古」「天皇親政」をスローガンとした当初から、実は天皇個人の人格支配に拠ることなき国家の制度的機構的な整備に努力が傾けられ[14]、そのための西欧の近代的制度、組織の導入（＝欧化）が行われたところに存ったと見ることもできる。この維新後の国家制度の整備は、それを担う強烈な自負をもつ薩長出身の官僚（有司）と、在野の民権派勢力との対抗関係のうちに進められたとも言うことができる。その場合は、制度化という枠内において、自由民権派が政府の専制、官僚中心主義に対して激しい批判を・展開したのである。それは、保守と進歩との関係から考えるならば、両者（政府と民権派）の争いは、進歩の枠内におけるヘゲモニーの争奪であり、政治的進歩の度合を間にはさんだ争いということになる。保守主義とは、保守の立場から、これら両者に対する批判を行ったものと言うことができる。

もしこのような見方が許されるならば、近代化（＝進歩）の動向に対する反対者としての保守主義が、法や制度の重視に対して、政治における道徳の強調をすること（法治に対する徳治）、また天皇の制度化に対して、天皇の人格的役割の強調による官僚支配に対する抑制をめざす方向を生成することが考えられ（「天皇親政」の意味づけ）、また「近代化」が西欧の制度の輸入によったことに関わる欧化主義的動向への批判を一つの契機として、国家的自覚と国民性の尊重を保守主義が強調することも理解し得るし、それはしばしばいわゆる国家主義・国粋主義とも重なり合うのである[15]。しかも注意すべきことは、明治保守主義者達[16]は、欧化主義を批判しても、単純な伝統主義的立場ではなく、種々の偏差は有しながらも、維新変革の必要性に関する認識においては、守旧的反動とは一線を画していたと見ることができる。

以上いささか長くなったが、元田永孚において、そのような意味での保守主義者としてのあり方を認めようとするのが、筆者の立場であり、また元田永孚の思想史・政治史上の役割に注目する理由の一つとなっている。その点を具体的に論証してゆくことが、本書の目的の一つなのである。

二　儒学と幕末・明治

さて元田永孚に関心をもつもう一つの理由は、前節の如き保守主義者と元田を規定した場合にも直ちに関わってくる思想史的問題として、元田のこの保守主義者としての立場と、彼が終生儒者として信奉していた横井小楠の思想との関係は如何、ということがある。

例えば徳富蘇峰は或る講演において、小楠と元田とを比較しながら次のように述べている。「横井先生の事に就きましては、色々な議論がありますけれ共、一番能く先生を知るのには、元田先生が一番良い。横井先生は余りに人間が偉くて色々のものが混ってゐるからして、横井先生と言ふものは、殆んどどうもよく判らない。併しながら横井先生の偉い所を悉く取って、夫れを小さく縮めたのが即ち元田先生であります。夫れでありますから横井先生を再生させて更に一度鋤きかへしたのが元田先生である。先生は横井先生を絹漉しにした様な人である。……元田先生を見れば横井先生の本領がすっかり判るのである。此の二人は誠に意気相投合してゐてよく其の意見は一致してゐる。……横井先生の人格や学問の道を世間に伝へたのは即ち元田先生である。……」[17]（傍点引用者）。この講演は小楠顕彰のためのものの一部であるため、論全体の比重が小楠にかかっているのであるが、元田の本質の一面を鋭く突いていると思われる。元田自身の認識においても、彼が自らを小楠の思想の最も正統な継承者と任じていたことは、彼自身の言葉によって既に見たところでもあるが[18]、この蘇峰の評価は妥当なものであろうか。この点に関して、かつて小楠の思想について論じた折に[19]、その小論の末尾で、小楠が暗殺されることなく引続き維新政府に参加し続けていたならばという、非歴史的な「仮定」を設け、「思想家としての小楠は『仁』に立脚して、明治期になって出現した多くの政府批判者たちとは別な形で、明治政府をも批判することになったのではないだろうか」と述べながら、同時に元田永孚の存在を指摘し、元田が小楠思想の継承者・祖述者と評され（自認しつつ）、同時に前述の如く保守主義思想家であるとする評価とを関連させながら、この元田が「明治期（に生き続けたと仮定した）の小楠の姿となるのであろうか」という疑問形で述べたところにかかわってくるのである。蘇峰の評価はまさにこれに対する解答の一つとなると言えよう。だがそれは妥当なものであろうか。再び疑問はくり返えされ、筆者としては、自分のそれまでの研究から大きく対象・関心が変っていくきっかけとなった時以来の自らへ発した問いに、自らの答えを迫られて来ていると思わざるを得ない。

この問いに対する答えは、勿論本書全体がその答えであるのは当然なのだが、一つには幕末から明治期における（いわば近代化の過程と）儒学のあり方を考えるということから導き出せるのではなかろうか。以下においてはその点についての序論的理解を提示しておきたい。

幕末・明治における儒学のあり方を考えるに際し、明治という時代が我々にとって一つのまとまりある全体としてイメージ可能なのは、まさしくその根底に儒教の直接体験という共通の土台が存在していること、明治期に活躍する思想家の精神の内奥に共通の儒教的体験が存在すること、をまず理解しておかねばならない。そしてこのような共通の儒教的伝統の存在との関わりから、西洋近代思想の受容ということを考えることが、思想史の重要な問題であったことはよく知られる通りである。明治期において一般に保守主義者・体制的思想家に対し儒学思想が大きな役割を果していたことは、今更言わずとも肯首し得るところであるが、一方でまた近代思想の受容にあたってそれまでに形成してきた儒教思想から転じてゆく時、そこに生じた（であろう）葛藤などを如何に理解するか、これもこれ迄多く指摘されて来たところである。まず近代（明治）思想史研究上の留意すべき点として、特にその思想家達の内面に存在する儒教的伝統を看過してはならないということがあり、このことは考察に入るに際しての前提的共通の認識であることを確認しておく必要がある。

近代思想史研究の方法として、その思想と近代のあり方との関わりを見るのに、日本と西欧近代の対比の視角から、基準を西欧近代に置いてしまい、日本における近代思想の受容・展開の過程として捉えるというやり方が一時盛んであった。ヨーロッパ近代（思想）を普遍的な近代（思想）とし、それにどれだけ近づいたか否かを問題にするならば、前述の如く、儒学の強い影響下にあった、或は儒学思想が未だ濃厚に共通の思想として存在していた日本近代思想の多くは、不完全なヨーロッパ思想（の受容の形）ということになってしまう。そうではなく、明治前期における知識人の思想について、日本近代の様々な問題をひきうける立場（主体）の形成において、彼らが持ち続けた（持たねばならなかった）思想的遺産（としての儒学的教養）が、進行してゆく明治前期の政治過程への拮抗の拠点となり得たと発想してみるならば、そこには今迄とは違った思想史の可能性の展開を見ることができるかも知れない。

例えば中江兆民・植木枝盛など民権思想家における儒学の影響を指摘するとき、それは近代思想としての未完成・未成熟の指摘であってはならない。それでは前述の従来の立場への舞い戻りとなってしまうし、積極的な研究の進展に逆行するものとなってしまう。

問題は逆に従来儒教なるが故の日本近代思想の脆弱性などといわれた事柄の中に、近代形成の実践的主体の思想的なエネルギーを見出そうということになろう。このような発想を問題提起として示した最も早い松浦玲氏それに続いた宮城公子氏の成果を承けて[20]、最近においては、例えば兆民の儒教思想が近代的な政治思想の受容を妨げるのではなく、むしろ（受容を）促進し、補強したといった新しい視角による研究まで現れている[21]。

このような視角の転換を更に進めることにより、我々は例えば次のように考えることも出来る。即ち儒学が幕末明治前期において果した思想的役割を、東アジアにおける普遍的思想の展開として扱ってみること、つまり西欧的「近代」に対するものとして儒教に根ざしたアジア的な「近代」の展開の可能性をさぐるという視点（即ちヨーロッパ中心主義の基軸をとりはらい、東アジア社会にはヨーロッパとは異質な固有のタイプが存在すること、こうした東アジアの伝統の特質の確認は、またヨーロッパ近代を相対化し、普遍性の名を獲得した近代思想をのりこえる視点）のあり方を見きわめることができるようになる必要がある。とは言え、このことこそまさしく、言うは易く、の典型であり、具体的見取り図を構成するためには、近世思想史の側から日本儒教を検討して、その成果の延長上に再び明治儒教を捉えてみるという、一見きわめて迂遠に思われさえする試みが必要であるのだが……。

さて幕末における儒学の展開について考える場合、「寛政異学の禁」がもたらしたその影響の一つとして、下級武士層・豪農層の間に、儒学が、しかも朱子学が大衆的基盤で受容されていったということを挙げておきたい。[22] いわば儒学の普及ということだが、各藩校などで朱子学が開講され、学ばれていったことは、幕末において武士が政治主体として改めて登場してこなければならなくなったときの思想的基盤の一つに朱子学がなっていたこと、或は改革思想家の多くが朱子学から出発して脱皮してゆくという現象のもとを作ってしまったのである。

その思想的意味合いからは、「異学批判」は、千篇一律で理論的創造力の乏しいものであったといわれる。幕末期、朱子学を正学とする立場からの徂徠学批判には、その思想内容からする限り、朱子学の一般原則を反復したにすぎない側面があり、徂徠学に対置し得る創造性はなかった。[23]

幕末儒学の内容は、いずれもが反徂徠学的立場で共通する朱子学・陽明学・折衷学のいずれかの立場をとるもので、本来的自己と政治的価値の実現の一体化、或は自他内外の一体化をめざすものであり、それは「誠意」という道徳意識のあり方に、強い関心をよせるものであり、それらを「実学」思想としてまとめることもできる。[24] ただ注意しておくことは、「実学」のあり方を考える場合に、「修己治人」ということと関わらせていかねばならないことである。例えば「孔子の学は『己を修めて以て敬す』より『百姓を安んず』に至るまで只これ実事、実学」（佐藤一斎『言志後録』第四条）とが、「政事と申せば直ちに修己に帰し、己修れば即ち政事に推し及ぼし、修己治人の一致に行れ候所は唯是学問にて有之候」（横井小楠「学校問答書」）といった文章の示す「己を修め人を治む」という思想は、さしあたり「天理を存し人欲を去る」、あるいは「善をなし悪をさる」というごくありふれた言葉で表現され、日常的には、人倫の道の実践が説かれた。しかし「天理」や「善」の何たるかは、既に自明でなく、日常無自覚的に実践されている人倫の道もまた形骸化しているのが幕末期の実情であった。

ところで、内面的価値と政治的価値の一体化という「実学」思想は、いわば治国平天下を達成し、民をしてその所を得せしむることは、万物を生きせしめる天の意義の実現であり、「天地の化育を賛ける」行為である、という意味からは、「天人合一」思想と無縁ではないと考えられる。(25)内面性の徹底により、「天」と一体化した場合、それは人間の実践主体としての強力な基盤となることができるのである。(26)

以上幕末儒学思想の展開過程を概観して見たわけであるが、そこに見出される思想の中で、朱子学本来の意味での「実学」思想から展開し得た実践的思想の典型的事例として、我々は横井小楠の思想を挙げることができる。横井小楠の思想については、周知の如く数多くの検討がなされてきているし、今ここでその全面的再検討を行う必要はないと考える。また筆者の小楠思想の分析は別に提示してある拙稿にあたってもらいたい。(27)以下では簡単に幕末思想史における小楠の位置づけだけを考えていくことにしたい。

小楠が語の本来の意味での実学思想（朱子学）から出発したことはよく知られている。その徹底が儒教的理想主義と評されるのだが、同時に深刻な思想闘争を惹起したことも忘れてはならない。そして対外的危機に直面（ペリー来航）

して「夷虜応接大意」を書き、越前藩に招かれて「国是三論」を書く。外圧の最中、激動する政局に、越前藩の立場から対外する小楠の政治的実践は、朱子学の「実学思想」を更に変化させる。それは「三代之際より一歩も下る事は不相成」という意気込みで、自らを育てた朱子学以下現今の儒学を相対化すること、言い換れば、「仁」と「三代之道」の実現においては、朱子学をも超えようとするものであった（儒教的理想主義）。その場合小楠は、理の朱子学的規範性を否定して、理も状況に応じて変化することを認める。それによって「理」は「状況の理」として、「此の理よく彼に通じて活用致すものに候」（「沼山閑話」）と、あらゆる場合に自在に対応できるとされる。かくて万事万変あらゆる状況に対応が可能な主体とは、「凡我心の理は六合に亘りて通ぜざることなく、我惻怛の誠は、宇宙間のことは皆是にひじか《（ママ）》さるはなきなり」（「沼山対話」）と、世界あるいは宇宙に拡大する主体のあり方であり、小楠の一つの到達であった。

注意すべきは、小楠のこうした状況的思考は、内面性の徹底による「天」との合一によって初めて可能だったことであり、それは世界の全体像を引き受けるという、幕末の儒教に特有の主体のあり方であった(28)。またこのような思考は、その「自然の誠」からイメージされる心情主義、あるいは道徳主義による実践主体であるのみならず、豊かな制度構想の主体でもあったことを忘れてはならない。小楠の「国是三論」は、幕末経世論として屈指のものであったし、小楠はそれを「仁政」の具体的現れとし、その基本を「三代之道」の中に見出していたのである。このような小楠の思想に、我々は幕末儒学の到達点を見ることができたと思う。とするならば、我々が検討するべき対象としての元田永孚を、その小楠の思想的直系としての自負により、または徳富蘇峰の評価によって、そのまま小楠の延長線上に位置づけてしまってよいのだろうか。最初の問いに再び立ち戻って来てしまったようである。しかしこのことに答えるには、猶もう少し明治初年の思想状況の検討が必要かと思われる。

ここまで述べてきた如き（幕末の）儒教的主体は、その直面した維新以降の「近代化」の中で、如何なる変容を遂げるのであろうか。

明治政府は、現実の維新の権力闘争の中できたえあげられたリアルな政治感覚を持つ維新官僚（例えば大久保利通、木戸孝允など、特に大久保に代表されるタイプ）によってまず主導される。この明治政府のもとで文明開化（近代化）政策を担うのが、日本最初の知識人集団・明六社に集った人々であることは言うまでもない。言い換えれば、明治初年の思想状況は、まず文明開化政策と、その啓蒙思想とにより主導されるということである。

明六社は文明開化の名のもとに、儒・仏・神等の在来思想を批判する。植手通有『日本近代思想の形成』などによれば[29]、明六社同人は、欧米の政治制度・文物を輸入するに際し、道徳よりは政治、つまり人格的支配よりは、法と制度による支配の必要性を説いたという。また欧米の科学技術の輸入に際しては、「心理」と「物理」の区別の必要を説く。「理」の批判なのだが、明六社同人が批判したのは、儒教の内面的価値と政治的価値の一体化を説いた「実学」思想であり、「天人合一」思想であった。そしてこのような批判を可能にしたのは、彼らの欧米の学術への理解の深さ（同人の圧倒的多数が幕末の洋学者であるという出身系譜をもつことは周知のことである）と共に、加藤弘之や西周に典型的に見られる如き徂徠学の系譜である。彼らは儒教を「学問の実に遠くして、日用の間に合わぬ」「無用の学」とし、こうした「無用の学」を排し、富国強兵に役立ち、或は「人間普通日用に近き実学」をとらねばならぬという（例えば「学問のすゝめ」）。ここでも「実学」「実用性[30]」が顔を出す。富国強兵が国是であったとき、明六社の「実学」が勝利し、幕末「実学思想」を抑えたかに見られる。かくて明六社により儒教的実学が、「無用の学」として圧殺されたとき、日本はアジア社会において唯一のヨーロッパ型近代化の道を歩む思想的基礎を獲得したと言えよう。しかしこのような近代化の過程は、それに拮抗する思想のあり方をも規定することになった。

以上においてはとりあえず「近代化と儒教」というシェーマの、見取り図的な展望を提示することにした。前述した明六社的近代化に対する思想的な対抗として、大きくは二つ（或は三つ）の道（方向）が、儒教的主体から派生したと考えている。

一つは、中江兆民や植木枝盛の両人に代表される自由民権思想（家）における儒教的基盤の存在とその思想とについてである。[31]そしてもう一つは、近代化が示す法制的支配、政治の道徳への優位―この方向は近代化の政治的表われとしての、明治前半期の体制構想であった―に反対し、更には自由民権運動への反対をも強く意識したところの保守主義思想的変容を示した儒教思想であるが、これは経世論的発想を主とする（ことにおいて小楠の直系であり）と共に、道徳主義を強調する元田永孚[32]に代表される。そしてこの二つのタイプには、例えば政治における道徳重視という点において共通するということが注目される。兆民は「道徳を以て法律を圧倒す」べきことを強調したように[33]、道徳が究極的には法律に優位すべきことを確信していた。また「在上ノ人ノ其力多キニ居」り、「自ラ夫ノ勢ヲ激」することが、人民の側の乱を招くことを指摘し、[34]「力」による抑圧が秩序の安定を保証しないことを説いていた。この点は元田も同様であった。元田は「法は徳を補助するの具[35]」と述べて、「治国平天下と云へば、直に政治法律を以て治むることを思ふ[36]」ことの誤りを指摘し、「国家に長たる人、威力を以て圧制せんとすれば、下民亦激昂して相凌がん[37]」とすると記し、「威力」の抑圧による統治の限界を指摘する。元田は儒教的な「徳治」の見地から「法治」を批判し、そしてそのような「法」の背後にある強制力としての権力の無効を宣言していた。このように社会秩序の本源が道徳の確立にあるという点で、兆民と元田とは共通していた。勿論その道徳のあり方についての理解では、両者は根本から相違していたのであり[38]、政治上は対立することになっているが、当初における儒教的理念の共有は、きわめて重要なことであると思う。

ところで、兆民や枝盛の思索の変遷や、政治的実践にもかかわらず、周知の如き自由民権運動の退潮という大きな時代思潮の変化も惹起される。その点で看過し得ない存在として気になるのが、民権運動と対決し、憲法の編成を方向づけ、その制定を政治日程上に載せるのに尽力した政府のイデオローグの「代表」としての井上毅のあり方である。井上は熊本出身で幕末には藩校の秀才として、横井小楠の側に居り、儒教の本質をよく理解していた。維新後は政府官僚として仏国に留学、帰国後は「法制官僚」として活躍し、岩倉具視や伊藤博文の〝頭脳〟的役割も果していた(39)。しかしその経歴にもかかわらず、井上は明六社の系譜の延長上には存在しない（性格がちがう）と言わねばならない。この井上が元田との間での対立を解消してゆく過程、乃至は両者の妥協に至る過程こそが、元田においての「儒教と近代」の課題の解決のもう一つの過程であり、元田の保守主義政治思想のあり方でもあった。更に言えば以上の事柄を少しでも解明することが本書全体の成立にかかわっていると言えよう。

おわりに代えて――本書の構成――

以上いささか紙数を費してしまったが、本書をまとめるモチーフのあり方について、述べて来たつもりである。そのため通常の研究書などでの序論のスタイルとは異った展開となってしまった様にも思われる。本来ならばより系統だてて展開すべき研究史批判も、実は一、二節で展開したような問題設定に対しては、あまり有効ではないように思われたので、本書構成を支える二大テーマについて考えているところを提示してみることを優先し、個々の問題については（例えば、小楠研究における長い研究史のあり方とそれへの批判など）、それぞれ該当する章において、できる範囲で検討するという形にせざるを得なかった。それは逆に言えばいささか自分の問題設定にこだわりすぎてしまった結果なのかと反省するところでもある。

さて本書は序論、三部九章、付論二篇、補論一篇を加えて構成した。ここでも内容の説明等は各章に直接あたって頂くこととし、詳細な論議は一切行わないこととした。具体的には目次を参照して頂きたい。ただ発表初出時からは長い日時を経過してしまったものも多く、今回の序論の認識に合わせて統一してゆくため、時に改稿を施さざるを得ない箇所も多くなってしまったことは、書下しに比して明らかに見苦しい点なのだが、御了承頂き度く思う次第である（なお各章と初出各論文との関係については、後に一括して記しておいた）。

筆者の怠慢の所為で非常に遅くなってしまったが、ともかくも、私にとっての日本近世・近代思想史研究上の二大テーマ（平田国学を核として維新期に及ぶ国学研究と、儒学・朱子学の近代における存在のあり方と意義をさぐる研究、そのいずれの場合にも主としてそれぞれの思想を受容した幕末〜明治の知識人のあり方の検討により、研究がなされて来た点に共通性がある）への、少しなりとも解答となっていることを願うばかりである。

本書における史料引用では、旧字体、異体字は、常用の漢字に改め、句読点は、適宜これを付し、改行等も整理したところがある。また（　）は、ことわらないかぎり引用者の注記である。

注

（1）元田を儒学者であると規定してしまってよいであろうか、という問いには、「足下の僕を見るや、漢学者流を以て之を目す。僕固より然り、然ども僕は故長岡監物横井平四郎の徒、従来漢学者流の腐儒たることを悪む」（明治二十年頃、森有礼宛書翰）との自己認識は、自らを単なる儒者ではないが、正に横井小楠の流れを承ける儒者であるとの積極的主張となっていることから、とりあえずはこのように考えておいてよいであろう。

さて元田永孚に関わる文書・史料は、永孚の曾孫にあたる元田竹彦氏が長く所蔵保管されて来た。同氏は早くから同文書の重要性を認識され、保存のみではなく研究者への公開と使用を認めておられた。その後海後宗臣氏と共編で『元田永孚文書』三巻（元田文書研究会、一九六六―七〇年）を刊行されたが、これは同文書中より、元田永孚の自伝「還暦之記」「古稀之記」、諸日記、記録類（以上第一巻）、及び明治天皇への「新年講書始進講録」「経筵論語進講録」（第二巻）、また同僚などへの講義録である「論語講義」「書経講義」（第三巻）が収められた。これら講義類についてはその一部をまとめて早く明治四十三年吉本襄編徳富蘇峰監で『元田先生進講録』が刊行されていたが、それ以来の画期的な仕事である。その後筆者（沼田）は、元田竹彦氏と共同で、同文書中の諸家来翰を中心に、永孚の差出書翰をも収集採録し約六〇名、六四五通を収めた『元田永孚関係文書』を編集刊行した（山川出版社、一九八五年）、なおその後「補遺」として七九通を収録、『青山史学』（一〇、一九八八年三月）に紹介した。更に筆者は一九八七年七月元田氏の依頼をうけ、元田家蔵の元田永孚文書のすべての調査・整理を行い、途中元田竹彦氏の訃報に接したが、同年九月目録を完成した（その目録は「元田永孚文書目録」として、前掲『青山史学』一〇に収録した。その後二度元田家から見出された文書の追加目録も「補遺Ⅰ・Ⅱ」として作成した）。その後元田氏の生前の御意向と御遺族の依頼を承け、同文書全点が国立国会図書館憲政資料室に収蔵され公開されている。

それら史料の内容や特色についてはここでは省略する（例えば『日本近代思想大系別巻　近代史料解説・総目次・索引』〈岩波書店、一九九二年〉中に、拙稿を収めてあるので参照願うこととしたい）。

以上同文書について筆者はこれまでその整理紹介に積極的に携って来るなかで、いくつもの論文を発表して来た。これまでの元田永孚を対象とした研究について以下に略述しておきたい。

まず伝記としては海後宗臣『元田永孚』（文教書院、一九四二年）がほとんど唯一だが、同書は昭和十七年刊で主として教育史研究の立場からなされたものだけに、明治期の元田の政治的立場や活動が検討されるに至っていない。花立三郎「元田永孚自叙伝解題」（『近代熊本』一六、一九七四年一〇月）は、自伝「還暦之記」の明治四年、明治政府出仕前までの事項に注を作り更に年譜・索引・解説を発表し、藩政時代の元田の伝記研究に大きな貢献を果した。蛇足ながら元田の自伝「還暦之記」「古稀之記」は、きわめて良く出来ており、文書中に裏付けとなる史料も見出すことが出来るのである。

海後宗臣『教育勅語成立史の研究』（同著作集第一〇巻、東京書籍、一九八一年）、稲田正次『教育勅語成立過程の研究』（講談社、一九七一年）、同『明治憲法成立史』（上、有斐閣、一九六〇年）の三著は元田竹彦氏の全面協力のもとに成立したものとも言え、それぞれに元田の事蹟にふれるところ大である。個々の研究としては、早くShively. D.H., "Motoda Eifu: Confucian Leclu to the Meiji Emperor", *Confucianism in Actions*（Stanford University Press）があるが、その後は明治十年代の政治史・思想史研究の対象として元田を扱った渡辺昭夫「侍補制度と『天皇親政』運動」（『歴史学研究』二五二、一九六一年四月）と同「天皇制国家形成途上における『天皇親政』の思想と運動」（同二五四、一九六一年六月）、山室信一「天皇の聖別化と国『教』論」（『近代熊本』二一、一九八一年一二月、後同氏『近代日本の知と政治』木鐸社、一九八五年）、横井小楠との対比を軸として論じられた苅部直「『私欲世界』と『公共之政』横井小楠・元田永孚」（『国家学会雑誌』一〇四—一・二、一九九一年二月）があるが、他は筆者による一連の論稿がある（これについては別記するのでここでは省略したい）。本書は明治前期の政治史・思想史研究としてのとりまとめの遅くなった試み、答案ということになる。

（2）前者は、明治三十九年四月三日「春風閑話」（松浦玲編『氷川清話』〈講談社版『勝海舟全集』二一〉六八頁）、後者は明治三十一年六月四日横井小楠三十年祭時の談話（同氏編『海舟語録』〈同前全集二〇〉一六二頁）。

（3）前掲『元田先生進講録』緒言。

（4）直接には一度もお会いすることはなかったが、飛鳥井雅道氏は尊敬すべき、またその発表される研究はできる限りフォローして来た学者であった。私はかつて「鬼神・怪異・幽冥」という平田篤胤に関する小論を著した（『尾藤正英先生還暦記念　日本近世史論叢』下、吉川弘文館、一九八七年）。この論をまとめるにあたって飛鳥井氏の「思考の様式—世界像への試み」（林屋辰三郎編『化政文化の研究』岩波書店、一九七六年）が大きな刺激となったことを思い出す。以後大分経って、氏は「近代天皇像の展開」（『岩波講座　日本通史一七　近代二』岩波書店、一九九四年）を発表された。またその以前に伝記として『明治大帝』（筑摩書房、一九八九年）を刊行しておられたがその論旨はそう変っていなかった。同論文中で氏が「侍補制度の確立と、侍補の中核的人物・元田永孚の努力は天皇を急成長させたのである、元田永孚を単に儒者と捉え、保守主義者と評価するのでは不十分である。彼は横井小楠の弟子であり、実践的なラジカルな儒者だった。……天皇は元田永孚の強い影響を受け、天皇は天皇なりに堯舜になろうとした」（傍点筆者、同一三八頁）と述べておられる所はそっくり私への批判であると受けとめざるをえなかった。さらに（……）と省略されたところは飛鳥井氏が論拠とされる松浦玲氏の論文「幕末明治期天皇像の一面」（『続日本人にとって天皇とは何であったか』辺境社、一九七九年）を引かれていた。松浦氏は私にとっては私の研究関心を横井・元田などに無理矢理向かわせた恩師であり、ここ以後大きな学恩をこうむっている存在である。一方で飛鳥井氏は松浦氏をきわめて信頼していることは前述のごとくであり、ここはどうしても出しおくれの証文と言う感じだが、私としては一言しておきたい。松浦氏の考えによれば、元田がこの「有徳君主」論の論理をつきつめてゆき、「明治天皇個人は、元田の教育によって、理想的な君主になったとする。それはそれでよいかもしれないが、そうなれば、明治天皇が天皇位をその子供に譲ることは不可能となる。明治天皇が堯のような、儒教で最も敬重する聖天子になれば、その位は、天皇の子供ではなく舜に、つまり天皇家の血統以外のすぐれた能力をもつ人物に譲らなければならない」論理を「思想的論理的に拒否できない」となってしまう。結論から言えば筆者はこの点については今でも懐疑的である。元田には具体的な血統論批判は見出せないし、水戸学的国体論の議論との（小楠に比しての）思想的近さと、それにもとづくであろう儒教的徳を日本古来の徳と重ねあわせてしまう考え方により、天皇の存在について先験的な価値を認めてしまっていると考えるからである（この点については本書第一部第二章参照）。松浦氏の論がきわめて傾聴に値するのは、氏が元田が最終的に政府からはずされてゆく根拠をこの点に求めておられるところにあるが、猶詳細な検討が必要であると思っている。

（5）丸山真男「反動の概念」（『岩波講座現代思想Ｖ　反動の思想』岩波書店、一九五七年）九頁。また丸山氏はこの論文において、日本近代史においては「保守反動」というように二つの概念と区別せずに一緒にした言葉が早くから登場し、また通用したことに「保守がおおむね自称として通用」しないできた事態との関連を見て、そこに「近代日本の重要な精神的特質が反映されている」と指摘している。しかし一九九〇年代後半頃から論文や評論の形で「保守主義」を「自称」するものが見受けられるようになり、またそれらの中には従来同様「反動」に近い論調のものもあるが、より真面目に理論的考察を試みるものが出て来たことを、丸山氏ならば如何に評されるであろう。

（6）私の保守主義についての理解は主として下の研究書に拠っている。小松春雄『イギリス保守主義史研究』（お茶の水書房、一九六一年）、水田洋「イギリス保守主義の意義」（『世界の名著三四　バーク・マルサス』解説論文、中央公論社、一九六九年）、バーク、水田洋訳『フランス革命についての省察』（同前所収）、マンハイム、森博訳『歴史主義・保守主義』（恒星社厚生閣、一九六九年）、丸山真男前掲論文、小松茂夫「保守の価値意識」（前掲『岩波講座現代思想Ｖ』所収）、橋川文三「保守主義と転向」（同『現代知識人の条件』徳間書店、一九六七年）、同「日本保守主義の体験と思想」（『戦後日本思想大系七　保守の思想』解説、筑摩書房、一九六八年）。

（7）このような区別が現実に有用であることは、「たとえば政治的に『進歩的』な人でもその政治的信念となんらかかわりなく特定の生活領域ではきわめて『伝統主義的』に行為できる」場合があることや、逆に「政治的に保守的な考え方や感情をもっている人間が、その生活習慣においてはいつもモダンで進歩的に振まうことが可能である」（マンハイム、森博訳『歴史主義・保守主義』八〇～八一頁）などの例を想起するならば容易に理解しうるであろう。

（8）筆者のバークについての理解は、注（6）の諸書の中で、特に水田洋「イギリス保守主義の意義」、及びバーク、水田訳「フランス革命についての省察」、小松茂夫論文に負っている。
（9）小松茂夫前掲論文、二七五頁。
（10）バークをもとにその保守主義が如何なる現れ方をしているかなどを例えばバークとフランス革命といった大きなテーマに立ち入って考察することは筆者にはもとよりできることではないし（それについて筆者は前掲注（6）水田論文、及び小松春雄書などによることしかできない）、またバークの思想が以後ヨーロッパの思想の展開の中でどのように受容されていったか、等も筆者の手にあまるテーマであり説明することはしない。それは一つには、バークの思想がいわば諸々の以後の保守主義の源流であり、以後の「諸々」は「保守主義のバーク的形態」をすべて示しているからであると言うことによる。また日本にバークがどのように受容されたか、という点については『政治論略』（金子堅太郎訳、元老院蔵版、一八八一年）があり、佐々木高行・元田永孚も早く知っていること、勿論彼らが概念としての保守主義として受容したわけではないこと、内容・政治論が日本の参考なるとの考え方による紹介であろう。
（11）注（6）参照。
（12）この点に関しては、例えば松本三之介「明治前期保守主義思想の一断面」（坂田吉雄編『明治前半期のナショナリズム』未来社、一九五八年）が先駆的に問題を扱っていた。
（13）総合討論「フランス革命と明治維新」（河野健二『近代革命とアジア』名古屋大学出版会、一九八七年）、佐々木寛司「明治維新論争の今日的地平」（『日本史研究』三二七、一九八九年一月）、遅塚忠郎「フランス革命と明治維新」（『世界の中の明治維新』吉川弘文館、二〇〇一年）参照。
（14）たとえば明治二年一月岩倉具視はすでに「臣子ノ分トシテ之ヲ言フニ憚ルト雖、明天子賢宰相ノ出ツルヲ待タストモ自ラ国家ヲ保持スルニ足ルノ制度ヲ確立スルニ非ラサレハ不可ナリ、否ラサレハ明天子賢宰相ノ出ツルニ非ラサレハ千仞ノ堤防モ蟻穴ヨリ崩壊スルノ患アリ」（『岩倉公実記』中巻〈原書房、一九六八年復刻〉六八五頁）と述べている。彼においても政治の基本が「明天子賢宰相」即ち為政者のすぐれた人格ではなくして、「国家ヲ保持スルニ足ル」「制度」を確立することにあることを認めていたのである。
（15）例えば岩井忠熊『明治国家主義思想史研究』（青木書店、一九七二年）は、「国家主義」の定義において違いがあるが、対象とする思想家において重なりあう者がある。

(16) 具体的論証は本論の課題であるので、それぬきに、ここで筆者がこのように想定している人物としては、まず元田永孚、佐々木高行、西村茂樹、谷干城、鳥尾小弥太、さらには陸羯南や三宅雪嶺等政教社グループの人々(教科書的にいう国民主義・国粋主義)、などを挙げておきたい。

(17) 「維新の大業と横井小楠」第一四節「小楠先生と元田永孚先生」(徳富蘇峰『時勢と人物』民友社、一九二九年)。

(18) 本章注(1)参照のこと。

(19) 拙稿「「仁」と「三代之道」」(『日本歴史』三三二、一九七六年一月)本書第一部付論1参照のこと。

(20) 松浦玲「近世の国家と儒学(日本における儒教型理想主義の終焉―2―)」(『思想』五七七、一九七二年七月、さらに同氏により『思想』に発表された一連の論考)や『横井小楠』(朝日評伝選八、一九七六年、のち朝日選書収録)、宮城公子「幕末儒学史の視点」(『日本史研究』二三二、一九八一年一二月)、同「日本の近代化と儒教的主体」(同二九五、一九八七年三月)など。

(21) 例えば松本三之介「中江兆民における伝統と近代」(同『明治思想における伝統と近代』東京大学出版会、一九九六年)、米原謙『日本近代思想と中江兆民』(新評論、一九八六年)、特に坂本多加雄「中江兆民における道徳と政治―「近代的政治思想」とは何か―」(『年報近代日本研究―近代日本研究の検討と課題』山川出版社、一九八八年)は出色である。

(22) 以下についての理解には注(20)宮城公子氏の二論文を多く参考としたことを明記しておく。

(23) その徂徠批判の内容としては、例えば①徂徠学の「聖人制作」説が、民衆統治技術の総体であり、功利主義であるとした場合、実際の幕藩制支配が徂徠学に拠っていたかという問題(つまり松平定信らは彼らが「正学」とした朱子学を必ずしも信奉していないという指摘がある。田原嗣郎「寛政改革の一考察―異学の禁と官僚制の問題から―」(『歴史学研究』一七八、一九五四年一二月)は別にして、その中に権力政治の存在を発見したとすれば、そのことは「民をして処を得せしむ」べき「仁政」の主体形成の役割をもつべき儒者の使命の放棄であるということにならないだろうか。②徂徠学の「気質不変化説」は、「聖人学んで至るべし」との言葉に導かれ、抑え難い上昇意欲に動かされて、儒学を学ぼうとする者(朱子学に拠って開講される多くの藩校での改革=人材登用などを目的とする=に乗ろうとする藩士など)にとっては、まずそのテーゼの克服なしには前に進むことはできなかったといった諸点に注意しておく必要がある。なお藩校の展開等については、R・P・ドーア、松居弘道訳『江戸時代の教育』(岩波書店、一九七〇年)、笠井助治『近世藩校に於ける学統学派の研究』(上・下、吉川弘文館、一九六九年)参照。

(24) 但し「実学」は、実利の追求を意味する実用主義の対立概念である。源了圓『近世初期実学思想の研究』(創文社、一九八〇年)が、儒学の中の様々な実学概念を区別して結論した如く、それぞれ相対するかに見える実学思想と統括するのは「有用性」であり、その「有用性」とは、実学の場合には「治国平天下」という経世済民に役立つことであるとされている。なお同氏『実学思想の系譜』(講談社学術文庫、一九八六年)もある。

(25) 朱子学も(陽明学も)、世界の成立を「理」と「気」で説明していた。この世界は「天地の大徳、生と曰ふ」(『易』繋辞上)といわれるように、生きとし生けるものを生きせしめるという聖なる意味的、目的論的な秩序であり、それを「理」「天理」といった。と同時に「天の命ずるこれを性という」(『中庸』)といわれるように、人間は先験的にすべて天の命をうけている、あるいは本来性、生得性においてもつといえる。人間がその本来的自己に生きるということは、天の命に生きること、つまりそれと合一することである。「天地の化育を賛ける」あるいは「天地と参」入(『中庸』)となることは、そのことを意味し、人間が天の意味的、目的論的秩序を生きることを意味する。このような思想は従来「天人合一思想」とよばれてきたものである。これについては溝口雄三「天人合一における中国的独自性」(『日本思想大系四六　佐藤一斎・大塩中斎』解説論文、岩波書店、一九八〇年)を参照。

(26) 幕末維新の激動期には、人々は世界の全体性を引き受け、その全体性の中で自己と世界の関係を規定することを迫られる。天人合一思想がこの時期、実践的エネルギーを供給し得た理由である。

(27) 小楠の思想については、前掲松浦玲『横井小楠』が基本となり、また平石直昭「主体・天理・天帝―横井小楠の政治思想―」(『社会科学研究』二五―五、六、一九七四年三月)が重要な論文である。拙論(即ち本書第一部付論1)は、それらに導かれて自分なりの検討を試みた結果である。尚研究史については同拙論注(1)を参照されたい。

(28) 注(25)を参照。

(29) 明六社及び明六社同人については、大久保利謙氏以来かなりの研究蓄積がみられる。一方で「明六雑誌」の論文は、早く『明治文化全集　雑誌篇』に収められながら、以後それを見やすくすることもなかった。最近ようやく、山室信一氏・中野目徹氏により注釈を付して岩波文庫で刊行されはじめたという跛行現象もある。ここではその一つ一つについて検討する場でもないので省略することにした。

(30) 注(24)源了圓前掲書を参照。

(31) 植木枝盛や中江兆民についてのここでの指摘は前掲注(20)の宮城公子氏の二論文及び、注(21)の坂本多加雄論文に多くを負っている。

(32) 坂本氏の理解を私なりに再構成すれば、次のようなことであろうか。即ち、元田においては、道徳的規範の模範として「有徳君主」思想が存在する。後述する「教育勅語」の制定へ至る「国教論」の根底にはこの思想が存在した。ところが「有徳君主」との、思想こそ実は兆民が決して受容できなかったものであり、兆民において人間が道徳的存在となり、さらに秩序がもたらされるための方法、という点でも兆民に決定的な影響を与えたのがルソーの『社会契約論』であったという。それは兆民にとって「君」と「臣」との関係を儒教とは別の位置づけ—人民全体が「君」であり同時に「臣」であるとの構想—により考えることを可能とさせたというのである。

(33) 中江兆民「一年有半」(『中江兆民全集』一〇〈岩波書店、一九八三年〉二一五頁)。

(34) 中江兆民「防禍于未萠」明治十四年四月二十一日(前掲『中江兆民全集』一四、五八頁)。

(35) 前掲『元田先生進講録』、一三二頁。

(36) 同右、二二一頁。

(37) 同右、一二九頁。

(38) 注(32)参照。

(39) 井上毅の思想史的理解、という面では研究はそう進展していない。坂井雄吉『井上毅と明治国家』(東京大学出版会、一九八三年)はその状況を打破した最初(と言って良い)の成果である。その後国学院大学図書館蔵の梧陰文庫の文書の研究が進められており、その中から次の如きいくつかの成果があらわれて来た(梧陰文庫研究会編『明治国家形成と井上毅』〈木鐸社、一九九二年〉、同編『井上毅とその周辺』〈木鐸社、二〇〇〇年〉、木野主計『井上毅研究』〈続群書類従完成会、一九九五年〉など)。なお本書の「国憲」論、「国教」論をめぐる論証の中で井上の思想の転換について指摘をした。

第一部　思想の形成と展開

第一章　元田永孚の思想形成

本書全体の基本的目的は、序論に述べた二つの問題を少しでも解明することにある。しかしながら、前述した如く元田永孚を歴史上の人物たらしめたのは、蘇峰の言にもあったように、元田の後半生期（明治前半期）の活動であり、従来の諸研究における元田に対する評価も、それを対象としてなされてきたのであり、また私が彼を保守主義者として分析しようとする場合にも、主たる対象となるのは、同様に彼の後半生期を中心とするのである。しかしながら元田は文政元年（一八一八）生れであり、明治四年（一八七一）に天皇の侍読に任ぜられた時にはすでに五十四歳であり、前半生というにはあまりに長いそれまでの五十四年間の前史を彼は有していたのである。とすれば、一人の人間におけるこの五十四年間の前半生における思想の形成、諸々の活動の展開の蓄積を無視乃至軽視したままで、その後半生の彼の思想活動、政治活動を分析してみることは、果たして妥当なことであろうか。明治前半期において展開された元田の思想的営為、政治的活動を規定するものは、主として幕末維新期までの彼において形成・蓄積されてきたものに拠っていることは明らかであろう。そこで本章及び次章においては、前述の二つの目的を解明するためにも欠くことのできない基礎的作業として、従来殆んど論じられることのなかった彼の前半生を対象に、特にその思想の形成・展開と、政治的活動の軌跡を明らかにすることに中心を置きたい。

一　修学・時習館・小楠との出会い

元田永孚、幼名は大吉、のち伝之丞、更に八右衛門と称した。永孚は名。字は子中、号は東野といい、茶陽、東皐等の別号をもつ。彼は文政元年元田家八代の嫡子として熊本に生れた。元田家は代々奉行や用人などを勤め、禄高は本知五五〇石で役料などを含むと七〇〇石を給され、藩内上士層に属すると見ることができる(1)。永孚の幼少時、父は藩主の小姓役として近侍し(2)、隔年に藩主の参勤に従い江戸に赴くため、永孚はもっぱら祖父の教育のもとに育てられた。その祖父の教育のあり方を回顧して永孚は「祖父君常ニ余ニ謂テ曰ク人学問セザレバ道理ニ暗シ文筆劣ケレハ心志ヲ達セス(3)」と祖父が学問を奨励し、或は「祖先御代々ノ先孝ヲ尊敬追慕セラル、深切ナル実ニ生ルニ事ヘラル、カ如ク常ニ余ニ謂テ曰ク此家ハ皆祖先ノ興シ玉フ家ナリ子孫斯ク禄食ニ足ル者ハ皆先祖御代々ノ恩沢ニシテ之ヲ賜フハ皆是国君ノ大恩ナリ、汝之ヲ忘ル、コト無ク忠孝ヲ篤クセヨト(4)」と、家（＝祖先と一体化したものとしての）と君への孝と忠とを説くなどの様子を紹介する。その家庭の教育は武士の家庭の教育の典型とでも言うべく(5)、更には自ら「余其（祖母の）慈愛ニ慣染シ天賦ノ本性ヲ発揮シテ幼キヨリ人ヲ愛慕スル極メテ深ク平素人ニ違戻スルコト無ク尤争訟ヲ憎ミ温和順良ナルヲ以テ啻ニ一家尊親ノ恩愛ヲ受ルノミナラス外親長者ノ愛親ヲ受ケ出入往来ノ嫗婆商賈モ余ヲ愛顧セサルナシ(6)」と述べる如く（これなどは、普通の人ならば偽善とも思われるような善意が、彼の場合はそうではないものとして通るような気にさせられるところである）、永孚は祖父母をはじめとする元田家のすべての人々に愛されて育ち、自分もまたそれらの人々はもとよりすべての隣人に対する敬愛の心を自然に身につけて成長したように思われる。このように祖父母の教育が永孚の人格形成に与えた影響はきわめて大きかったと言うことができよう。

永孚の修学は「六七歳ノ時ヨリ其平生ノ遊戯皆読書文筆ノ玩ヒヲ専ラニシ、定家撰ノ百人一首ノ如キモ一読諳誦毫誤ルコトナシ、十歳ノ春祖父君于鱗選ノ唐詩ヲ口授シ五七言絶句ヲ諳誦ス継テ論語ヲ口授シ二十篇ヲ読畢ル」(7)といった祖父による教授に始まり、十歳の秋から藩校時習館の句読師村井次郎作(8)について孟子の素読を、同じく習書師町熊之助(9)に習字を学びはじめた。十一歳より時習館に入学した彼は「十四歳ノ十月官ノ賞典ヲ受ケ読書習字作詩共ニ精勤進歩スルヲ以テ金二百匹ヲ賜」(10)った。天保三年十五歳で元服し、藩主への目見えも済ませ、また「時習館ニ於テ左史綱鑑読史ノ業ヲ卒ヘ其(天保三年)六月講堂ニ転升」(11)した彼は、訓導吉山茶陵(12)に師事することになる。吉山は永孚にまず『通鑑綱目』の通読を命じた。この書は当時の永孚にはきわめて難解であり且つ当時藩に二部ある他(有力藩士)三家の私蔵しかないという状態であって、永孚は藩校の蔵本を二、三巻ずつ借覧するという形で読み続け、「余玆ニ於テ古来治乱興廃ノ分ル、所、賢人君子ノ出処進退小人姦賊ノ私ヲ営ミ志ヲ逞シフスル所、忠臣義士ノ節ヲ守リ国ニ尽ス所、大義ノ存スル所、名分ノアル所等大ニ感覚スル所アリテ、志向粗定ルコトヲ得タリ」との感想を述べている。この吉山は永孚によれば「先生ノ学経世有用ヲ主トシテ腐儒ノ糟粕ヲ悪ミ義理ヲ講シ性行ヲ正クスルヲ尚」という学問傾向であるというが、また一方「先生史学ニ長シ又藩ノ故事紀伝ヲ記憶ス、講誦ノ語次往々歴史及藩政ノ故事ヲ講」(13)ずるという「史学」に特色があると述べている点に注意したい。というのも、その「吉山君墓銘」に「君生平喁々慕蘐老(徂徠)、嘗語其徒曰、物子(徂徠)之書、政談第一、文集次之、如論語徴抑鹿矣、然継遺響於闕里之古、不失其模範、唯斯一徴焉耳」(14)との評言があり、吉山が荻生徂徠の学徒であることが示されている。「経世有用」「史学ニ長ジ」と元田が述べているところも、実は徂徠学の特色に関係していると言え、永孚に対する思想的影響という面から注意されねばならない(15)。

天保八年三月永孚二十歳、父に従い藩侯の参勤上府に随行して江戸へ行く機会が訪れた。同年三月大塩の乱の報知が齎らされた熊本は藩主の江戸参勤の時期にあたり、藩主の側取次役であった永孚の父が同僚と合議して「扈従途上ノ警ノ為ニ各子弟ヲ携帯」することとなったためである。更に三左衛門には「此大坂ノ変ニ会シ余（永孚）ヲ従ヘテ大都ニ出テ羇旅ノ情状ヲ知ラシムルハ是ニ勝ル教育ハアルヘカラス」との考えもあったようである。当時一般に藩士やその子弟は公許なく旅をすることは不可能であったことから、これは見聞を広める上でも好機であったとは言える。大坂到着前に大塩父子自尽の報が齎らされ、「行中上下皆安堵ス」。永孚は「大坂城ヲ巡視シ市街ヲ歴観シ其地ノ宏壮豊公ノ雄図ヲ想見シ」、また「兵庫ノ駅ニ於テハ特ニ湊川楠公ノ碑ニ拝謁シ其勤王ノ忠誠ヲ欽慕シ顧テ片碑ノ粛寂タルヲ慨嘆」し、更に「京都ニ出テ始テ禁闕ノ外ヲ周回シ其結構ヲ拝観シテ敬粛悚然随テ其荒涼ヲ感慨シ悲哀涙ヲ乗ル、ニ至」ったと言う。永孚のこのような感想には、特に鋭い社会批判的なものは見出せない。また「勤王」についてもさほど強い感慨ではない。また此年は全国的に特に東日本を中心とした大飢饉であったので「此行天下ノ飢饉ニ会フヲ以テ駅宿ノ饗応頗ル麁悪ナリ、路上往々餓莩ヲ見ル」と記すが、庶民の悲惨な生活についてもそれ以上の感慨は示されなかった。江戸滞在中所々を見物し、また書肆にて唐宋八大家読本と松陽講義を購入、「居ルコト一月文武ノ業無ク徒ニ時日ヲ経過スルハ教育ノ得策ニ非サルヲ以テ」永孚は帰国することになった[16]。この旅が彼に何をもたらしたか、それはまだかすかなるものであったと言うのみである。帰国後八月永孚は制度改革直後の時習館居寮生となった。その時の塾長が当時二十九歳の横井小楠であり、新たに居寮生となった者、一〇名、従来の寮生一四名があった[17]。また少し遅れて荻角兵衛（昌国、再度居寮生になる）、道家角左衛門が入寮した。

この時の時習館の改革は、文政～天保初年における肥後藩政の失政（慢性的藩財政の赤字と、その解消策としての大坂廻米増量、貨殖政策の復活、結果として米の藩内必要量確保せず藩内相場高騰、飢饉対策、救恤策の放置等々）と、そのような状態に対する不満の蓄積と、藩士子弟を中心とした藩政府への反乱計画（天保元年伊藤石之助、大塚仙之助の乱[18]）の表面化に対する藩政府の対応の一つとして行われたものである。改革は家老長岡監物（文武芸倡役）と奉行下津休也、居寮世話役横井小楠らによって推進された。主たる目的を居寮制度の改革に置き、藩政に役立つ人材の育成という学校の目的を明確にし、あわせて時習館全体の風潮の刷新をめざすというもので天保八年二月に実現した。小楠はこの時改革された寮の初代寮長に任命された。元田によれば「（以前は）居寮生皆自己ノ請願ニ因テ入寮シ其人ノ才学ヲ論セス、多クハ貧士ノ自給スル能ハサル者請フテ入ルコトヲ得、其員亦十人余ニ過」ぎないものであったのを「藩士ノ志行才学アル者ヲ択テ居寮生ニ充テ且藩閥ノ子弟ヲ択テ其艱苦ニ耐へ因習ノ弊ヲ除キ人材ヲ養成シ国用ニ供セントノ旨ニテ、人員ヲ増テ二十五人ト為シ、其奉給ヲ豊カニシ専ラ学芸ヲ成就セシム」(19)という如く、秀才選抜指名入寮制とし、居寮を時習館教育の頂点に位置づけたのである。

さて入寮した永孚が小楠のところに行って学問の方法（「為学ノ方」）を尋ねたのに対して、小楠は「藩校ノ興ル宝暦ノ盛時ニアリテ其学ハ素ヨリ美ナリト雖トモ学問正大ナラス、秋玉山、徂徠ヲ主トシテ専ラ文辞ノ学、藪孤山家学ニ由テ程朱ノ学ヲ唱へ其実ハ政事ノ才ナリ、高本以下ハ又小ナリ」(20)と時習館創立以来の学風を秋山玉山、藪孤山、高本紫溟と三代の教授批判の形で行っている。(21)ところで四代が当時の教授辛島塩井、(22)その次がこの頃助教授で天保十二年五代教授となる近藤淡泉(23)であるが、この二人については名指しの批判はないが「高本以下ハ又小ナリ」(24)と一括され、小粒であり現在の時習館の学風の責任者とされている。更に小楠は続けて「凡ソ学問ハ古今治乱興廃ヲ洞見シテ己レノ知識ヲ達スルニアリ、須ラク博ク和漢ノ歴史ニ渉リ近小ニ局スへカラス、廿二史ノ書等一読スへシ、然ラサレハ経国ノ用ニ乏シク、共ニ為ルニ足ラス、且ツ文章ヲ学フベシ、吾見ル所ヲ陳へ志ス所ヲ達スルハ文章ニ在リ」(25)と教えた。歴史から直接に学んで政治家としての器量を養うべしというのである。更に「文章ヲ学フベシ」との注意は、元田にとっては祖父から既に教えられていたところと符合した。永孚は「余先生ニ遇フハ此日ヲ始メトス、其論鋒気概識見ノ雄大、非常人タルコトヲ知リ、大ニ敬慕スル所アリ」と感服し、以後専ら小楠に就いて講学することにしたといい、「因テ専ラ歴史ヲ読ミ文章ヲ学フ、歴史ハ先生ト会読シ、一文ヲ作レハ必ス先生ノ批閲ヲ受」けた。(26) 永孚にとってその学問思想の形成期に小楠と出会ったことは決定的な意味を有したと言えよう。その修業期において、強い個性と卓越した学問思想を生み出しつつあった小楠と講学を共にしたことは、永孚の人格思想形成に大きな影響を与えたと言え、そのことは「還暦之記」において小楠を終始先生の敬称をもって呼んでいたことにもうかがえるであろう。花立三郎氏は一人格の形成のうえに人間と人間との「出合い」を重視したいとして、「もし永孚が修業時代に小楠にあう機会がなかったなら、彼の方向は相当にちがっていただろうと思われる。悪くすると彼は保守派に属していたかもしれない。奉行であり用人であるという元田家の家柄から、そういった可能性は充分にあると考えられる。二十歳という多感な時期に、強烈な個性の小楠に日夜接しえたことは、永孚の人格を根底からゆるがす力となったであろう」と述べておられる。一考に値する言である。(27)

その居寮生としての勉学状況は「其会読スルヤ横井先生会頭ニシテ、荻片山鎌田井口等八大家読本ヲ読テ其文理学見ヲ講論シ、又通鑑綱目ヲ読ンテ治乱興廃ヲ談論シ……余此会読ニ於テ得益殊ニ多ク其楽云フヘカラス」(28)と、永孚にとっては充実したものであったし、また小楠や監物が運営に力を入れ熱心に指導していたことが「横井先生ノ塾長トシテ生徒ヲ誘導スル大ニ発揮スル所アリ、長岡監物子国老ヲ以テ文武総教ヲ兼ネ、居寮ノ生徒ヲ引テ親ラ会読シ、一時ノ盛ナル、生徒皆奮進志ヲ合セ相共ニ親睦ヲ主トシ悖戻スル所無シ」(29)という充実ぶりがうかがえる。ところが破綻が意外に早く起きた。寮では親睦のため毎月一回酒宴を開く例であったが、「酒興ノ余談笑戯謔遂ニ忌嫉スル所トナリ」(30) 退寮者が続出したのである。このような状況を見て反対派家老松井一派が画策をはじめ、学寮混乱の責任を問い天保十年二月奉行の下津休也を辞任させ、翌三月小楠は塾長を解任され、江戸遊学を命ぜられ、「其後ハ柏木文右衛門荻角兵衛子二人塾長、副長トナレリ之ヲ居寮ノ一変ト為ス」ということになった。監物も文武倡方を解かれ[31]、藩校改革は失敗したと言える。とは言え一方でこの時期につくられた、監物、下津、小楠と元田の関係、さらには元田と同じ寮にて「其室ヲ共ニシテ其起臥ヲ同ク[32]」せりという間柄となった荻角兵衛との関係、つまり後述する実学党創設メンバーが揃ったことに注目しておかねばなるまい。

二　実学党の成立とその思想

永孚は天保十二年藩校を退いてからも[33]荻昌国や鎌田左一郎（答次の長子）、藪物左右衛門らと、荻生徂徠の「政談」「鈐録」、熊沢蕃山の「集義和書」「集義外書」や「宋名臣言行録」「韓非子」等を読んでいたが、「其ノ卓見ノ在ル所、道理ノ帰スル所ヲ求ムルニ汪洋トシテ帰着スルヲ得サルカ如シ[34]」といった状態であったが、その後に改めて「孟子」を読んで、その巻一「梁恵王章句上」の冒頭に出る「何ぞ必ずしも利を曰はん、亦仁義有るのみ」や、「公孫丑章句上」の「人皆人に忍びざるの心有り……人に忍びざるの心を以て人に忍びざるの政を行はば、天下を治むること、之を掌の上に運らすべし」との章句を読んで「忽然トシテ覚ル所アリ謂ラク、天下ヲ治ムルハ吾心ノ仁ニ在リ外ニ求ムヘカラズ、因テ論語大学ヲ看ル、宛モ左右源ニ合フカ如シ[35]」とあるように、天下を治めるのは「吾心ノ仁」にあって外に求めてはならぬということを理解したと述べている。

同じ頃荻昌国[36]も「大ニ覚ル所アリ、乃集義和書言行録孟子ヲ摘要シテ其ノ見ル所ヲ余ニ示[37]」した。元田永孚もこれにならって三書を抄録、その結果「徂徠ノ経済ハ其源本スル所無キヲ看破シ、熊沢ノ経国ハ王道ニシテ其学ノ蘊蓄測ルヘカラサルヲ敬慕シ、韓范司馬ノ人物ヲ希望シ、孟子ニ至テ別出聖人ノ範囲タルヲ覚知シ、進ンテ聖人ノ書ヲ学フニ志ヲ立」てるに至ったという。[38]これは徂徠学に対する疑問と、直接に孔子の書に拠って学び直そうという考えに到達したということであろう。

永孚達がこのような努力をしている間、小楠にも新たな思想的転換が生まれていた。彼は江戸遊学一年にして酒失により帰国を命ぜられ、天保十一年四月熊本に戻り、同年末逼塞七〇日の処罰をうけ、その後自分の学問についての反省を行っており、[39]同時に藩政についての考察と批判を天保十二年に「時務策」[40]として著したりしながらも、「初メ陽明ノ書ヲ読ミ直ニ其学ノ偏ナルヲ看破シ、次ニ程朱ノ書ヲ読テ其純正ナル聖人ノ道果シテ茲ニ在リト信シ」[41]て、朱子学こそ聖人の道を学ぶものであると下津休也に話していた。

その下津休也は、[42]「奉行職ヲ辞シテ閑居無事、汎ク人ト交ハリ酒ヲ飲ミ楽ミヲ縦マヽニシ、馬ニ騎リ弓ヲ射詩ヲ作リ書ヲ習ヒ」気ままな生活をしていたが満足できず、「一日偶論語ノ書ヲ読ミ快然トシテ覚ル所アリ、自ラ向来ノ過ヲ悔ヒ謂ラク道此書ニ在リ」と鎌田答次と日夜「論語」の講読をしていた。そこに「横井子ノ論ヲ聞テ大ニ感発シ、其見ル所ノ一轍ニ出ツル」を喜び、それを聞かされた永孚も荻も自分たちの考えが横井、下津両人の方向と合致しているのを知って勇気づけられたという。[43]

さてこのような事情（小楠・下津・荻・永孚らが夫々に学習しながら同一の方向へ考え方が向き出していたという）は、長岡監物[44]においてもほぼ同様であったと言える。監物は天保十四年の著書「治鏡録」に「天保十二年冬十二月、同志の先覚を会し、一夕道を論じ、談学ノ字に及び、偶大に感発する所有りて、忽ち既往三十年の非を悔悟し、汗流れて背を浹す」と記した。[45]学の字義について監物に大きな衝激を与えた「同志の先覚」とは恐らくは小楠であったろう。監物は翌十三年十二月には家蔵の媱書媱画を焼却したが、その折りにも「是容生三十歳慨然として道に志し、……決然として好色の情に克ち、道を閨門の内に正しうせんと欲」すと記しているのも同様であろう。[46]

永孚のみならずそれぞれの思想的営為の努力がなされていたことは以上から明らかであろう。そしてこの五人が一同に会して講学することが始まった。それは「長岡太夫史学ニ志シ、横井子荻子及余ヲ招き通鑑綱目ヲ会読ス、大夫曾テ山崎浅見二先生ヲ信シテ経学ニ得ル所アリ、道徳忠誠之ヲ天資ニ得テ学フ所最モ義理ニ在リ、但歴史ニ渉ラサルヲ以テ横井子ヲ延テ史学ヲ講スルナリ、横井子余等ニ謂テ曰ク、大夫史学ニ乏シキヲ以テ吾儕ヲ招テ学友ト為ス、其志優ナリ、吾儕未夕経学ニ達セス、何ソ大夫ニ就テ講セサルヘケン乎、是ニ於テ大夫ニ請ヒ先ツ近思録ノ会読ヨリ始ム、是ヲ長岡大夫下津横井二先生荻子余トノ会合ノ始ニシテ実学ノ権輿トス」[47]という、「実学」の開始となったのである。これが何時のことであったかについては、諸説あるが、松浦玲氏の整理に従い、私も天保十四年と考えている。[48]その会合は永孚によれば「月ニ十回二十回或ハ隔日日々集会」とあり、また鎌田氏の紹介する天保十四年三月の監物の日程表によれば、

五の日朝、通鑑綱目、横井例会、但二十五日は馬事に付相止る

九の日、近思録　尾藤(助之亟)列会

十の日、横井例会

とある。[49]その会での講学のあり様を永孚は次の如く伝える。

其長岡大夫ノ宅ニ会スルヤ、経義ノ解シ難キニ当リ、或ハ時事ノ処弁ニ困難ナルニ遇フ、一座思慮シテ口ニ発スル能ハサルニ、横井先生即坐発論、人意ノ表ニ出テ浩々トシテ禦クヘカラサルカ如シ、下津先生旁ラヨリ之ヲ賛シ、思慮周遍浹洽至ラサル所ナシ、然後長岡大夫道理ヲ以テ確定シ、大山前ニ崩ルトモ屹トシテ動カスヘカラサルカ如キナリ[50]

年長の三人が議論を進めるところを目の前にして永孚は「余之ヲ聴ク毎ニ窃カニ嘆賞シテ謂ラク此三先生ハ真ニ不

世ノ傑出之ヲ天下ノ上ニ出ストモ多ク見サル所」と、益々親しく学ぶ意欲を強めていた[51]。また論議の対象が、「経義ノ解シ解キ」と共に「時事ノ処弁ニ困難ナル」であったところに、この勉強会の特色があったと言えよう。思弁的なものではなくあくまで実践に係わった学問の仕方なのである。

さてこのような経過で永孚達が見出した学問、思想とはどのようなものであったろうか。いささか長い引用となるが、永孚によれば、「其講学スル所ハ誠意正心ノ実、心術ノ微ヨリ工夫ヲ下シ、閨門ノ内人知ラサルノ地ニ専ラ力ヲ用ヰ、治国安民ノ道利用厚生ノ本ヲ敦クシテ決シテ智術功名ノ外ニ馳セス、眼ヲ第一等ニ注ケ聖人以下ニハ一歩モ降ラス、日用常行孝弟忠信ヨリ力行シテ直ニ三代ノ治道ヲ行フヘシ、是乃尭舜ノ道孔子ノ学、其正大公明真ノ実学」というものであったが、俗儒は「記誦詞章ニ拘シテ修己治人ノ工夫ヲ知ラス」、また政治家は「法制禁令ノ末ヲ把持シテ治国安民ノ大道ヲ知ラス」という実情であり、元田達が把握した「真ノ実学」を認識するものは絶無に近く、「漢儒以後謬伝シテ其道ヲ失ヒ、宋ニ至リ周程張朱、初テ千載不伝ノ学ヲ得テ、而シテ後来能ク其真伝ヲ得ル者幾希ナリ、吾邦ノ学古昔ハ論セス、慶長以後儒者輩出スト雖トモ、修己治人道徳経倫、真ニ道ヲ学ヒ得タルハ熊沢先生ニシテ、其後ハ吾藩ノ先輩大塚退野平野深淵二先生ノミ、其他廖々聞クコト無クシテ、今日吾儕五人斯学ヲ覚得スルハ独一身ノ幸ノミナラスシテ、一藩ノ幸亦天下ノ幸ナリ」というのである。その学ぶ態度についても「効ヲ求ムルハ即功名心ニシテ最モ当サニ痛ク戒ムヘシ、唯勉メテ己レノ知識ヲ進メ己レノ心ヲ正フシ其気質ヲ変化シテ各聖賢ノ地位ニ到ルベシト、是ニ於テ相互ニ切磋琢磨シテ、其知見ノ到ラサル所ヲ進メ、其意思ノ誤ル所ヲ正シ其気質ノ偏ナル所ヲ開キ、悉ク則ヲ古聖賀ノ言行ニ取ラサルコトナシ、其克己力行講学求道各其地位ニ随ヒ其性質ニ因テ切実ノ工夫ヲ著ケザルハ莫シ」[52]と述べている。以上のようにここに示されている考え方、学び方は、まさしく「格物致知誠意正心」（「誠意正心ノ実、心術ノ微ヨリ工夫ヲ下シ」）「修身斉家治国平天下」（「閨門ノ内人知ラザルノ地ニ専ラ力ヲ用ヒ、云々」）という、『大学』

八条目を全面的に展開したものであり、「智術功名ノ外ニ馳セズ」「己ノ心ヲ正フ」することが、理想的政治（「三代ノ治道」）を行うことであり、「真ノ実学」であるというのである。ここで改めて注意しておくべきは彼らの言う「実学」とは、以上の叙述からも明らかなように朱子学のことであるということ、そして日本における現在までの儒学の歴史の中で、それを真に示したものは「熊沢先生」（熊沢蕃山）以降では肥後藩の先儒大塚退野・平野深淵のみであり、彼らはそれを承けて「真ノ実学」＝朱子学を「覚得」したと言うことの二つである。

このことが如何なる意味を存するかについて考えることが必要であるが、その前に元田が述べたところについてもう少し検討し確認しておくことにする。

大塚退野は名を久成と云い、延宝五年十二月に生れ、初は蹇斎、後に孚斎、致仕して退野と号した。細川氏に仕え世禄二〇〇石。寛延三年三月没。享年七十四[53]。その言に「吾廿八より程朱の学に志す。其前陽明の学を信じて良知を見るが如くにあり、然れども聖経に引合て平易ならず。窃に疑を起す。然して自省録（李退渓著＝割注）を読、内に程朱の学の意味を暁り、始て志し候なり[54]」とか、「余壮歳本於李退渓之言、熟読朱子書節要、窃窺得朱子之所為如是者而記之、終蔵之胸臆信而従事於斯、幾四十年、雖知未有所得、不復他求、将終此生[55]」と述べていたように「海東の朱子」とよばれた朝鮮の大儒李退渓の[56]「自省録」や「朱子書節要」を読み大いに感奮し、以後専ら朱子学を尊信し、その晩年藩の宝暦改革における藩校時習館の成立に際し、主流となった徂徠学とは合わず、身を引き純粋な朱子学者として終えた。大塚退野の思想については、早く楠本正継氏による研究があり、氏によれば、退野の学は悟りに基づいた実践をめざした学問であり、いわゆる「為己」にする心の功夫つまり、静の修養を本とし教の工夫を積んで、心の奥底からの解悟に至るもの、その心より世の実用に献身する学問＝実学であった。本源解悟の学、日常実践の学――それはまさしく李退渓の学問を通して得た純粋朱子学であると述べておられる[57]。

ではこの大塚退野に対する小楠達の態度は如何なるものであっただろうか。前引の如く彼らが自分達を大塚退野の立場を直接に承けたものであるとしていることを前提として、小楠は、弘化二年四月の「感懐十首幷序」の中の一首で「吾は退翁の学を慕ふ、学脈淵源深し、万殊の理に洞通して、本此の仁に会す、退天命に任せ、従容道心を養ふ、嘆息する百年の久しき、伝習幾人かある」(58)と、これまで殆んど正しく理解されてこなかった退野の学を改めて称揚し、今後は自らがその学を開いてゆくとの気概を示している。更に小楠は「拙藩先儒大塚退野……其の暁り候処は格致の訓にて有之候、退野天資の高のみならず修養の力格別に有之、知識甚明に御座候間、治国之道尤以会得いたし候……時之否塞に逢ひ終に用られ不申、乍然老年に至り候ても国を憂へ君を愛するの誠弥以深切に有之、真儒とも可申人物にて御座候……拙子本意専此人を慕ひ学び候事に御座候」(59)と退野を高く評価しているのである。

元田においても退野への敬慕は同様である。その詩集「講筵余吟」の中に、

淡淡之水深千尺　博薄淵泉不可測
淆之不濁剪無痕　宛与延平合其徳
誰伝其道孤雲翁　程易真理妙心通
平易之中神機発　渾厚之底包豪雄
致君堯舜平生志　浩歎打缶待命終
海内名儒可屈指　道徳真伝誰耶是
嗚呼非林非伊又非崎　吾服東肥両夫子(60)

と詠じ、道徳を真に伝える者は誰か、と問いを発し「非林（林家に非ず）非伊（伊藤仁斎に非ず）非崎（山崎闇斎に非ず）」「吾は服す東肥両夫子（即ち肥後の大塚退野、平野深淵）」と揚言する。

また後年の「拝侍読之命有感」と題する詩でも、

深淵退野（東肥之先師＝割注）已寥邈、大米小楠（東肥之先輩＝割注）去不還、誰識天余斯駑質、漫将聖学対龍顔(61)……

と、自分が「聖学」をもって天皇に対するに至ったのも両先師、先輩が遠く去ってしまった故と言うのである。このように元田においても退野への傾倒は、はるか後年に至るまではっきり自覚されているのである。(62)

ところで、その元田が講学が続けられていた弘化三年七月に書いた「信心説」と題された小論、及び翌年一月に著した「読西依答問説」という論説が、元田文書中に残っている。(63)そこでまずこの二つについて簡単にその内容を検討してみることにより、元田における大塚退野思想の受容、理解を見てみよう。

まず、「信心説」(64)では、「信心の一段ハ退野先生体験説の跋文に述られて其教示誠に親切にて有之候得は実に初学の者入道の門戸にて可有候」と、「信心」説が退野思想の入門であるとし、「信心と申候ハ実理のまさになすへきを信し候にて、三代聖人の道今日現実行われんと只一筋に疑ハぬ心」であり、君は「堯舜たるへき」であるとするならば「今日実に堯舜となし奉るへき」と信じることであり、「己以伊尹たるへく候へハ已真に伊尹たると信し可申候」というのであり、「是則実理を信するにて、此信心ハ理と心と二ツならぬ事に御座候」とする。元田はこれを大塚退野の「体験説」によって理解したと考えていることがわかる。

また「読西依答問説」(65)では「我退翁退渓を信し、程朱の学を伝へられて、孔孟の道を窺ひ得られしも、其入処の跡を見れは、信心の深きよりひたものに内に求めて下学致され、終に本領を得られたるにて可有之、省斎（森省斎）も退翁の学を得られて入処の跡ハ下学為己の四字にて可有之候」とか、「此入処を得候事ハ、求めの深切なるより人々体験の力を以自得致候事ニ而、人の教へなとにて強て得ることにてハ無之候、殊に本領ハ一の仁ニ而可有之候」とか「大学ニは明々徳を首として云、中庸には天命之性を掲出し給ふ、皆かく人に本領を知らしめ給ふにて候、是に因て得と本領を合点致し候へは、則是に入るの門戸は所謂敬之一字大根本にて、大学の格物致知……皆是入徳之門、下学之路頭にて有之候」などの元田の文を見ると、道への「入処」として道への篤信と、また朱子学に即しての「下学」、及び世間の窮通利害を度外におく「為己」の学を説くことや、体験自得を説き、「入処」の要領を「敬」の一字におき、学の本領を「仁」の一字に帰するという点などは李退渓を学んでいることが明白であると言えよう。(66)

以上の如く、小楠や元田において理解された実学とは、即ち李退渓―大塚退野の学統につながる純粋朱子学であった。(67)そこで更に検討しておくべきは、彼らの朱子学理解の内容にかかわってくる。つまり前注(67)でも触れたように実学＝朱子学ということは同時代においては特に強調しなくとも儒学を学ぶ者には自明のことであったにもかかわらず、小楠が朱子について「譬ば語類之説、文義を説候所勿論に候へ共、又学者発明愛用之所は、往々文義を転じ現在工夫之実を示され、或は古今時世にわたり事の得失、義理の当否を説申され候処、此理の活動尤以可味事に候」(68)と述べていることについて、「つまり小楠は学問思想にもとづいて現実政治の処理方針を立てるその立てかたに朱子の真骨頂が現れていると考えた。だからこそ彼ら実学党の講学はその面を最も重視した。朱子学が政治的実践の学でもあることを真正面から受けとめ、そのとおりに講学し行動したのだといえよう。むろんこれは、朱子そのひとの学問と政治的実践に照してみて完全に正解である」と評した松浦玲氏の議論(69)は重要である。すなわち小楠らの「実学」は何よりも政治に関わる学問であり、それは朱子学の目標である為政者が聖人となって（「仁」を体現して）理想政治を行うということを、日本の現在の体制においても追究するということであり、小楠たちにおいては、この朱子学の実践をまず何よりも君主（日本の場合はまずは将軍・藩主）に要求したのである。

三　実学党の発展と挫折

小楠や元田達が前述してきた如き思想形成を行っているなかで、弘化元年になると「長岡大夫ノ建議スル所、文武ノ道ヲ興隆シ礼譲ノ風ヲ誘導シ疎暴浮薄ノ俗ヲ更ムル等、皆公ノ嘉納スル所タルヲ以テ、遂ニ学校教授及ヒ武伎ノ師範ニ教論書ヲ示シ大ニ更張スル所アラントス」という「実学ノ一藩ニ行ハレントスルノ機会」がめぐってきた。(70)弘化元年正月二十日に藩主に提出されたこの監物の上書には、「文武芸之儀、近年年々人数相増、形を以見申候得は盛なる之極とも可申哉、然るに実学実芸之人と申候而ハ絶而無御座程之事ニ而、此処より申候得は衰之極とも可申歟、如斯成来候所以を尋求候得は、新知之面々跡目相続芸術を以御取扱ニ相成候宝暦之御良法、今ニ至候而ハ少しく弊害なきにしもあらず、加るニ近年手数而已之御誘掖筋繁多ニ罷成、動もすれは御銀を下置る、の役附被仰付のと、凡而利誘之筋ニのミ落入、師役々々と申候而も右之筋のミを目当に誘候様ニ成行候……只今ニ至得斗勘考仕候得は、文武之儀ハ士人当然之職務ニ而、衣服飲食と同じく此道ニよらずしてハ片時も難立訳ニ而、風俗之大根本ニ御坐候処、是迄通之私共心得ニ而誘申候而ハ、却而一統利心之端を開キ、大ニ風俗之本を傷り可申歟と奉存候……依而向後ハ本筋之処を以只々師範と父兄とに責を被懸、兎角忠孝篤実之風ニ移り候様厚教導仕……」と述べている。つまり本来武士として当然の修業であるべき文武芸が、相続保障、褒賞金、役職任用といった功利的目的に堕している現状を指摘し、その弊を改め時習館の風紀を一新すべきことを述べている。(71)またここには学問について、かたちの上では盛大をきわめているようだが「実学」は絶えて存在しない、という現状認識がある。また「実学」という語が用いられた初出であるといわれている。(72)

この上書を採用した藩主斉護は、弘化元年七月監物を再び文武倡方に任じ時習館の監督指導にあたらせることとした。監物は時習館に対しまずきびしい規律を確立することを求めて教授、助授に対し次の如く述べている。

……子弟教育之儀は弥以文武之師範中え被任候尊慮より今日拝見之御直書をも別段拙者え被下置たる事ニ候間、師範中ニおゐても此節は屹度御旨趣を奉じ、文武共に漸を以実学実芸に基候様厚教導有之度候、近年古風陵夷いたし、師弟之間ニ不限一統上下之別不正、上よりは下の気請のミ事として、下よりは陵虐不遜を以有力之所行と心得其弊風次第ニ致増長候哉ニ相思候……兎角本ニかへり己を尽すの覚悟腰要ニ候、……弥以実学之風被行候様、各を初訓導中差入教導有之度候[73]、……

このような旧弊刷新のための訓示が度々発せられるところから「実学ノ一藩ニ行ハレントスノ機」が始まったとも言えるが、それと並行して五人の講学・研究会は益々盛んに行われ、参加者も次第に増え「大夫ノ門ニ来会スル者、尾藤助之丞、松野亘、上月兎毛、藪三左衛門、牧多門助、志水新丞等皆門閥ニシテ、其他坪井京町ノ郷党大ニ奮起シテ実学ヲ唱ヘ、就中湯地文右衛門、津田山三郎、神足十郎助、沢村尉左衛門、原田作助、吉村多膳太等横井先生ノ門弟ト為リテ会読講習、余モ亦交ル所トナレリ[74]」と、元田が列挙する如く、藩士中の上層の者達もかなり多くなって来て、藩内の一つの勢力に成長する勢となってきた[75]。こうなると藩政主流派はこれに対し警戒を深めるようになり、「大夫（監物のこと）ノ正義稍行ハル、コトヲ得テ、山城ノ党（此時山城〈家老松井章之〉ノ嗣子佐渡〈松井典礼〉首宰タリ＝割注）窃ニ之ヲ忌ム、且ツ実学ノ名、学校ト相反スルニ因テ学校ノ党又之ヲ憎ム所トナレリ、蓋学校ノ巨擘タル柄原、木下其他訓導以下皆横井先生ノ常ニ軽侮蔑視スル所、而シテ実学一派俄ニ勢ヲ張リ、学校派忽チ勢ヲ失フヲ以テ大ニ恚ム所トナリ、遂ニ俗論ヲ惹起シテ曰ク、学校ハ感公ノ興ス所ニシテ一藩ノ学文玆ニ帰ス、然ルニ長岡大夫横井氏等私ニ学派ヲ立テ党ヲ結ヒテ学校ト相反スルハ決シテ宜キニ非スト」というように、藩政を牛耳っていた家老松井派（長岡山城派）が、監物達へ警戒を強めていったことと合せて従来からの藩校主流派（学校ノ党）が「実学ノ名、学校ト相反スルニ因テ……之ヲ憎ム」という相乗的な形をとっていたのである。[76]注意すべきは前にも述べたように藩校で教授していた学問は林家の筋である朱子学なのであり、小楠達が講学したのは李退渓―大塚退野流のこれも朱子学なのであり、朱子学＝実学ということは当時においては言葉としては自明の知識として共有されていたところに、小楠達が自分たちこそ「真ノ実学」と主張し、それを藩校でも行おうという主張となっていることである。これが相手方（「学校之党」）にとって到底受け容れ難い主張であったことはもはや明らかであろうし、同じ学問思想の中から生じた思想的党派対立というものが、分派に対し強い憎悪を示すこともまた当然の成り行きでもあった。[77]かくて実学党・学校党両派の対立は次第に藩政中枢を二分しての抗争に発展していった。このように藩内対立が激化していた折から、幕府の天保改革の蹉跌に伴い弘化元年、改革の象徴でもあった水戸の徳川斉昭は幕府より謹慎を命ぜられ、家臣藤田東湖、中田蓬軒も蟄居という事件がおこった。このことは「吾藩ハ特ニ幕府ヲ尊重シ百事其旨ヲ遵奉シテ違ハサランコトヲ恐ル、且時方ニ藩侯ノ中将ニ栄進セラル、ニ会ス、藩吏専ラ藩事ヲ幕吏ニ凴依ス、然ルニ長岡大夫ノ一派水府藩士ト意気相通シ、学風較似タルヲ以テ、若シ此一派ヲシテ志ヲ得セシメハ、吾藩モ亦幕府ノ忌ム所トナリ、其禍ノ及フ所遂ニ君侯ノ罪ニ帰スルニ至ランモ測リ難シト、俗吏一統ノ議スル所トナリ」、種々の中傷・非難が監物に向けられた。[78]その結果、監物は下津・横井と相談した上、弘化三年十二月同僚の家老・中老を非難する上書を提出し、共に藩政を議するに耐えずとして家老辞任を願い出た。藩主は慰留したが、翌弘化四年三月ついにこれを認めるに至った。「実学ノ一藩ニ行ハレントスル機会」は失われ、それをきっかけに、政治的実践を一藩から天下へ及ぼさんとの実学党の構想は最初の段階で挫折した。[79]

そして元田においてもこれは大きな挫折をもたらした。彼は弘化四年四月、用人として藩主側近につとめ、江戸から戻って来た父三左衛門から「長岡大夫其忠賢一国ノ人物タルハ素ヨリ論ヲ待タス、然トモ其言行ノ当世ニ遇ハスシテ家老職ヲ辞スルニ至テハ大ニ君公ノ心ニ違却スル所アリ、予今度金屋駅ニ於テ君公ニ謁ス、君公ノ言ニ曰ク、監物如此一国ノ紛紜モ果シテ如何、汝カ子伝之丞監物派ノ一人ナリ、汝心ヲ労スルナラント懇々告示セラレタリ、予是ニ因テ君公ノ心ヲ体シ、処置スル所アルヘシ、汝姑ク実学ヲ止メテ大夫ノ会読ヲ辞セヨ、然ラサレハ予君公ノ側ニ在テ晏然居ルヘカラス」と、実学党からの離脱を求められ、「今更ニ改テ言フヘキニ非サレトモ、臣子ノ道ハ忠ト孝トノミ、忠孝ノ道ハ道理ヲ明カニスルニ在リ、道理ヲ明カニスルハ実学ニ在ルノミ、実学ノ外ハ皆虚文腐儒ノ学ニシテ、以テ忠孝ノ道ヲ明カニスルニ足ラス、今日父君ニ事ヘ奉ルハ此実学ニ由テナリ、他日国君ニ奉事セント欲スルモ此実学ニ由テ也、今若シ実学ヲ廃セバ、今日父君ニ事ヘ奉ルノ道ヲ棄ルナリ、他日亦何ニ由テカ国君ニ事ヘ奉ランヤ、父君ノ命素ヨリ背ク可カラスト雖トモ、人若シ忠孝ヲ棄テハ以テ天地ノ間ニ立ツヘカラス」と自らの学問の意味を必死に陳じ、続けて「抑実学ノ一派別ニ党派ヲ立ルニ非ス、唯同志相逢ヒ斯道ヲ実行スルニ期スルノミ、通俗之ヲ目シテ異ヲ立ルノ一派トス、真ニ不得已ノ勢ナリ、長岡大夫ノ辞職モ其本意ニ非ス、亦勢ノ至ル所決シテ君公ニ悖ルニ非ス、今其身得ラレサルモ露モ憤悶ノ念アルコト無シ、是大夫一人ノ心ニ非ス、苟モ実学ヲ学ブ者ハ其心皆同シ、願クハ父君之ヲ諒察アランコトヲ」と弁じながらも進退谷まった状況に陥り、それでも直ちには父の言葉に従い得ず「依違シテ月ヲ遷」していたが、その心労もあってか、六月から重い眼病となり、翌年迄治療の余儀なきに立至ってしまい、「読書会読ハ眼病ノ余医師ノ禁スル所タルヲ以テ交友中ニ謝辞シ、復長岡大夫ノ門ニ到ラス、横井下津二先生ノ往来モ自ラ疎遠ニナリ、唯荻子ノミ時々来リテ訪問セリ(80)」という結果となった。しかしこれは元田にとっては大変につらいことであったようで、このことを回想して「是実学ノ風波、一家ノ風波トナリ、余カ一身ヲ処スル、誠ニ至難ニシテ未タ以テ其宜キヲ得ス、独自反顧シテ道ニ造ルコト能ハサルヲ愧ル所以ナリ(81)」と後年に至っても気にしているところである。やはり彼の父が用人という藩主側近の立場であったことは、永孚の考えや行動を強く規制していたし、彼自身においても、自分達の実学の正しさには強い確信を持ちながらも、それを基に断固として父に抵抗するという行動はとれなかった。この後を見ても彼が思想的には実学の立場を保持し続けたと見て良いと思うが、事に処するにきわめて慎重であり、極力摩擦を避けようとする如き行動様式が現われていると評してよいと考える。

五人で始められ多数の参加者を加えるに至ったようなそれまでの会読の中止は、しかしながら実学党の消滅は意味していなかった。元田にとっては一時的にもせよ「横井下津二先生ノ往来モ自ラ疎遠」(82)となるような状況であったが、一方においてこの頃にはすでに小楠の塾は出来ており、徳富一敬、矢島源助といった豪農の門人をはじめとし、塾はむしろ発展していったのである。しかしながら、監物の家老辞任によって、以後藩政は、筆頭家老長岡佐渡（松井章之）と筆頭用人松井典礼という松井一族を中心とした学校党勢力の抑えるところとなり、実学党に対する公然たる圧迫も加えられたのである。(83)

四　実学党の分裂と元田永孚

嘉永六年のペリー来航は肥後藩に、また長岡監物や横井小楠達にも種々の影響を与えることとなった。当時藩主は江戸に在り「一時海岸防禦トシテ側用人志水新丞、物頭都築四郎、騎士使番神谷矢柄等ヲシテ手兵ヲ率ヒ品海ニ出張」させている。(84)その後翌年再来を予告してペリー艦隊が退去したあと「幕府大ニ海防ヲ厳ニセント欲シ、相州浦賀ノ守衛ヲ重ンシ諸藩ノ兵ヲ分屯セシム、吾藩長州侯等之ニ与カル、吾君公其軍ヲ指揮スルニ総帥ノ其人ヲ得ルヲ求ム、志水新丞側用人トナリテ特ニ長岡大夫ヲ勧ム、君公大ニ之ヲ然リトシ、親書ヲ発シテ急ニ大夫ヲ召シ惣帥ノ任ト為ントス、親書至ル、大夫謹テ君命ヲ奉シ不日ニシテ上道ス、時ニ十一月也」[85]と元田が述べるように、幕府から相州警備を命ぜられた肥後藩は、藩主の意として長岡監物を藩の相州警備の「惣帥」に任じ上府させることになったのである。この間の詳細の経過は、諸史料の示すところでは、元田が述べる程単純に決定したものではなかったのだが[86]、永孚は「直ニ大夫ノ門ニ至テ面告スル所アラントス、然トモ事務繁忙ナルニ依テ乃意見書ヲ作テ之ヲ上」った。監物は十二月十一日に熊本を発ったが、元田は「其発途ニ臨ンテ之ヲ郭内外ニ送」っている[87]。また元田の言う如く「大夫実学ノ忌嫉ニ罹リテ身国政ニ預カラサル七年、一藩俗吏ノ疎斥スル所タリト雖トモ、一旦天下ノ事変起ルニ遇フヤ、君公ノ聡明忽ニ大夫ヲ抜擢セラル、如此、至誠ノ天地ヲ動カシ公道ノ天下ニ亨ル決シテ疑フヘカラスシテ一時ノ通塞ハ雲霧ノ開閉スルニ異ナラス、何ソ之ヲ患フルニ足ンヤ」[88]と、今回の監物の起用により、実学党は再度、藩内で力を回復しかけるやに見えたのである。監物は、三月三日ペリーとの日米和親条約締結後、四月七日相州警備地の視察に赴き、翌五月三日藩主斉護は監物の惣帥の任を解き帰藩を許可、監物一行は七日に江戸を発ち六月十六日に熊本へ帰着したが、その「江府ニアル、水府老公の知遇ヲ得、藤田、戸田、越前ノ鈴木等ヲ初メ諸藩ノ俊傑ト相交ハリ、大夫ノ名望大ニ天下ニ顕ハレタリ」[89]というように、在府中に監物が藤田東湖と特に親交を結び、度々の書翰の往復、三度の会見、また藤田の斡旋で徳川斉昭に「精忠」「純孝」の揮毫を得、その帰国前日には「夜雨を衝て窃に水戸藩小石川邸の門前に至り斉昭に決別の意を表して遙拝して去」(『国事史料』)ったという如く、監物の斉昭や東湖つまり水戸(及び水戸学)への傾倒が深まったことも注意すべき事柄である。[90]

実学党への決定的打撃はその内部から始まったと言えよう。安政二年における小楠と監物の絶交とそれに伴う実学党の分裂がそれである。このことについて元田の述べるところによれば、熊本に帰った長岡監物の徳望は盛んになり、津田山三郎はじめ監物を尊信する一派と小楠の門にある矢島源助達との議論が合わなくなった。「蓋先生(小楠)ノ説ク所常ニ規模ヲ立ルヲ主トシ、大学ノ明徳ヲ天下ニ明カニセント欲スル処ニ於テ特ニ其志気ヲ奮発セシムルニ在リ、而シテ矢島等尤玆ニ力ヲ得テ殊更ニ之ヲ主張ス、大夫（監物）ノ説ク所ハ常ニ実着ニ工夫ヲ下スヲ主トシテ、大学ノ明々徳モ其目的ヲ天下ニ立テ、其己レニ切ナル処ハ致知誠意ノ実ヲ勤メシムルニ在リ、而シテ津田等皆大夫ノ説ヲ信シテ矢島等カ主張スル所ニ従ハス」という状態となり、そのため「是ニ於テ一日先生大夫ノ宅ニ会シテ大ニ此処ヲ論シ、遂ニ先生ノ説大夫ノ看ル所ト合ハス、復再度之ヲ論究スルニ終ニ合一ナルコト能ハス、之ニ因テ已ムコトヲ得ス各々見ル所ヲ信シ後日合フ所ヲ待タント双方交際ヲ謝絶セラレ其門人モ亦各信スル所ニ就テ交リヲ絶チタルナリ」。かくて実学党は二派に分れた(91)。

元田による実学党分裂の原因の説明ではこのように思想的問題にあったとしているが、松浦玲氏は、この点について、この「大学」首章の解釈をめぐる対立は、小楠と監物における水戸派・水戸学とその政策への評価のくい違いと、更には対外観上のずれに密接にかかわるものとしてとらえており(92)、説得力がある。

以下においては少々煩わしいが、まず「大学首章」解釈の問題について元田の言を参照しながら改めて検討し、その先に進みたい。と言うのも元田は自分の立場について「此時中ニアリテ苦慮セシハ下津先生及湯地丈右衛門ニテ、荻子ハ深ク関セス、余モ亦会読ニ連ナラサルヲ以テ此事ニ関セス、故ニ大夫ニ親炙シ先生ニ講習ヲ受ルモ聊挟ム所無ク心ヲ開テ相交ハルコトヲ得タルナリ(93)」と述べているが、交際上のこととしてはそれでよしとしても、思想的理解、解釈上元田は果してどのような考えを抱いていたかは、実は序論において引用した徳富蘇峰の元田評や明治期になってからの元田の自己規定に見る如き元田の思想の性格にかかわり無視できない問題であると考えるからである。

「大学之道、在明明徳。在親民。在止於至善。」（大学の道は、明徳を明らかにするに在り、民を新〈朱子は「親」を「新」に改める〉にするに在り、至善に止まるに在り）。

今更改めて引用するのも気がひける程に著名なこの一節、「大学」の包括的テーマとして三綱領と呼ばれるが、朱子の注は「明明徳」を、「人間が天から与えられた本来備わっている光明燦爛たる性でありそこに一切の理が具有されている。そのような明るいかがやかしい徳は、普通気質、人欲におおわれているが、輝きを発するところに因ってそれをみがきその本来の明るい輝かしさを益々明るく輝かすようにする、それにより本来の明徳に復帰する」と、述べている。また「在新民」は、朱子が程子に従って「親」を「新」と改めた上で、「すでに自らの明徳を明らかにした君子が、進んでさらにそのことを人にも推し及ぼし、人をしてそれぞれ自分の明徳を明らかにさせる……自己を革新させる……人民を革新させる」ということである。「至善に止まる」とは「必ず是に至りて遷らざるの意、至善は、則ち事理当然の極なり、言うこころは明徳を明らかにし民を新にするは皆な当に至善の地に至りて遷らざるべし、となり」という。その場合、明明徳、新民、止於至善の三者は同一次元上のことではなく、「明明徳」に於て至善に止まり、「新民」において至善に止まる、ことを意味するとされる。朱子学では、まず明明徳を為し、その上ではじめて新民にすすむという段階的順序を重視している。その上に立つと、「大学」の有名な条目「古の明徳を天下に明らかにせんと欲する者は、まず其の国を治む、其の国を治めんと欲する者は、先ず其の家を斉う、其家を斉えんと欲する者は、先ず其の身を修む、其の身を修めんと欲する者は、先ず其の心を正す、其の心を正さんと欲する者は、先ず其の意を誠にす、其の意を誠にせんと欲する者は、先ず其の知を致す、知を致すは物に格《いた》るに在り」は、逆から格物、致知、誠意、正心、修身の五者は前掲の「明明徳」に属するものであり、斉家治国平天下（明徳を天下に明らかにする）の三者は「新民」に属するものであるということになり、それは本来的には分けられることなく、段階的に実現されてゆくことなのであるとされる。(94)

以上中国思想の専門家から見ればあまりにも常識的すぎることを改めて述べたのは、小楠と監物の学意の違いとは、

（本来は分けてはいけない内面的修養「明明徳」と現実的政策「新民」とを強いて分ければ）小楠の方が新民（特に治国・平天下・明徳を天下に明らかにする）、つまり政治となって発現するところを重視するのに対して、監物が明徳「誠意・正心」を明らかにする、つまり内面的修養を重視するという違いであると理解できる。その場合、この違いは、小楠の側からは、政治のあるべき姿を重視し（実学とはその意味であった）その実現への志向がより強まるという傾向を強くしたということであろう。更にこの点を小楠に即して見れば、小楠がペリー来航前後から早くも水戸学・水戸派に疑念をきざしつつも、なお斉昭を評価し大きな期待を寄せてきたのが、ペリー来航後の幕府の小手先の外交政策に斉昭も藤田東湖も乗ってしまったことを知り、強い批判に立つことになった。そしてその水戸批判は監物にも向けられる。即ち監物は前述した如く相州警備物師に任ぜられ出府中、藤田東湖や水戸藩有志と密接な関係を有するに至り水戸へ傾倒を深めた。監物の水戸びいきは帰熊以後もずっと続いている。[95]更に小楠は対外政策レベルのみではなく、原理的にも水戸学派を批判してゆくのであり、それが一般に小楠が開国論に転換したとされている時期―安政二年―と合致しているとの松浦氏の指摘は鋭い。[96]

以上の如く、「大学」首章をめぐる学意の対立は、その思想的展開において、当時の小楠と監物の政治・外交に対する考え方の差異の大きさを反映したものでもあったと言うことができる。この点を確認することは、では元田は如何なる思想的立場にあったと考えるかという問いにつながってゆく。元田は先に引用した部分に続けて「抑志気ヲ高尚ニシ規模ヲ正大ニスルハ斯道ノ基本、小楠先生ノ快活鼓動ニアラサレハ奮進スルコト能ハス、誠意正心ノ実ヲ勤メ近ク思フテ身ニ力践スルハ長岡大夫ノ誠懇薫陶ニアラサレハ実得ノ功無シ、皆一ヲ缺クヘカラサレハ両先生ノ分離ハ実ニ斯道ノ不幸ナリ、若シ両先生ヲシテ一層ノ知量アラシメハ亦如此ノ挙動ニ至ラス、畢竟学ノ未タ至ラサル所アリテ然ルナリト荻子トハ窃ニ之ヲ語リテ嘆惜シタルナリ[97]」と総括している。元田には両者の思考の力点の置き方のちがいはこの学意の対立に限ればそれなりに認識されているようである。しかしここでは前述した如き小楠の水戸批判、更には対外観の発展についてまでの言及は当然ながらない。以下において更にその点をふくめて元田の議論について若干の検討を試みたい。

まず一つは、元田は前述したように後に至るまで（明治期に至っても）自分が「実学」＝朱子学の徒であるということを疑っていない。後章で検討することになるが、明治天皇への進講や、他の有志者への講義のすべてを、元田は朱子の説に従い朱註に依拠して行っており、その学を「実学」と言うことも変らない。だがそれだけでは、当面の実学党の分裂における学意対立との関係は十分に説明され得ない。明治期の進講類では、元田はたとえば「道徳仁義ヲ以テ事業ノ上迄施シ及ホシタル人君ハ、古今堯舜ヨリ外ニハ是ナク……此堯舜ヲ以テ御目的ト遊サル、ヨリ外ニハ、今日帝王ノ道ハ是ナキ義」と述べ（新年講書始の進講、明治五年）、天皇が理想の有徳君主をめざし、その「心術」をみがき、徳を高めることを求めている。[98]この場合は単純に「明明徳」と「新民」とが有徳君主への道と考えられているが、やや徳治の強調の度合が強く、「明明徳」に傾いているようにうけとめることができる。

次に注意すべきことは、元田の水戸学への評価ということである。

まず前にも引用したが「素ヨリ水府ノ学風ヲ效フニ非ス、其興国ノ志ハ同シト雖トモ経国ノ道は見ル所亦異ナリ」[99]と自分達の学問＝実学と水戸学とは違うものであると自己規定していた。ところで海防論については「其先鞭ハ水府ノ烈公藤田戸田会沢等ノ英傑」であるとの認識は、ペリー来航を機として「水府ハ……首トシテ尊王攘夷ヲ唱ヘテ節義ヲ錬磨シ、以テ天下ノ士気ヲ興シ、大ニ為ス所アラント欲ス、幕議水論両端ニ分レ天下ニ影響スル所トナリ、忠義気節ノ士ハ皆水論ニ風靡シ」[100]と水戸学の意義を好意的に評価している。

後にいささか検討する予定であるが、安政戊午（五）年の日付をもつ元田自筆の「灯下問答」では「癸丑甲寅以来攘夷鎖国ノ論天下ニ満チ海岸防禦ノ策人々之ヲ言フ復一人開国交易ノ理ヲ言フ者無シ、余窃カニ謂ラク、天地ノ道海ノ内外隣国交通セサルノ理無シ、若シ果シテ夷ナラハ之ヲ攘ヒ之ヲ鎖ス素ヨリ義理ノ至当、若シ夫レ夷ナラスンハ、我ノ鎖攘已ニ礼ヲ失フテ曲我ニ在リ、彼ノ我ヲ敵トスル彼ニ辞アリ勝敗ノ理戦ハスシテ已ニ決ス、当時天下囂々然トシテ唱フル所実ニ少年ノ見懼ルヘキナリ、皇国王朝ノ盛代ヲ反顧スレハ皇化ノ及フ所日月星ノ天ニ在ルカ如ク三韓モ服従シ猶進ンテ化外ノ地ニ及ハントス、此時ノ勢ヲ以テスレハ、攘夷鎖国ノ国是ニ非スシテ開国弘道ノ廟算タル明カニ見ルヘキ也、今ヤ宜シク皇朝ノ古ニ遡リ大ニ国是ヲ正シ隣国交誼ノ天理ニ則トリテ天下ノ大計ヲ定メハ、何ノ難キコトカ之有ンヤ、幕吏怯懦目前ノ利害ヲ見テ因循苟安、内天下ノ有志ニ攻撃ヲ受ケ外各国ノ脅迫ニ苦ミ立ツ所ヲ失ハントスルハ惑ヒノ甚シキ者ナリト(101)」と小楠の強い影響のあらわれた開国論的論策を展開している。この点では水戸派とは立場を大きく異にしていると言える。

また安政丙辰(三)年に記された元田の「朱文公奏議選上下二巻」について、「余又当時内脩外治ノ道ヲ求メ、朱子ノ奏議書翰ヲ読テ大ニ感発スル所」あって編集し、それを「長岡大夫ノ一覧ニ供セリ、大夫素ヨリ朱子ヲ信シ大ニ此書ヲ珍重シ、梓ニ上セテ一本ヲ水府老公ニ献シ、一本ヲ会沢憩斎ニ贈リ、一本ハ坐右ニ置テ珍玩セント云ハレタリ」と監物の賞讃を得たと記す。また前引の文は続けて「大夫水府ノ諸賢ト交際益々密ニ往復絶ヘス」と監物と水戸派との関係が依然として密であることを述べ、「余因テ会沢氏ニ書翰及作詩ヲ贈レリ(102)」と記している。その書翰では「小生儀は同藩長岡監物懇意の者に御座候……監物儀は一昨年東行後別而御熟懇の儀にて、取次可申段申聞候に付、多年欽慕の余不顧廉忽乍差付（「拙時一冊」を）呈覧仕候儀に御座候」と、監物の勧めで詩を会沢に贈ったことを述べ、続けて「尊藩の儀は兼て欽慕敬抑仕居、殊に賢台御盛名は夙に側聞仕居候処、十余年前天保甲辰の秋、蘭国使節渡来の砌、小生儀長崎へ罷越、帰途……久留米表に於て初而御著述の新論を拝閲仕」と「新論」を読んだことを告げ、その後は

「同志荻角兵衛より折々御文通仕候而」また、「一昨年已来監物東行後は」「猶巨細の御様子等初めて直話を承知仕候ては、欽慕弥深く」、直接に教示を受けたく思うが、まだ部屋住の身のため、東行もできず、作詩だけでも御示教を希望して、御送りした次第であると述べている。(103) 次に大凡同じ時期に書かれた元田の文章が数点あるので、以下においてそれらの内容を検討してみたい。

まず最初は「拙文二篇」との表題で収められている「安政丙辰」の日付をもつ「朱文公奏議選序」と「安政丁巳」の「同跋」の二つである。(104)「朱文公奏議選」は前引の如く元田が編んで監物から賞讃されたものである。元田は清朝が「聖賢出元之土地」に国をたて、自らを中華と称しながら、「此の如き之至道（朱子の奏議）有り而用ひるを知らず、卒に英夷之凌辱を招くは、真に想むべき也」と述べ、「皇国之士君子、遠く趙宋に鑑み、邇く韃清に懲し、彝訓を稽考し、神国を以て自ら居らず、深く公（朱文公）之言を信じ、以て君を補け民を沢し、国を興し世を済し、乱の未だ崩ざるを弭禍し、国家を万全之安に復し、後之君子をして当世を憾むこと無からしめば、則亦天下之至幸」であると、同書を抄録した趣旨を述べている（序文）。清が朱子の奏議を知らず（用いることができず）英の侵略に遭ったことをひきあいに出して、そうならない為に単に「神国」であることだけに自足せず、朱文公の奏例を良く学びとるべきであるとする。ここでは「英夷」の侵略に対する対処という形での攘夷的意図は明らかに存在するが、必ずしも尊王論的ではなく、朱子に拠って政策を立てるべきであるという。また「跋」では「人君若し此を見る有らは必ず能く身を脩め国を治むる之要を知り」宰相が見れば、「君を輔し民を沢す道」を知り、士君子は「立志報国之儀」を知り、「盛世」に於ては「盛世を経論する所以の方」を識り、「衰世」に於ては「衰世を措置する所以之術を識」ることができ、「一身之上自ら以て大下之務に至る」まで「其の綱領節目、繊微曲折」まで尽く此書にて得るであろう、と述べるのである。ここには朱子（子）に対する特にその政治思想に対する全面的依拠の意が示されているが、いずれにしても水戸学的色彩は薄いと言えよう。

次に「安政三年丙辰十月二十七日」の日付をもつ「答問管見」と題された文書がある。[105]元田によれば「国家今日之大患」のもととなっていることは、「君志未だ立たずして紀綱張らず、大臣和せずして士気廃弛し、無事を以て国体とし、承順を以て臣道とし、直言聞かず、賢才挙げず、而して風俗頽廃す」ということであると論じ、この状況を救わねば、どうしようもないことになるであろうが、それを救済する方法は「八策」にのみ存するとして、「一に曰く、君道、正学を講じて君心を正し、佞幸を斥けて左右を正し、賢臣に親んで朝廷を正さんと欲す」に始まり、「二曰紀綱」「三曰大臣」「四曰世嗣」「五曰賢才」「六曰士気」「七曰国力」と順に挙げ、「八曰兵制、冗兵を汰して精卒を練り、火器殺手、一隊分身、総て虚飾を去りて実戦を努めんと欲す」との「八策」[106]の「綱領」を提起する。それは「其体を論じて其用未だ備わらず」であるが、政府(庁)において此れを採用し計画を具体化するならば国家にとって「千慮之一得」が有ると結ぶ。この文章は、「国家」の再興の具体的綱領であると言えよう。特に注意しておきたいのは、この文章には、「八策中一二中今日之事情而其要領在講正学、而正君心耳、正学明則君心正、君臣正則国是定……古今天下治日少而乱日多人材欝抑于下而否無限之苦、是豈命曰之事而已、幾雖然変易者眛也、治乱順環遂無一定、安知雲散日輝道明于上而八策行于下也……」との小楠の評言が付され、更に「又云当今人才不為不少而識見及於此者為離集恐無可当為者予独於茶陽応退三舎敬服々々　沼山又拝」と「茶陽」(元田の別号)を高く評価している。この文書の趣意は小楠を含む実学党が常に説く所の「綱領」(方針)であったと見ることができよう。

以上の二件は比較的原理的な主張をしており、監物、小楠のいずれであっても肯定し積極評価する内容と言うことができ、元田の思想的立場が「実学」の〝中道〟であると評することもできる。

とすれば、次の一件、即ち元田が、安政元年に著した「君臣之大義」[107]は、「藩士ノ方向ヲ誤リ旧習ニ泥ミ徒ニ幕令ヲ固守スルノ義理ニ暗ク、又吾ガ事フ所ノ主君ヲ後ニシ国ヲ出テ勤王ヲ唱フルノ守リヲ失フヲ懼レ」て著したものとして「余常ニ謂ラク、覇府ノ世ニ生シテ藩主ニ事フル者、君臣ノ義ヲ全クスル、真ニ難シ、宜シク藩主ヲ輔クルニ正道ヲ尽シ、以テ覇府ヲ正シ、以テ朝廷ニ事フ可シ、故ニ幽斉公ノ忠ヲ足利家ニ尽シ、而シテ匹夫匹姉ノ節ニ拘々タラズ、誠懇ヲ朝廷ニ奉シテ而シテ功名ノ末ニ規々タラズ、如此ニシテ君臣ノ大義ヲ誤ラサルヘシ」(108)という内容である。この趣旨は、はっきりとした尊王論であるが、この点は特に水戸学に傾いているとまで言わずとも、幕藩体制下における尊王論の典型として見ることもできる。

以上いささか煩雑ながら、実学党分裂時以後の元田の思想をこれまで未紹介であった元田の文章の紹介を含めて検討してみた。以上のところをまとめて見ると、次の如く考えられる。すなわちまず「明徳」「新民」の学意をめぐる対立において、彼の回想或は後になって天皇への講義のテーマなどからしてもどちらかといえば「明徳」に近い考えと思えるが、元田の立場は中立的であったと言える。次に「管見私策」や「君臣之大義」を見る限り、元田の尊王論、攘夷論は論策としてはそう過激にわたるものとは言えず、少くとも小楠が批評を与えて讃めている程度には、小楠の論からも逸脱してはいないと思われる。また「灯下問答」における元田の対外観、および彼が「還暦之記」において述べるその「開国論」の立場は、小楠の影響を強く受けたものと見ることができる。元田が小楠と違った立場を示しているのは、水戸派(水戸学)に対する態度であった。元田は安政二年の「分裂」後においても、監物と共に、或は監物を通して水戸派への傾斜を維持していたと思われる。安政四年の会沢安への彼の書翰や、或は同五年の荻昌国への書翰を読むとこの時期においても元田が依然として水戸派への関心、敬意すらを強く有し、その関係の書籍を読んだりしていることがわかる。その関係からでもあろうが、水戸派の政治活動を評価している。これらのことは元田が監物に近い考え、立場をとり続けていたこと、小楠がとっくに水戸派を見限っていたこととは著しい対照を見せており、小楠との違いの最大の点であると言うことができる。そしておそらくは明治期に至っても元田におけるこの水戸派（水戸学）への親近性は残りつづけ、それがいわゆる国体論的考え方を元田に持たせ続けたことにつながると思うが、この点は後に再度検討しなければなるまい。

注

（1）国会図書館憲政資料室蔵の「元田永孚文書」中に、永孚の父三左衛門が著した「先祖附」（但し原本は昭和二十年七月一日空襲に際し熊本市大江町の自邸で焼失、現本は元田竹彦氏による写しである）によると、役料共で七〇〇石（本知五〇〇石）となったのは同家三代尉太夫（無常）の時であり、その後も本知五〇〇石から五五〇石となっていた。この点は幕末慶応年間以降明治二年頃迄に成立したと推定されている「旧藩御家中知行附」（高野和人著『肥後細川家分限帳』〈青潮社、一九九一年〉にも「五百五拾石　元田八右衛門」と記されており確認できる。また元田永孚の「還暦之記」（元田竹彦・海後宗臣編『元田永孚文書』〈元田文書研究会、一九六九―七〇年〉第一巻、一九六九年刊、以下同書よりの引用は例えば「還暦之記」〇頁とする）では「蓋藩ノ旧格士族ヲ五等ニ分チ其禄ト官トニ由テ等級アリ、一等ヲ家老中老格ト云第二ヲ備頭大頭格ト云第三ヲ番頭格ト云第四ヲ物頭格ト云第五ヲ平士ト云、又第一三千石以上第二二千石以上第三ヲ千石以上第四ヲ五百石以上第五ヲ百石以上、其下ハ中小姓軽士トス」と述べている。前引「知行附」末尾には「一、万石以上五人、一、五千石同四人、一、四千石同三人、一、二千石同八人、一、一千石同四十五人、一、五百石同七十九人、一、四百石同二十九人、一、三百石同百八人、一、弐百石同弐百四十三人、一、百石同七百五拾六人、一、百石以下三十一人合千三百拾五人」との分類も記されているが、五百石以上の藩士を合計すると一五三人であり、元田家が上士層に属することは明らかであろう。

　またやや繁雑になるが、前引「先祖附」及び「還暦之記」により再構成した元田家の家系図、永孚を中心とした系譜は左の如くなる（これについては、花立三郎「元田永孚自叙伝解題」〈『近代熊本』一六、一九七四年、一四頁〉に花立氏が作成されたものを本としている）。

（2）永孚の父三左衛門の略歴を、前掲「還暦之記」の中より辿ると次の如くなる。

文政三年　祖父ノ禅ヲ受ケ家ヲ嗣ク

四年二月　諦観公（一一代藩主細川斎樹）ノ小姓役トナル

図3　元田家家系（「還暦之記」三九～四三頁、及び「先祖附」写による）

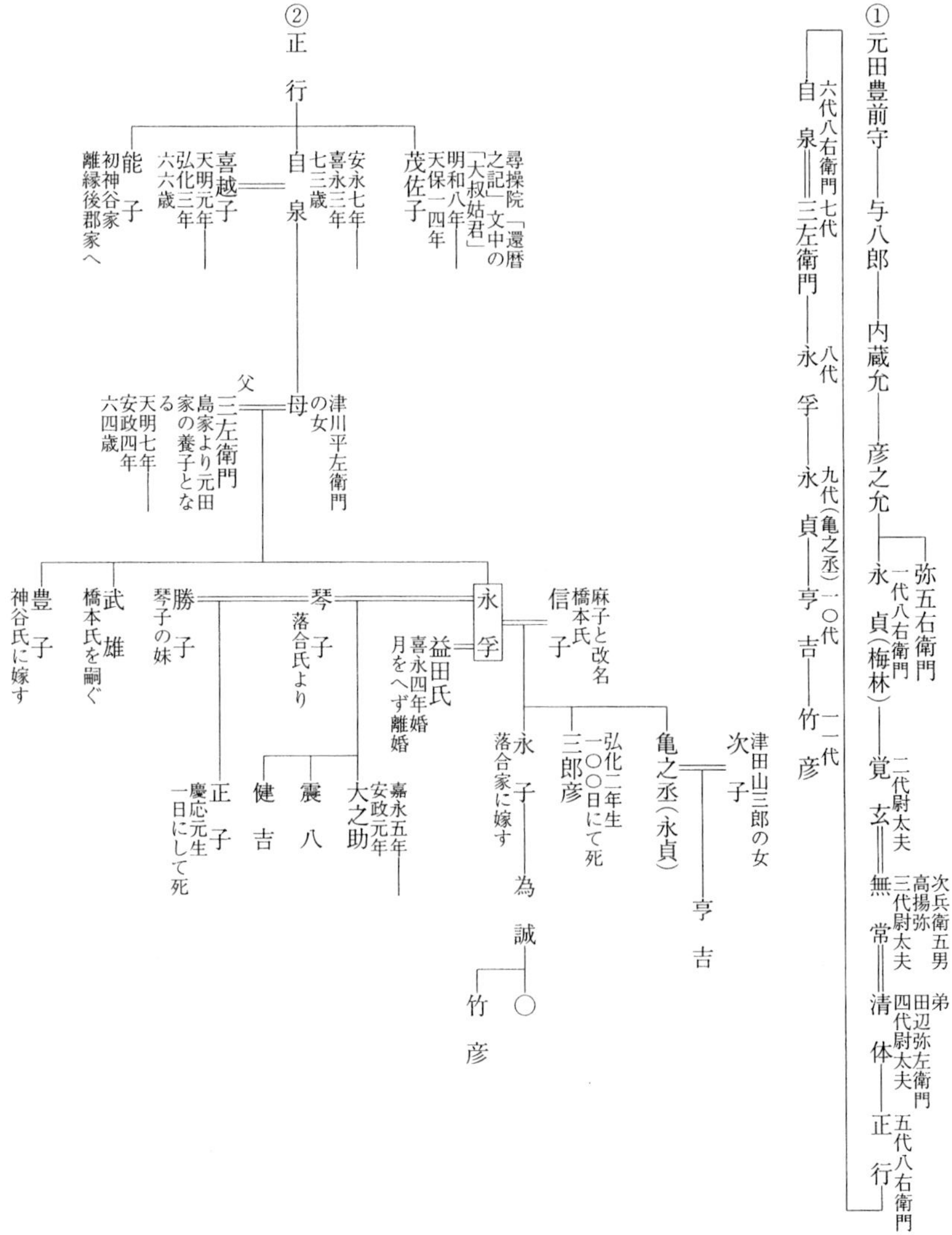

天保八年　父君時ニ藩侯（泰歳公、同一二代藩主細川斎護）の近侍タリ（側取次役ト云＝割注）
弘化元年　父君江府ニ在テ坐席着坐中小姓番頭ニ栄転セラレテ
　三年　尋テ側用人ニ栄転、……七〇〇石ノ禄ヲ食ミ
安政四年十二月　没ス、六十四歳。

（3）前掲「還暦之記」、九頁。

（4）同右、五頁。

（5）他にも、例えば「和漢軍書ノ如キハ大ニ志気ヲ発揮スルヲ以テ祖君太閤記漢楚軍談等ハ親ラ之ヲ読ミ一枚一段之ヲ講釈シテ余等ヲシテ能ク解通セシメラレタリ」とか、「又書翰往復ノ文ハ余十二歳ノ時ヨリ凡ソ親戚朋友其他外ヨリ往復スル所ノ書翰ハ祖君親ラ其文ヲ口授シテ余ニ筆ヲ執ラシム、常ニ教ヘテ曰ク、凡ソ人ヨリ物ヲ贈リ又ハ懇切ノ伝言ヲ受クルモ之ニ答フルニ口辞ヲ以テスルハ甚疎略ナリ必ス一々書面ヲ以テ厚ク答礼スヘシト、然ルニ書ニ拙ク文ニ暗ケレハ已ムコトヲ得ス口辞ヲ以テセサルヲ得ス故ニ必書ヲ善クシ文ニ達セサルヘカラサルナリ」との教えがあり、或は「祖君又常ニ曰ク士ハ当サニ猛キ心ヲ存セサルヘカラス、宜シク変事ニ遇テ動カサルヲ養成スヘシ」と、火事に際してはその現場へ永孚をつれて行き、「囚徒ノ刑場」へ連れて行き「流血惨状ヲ見テ」も動揺しない訓練をし、「常ニ親戚姻家ニ往来セシメ事アル毎ニ専ラ其事ニ当ラシメ衆人広座ニ慣」れさせたり（同右、一四～一五頁）とその訓育の種々相を見ることができる。そして祖父よりの「常ニ教フル所ハ曰ク人ハ当サニ虚偽ヲ云フヘカラス、必当ニ正直堅固ニシテ篤実ヲ本トスヘシ、人ノ見ル所ト見ザル所トニ於テ行ヲ二ツニスヘカラス、最モ人ヲ愛シ施スコトヲ厚クスヘシ、神ヲ敬セヨ祖先ヲ忘ル、勿レ、身ヲ勉メテ国ニ尽セヨ、学問シテ道理ヲ明カニセヨ、文筆ニ達セサレハ不自由ナリ、人ト応酬猶予シテ礼ヲ失フコトヲ戒シム」（同、一五～一六頁）との教育は、まさしく当時の武家の子弟教育の最善のものの集成とさえ言えるようである。いささか繁雑なほどこれらの諸点について触れたのも、元田にとって祖父母等からのこれらの教育がその人格形成の最初期にあたってきわめて大きい影響を与えたと考える故である。

（6）同右、七頁。

（7）同右、九頁。

（8）村井次郎作は藩士（一〇〇石）で、当時時習館句読師。のち郡代、穿鑿頭、訓導となる。父母への孝心厚いことで藩主より加増された（武藤厳男編『肥後先哲偉蹟正続』〈隆文館、一九一一年〉六三九頁）。後に元田の弟子ともなる村井繁三の父である。

(9) 町熊之助は名は知陽、字は子方、愚山と号す。書家であり、時習館習書師となり、もっとも楷行にすぐれていた(前掲『肥後先哲偉蹟後篇』)。

(10) 前掲「還暦之記」、五頁。

(11) 同右、一一頁。

時習館の修学概況からすると一般的には八歳より入学となるので、元田の入学は何故か遅い。通常は句読斎、習書斎を経て蒙養斎に転じ、左伝読み、史記輪読、歴史綱鑑会読、論語、孟子の講義等を修め、講堂へ転昇となる。普通は十六、七歳で転昇するというので元田が十五歳で転昇は早い方となる。講堂では四書等の会講、独看などが主である。一般的にはこの講堂での修学で終るが、その中から選抜された居寮生がある。居寮生は二四、五名、満三年を一期とし見込ある者にはさらに三年留学を命じている。居寮生中人物学術傑出として選択された者の中から塾長が命ぜられる。時習館では講堂以上の教師に教授、助教、訓導の三段階あり。元田が講堂転昇時は辛島塩井が教授、近藤淡泉が助教であった(以上は野田寛口述、山本十郎編『肥後文教と其城府の教育』〈熊本市教育委員会、一九五六年〉による)。

幕末慶応元年に松江藩士桃文之助(後注)が「御内命を以、肥後熊本表江罷越、時習館教法を始、国政且国風の模様等色々見聞仕候処……(その内)心ニ留リ候儀ヲ三巻ニ相認」めた報告書「肥後見聞録」(『日本庶民生活史料集成』二〇、三一書房、一九七二年)という史料がある。その上巻には制度が詳細に報告されており参考になる。

(12) 当時の時習館訓導の中で吉山姓の者は、吉山寿安という。『肥後先哲偉蹟正続』によると、吉山寿安、「名は為宰、太左衛門と称し、寿安と号す。食禄三百石、時習館訓導、及び穿鑿頭を勤む。天保十年十二月十二日歿す。享年四十二」とあり、茶陵の号は紹介されていないが同一人であると思う。

(13) 前掲「還暦之記」、一二頁。

(14) 前掲『肥後先哲偉蹟正続』七二五頁。なおこの墓銘を草した沢村邁は同書によれば「沢村西陂、名ハ邁、字は子寛、宮門ト称し西陂と号す。食禄四百石、穿鑿頭、高瀬町奉行、時習館助教等を勤む。安政六年八月十六日歿す。享年六十」(同、八一七頁)という人物である。

(15) 元田は「是時日々講堂ニ出テ経ヲ看、史ヲ読ミ、又先生(吉山)ノ講義ヲ聴ク、先生、横井平四郎、荻角兵衛ノ両子ト唐書ヲ会読スルヲ傍聴シ窃ニ其風采ヲ慕ヒ其学フ所ノ如クナランコトヲ思ヘリ」と吉山への尊敬を語っているが、注目すべきは横井小楠がこの頃は徂徠学徒吉山と講学しており、また両者の交際が親密であったことは、天保十一年帰熊直前に吉山の訃を聞いた小楠が「慢然分袂客春時　相約壮遊去探奇　帰国即今装正迫　不図忽賦哭君詩」「吏方近正著君稀　何事一生窮食衣　自是千秋珠玉在　霊魂好向九天飛」（山崎正董編著『横井小楠』下巻遺稿編〈明治書院、一九三八年〉八六四頁）との二詩でその死を哭しているところからも推測できる。この点は後述のように小楠、元田などの思想の形成展開過程における徂徠学評価ともかかわってくると思うので、元田の吉山尊敬、小楠と吉山の交際は無視できないということになる。

(16)　前掲「還暦之記」、一七～一九頁。

(17)　前掲「還暦之記」、二〇～二一頁によれば次の如し。

「新タニ命ヲ受ケタル者」

「門閥ヨリ挙カ」る者

藪三左衛門、小笠原久米之助、楯岡慎之助、鎌田一之助、沢村八之進

「学才志行ヲ以テ撰セラ」れた者

財津直人、藤本常記、右田才助、村上善左衛門、元田伝之丞

「旧寮生」

片山喜三郎、福田角三郎、芳賀五右衛門、永松某、河田楯之助、永田次郎八、成瀬治郎左衛門、坂本廉助、元田市太郎、堀田権蔵、井口呈助、（軽士）高山乾太、加藤平之允、草野永太郎

(18)　この事件等の詳細については、藩政史料を基礎に明らかにした鎌田浩氏の諸論文がある（「熊本藩の支配機構（三）」（『熊本法学』一九、一九七二年）、「天保期熊本藩政と初期実学党」（『熊本史学』四三、熊本史学会、一九七四年）、「横井小楠と長岡監物」（暗河の会『暗河』四、一九七四年）。いずれも後に同氏著『熊本藩の法と政治』（創文社、一九九八年）に収められた。同事件の概略を鎌田氏に拠って見ておく。即ち天保六年九月、藩校時習館訓導阿部仙吾宅が放火によって全焼するという事件に端を発し、その後の取り調べの中で藩士子弟伊藤石之助、大塚仙之助を首謀者として千石以上の上級藩士の子息三人を含め藩士子弟一九人が中心となり、近郷の百姓等六〇余名に鉄砲訓練をほどこし、一揆連判状を作成していたことが明らかとなった。藩士子弟しかも時習館に学ぶ者達が中心となったこの事件が、藩庁首脳部と時習館に与えた衝撃は大きかった。藩庁では極力これを訓導阿部に対する個人的怨恨として処理しようとしたが、総勢八〇余人の組織的訓練という事実はおおい隠せず評判となった。この一揆の目標が何で

あったかを示す史料はないが、巷間では役人共の私曲糾弾の一揆計画として喝采をおくったと記録されているという。

この事件の処罰は、百姓には軽く士分には重く、士庶共に藩の刑法の条文、先例によらない断罪であったとされる上、政治的配慮にもとづく判決であったとされる。なお注目されることとして、処罰された士分一九名の中には、荻角兵衛の弟（荻豊熊、処罰は奪姓、奪刀、士席指放禁足、父李之允、逼塞五〇日貶席）、と実学党結成に重要な役割を果す鎌田答次の嫡子新太郎（処罰は奪姓、奪刀士席指放禁足、父答次、逼塞五〇日貶席）がいたことである。この事件が、荻、鎌田に与えた影響と、実学党参加との関係は無視できないであろう。またこの事件が家老で時習館の最高責任者であった長岡監物や奉行であった下津休也に与えた影響が、直接に後述の改革になってあらわれたと云えよう。

(19) 前掲「還暦之記」、一一〇頁。

(20) 前掲「還暦之記」、一一一頁。

(21) この三代の教授期の学風については、山崎正董編著『横井小楠』上巻伝記篇（明治書院、一九三八年）九九～一〇〇頁参照。

(22) 辛島塩井は「名は初雄、一名は憲、字は伯尋、才蔵と称し、塩井と号す。禄百石、時習館教授職となれり、天保十年二月二十三日歿す。年八十六」（『先哲偉蹟』二八三頁）とある。ところで古賀洞庵による「墓誌銘」に「先生……平素立論平恕、独深疾夫実学自任、而好詩人短、劇論自快者」（同、二八四頁）と記したところ、及び「先府君塩井先生行状」にも「常云、我於人槩無所好悪、然往々以実学自飾　好指摘人之短、高談劇論、務取快於一時、此等壊風俗之尤者、是我所大悪也」（同、二八八頁）と、「実学」を批判するところがある。塩井の生前には小楠らのいわゆる「実学」党は未形成であったから、この文中の「実学」は当時の慣例から「水戸学」のことと考えられる。彼の学風を逆に示すものと考えたい。

(23) 近藤淡泉は「名は昌明、字は子中、英助と称し淡泉と号す。禄二百石初医員より時習館訓導、又郡代に転じ、後に教授職たり。嘉永五年九月十三日歿す、年七十九」（同右、二九〇頁）とある。彼の学風についてその「墓誌銘」は「排斥異学、保護正道、以為己任、深戒学者浮華虚飾之失、如山陽輩、皆所不屑」と述べ（同、二九一頁）、学風等小楠とはおよそ合致しないと思わせる。

(24) 「特に天保時代よりは藩の宋学は訓詁的宋学、詞華的宋学となり、修身斉家治国平天下の道を体得するの研究は第二段第三段となりて朱子学の本領たる実践躬行の影さへ薄くなった」（山崎前掲『横井小楠』上巻伝記篇、一〇〇頁）というのが当時の学風の評価とされる。

(25)(26) 前掲「還暦之記」、一一一頁。

(27)　花立前掲『元田永孚自叙伝解題』七頁。なお花立氏は本文引用箇所に続けて「小楠にふれたものがすべてそうであった（影響をうけたこと）のではなかった。永孚が……時習館居寮生になったとき上級生に井口呈助がいた。かれは永孚より一つ年下であるが、よほど成績抜群であったのだろう、永孚より早く居寮生になっていた（沼田注　井口は世禄二五〇石であり、門閥上層というわけではない）。その優れた頭脳をもつ井口であったが、永孚と同じく小楠塾長のもとに勉強したのであったけれども彼はついに小楠の影響はうけなかった。井口はのちに時習館訓導、助教になり、時習館の学風を墨守して、実学党に対立する学校党の指導者となり、実学党が行った明治三年の藩政改革に反対する立場に立ったのである」と述べ、小楠の思想、影響をはねつけた例として挙げた上で、「永孚には小楠の思想をうけいれる主体性があった」と強調している。興味深い指摘である。

(28)(29)(30)　前掲「還暦之記」、二一頁。

(31)　以上の経過についても、藩政史料を用いて詳細に明らかにしたのは鎌田前掲『熊本史学』論文、『暗河』論文である。

(32)　前掲「還暦之記」、二九頁。

(33)　永孚自ら「還暦之記」で記すところによれば「余カ本意猶黌ヲ退クコトヲ希ハス、蓋横井先生嚢ニ游学ノ命アリテ尋テ片山喜三郎又游学ノ命ヲ受テ江府ニ在リ次ハ必余ニ及フコトアラントス」との期待があった。私的な「游学」は藩の許すところではない為、江戸で学問をするのは藩の命による他はなかった。しかし「父君ノ意余カ才名ノ馳テ儒者家流トナルコトヲ好マス、早ク黌ヲ退テ学者視セラルコトヲ免レシムルニアリ」（二三頁）というように、父三左衛門の強い希望により退寮することになったのである。永孚としてはかなり未練があったように読めるところである。

(34)(35)　「還暦之記」、二六頁。

(36)　ここで改めて荻昌国の略歴にふれておく。「名は昌国、角兵衛と称し、麗門と号す。藩に仕へ、諸役を経て、芦北及小国久住の郡代等となり禄二百五十石。元田東野六友の一人なり。気宇博大、議論充実、心を天下に注ぎ、意を経済に用ふ。文久二年正月十八日小国に於て故ありて自殺す。年五十」（角田政治著『肥後人名辞書』〈青潮社、一九七三年〉六一頁）とある。荻は文化十年に生れ、幼より学を好み早くから時習館に入り天保十年（二十七歳）居寮生となり誘導係を命ぜられた。同十一年家督を相続し、死に至るまで藩の役人として終始した。永孚は「還暦之記」において、「居寮ニ於テ机ヲ共ニシ牀ヲ同シクシテ益々相親交ス、其四人中（注小楠、休也、監物、昌国をさす）ニ於テ相知ルコト最モ早ク且歳ノ相隔タル多カラサルヲ以テ」最も親しくしていたと述べ、また「荻子性厳急事ニ当テ精密果敢、余資質柔順事ニ処スル和緩ナリ、荻子之ヲ訓責シテ諸事敏健ナラシム……余ヲ信スルコト特ニ深ク百事余ニ談セサルコト無シ」と述べている。永孚にとっては最大の友であったといえる。

　荻についてはまとまった伝記はない。早く山崎正董氏が前掲『横井小楠』上巻伝記篇中に（五四九～五五三頁「荻角兵ヱの死」）小伝を掲げておられるが、水野公寿氏は「荻昌国覚書」（『熊本近世史論集　昭和六十一年度』熊本近世史の会、一九八七年一一月）を著し、荻家系図、荻昌国年譜、昌国著述一覧等の作成を試み、伝記構成への重要な寄与をしている。

(37)(38)　前掲「還暦之記」、二六頁。

(39)　このあたりの事情については、早くは山崎前掲『横井小楠』上巻伝記篇、八三～九〇頁がある。

(40)　「時務策」では小楠は「聊も官府を利する心を捨て一国の奢美を抑え士民共に立ち行く道を付る」真の節倹を行うべしということ、また官府を富ますための「貨殖の利政」は真の「富国」ではなく、領内士民の利益となる道を世話するのが真の「富国策」である、との二つが重要な内容であり、この意見は、従来肥後藩では絶対的権威であった細川重賢の宝暦改革の政策を批判したことが注目され、「功利」批判として重要である。この「時務策」の成立を山崎以来の通説である天保十四年ではなく天保十二年であると判定したのは鎌田前掲論文（『熊本法学』一九）が最初である。

(41)　前掲「還暦之記」、二六頁。なおこの時期に小楠が朱子学に転じていたことを示すものは、天保十四年に小楠が著した「題見聞私記後」である。この点について詳細な論を展開したのは平石直昭「横井小楠研究ノート—思想形成に関する事実分析を中心に」（『社会科学研究』二四—六、一九七三年）である。

(42)　下津休也について前掲『肥後人名辞書』は「名は通大、通称久馬、隠居して休也と称す。号を薫雨と云い、文武に通達し、傍ら画を善くす。世禄千石。奉行及び番頭を経て大奉行となる。維新の際京摂の間に奔走尽力する所あり。明治十六年七月歿す。年七十六。大正五年十二月正五位を贈らる」と記している。永孚は「還暦之記」に於て「下津先生汎ク才ヲ愛ス、其余ヲ遇スル素ヨリ懇切……先生容忍ノ量極テ大ナリ、余カ較容忍アルハ先生ノ訓導スル所居多ナリトス」と述べている。下津もまとまった伝記は作られていない。山崎前掲『横井小楠』上巻伝記篇、一一四七～四九頁参照。なお後年永孚が明治天皇の侍講を勧めていた頃、多くの書翰を下津に発しているが、その中でも「迂生事は不肖を不顧、此道を以て鞠躬尽力の覚悟に候。昔年来太翁（注、下津）を始め、温良公（長岡監物）・小楠先生の御教示を受け、今日斯様に承はり居候得ば知己に報し候事も只是のみと存込候」と下津に対する愛敬を示している（明治十二年七月十九日、沼田哲、元田竹彦篇『元田永孚関係文書』〈山川出版社、一九八五年〉一五一頁）。永孚は更に岩倉等に対し下津顕彰の働きかけを熱心に行っていたことも（同、八六～八八頁）下津への気持の発露と見ることができよう。

(43)　前掲「還暦之記」、二六頁。

(44)　長岡監物については今更改めて述べるまでもないが、文化十年に生れ、「名は是容、監物と称し、本氏は米田。食禄一万五千石、世々家老職たり。安政六年八月十日歿す」(前掲『肥後先哲偉蹟正続』八一一頁)。天保三年二十歳の時父是睦没して、家老職を継いだ。その活動については、後述する如く「還暦之記」にも所々に触れられている。伝記としては早く『米田是容先生』(『採釣園之誉』)、がある。また、山崎正董「長岡監物伝(一)〜(三七)」(『日本談義』一四六〜二〇一、日本談義社、一九六三〜一九六七年)は、山崎氏の遺稿の掲載だったが、惜しむらくは安政六年までで未完となっている。更に鎌田前掲『暗河』四号論文がある。なお山崎前掲『横井小楠』上巻伝記篇、五〇二〜五〇六頁も参照。ここには元田永孚が著した「故肥後藩大夫温良長岡君墓道志」が小伝としてあげてある。

(45)　山崎前掲『長岡監物伝(一〇)』による。

(46)　同前『長岡監物伝(九)』による。

(47)　前掲「還暦之記」、二六〜二七頁。

(48)　実学党の成立の時期については左の諸説がある。

天保十二年……山崎前掲『横井小楠』上巻伝記篇

天保十三年……花立前掲『元田永孚自叙伝解題』

天保十四年……鎌田前掲『熊本法学』『熊本史学』所載論文

平石前掲『社会科学研究』所載論文

松浦玲『横井小楠』(朝日評伝選八、朝日新聞社、一九七六年)特に注(1)の整理(同書、二七九〜二八一頁)を参照。

(49)　山崎前掲『長岡監物伝(一〇)』による。

(50)　前掲「還暦之記」、三二頁。

(51)　同右。

なお永孚はこの会合では最年少でもあったため他の四人について、それぞれから如何なる影響を受けたかについて「余識見ハ横井先生ニ学ンテ、実行ハ之ヲ荻子ニ得、誠意ノ工夫ハ長岡大夫ニ効フテ、容認ノ量ハ下津先生ヨリ得来ル所アリ、余カ性質家訓ニ成リテ、其学問ノ実得四先生ノ薫陶スル所タル大概此類ナリ」(「還暦之記」、一一九頁)と簡潔に余すところなく述べている。また永孚には「六友歌」(「五楽園詩鈔」落合為誠選、珍書同好会)と題する詩があり、長岡監物、下津休也、横井小楠、荻昌国、湯池丈左衛門、道家角左衛門の六人を挙げているが、その中の前四人については「有友有友有六友、管鮑雷陳窃自負、米卿(監物)碩徳与学富巍似泰山圧、林藪、津公(下津)、長者汎愛運思汪詳龍蛇走快廊者是黄時存(横井)志気軒昂衡北斗察機決難如剖瓜忠実精悍狄子(荻)有掲綱張目無遺漏経済之才誰出右……」と詠じている。以て永孚の四人に対する気持と評価を確認することができる。

(52) 前掲「還暦之記」、一一七頁。

(53) 前掲『肥後先哲偉蹟正続』、一一七頁。

(54) 「退野語録」同右、一一八頁。

(55) 「孚斎存稿」同右、一一九頁。

(56) 李退渓については、阿部吉雄『日本朱子学と朝鮮』(東京大学出版会、一九六五年)参照。

(57) 楠本正継「大塚退野ならびにその学派の思想　熊本実学思想の研究」(『九州儒学思想の研究』一九五七年所収、後に国士舘大学附属図書館編『楠本正継先生中国哲学研究』〈国士舘大学附属図書館、一九七五年〉に所収。以下では楠本A論文と記す)。及び同「実学思想についての試論」(前掲『中国哲学研究』所収)。

(58) 山崎前掲『横井小楠』下巻遺稿篇、八七六頁。

(59) 嘉永二年八月十日付本庄一郎宛小楠書翰「奉問条々」(同右、一一三一頁)

(60) 同書(落合為誠選、珍書同好会)は「明治十六年癸未晩夏」の元田の自叙、「大清光緒十年四月遵義黎庶昌」の跋文を付し「東野元田永孚著　外様落合為識選」として版行されたもので二巻。この詩は巻二中に「余嘗詠懐古今英烈忠賢得十六人　以寓希賢之意……」との前書きを付されたうちの「其十五退野深淵二先生」という詩である。

(61) 同右、巻一。

(62) 後年元田が天皇への進講を行った際の言として「程朱の学は朝鮮の李退渓に伝はり、退野先生其所撰の宋子書節要を読み超然として得る所あり。吾今退野の学を伝へて之を今上皇帝に奉ぜり」と述べたと言われる(山崎前掲『横井小楠』上巻伝記篇、九五頁)如く、退野の学統として自覚的であった。

（63）この二篇は元田永孚の文書中に「旧稿文書全」と題して一冊にまとめたものに収められている（国会図書館憲政資料室蔵元田永孚文書目録番号一一五―1）。「信心説」には文末に「弘化三年丙午七月下浣」の日付と「弘化三年丙午は永孚二十九歳の時なり」との書込みがある。「読西依答問説」は「弘化四年丁未正月下浣」「此書ハ永孚三十歳の時朋友と講学のために記したるものなり」とある。なおこの書名中の「西依」とは、大塚退野の弟子西依成斎のことである。西依成斎は「始の名は正固、字は潭明、後名を周行と改め儀兵衛と称す。成斎は其号なり。玉名郡の人、京都に住し、惟を下して教授せり、寛政九年閏七月四日歿す、年九十六」（前掲『肥後先哲偉蹟正続』三二一頁）。また「西依答問」は森省斎の録したものである。

（64）これは今迄に紹介されたことがなく、またそう長文でもないので左に全文を録し参考に供したい。

信心説

信心の一段ハ退野先生体験説の跋文に述られて、其教示誠に親切にて有之候得は、実ニ初学の者入道の門戸にて可有之候、然るに信心をたて申さんとしても、此心を以此心を立申さんと致し候へハ則私意に出て、たとひ立たる様に有之候ても偽りにて信心にてハ無之候、信心と申候ハ実理のまさになすへきを信し候にて、三代聖人の道今日現実行われんと只一筋に疑ハぬ心にて候、君の以堯舜たるへき儀にて有之候得ハ、今日実に堯舜となし奉るへき儀と信し可申候、己以伊尹たるへく候へハ、己真に伊尹たらんと信し可申候、是則実理を信するにて此信心ハ理と心と二ツならぬ事に御座候、惣して実理と申ハ天下古今ニ通し治乱常変の間テなく只一条のものニ御座候、故事の上ニてハ此勢ニより人々より行ハれ申さぬ事も有之候へ共、其道理ハいつとても亨らぬ時ハ無之事必然にて疑ひニ無之候、大人者否而亨と申候而、其身ハ塞ツとも其道はかへつて亨たる事にて、孔孟の事業も当時に行ハれされとも、其道ハ天下後世昭々乎として少しも欠闕無之、龍逢比干ハ諫死、伯夷叔斉ハ餓死し候へとも、三綱五典ハ愈照らかに成たるにて候へば、道理の亨らぬ事ハ決して無之候、然るに其信心の無之候ハ、畢竟利害の俗習ニ染ミ居て、成敗の迹より道理を見候故、種々の疑ひをつけ申たるにて候、今直によく利害の俗見を脱却して実理の当然を見候へは、油然として不レ可レ不レ信の実心出申候而、真の信心自ら立チ可申候、故ニ信心と申候ハ聖賢の上にて申事にてハ無之、初学の道に入るの門戸にて信心の立候て、夫より初メて種々の工夫も付、漸ニと徳も進ミ可申候、信心の立と申候ても直様徳の進ミ可申やうも無之、人の信じ可申様も無之、賢者より見候ハヽ、愚カにも見へ可申、世俗より聞候ハヽ、嘲りも可致候得共、我信し候道理におひてハ欠闕も無之事に候へハ何そ賢者に譲り、世俗の嘲りを避可申儀ハ有之ましき事にて有之候なり、

弘化三年丙午七月下浣

弘化三年丙午は永孚二十九歳の時なり（後の注記）

（65）この書についても以下に全文を録しておくことにする。

読西依答問説

或問、西依答問ハ省斎退翁の学を伝へ、其筋を以講習致されたるにて有之候得は、学者の先務と聞へ申候、しかるに其要領いか成所ニ而有之候哉、

答曰、答問の要領ハ、学者本領を合点致し入処を得て学の路頭を不違に有之候、所謂本領とハ人の人たるゆへん、仁ニ而候、所謂入処とハ仁に入るの門戸にて候、所謂路頭とハ仁ニ至るの経由等級にて候、凡学と申候ハ人の本領仁を得ん為にて有之候得は、学者先此本領を合点数し可申候、本領を合点致し候て是に入るの門戸を得可申候、入処を得申候而、其路頭により経由等級を違へ不申候得は、終に本領の仁ニいたり得可申候、此三ツのもの揃イ不申候へは真の聖学にてハ無之候、世の学者記誦詞章ニ止り申候事ハ、我本領仁を求むと申事を合点致し不申候故、唯文字章句を玩ひ候までにて、多ク天下古今の事蹟を記し、能聖語を解し候ても何の訳にも立不申候、又陸象山のことき達識の人も、本領ハ合点致され候へとも、下学の経由等級を違へ申され候故、終に異学と成られたる事にて候、又司馬温公のことき賢徳の人も、本領仁を求め得ると申すに眼の届き申されす候故、天質の忠孝誠実までに止られ申候、或ハ功業を世に顕んと欲し、或ハ天下の儒宗とならんと欲し、或ハ程朱の学を世に弘めんと欲し、或ハ独り其身を善せと欲し候皆是本領を求るに非すして大なる学の違ひと成り申候、右のことく纔の違ひも大成ル謬りとなり候へは、学者の深く慎ミ審ニ察すへき所にて、又たとへ本領か分り候ても入処を得されは力を用る所なく、入処を得ても路頭によらされは、本領ニ至り得ることなく、又いかに下学の路頭ハ違へ不申候得共、本領を合点致し不申候へは、零砕の工夫にて惣括する処なく、終身力行致し候とも謹愿の士に止り申候、されは初学の者、先第一我本領ハ仁にて、此仁と申すハ本来我に具足して欠闕なきものにて、此仁を求め得すんは、我性分職分を尽し不申と合点致すへく候、夫よりして如何にして此仁を求め得んと尋ね申候へは、其求めの深切なる所自ら入処を得可申候、夫よりわするゝ事なく助け長スことなくあてこすることなく、下学の路頭により日用時習致し候へは、終に本領を会得可致事に候、故ニ聖賢の言語一として本領を指し示さるゝにあらざることなく、一として入処路頭の事にあらさる事ハなく候、大学ニは、明々徳を首として云、中庸にハ天命之性を掲出し給ふ、皆かく人に本領を知らしめ給ふにて候、是に因て得と本領を合点致し候へは、則是に入るの門戸は所謂敬之一字、大根本にて、大学の格物致知誠意正心、論語の孝弟忠信博文物礼、孟子の察識拡充、中庸の博学審問慎思明弁篤行尊

徳性而道問学、皆是入徳之門、下学之路頭にて有之候、
併一口ニ説き申候へは右のことくにて相すミ候得共、実に我身に会得致し候事は、中々十分の力を込メ不申候而ハ得かたき事にて、尤入処の一段を大切に申され候事、此入処なくしてハいつまでも我身に得候所なく、又此入処を得候事ハ求めの深切なるより人々体験の力を以自得致候事ニ而、人の教へなとにて強て得ることにてハ無之候、殊に本領ハ一の仁ニ而有之候へとも、入処と下学ハその人の知愚賢不肖と学の浅深高下によりて種々様々違ひある事にて候、孝弟也者為仁之本歟、とは有子の入処にて下学の実験にて候、為人謀而忠与朋友交而信とハ、曾子の入処にて、下学の実験にて候、克己復礼非礼勿視聴言動とハ、顔子の入処下学にて候、出門如視大賓使民如承大祭とハ仲了の入処下学にて候、子張の入処下学ハ言忠信行篤敬にて候、樊遅の入処下学ハ居処恭執事敬典人忠にて候、孔門の諸子皆如是にて候へは、後学の者もかくあるへき事にて、或は存養より入、或ハ克己より入或ハ忠信より入、或ハ孝弟より入、入る処行ふ所ハ人により違ひ候而、其本ハ唯仁を求るの一ツに帰着致し候、我退翁退渓を信し程朱の学を伝へられて、孔孟の道を窺ひ得られしも其入処の跡を見れは、信心の深きよりひたもの内に求めて下学致され、終に本領を得られたるにて可有之、省斎も退翁の学を得られし入処の跡ハ下学為己の四字にて可有之候、夫故此答問にも内となり外となり、為己為人の界、狂者郷愿の際心の向ふ処は殊更反復して、出家のたとへ本領の一段なとにて丁寧に申されたるにて有之候、一は今日後学の者、答問を読候て大要本領を合点致し、入処を得て学の路頭に不違様に各心を用ひ可申候得共、わかく外と成り為人するニハ成り易く候得は、切実の工夫為己の義を以此心を常任提撕致し、専一に内に向ひ本領を求るの志を持して格致誠正の路頭ニより、日用下学の実を勉め候こそ、此書を読候もの、要領にて可有之候、
弘化四年丁未正月下浣
此書ハ永孚三十歳の時、朋友と講学のため記したるものなり（=後の注記）

(66)　楠本前掲A論文参照。

(67)　実学=朱子学ということは、朱子の著述中で「実学」という言葉が何度も用いられており、『中庸章句』巻頭には「其の書は始めに一理を言い、中ごろ散じて万事となり、末に復た合して一理となる。之を放てば則ち六合に弥り、之を巻けば則ち密に退蔵し、其の味わい窮まり無し。皆な実学なり」（島田虔次『大学・中庸』新訂中国古典選第四巻〈朝日新聞社、一九六七年〉一六四頁）と述べていることについても、同書一六五～一六六頁で島田氏が「実学」という言葉の今日の日本でのうけとめ方と中国語での「実学」の元来の用途のちがい、朱子が前引で程子の説をひいて『中庸』の書は全部が「実学」であるといっているのは、即ち「内容

のある学問」という意味にもとづく、と注意を喚起しておられることは重要な指摘である。

また楠本正継氏は前掲A論文において「実学」という言葉が朱子の使用に出るものであり、その用例から朱子の「実学」が①文献学であり、②また「格物」であり「実体の学」であるが、それは①であるとともに宋の乾道四年当時福建省に起った飢饉救済を目的に広く浙江地方に実施した朱子の「社倉」の事業でもあり、極めて経世的政治的であり「経世学」とおきかえられる。②また「実体」は「全体大用」と同義であり、その具体的内容が「仁」である等の指摘をされている。

いささかくどいように実学＝朱子学という点の確認をしているのは、このことは当時朱子学を学ぶ者達にとっては改めて言われるまでもなく普通に知っていることであり、小楠や元田が自分達の学問を「実学」であると強調することは、そのような状況において、時習館の学問＝朱子学に対して自覚的に殊別しようとしていることを意味していることを確認しておきたいためである。そして元田においては後に明治四年五月四日彼が明治天皇へ最初の進講をすませた折に「余二十五歳ニシテ長岡温良師、横井先生、下津大人、荻子ト共ニ程朱ノ学ヲ講シテ聖人ノ道ヲ信シ道徳経世此ノ実学ニアリト自ラ任シテ疑ハサリシモ、藩俗ノ忌嫉スル所トナリ、世ニ否塞スルコト殆ント三十年、兹ニ至テ始テ天廷ニ坐シ天顔ニ咫尺シテ此学ヲ講シ、親シク天聴ニ達スルコトヲ得タリ、何ノ慶幸カ之ニ過キンヤ」（前掲「還暦之記」、一二八頁）とその感想を述べているが、元田は天皇に講じた此学は朱子学＝実学であること、小楠達と講学をはじめた時の志を自分がすべて継承していると確信しているのである。
(68) 注(59)と同じ。
(69) 松浦玲「日本に於ける儒教型理想主義の終焉（四）―実学と儒教国家」『思想』六三〇、一九六七年一二月）。本論文は随所において啓発される所の多いすぐれた研究である。
(70) 前掲「還暦之記」、三二頁。
(71) 密書「天保十五年学校之事監物」鎌田前掲「熊本史学」論文より再引用。
(72) 鎌田同前掲論文。
(73) 密書「教授助教え相渡候書付」鎌田同前掲論文、及び山崎前掲『横井小楠』上巻伝記篇、一一〇～一一一頁。
(74) 前掲「還暦之記」、三二頁。
(75) なお鎌田氏同前掲論文は、この元田が挙げた人々と、天保十五年（弘化元年）に藩政主流派がひそかに調査したと思われるリスト（密書「実学派名附」）によって、実学党と目される藩士の一覧表を作成している。度々引用している同氏の「熊本史学」論文は藩政史料の中から新史料を数々発掘し駆使することで、それまでの小楠研究に注目すべき新事実を数多く提示している。同氏によれば一覧表には全体で四七人の藩士の名がみえ、その中には一〇〇〇石以上が一四人おり、役職でも家老はじめ中老、備頭、奉行等要職にあった者、現職のものなどが多くあり、五人で始めた会読は一年余で一大勢力に成長したと評されている。

(76)　前掲「還暦之記」、三三～三四頁。

(77)　「実学党」という呼称は、この弘化元年から四年にかけての抗争の過程で、主として反対派から一種の蔑称としてそう呼ばれたもののようであることは、元田が「還暦之記」において「(俗吏一統が) 長岡大夫ノ一派ヲ指斥シテ実学党ト名ヅケ肯テ交通スルコトヲ為サヽルニ至レリ」と述べていることからも推測される。しかし前述したように「実学」という言葉は朱子学を指すものということを考慮すれば、反対派（学校党）が「実学党」を蔑称としたところに、まず彼らの小楠達への屈折した怒りが含まれており、しかも小楠や元田達は、そのことを逆に自分達の正しさとして受けとめており、ますます反対派の怒りを増幅したと考えられる。この点については松浦前掲『思想』論文に教示された。

(78)　前掲「還暦之記」、三四頁。

またこのことと関連して、学校党によって水戸学と関係づけて「実学党」非難がなされ、逆に水戸派の動向が「実学党」に影響するということについて、平石前掲論文が「水府学＝実学自認＝天朝びいき＝小楠らも同一轍＝斉昭ら蟄居＝熊本藩にとり危険」といった連想のリンクが成立したことによると指摘しており興味深い。永孚らも、自分たちに対して「世俗ノ傍観固ヨリ之ヲ知ラスシテ水戸同党ノ看ヲ為シ俗論ノ忌ム所」となったとの認識を示す。勿論永孚らは自分達は「素ヨリ水府ノ学問ヲ効フニ非ス、其興国ノ志ハ同シト雖トモ経国ノ道ハ見ル所亦異ナリ」と、当初から自分たちの学問と水戸学との差異を自覚的に主張しているのである。

(79)　この事情について元田は「大夫ノ職ヲ辞スル、下津横井二先生其議ニ預ルコトアリ、当時一藩ノ忌疑漸ク逼ル、横井先生余ニ謂テ曰ク、忌疑ノ至ル所重譴ヲ受クルモ測ルヘカラス、若シ玆ニ至テ動カサルハ子ト余トノミ」と述べている。「重譴ヲ受ル」ことはなかったが、「大夫職ヲ辞スルニ及ンテ大夫ノ家士俄然沸騰シ、横井先生ノ誤ル所ト為シ将ニ先生ニ害アラントス」(以上前掲「還暦之記」、三六頁)という如く小楠に対しては監物家臣による加害の危険さえあった。

(80)　以上のところは前掲「還暦之記」、四五～四七頁。

(81)　同右、四七頁。

(82) 小楠塾の創設時期については松浦前掲書五三～五五頁、及び二八一～二八二頁参照。なお小楠塾以降の所謂実学党横井派となってゆく門人達についての研究としては、花立三郎により一連の試みが続けられており注目されるところである。花立の成果で管見のものは左の如くである。
①「徳富一敬の研究」(『尚絅短期大学研究紀要』第一〇輯、一九七七年)。
②「熊本実学派の人びと」(科学研究費重点領域研究「東アジア比較研究」昭和六十三年度報告書『一九世紀における日本と中国の変法運動の比較研究』一九八九年)。
③「徳富一敬の研究」(同前科研費平成元年度報告書、一九九〇年)。
④「山田武甫―熊本実学派の人びと」(『季刊日本思想史』三七、一九九一年)。
⑤「第一回衆院議員選挙と山田武甫」(『市史研究くまもと』三、一九九二年)。
⑥「明治初期における中央と地方―熊本実学派の思想と行動」(『アジア文化研究』一八、国際基督教大学アジア文化研究所、一九九二年)。
⑦「牛嶋五一郎―熊本実学派の研究」(『熊本史学』七〇・七一、一九九五年)。
⑧「河瀬典次―横井実学派の研究」(『近代熊本』二六、一九九七年)。
⑨「内藤泰吉―熊本実学派の研究」(『近代熊本』二七、一九九九年)。
(83) 鎌田前掲『熊本史学』論文によれば、奉行以下政治向役職と共に特に藩主、若殿側近の役職について、実学党の者を任命する場合には事前に長岡佐渡に伺うべきであるとされているという。
(84) 前掲「還暦之記」、五七頁。なお肥後藩の記録によればこの時の人数等については「急速早立手八拾人　一番手弐百八拾参人　二番手弐百四十一人　合六百四人」が派遣されている(「癸丑以降秘録」及び「本牧表御警衛一巻」いずれも『改訂肥後藩国事史料』第一巻、三一～三四頁。なお以下では『国事史料』と略す)。
(85) 前掲「還暦之記」、五七頁。
(86) この経過については山崎正董「長岡監物伝(一二三)」が『国事史料』を用いて詳しく述べている。また松浦玲前掲書一〇七～一〇九頁参照。藩主が監物を用いることを決めるまでに監物が藩主へ意見書を出したり小楠が藤田東湖や越前藩の鈴木主税、吉田東篁と連絡をし徳川斉昭や松平慶永に肥後藩主への影響力を行使させようとする工作を行ったことなどがある。

(87) この時永孚が監物に送った意見書は「吾妻の躧」と題されるもので、「元田文書」中に所収。なお監物は翌嘉永七年一月九日江戸藩邸に到着。同年（安政と改元）五月任を解かれて帰国するまで約五ヵ月在府となったが、その間の監物の動向の詳細については山崎前掲「監物伝（二七）～（三五）」に詳細に述べられているが、特に監物と水戸藩士、中でも藤田東湖との交流（書翰の往復、会見）について詳しく記しており参考となる。元田はこの辺りのことを「大夫ノ江府ニアル、水府老公ノ知遇ヲ得藤田戸田越前ノ鈴木等ヲ初メ諸藩ノ俊傑ト相交ハリ、大夫ノ名望大ニ天下ニ顕ハレタリ」（前掲「還暦之記」、五八頁）と述べている。

(88) 前掲「還暦之記」、五八頁。

(89) 同右。

(90) 山崎正董氏は、長岡監物と水戸藩の諸士との書翰の往復を二七通蒐め、それらの紹介を行っている（「水戸土産」『熊本教育』三九四、三九五、三九六）。その一覧は表1の如くである。

また監物は安政元年の三月七日、同十九日、五月一日と三日東湖と会談している（『国事史料』二）。斉昭の揮毫を得たのは安政元年四月六日（『国事史料』一、五〇八頁）のことである。

このような監物と対照的に、小楠の安政二年三月二十日立花壱岐宛書翰には、はっきりと水戸への不信と非難を表明している。「水老も全く和議相唱へ被成候」などの江戸の詳しい事情を知った小楠が「窃に天下之勢を見候処、朱子之所謂天下之正義不破流俗而破君子之私心と申は中々名言と奉存候……必竟は水府之学一偏に落入り天地之正理を見不申処より、其流義之大節義を却て失い候様に罷成恐敷事に御座候。……恥を忍び和を乞候て扨後日に中興仕る事は決て無御座候。……是全利害之私心にて実に慨嘆之至に奉存候。総じて水府如此上は天下知名之士大抵は是に付応いたし……智術之計策を尊び候様に成行くは此学根底無き者」（山崎前掲『横井小楠』下巻遺稿篇、二二〇～二二一頁）と述べている。水戸(学)が「一偏に落入り」「利害之私心」「智術之計策を学び」と強く非難し、それを共に「天下知名之士」が大体是に同じているると批判するとき、その「知名之士」の一人として監物も対象とされたと言わねばなるまい。

(91) 前掲「還暦之記」、五八～五九頁。

(92) 松浦玲前掲『思想』(六〇三号) 論文、及び同氏前掲『横井小楠』二八四～二八五頁。

(93) 前掲「還暦之記」、五九頁。

(94) 以上の「大学」首章についての理解、及び引用は、島田前掲『大学・中庸』二四～四一頁、に主として拠っている。

(95) 前注(90)後半の立花壱岐宛小楠書翰を参照。
(96) 松浦前掲『思想』(六〇三号) 論文。
(97) 前掲「還暦之記」、五九頁。
(98) 元田は「古ノ天下ヲ治ル者ハ、必先大本ヲ立ツ、大本ハ何ソ、人君ノ心是ナリ、何ヲ以テ人君ノ心トス、聡明仁愛人ヲ知リ民ヲ保ツ是ナリ……人君ノ心一タヒ立ツ時ハ、措置末広カラス法刑未備ラスト雖、天下人心ニ感スル所、其実透徹、其事業ノ成ル、政令ヲ待タス、民ノ之ニ赴ク、水ノ卑キニ就クカ如キ者アリ」(「君徳輔導上言」〈国立国会図書館憲政資料室蔵「元田永孚文書」一一七―15〉)。

表1

差出	受取	年月日	差出	受取	年月日
長岡監物	藤田東湖	嘉永六年十一月十五日	藤田東湖	長岡監物	安政元年二月二十一日
		安政元年一月十九日			三月一日
		二年二月二十一日			三月二十四日
		二月二十二日			四月二日
		二月二十六日			
		五月五日			
	会沢正志斎	安政元年三月二十九日	会沢正志斎		安政元年四月十日
		二年二月十四日			五月三日
	烈公	二年十一月七日			七月十六日
	原田八兵衛	安政二年十一月一日	原田八兵衛		安政二年十一月二十六日
		安政三年一月十一日			三年十一月六日
		四年三月二十八日			十一月十六日
		五月十七日			四年二月二十七日
		安政五年三月十四日			六年四月七日
			戸田蓬軒		安政二年六月五日

（99）前掲「還暦之記」、二三五頁。

（100）同右、六〇頁。

（101）同右、六七～六八頁。

（102）同右、六九頁。

（103）安沢恕憩宛安政(三)年八月十五日付元田永孚書翰（前掲『元田永孚関係文書』二四～二六頁）。
なお引用中にあるように、元田が『新論』を読んだのは天保十五（弘化元）年であったことがわかるが、元田はまた安政(四)年六月二十日付荻昌国宛書翰（『元田永孚関係文書』九五頁）において「先日二丸（長岡監物のこと）御尋申候時分之噂には、回天詩史参候よし、余程面白く、何様藤田著述中一番骨子之書と相見へ候との噂に御座候。早く一見仕度、是は楽み居申候。……老公（斉昭）思召に而翻刻之破邪集は手許に参り居申候、余程の美本に而御座候、是も未だ一見出来兼、論は明人之文に而、一と通り之事と被考申候」と書いている如く、安政二年以降も監物との関係からか、水戸学への関心は続いていることがわかる。

（104）これは、元田が若い頃に書いた文書類をまとめて一冊にして「癸庚存稿」と題したものに収められている（国会図書館憲政資料室蔵「元田永孚文書」一一二―2）。なお「序」の末尾には「安政丙辰孟冬下浣（朱筆三年歳次秋九月望）東肥元田永孚謹序」とあり、更に別筆（これが誰の手かは不明、但し別の書にある小楠の筆蹟とは異なる、或は監物かとも思われるが不詳）で「撰文公奏議可以旻茶陽之志既撰非此文則不可為之序而此序正々堂々抱無限之慈抜与柴栗心清三朝実県之序可弁伝為」とある。「跋」の末尾は「安政丁巳孟春下浣（四年夏閏五月十日）元田永孚謹書」とある。

（105）この書も前書と同様「癸庚存稿」中に収められている。なお同書と殆んど同じ内容のものが、元田文書中に「君臣之大義」の表題で「名臣之名義」（後述）と共に「菅見私策」という書題で記され、一綴になっている（国会図書館憲政資料室蔵「元田永孚文書」一一五―8）。

（106）「八策」中本文で省略した部分は次の如くである。

二曰紀綱

欲定君志而為大臣之綱紀。一定大臣而為百官之綱紀。一定百官而為一国士民之綱紀。

三曰大臣

欲選剛明公正而有識量者。専任之総括執政百官。使政務出於一。

四曰世嗣
欲置師傅之官。以有器識者任之。博学者備顧問。直亮者侍左右。朝夕親炙。以養成君徳。
五曰賢才
欲絶賄賂属託。而妙選人才。破実学之名目。而公取士之路。
六曰士気
欲求直言而通下情。奬文武而激励之。
七曰国力
欲省雑賦而尓恩信。勧本業而愛民力。制余産而厚民生。

(107) 前注(105)参照。

(108) これは比較的短いので、ここにその全文を紹介しておきたい。

表紙　君臣之大義

題目　君臣之名義

本朝戦国よりこのかた君臣の名義明らかならず、或ハ恩信に服し、或ハ意気に感じ、或ハ威力に圧され、或ハ利害ニ誘ハれ、各其君を君とし、各其臣を臣とし、織田豊臣氏を経て皆然らざることなし。今代に至りて天下大治、君臣の分既に定まり、又動かすべからす、然とも一旦乱有時は忽ち四海分崩割拠之勢果して知るへからす、故に君臣の名義もし明かならされハ、節を当世に失ひ、恥を万世に貽す、可惜の甚くあらすや、夫王室ハ万世不易ノ大君、幕府ハ一代依頼の義主、国君ハ一身委致の思君なり、若能此義を推拡せて、治乱常変に処して大義を不失、庶幾ハ名分の実を得ることあらん、惣して郡県王治の時ハ、天下一君故に君臣の名義一定して見易し、封建覇主の世に至ってハ、一国一君、故ニ君臣ノ名義錯乱して甚知り難く、是を以大義を知らすして名分の実に暗きものハ、多く所事の君に私し、却而幕府を蔑にし、或ハ幕府を重んして王室を軽とし、又或ハ王室を尊崇せんと欲して却て所事を後にする者、真ニ不義不知の甚しきものと云べし、戦国よりこのかた、独我泰勝公のミ能大義に達し名分を明し、問関流離顚倒錯乱の世に処し惓々たる忠懇を幕府に竭し、堂々たる大節を王室に表し、常理を守りて権変に通す、真に無虧之完節と云さるへけんや、然らハ則、若くハ孫、若くは臣、能公の大節を師表し、公の至忠を儀刑して覇王の節を挺し、興覇の忠を尽し名分の実を明にし、大義を誤さる事を知らさるへけんや。

第二章　幕末維新期における元田永孚の思想と行動

一　安政期肥後藩政と元田永孚

安政四年十二月二日、永孚の父三左衛門が六十四歳で死亡し、翌年二月彼は四十一歳で家督を継ぎ「旧封五百五十石ノ采地ヲ承継シ、大組附ニ列シテ歩兵長ノ格」となり「家老大木舎人ノ麾下ニ列シ当時専ラ旧規ニ依テ軍隊操練ヲ演習……又大番所ノ宿直」などを務めた。永孚は前年三月に「時習館訓導ヲ命セラレ五人扶持米ヲ給セラル、ノ旨ヲ拝シ」たがそれを辞して受けなかった。その時の考えを彼は「学意ヲ論スレハ学校諸学官ノ主トスル所ト氷炭相同シカラス、因テ決然之ヲ辞セント欲ス」(1)と述べており、元田が自分の奉ずる実学思想が学校主流と「氷炭相同シカラス」とはっきり自認していることを確認しておきたい(2)。

翌六年十一月彼は使番に任ぜられ藩の官職につくことになった。このことは彼の行動を規制することになり、慎重で期を見るという彼の行動様式はより強められてゆくことになる。安政五年に越前藩に招聘され松平慶永の政治顧問的立場に就き、天下にその政治の理想を実現せんとの志向を、まず越前藩を通して行おうとする小楠とは、当然ながら以後その行動において差がひろがってゆくことになる。

ところで当時の藩政は「三家ノ首宰松井佐渡権ヲ執リ、其末家松井典礼久シク側用人ノ首領トナリ専ラ君寵ヲ得、其意気ヲ承クル者皆要路絡ニ列ナリ、真野源之助溝口蔵人相継テ大奉行ヨリ中老職トナリ、一落ノ政事旧規ヲ遵奉シテ失誤鮮シト雖トモ天下ノ時体ヲ知ラズ」[3]という、学校党主導の「旧規ヲ遵奉」するのみで、新規を厭い、「天下ノ時体ヲ知ラ」ない藩政が続いていたのである。その典型とも言えるのが、安政四年八月小楠が松平慶永より越前藩への正式招聘を受けた際の藩庁のとった態度[4]に表わされていると言えよう。慶永からの藩主斉護宛直書を受けとった熊本では、藩主斉護も重役たちも越前から二度と申し入れてこないよう断ることで一致し、十月二十三日付の斉護の返書は教育の助の端になる見込もさらになく役に立たぬとわかっている人物を差出すことはできないと述べている。更に江戸家老溝口蔵人は自ら越前藩邸に出向いて「平四郎儀は別に一見を立候哉。門人時習館にも出席いたし不申。土台之学問は山崎家と唱候様子に候得ども実学杯とも申、純粋之山崎家とは相見不申、兎角何事も当今之有様に引付、乍恐将軍家はケ様、列候列藩之内何方にてはケ様、自国之政事人物ケ様左様と申形にて相倡候処より門下之諸生自然と党を結候様成行」、昨年は学意論から刃傷沙汰を引き起こし、いまは門弟も減少して残るは在郷の者か旅の者位で、そんな人物だから貴藩に行っても混乱を引き起こすのは目にみえており、藩主も重役も「不安意」でお断りする他はないと散々に悪口を並べたて、溝口はこれだけ言っておけばもう申し入れてはこないだろうとの感触を国許に報じている。[5]この溝口の悪口には、逆に当時熊本で小楠が門人たちと如何なる議論をしていたかがよく記されており、藩の重役主流派がいかにそれを忌避し、危険視していたかがよくわかる。と同時に、学校党主流派には、何故越前藩、慶永が小楠をほしがっているのか想像もつかなかったのであろう。周知の如く最終的には学校党の願いも空しく藩主斉護は慶永の再度の懇願にまけて小楠の貸与に同意を与えた。この一件の経緯を見るだけでも当時の藩政主流のあり方が良くわかると言える。このような肥後の藩論について吉田松陰は「肥後ハ俗論家ニ候」[6]と評しているが的を得たものであるといえよう。このような状態に対する元田の不満は強いが、その一方で彼は藩の枠を踏み越えての「処士横議」という風潮にも批判的であり、「余又藩士ノ方向ヲ誤リ旧習ニ泥ミ徒ニ幕令ヲ固守スルノ義理ニ暗ク又吾カ事フ所ノ主君ヲ後ニシ国ヲ出テ勤王ヲ唱フルノ守リヲ失フヲ懼レ、君臣ノ大義ト云一書ヲ著」(7)したと述べているが、これは元田の慎重さが示されているところと見ることもできよう。

横井小楠は、越前に赴いた翌安政六年早々に実弟永嶺仁十郎の死により熊本に帰省し、その後も何度か熊本に戻っている。その度に元田や社中の者は彼と会って種々の話を聞いており、(8)また越前から（のちには江戸から）度々社中（門人達）に対し書翰を発して、越前藩における改革努力やその考え方等を伝えており、元田達は、それを通して情報を得ていた。安政五年七月十九日付の荻昌国に宛てた元田の書翰は「此節之御飛脚にも、政府（藩政府）は例の通りにて何事も分り兼、勿論船は渡来に相違無之、至而平穏にて交易一条は総而彼が望に被任せ、此節は京師へ再御伺之間合無之と云を以、関東限り御言切に相成候由、西城一条は諸方より申来候由に候へ共、政府には何とも不申来候間、未だ落着とは相見へ不申、しかし十に八・九は相違も有之間敷……水府越前は二ノ丸（長岡監物）にも重く案労之由に御座候。……向後之処唯々可懼は一橋公を初め老公・越公之御身上にて、いか成不可測之憂隠発可仕哉も難計」と、江戸の政情について報じ、藩政府の情報収集の不十分さをも嘆きながら、今後についての心配を述べている。そして自らの政治に関する考えを「君子の道」として「此道は天地間に消滅致し候ものに無之故、其時所位に当而扶植賛恭之力を尽し可申、其成否は又天に帰し申候事」であると確信して、「此儀を会得仕不申候ては兎角一偏に塞りて、苦節之士にならざれば慷慨放浪と成り可申」と述べ、政治における暴発慷慨を戒め、更に「横井は定て貴教通り凡案外之大活見可有之、越公を扶け明哲保身而投機応変之措置も可有之歟と、是のみ頼に奉存候事に御座候」と、小楠の「大活見」に期待を表明している。(9)ところが「万延元年三月水府士人佐野竹之助等十七人井伊大老ヲ要殺シ、其党大関和七郎等我龍口邸（君公ノ在ル江戸館ナリ＝割注）ニ投ス。邸中愕如タリ」(10)と、桜田門外の変の勃発とその一党の大関和七郎の江戸藩邸への駆け込みという事態が起り、藩はその対応をめぐって大困惑をしていた。(11)元田と荻がこの事件の報をうけて論じたことは、同年四月五日、同十二日付の二通の荻宛元田書翰に良く示されている。(12) 元田はまず五日付書翰において事件後久世広周が老中になったことを素直に喜び、更に「此上何卒太田間部公を初め河路岩瀬等廃黜之諸賢、往々復職に相成、二名公も宥免之大命有之候而天下之事に御預りに相成候様、天地神明に祈申候事、実に御同心に奉存候」と、今後の幕政の変化を期待する。そして「沼山之見識大兄之貴翰通り、徹井伊家之剛復硬断、則正議流之乱起而四海流血に至り可申、今又非有十七人之気節神速、則列国割拠之変可有之処、両度共に其機間に髪を不容間に転危而為安候事、雖曰人事皆天也……小生初而三月三日之急報を聞、未だ理非曲直之論を不言、先此一勝のみ為天下賀歌を奏し申候事に御度候」と感想を述べている。更に「独り所恐は正議流之変止而俗議流之禍熾に、今又俗議流之禍去而正議流之起る機会に至り候処、兎角正俗一偏之私見に僻し候処より両流相闘、遂に両ながら天下国家を誤り候事、実に杞憂慨嘆之至に而、沼山之見識通りに御座候」と小楠の物事の捉え方に改めて信頼を寄せている。

この書翰に対し「去る八日之御細書相達忝々拝誦仕候」とある如く荻からの書翰が来ているようであり、元田は「先書拝読仕候内、段々高意に背き候件々被仰下忝々奉存候」と荻から示された意見に対し例えば「微十七人云々、是此節大兄之御示諭にて小生敬服仕候事に御座候。然処列国割拠之乱と申候事御主意に齟齬致し居、大兄之御存慮は右様迂濶之儀に而は無之、猶御先書拝見仕候様御示教之趣具に拝承仕候」と荻の趣意を元田が十分理解していないことへの指摘をうけ「小生浅見定而及不申儀」とした上で、元田は自分の理解は「彦侯は我執天下側目罷在居候事に而、十七人無之候とも追付いづ方よりぞ変時起り候筈に而有之候に付、万一十七人之面々此節彦侯討洩し候はば、一時に国々処々より起り立、四海鼎沸其乱不可言候処、瞬息之間大将被討候而其乱鎮り候事、誠に危き事に御座候との御趣意と愚考敬服仕候処、右様列国割拠などと春秋天慶之迹形を以、迂濶之論にて拝答仕候儀、貴慮に齟齬致し候歟と此度被仰下候而初而反省羞服仕候」と謝りながら、続けて「初より左様御趣旨を汲取違致し候訣《ママ》にて無之」と弁解し、

「浅見には時運之成行を申候事に而、此一挙を誤り申候はば従是忽天下之乱と相成、其乱之所及何時歟定るべき、終に国々割拠之形に成り候外有之間敷との浅見に而、沼山見識を汲取候処も、士君子之乱と申候而も直様四海流血には至り申間敷候得共、其変之所及遂に四海之戦争を引起し候に至り可申との先見と、小生には相考へ申候事に御座候故、此節は貴教之通り右之裏はらにて御座候得共、矢張其時勢事変之所及其成行如斯歟と申候意味に而、割拠とは得貴意申候事に御座候」と反論している。このような率直な意見の遣り取りは彼等の間の信頼感の上に、更には小楠の思想を共通の前提としてなされていることが良くわかるとともに、元田の時局認識を示すところとして、いささか長々と検討してみた。元田は「還暦之記」においても「井伊大老徳川氏ノ為メヲ慮リテ忠ナラサルニ非ス、外国ノ形勢ヲ知リテ利害得失ヲ考ヘサルニ非ス、唯其為ス所私意我見ニ出テ剛愎擅断、上ハ天朝ヲ憚ラス下ハ正義ヲ覆圧シ終ニ禍ヲ取ルニ至ル、皆是自ラ招クナリ、佐野等十七人身ヲ以テ天地ニ殉シ一呼シテ大憝ヲ斃シ甘ンシテ死ニ就ク、真ニ天下正義ノ魁、其懐ニスル所ノ素懐書、一時天下ニ伝播シ懦夫モ悚動スルニ至リ、彼宋朝胡澹菴ノ奏議ニモ勝リタルナリ(13)」と評している。更に「横井先生曾テ天下ハ君子ノ乱ニ破ル、懼レ戒ムヘシト云レタリ、卓見ノ論ニテ、徳川氏ノ衰季其小人俗吏ノ為ス所ハ固ヨリ論スルニモ足ラサルカ、唯惜ムヘキハ君子ノ党大器量大見識ノ人少ナクシテ事ヲ急ニシ、其謀ル所智略ニ出テ小人俗吏ト常ニ相抵抗争論シ、終ニ勢勝ツコトヲ得サルヨリ過激ノ所為ニ出テ其心ハ忠ニシテ其事ハ義ナリト雖モ皆大道正理ヲ講セサルノ過チナリ、是然シナガラ皆時運ノ然ラシムル所(14)」と、慎重な姿勢をくずしていない。

二　文久・慶応期の活動――京都留守居期を中心に――

文久元年秋元田は新藩主細川慶順の参勤に従って使番として出府した。「八月三十日ヲ以テ国ヲ発……江府ニ達ス十月十日ナリ」[15]との旅の途中の見聞では、「二十一ヶ国通行仕候に、備前岡山領程人工を尽し候土地は無之候。……人才は如何成者追々に出候哉。何様熊沢之仕置今に残り居候事と古昔を想像仕……」と、かねて高く評価していた熊沢蕃山の治政時にも思いを馳せ、また着府後も「水府一条」「夷人一条」等について荻昌国へ報じている。[16]永孚は四年の江戸在勤となり、彼にとっては「職務ノ外窃ニ心ヲ天下ノ事情ニ通シ国ニ尽ス所アラン」[17]という機会を得ることになり、江戸において日本全体の政治的激動を直接に見聞することになる。

文久二年は政局の大きな変動が続いた。正月江戸で坂下門外の変が起き、老中安藤信正が襲撃され、命に別条はなかったが政治的生命が傷つけられた。三月には島津久光は公式の調停と称し大軍を率いて上洛した。久光は幕政改革要求の勅命を携えた勅使大原重徳を擁して六月江戸に乗りこみ、幕政の改革・一橋慶喜の将軍後見職就任・松平慶永の大老就任という具体的な幕閣の改造を求めている。この間にあって熊本帰省が長引いていた横井小楠は、慶永の求めで出府することになり、七月六日江戸に着いた。[18]小楠は慶永のブレーンとして活動を開始した。詳細な経過等は省略するが、閏八月二十八日、参勤交代制の緩和、大名妻子の帰国、供行列の服制の簡素化などを主要な内容とした改革を発表にもちこませるに至っている。この改革の方針は小楠のいわゆる「国是七条」[19]を、慶永が自らの方針として幕閣で主張していったことによって成されたと考えられる。[20]

永孚はこのような目ざましい活動を展開していた小楠としばしば会ってその意見を聞き識見をたかめており、「沼山ニも道中ニ而越前より之御使者へ行逢ヒ早打ニ而此表江出府当月六月ニ常盤橋越前御屋敷へ着仕候翌七日一ト時斗之間小生御小屋へ参り候而久々拝面相語り申候元気も大ニ宜敷今暫者寸暇も無之との由ニ御座候今ニ初らさる天下之人材ニ而ハ有之候得共此節御一新之盛運ニ逢申候而ハ益以天下之人傑只々感服仕候のミニ御座候。小生儀茂……当春より天下御一新之御盛典を眼前ニ見聞仕候のミならず、沼山ニも出会此後は段々機密之御模様も伺取可申実ニ好キ時節ニ罷上り居候と是も難得之奇会と自分感奮罷在申候事ニ御座候」と元田は改革に直面できることを喜び、また「難得之奇会と自分感奮罷在申候」とはり切っている心境までを国許の荻蘇源太に宛てて述べている。(21)なおこの改革について永孚は「皆事ノ大ナル者先生ノ建議スル所居多ナリトス。幕府積年ノ大弊ヲ一時ニ改正スル実ニ非常ノ大難事ニシテ、斯ク迄速ニ実務ノ挙リタルハ先生ノ苦心共力モ亦大ナリト云ヘシ」と小楠の果した役割を高く評価しながら、続けて「然トモ天下将ニ崩レントスルノ勢ニナリテハ幕府措置スル所天下議論ノ赴ク所ニ先ンスルコト能ハス、……若シ此改正ヲシテ井伊大老執権ノ前ニ在ラシメ余等持論ノ如ク将軍ノ世嗣ハ一橋慶喜公ニ定メ水府老公ヲ以テ輔翼ト為シテ、天下有志ノ心ヲ収メ」(22)るといった形であったならば、との消極的な評価もしている。(23)更に注意すべきは元田が「此時吉田平之助江府留守居たり、余カ横井先生ト親交ナルヲ以テ余ヲ介シテ先生ニ会シ、幕府ノ内議ヲ聞知スルコトヲ得タリ、長谷川都築亦先生ニ相会センコトヲ求ム、余又中ニ居テ相周旋ス」(24)と述べる如く、江戸藩邸の役人達が元田を介して小楠に接触して情報を得ようとしたという事実である。かつてあれほど小楠を越前藩に出すことを厭い妨害せんとしていた藩が、人は変ったとはいえ、このような政治状況に直面して情報収集を行うため、あえて小楠に接触してくることは皮肉な結果とも言えよう。(25)

このように元田は小楠と会いながら張り切っていたところ、国許における妻琴子の急死に伴う自家の動揺にみまわれ、「家事巳ムコトヲ得サルヲ以テ」帰国することに決し、九月十五日江戸を発ち十月八日熊本に戻り、「病ヲ告テ半途郷ニ帰ルヲ以テ乃家居門ヲ出テス辞職ノ表ヲ官ニ呈」し、許可された(26)。

ところでこの文久二年前後の肥後藩政の状況はいかなるものであっただろうか(27)。前述した如く学校党を中心とする藩政府の「俗論」的政治が行われていたのだが、その状況は実学党のみならず、藩内に形成されていた勤王党にとっても多大な桎梏であった。藩士宮部鼎蔵、永鳥三平、魚住源次兵衛、佐々淳次郎などは、早く吉田松陰との交流があり、その後、党派形成をなしていったが、一方で、そのメンバーは圧倒的に下士層が多く、藩政への影響力を有することができなかった。しかし文久期に至ってその活動を活発化させるようになった。文久元年には田中河内介、或は平野国臣などが個別に肥後に来るようになり、同年末には清川八郎、伊牟田尚平、安積五郎の三人が玉名郡梅林村の松村大成を訪れ諸士に遊説した。その後翌年正月宮部鼎蔵は上京し、緊迫した京都情勢に接しそれを報じた。このころから肥後藩尊攘派の動きは活発となり、運動の立ち遅れへの焦慮も強くなり、文久二年三月魚住源次兵衛は建白書を藩に提出し、その中でまず幕府の開港を非難した上で、薩摩をはじめ土佐等諸藩には尊攘の為の義挙の風説がある。しかし肥後は藩論が決しないばかりでなく「方今天下有志之諸大名より御当藩を概見仕候所者癸丑以降之御処置を根とし彦根藩純粋之御同意と奉存候趣ニ而肥後人と申候得者幕府之間同様ニ見成候而壱人も其国情を明し其内実を語る者がなく、薩藩へ往来する「有志之面々」は、肥後を通行するに「宛も敵国を経過」する様な気でいる有様である。当藩は特に幕府との関係が格別であるから急に将軍家を背にして勅意を受ける様なことは義理が悪いから、当節は勅意を奉ずるのが遅れても仕方ないといった意見もあるようだが、それは「大義事体ニ闇き利口之俗論」でしかない。「勤王ハ列藩ニのみ致させ御当国よりハ一人も義徒無之而は事成乱平之后如何之面目ありて天下之人ニ面を合せ可申哉(28)」と、藩主へ勤王上京の決意を求めている。しかし藩議はまとまらず、島津久光が兵を率いて肥後を通過して上京するのを肥後勤王党はただ見送るだけであった。その後藩は正式の態度を評議決定し四月三日に発表した。すなわち天朝の意見を十分幕府に伝え、幕府側の余儀なき事情を朝廷に言上し「皇国中干戈ニ不及叡慮台意を被奉安東西合体ニ而人心安堵いたし」政治の安定をはかるのが「天朝公儀江之御忠節」[29]であるとの公武一和、合体論であった。以後肥後藩は基本的にこの路線をまもり続けると言って良いであろう。勿論この時（文久二年前半）には薩摩も、土佐も藩主の考えはこの「公武一和」であったから、さほど逸脱した議論というわけでもないのだが、尊攘派からは当然不満の意でうけとめられた。

このような時、文久二年七月二十一日左大臣一条忠香により、肥後藩に公武周旋の内勅が下された。朝廷の意は公武一和、攘夷実行を幕府に迫ることにあった。細川家は八月十四日内勅奉承の意を一条忠香に伝えているが、実行に立ち上る気配は見せなかった[30]。朝廷は九月二十一日肥後藩誘導を長州藩に依頼、長州藩士土屋矢野助は肥後藩に使し、種々斡旋をしている。このとき藩内勤王党も手を拱いていたわけではなく、九月二十一日魚住、山田十郎、佐々淳次郎らが建白書を提出した[31]。このように内外から肥後藩の態度決定が迫られたが藩内は依然学校党勢力が強く、その間に勤王党は住江甚兵衛、佐々淳次郎、山田十郎ら急進派と魚住ら漸進派とに分裂してしまった。ようやく藩は十月二十四日「……京都之御首尾甚無心元猶此上御催促なと参候様ニても成行候而者以之外之事と申場合ニ至候付先御請御礼として良之助様御上京　大守様ニ者御用意被為済次第被遊御発駕方御治定ニ相成」[32]と、長岡護美の先発、藩主上京を決定した。長岡護美は上京にあたり、住江、宮部、轟の急進派三名を先発させ、更に勤王党の一六名を率いて十一月十三日出発、上京した[33]。更に藩主細川慶順は文久二年十二月上京に際し次の如く藩議を確認している。

一　公武江御忠節を可被為尽東西愈御合体ニ而天下之事至当ニ帰候様被遊度は従来之御本意ニ而攘夷之叡慮は固より御遵奉御国ニ取候而は愈武備充実之御覚悟……

一　（攘夷之事は）武将之任ニ付関東江御任之旨一条様より御伝達も有之……関東ニ而茂叡慮御遵奉之趣ニ候得は

江戸命令を被為奉候外無之、其上攘夷之策略は……公平至誠道理之当然を以御諭ニ相成候ハ、彼等不腹《ママ》事茂有之間敷若否ミ候而無礼を為ニ至候ハ、不得止干戈を被用外有之間敷候、扨其期限之儀は皇国中一致ニ興起国力武備整実勢機を発ルニ足を見而御処置有之其内彼を待ニ柔を以シ暫此侭被差置……肝要ニ付予其期限を被定候儀は不然候事

一　開鎖之事攘夷之御処置相立権我ニ有之御国体既ニ相立候時は開鎖者一定之議を不被立時宜ニ従可被処候

一　御出京御手続見亘は御内勅之趣茂有之候得共得斗叡慮御伺取ニ相成可申候(34)

これらの議論は大よそ当時の諸藩の大半がもっている平均的常識論であり、突出したものではない。突出をさけごく当り前の事を文飾十分に述べている。この方針と勤王党の期待とはどう整合するか、甚だ疑問である。藩主慶順は翌文久三年正月十七日京に着している。

以上いささか煩雑ながら文久二年の藩を中心とした政情を検討した。特に前述した如く元田が江戸から熊本に戻った十月以降の藩情を示しておくことが、次に見ていく元田の思想・行動を理解する上でも必要と考えたからである。すなわち文久二年十二月、元田は京都留守居を命ぜられたのである。ところで、「元田永孚文書」(国立国会図書館憲政資料室蔵)中に「出京私記」という表題の冊子がある。その「叙書」に「此冊子は文久二年壬戌の冬　命を蒙りて上京せしより同三年乃秋までの記録なり。後篇は同年乃冬より翌元治元年甲子の冬まて中奥在職中の草稿なり。観省の一端に存し置ものなり。慶応元年乙丑晩秋　茶陽山人識」とある如く、彼が京都留守居に在任中の記録が前半部分を占めている。この記録の記事は、「還暦之記」当該時期についての記事のおそらくは元となったと考えられるものできわめて重要であり、以下においては本史料と「還暦之記」を併用しつつ、元田の行動と思想を検討してゆくことにする。

「将軍家明年三月ヲ期シテ上洛ニ因テ列藩諸侯悉ク京都ニ来会ス。我君公モ上京ノ決議ニナリテ良之助公先ツ発軔

セラレ、公武合体列藩会同シテ内政振興外夷処置ノ大議ヲ定メラル、ヲ以テ、最留守居ノ人ヲ重ンセラル、先ニ青地源右衛門アリ、又江戸留守居吉田平之助不日ニ来ルト雖トモ余ヲ択ハレテ此任ニ充テラレタリ」(35)と永孚は任命当時の情況を述べている。周知のように、文久二年末から三年初にかけての政局は、長州系、土佐系の尊攘派の志士や公家達に主導権を握られている京都（及び朝廷）を中心に展開しており、諸藩主の上洛、さらには将軍後見職一橋慶喜、政治総裁松平慶永の上洛、また将軍の上洛をひかえて、尊攘派の動きも最高潮に達しようとしており、このような状況下の京都留守居職は、藩にとっても情報収集、公家や諸藩との折衝など重要な役職であった。永孚は当初「余カ不肖此任ニ当ルヘカラス、ト因テ病ニ託シ且不肖ノ故ヲ陳シテ命ヲ受ケス」(36)と二度にわたり辞退をしている。しかし同二十六日「於華殿長岡監物殿平野九郎右衛門殿より神谷矢柄迄口達之趣、辞職之内意尤ニ候得共、同席中迄ニ而差図難相成、御内聴奉伺候処、八右衛門内知之趣は被聞召届候而被召仕候間、此砌別而御人少之儀ニ付八右衛門不束ニ丈ニ而相動候様との尊慮ニ被為在候旨、畢竟両家より此度は強而御受申上候様、猶不呑込之儀は上京之上其節申達候様有之度段懇切ニ被申聞候趣矢柄より通達致し候ニ付、此上は可奉辞様無之御請申上候」という結果で奉命することとなり、「翌月十一日発途同月廿五日京着致し候」(37)（「出京私記」）。永孚がこのように京都留守居奉命を辞退しようとしたのは、彼はこの時「余カ意窃ニ惟ニ神州ノ国是タルヤ、当ニ国ヲ開キ化ヲ敷キ以テ外万国ヲ待ツヘシ、豈拘々トシテ鎖国攘夷ヲ以テ国ヲ立ツヘケンヤ、況ヤ外国ノ富強加フルニ軍艦鉄炮ノ堅牢鋭利万敵スヘカラサルヲヤ、苟モ国ヲ開キ道ヲ明カニシテ彼ヲ待ツ、彼虎狼心アルモ我正義直道ヲ害スルコト能ハスシテ以テ我国ヲ立ツヘシ」(38)と、小楠ゆずりともいうべき開国論(39)の立場に立っており、あわせて「若シ攘夷ヲ以テ彼ヲ待ツ、彼未タ夷ナラスシテ我之ヲ夷トシ、彼未タ戦ヲ求メスシテ我之ヲ攘フ、是踈暴ノ甚シキ者既ニ以テ我国是ト為スヘカラスシテ、彼ノ我ヲ侮トリ我ヲ仇トスル其利害勝敗論ヲ待タスシテ明カナリ」と、攘夷論とそれによる行動を批判していた。だからこのような立場から現状を見るとき、「往キニ長井雅楽ノ建議モ朝廷ノ旨ニ愜ハスシテ其身廃棄セラレテ、長藩ノ議専ラ尊王攘夷トナリ、今又三条公勅使トシテ攘夷ノ詔ヲ関東ニ下サレ、列藩ノ壮士浮浪京師ニ集マリ公家ヲ聳動スルモ皆攘夷ノ説ニシテ、而シテ近ク我藩ノ士良之助公（長岡護美）ニ随従シテ上京セシ佳江轟木宮部川上山田等ノ唱フル所亦皆攘夷ノ論ナリ、皆総テ余カ所見ト大ニ反対スレハ、余何ソ此間ニ向テ見ル所ヲ行ヒ周旋ノ力ヲ伸フルコトヲ得ンヤ」(40)と、京都の状況や前述した如き護美の上京時の処置等からしてその中で自分が力を発揮することはできないとの見通しを持ち、辞退したのであったが、上述の如くその職に就くことになった。

元田は京都の政局の渦中に身を投じ藩のための積極的活動にとりくむこととなった。文久三年正月十六日、藩主も上洛し、藩の首脳部は家老長岡監物（米田是豪）、沼田勘解由の下に奉行楯岡慎之助、右田才助、用人大木織郎、藪図書、小姓頭神谷矢柄、鎌田軍之助留守居青池源右衛門、元田永孚という構成となった。(41)この時の肥後藩の立場は前引の藩議に見られる如く「素ヨリ公武一和ノ国議」であり、他藩からも公武合体派と見られていたが、それは当時の越前藩や薩摩藩がそうであったような主導的立場のものとは決していえない、状況追随的なものにすぎなかったと評せよう。

さて藩主上洛後の京都の政情は「近衛殿下ニも関白職御辞職ニ而鷹司家関白職御拝任、青蓮宮様ニも御閑退之御勢ニ相成、三条中納言家御出頭ニ而参政国事掛リ等之新官を被設置、姉小路少将東久世少将等の縉紳衆新ニ御推挙ニ相成、朝議専ラ此御方々ニ被決、勤王党内議ニ預リ種々調略を運ラし、……総而議奏已下参政国事掛之論説より圧崩されし」（「出京私記」）という状態となり、長岡護美が連れて来ていた肥後勤王党も、当初は護美の統制に服していたのが、このような状況下「漸次攀援致し難被制勢相顕れ、殊更御国議之本意貫徹致し難」（同）い状況となったのを見た長岡護美は、「夙ニ島津氏ニ通シ春嶽公土州宇和島因州備前ノ諸名公ト謀議シ以テ救済スル所アルモ、其行ハレサルノ機ヲ察シ[42]」、「勤王党御引纏ひ二月廿四日ニ京地御発途ニ相成候」（同）。

三月一日将軍上洛を前に尊攘派は「勅使ヲ促シテ一橋公ノ旅館ニ臨ミ詔ヲ伝ヘテ五月十日ヲ以テ攘夷ノ期限ヲ定メ将軍家滞京日数十日ト為ス」（「還暦之記」）との決定を伝えた。このことを聞いた元田は「此節こそ、天朝幕府江十分之御尽力御建議等被為在是非とも猶御滞京之儀御願可然と本月（三月）八日南禅寺政事堂ニ出候而発議致」（「出京私記」）し、家老等の同意を得、元田は越前藩にその藩議を尋ねた上で建白を行うことになり、「（三岡）八郎より至極御同論ニ有之候」との意見を得、「此趣老職初役々ニも具ニ申達候処、御建白ニ御議定ニ而、右草案八右衛門江被仰付との御内命」（同）により元田は三月十一日、攘夷期限設定と実行反対と将軍の滞京期間延長の趣旨の建白草案を作成し、十三日関白へ上呈の手はずとなった。十一日将軍家茂を従えた天皇の賀茂社行幸の後、翌十二日「朝旨アリテ将軍家滞京ノ日限ヲ延ヘラル」（「還暦之記」）事となったので、建白は中止となった[43]。

ところで松平慶永は「全体開国攘夷之御論五大洲と共ニ御談判ニ相成、地球上之公論を以鎖港交信正当之御処置被成度との御本意に有之候処、一偏之攘夷ニ御決しニ而者御本意も立兼候のミならす、公武之御為筋数々被仰建候件々一切御採用無之ニ付、御不束御病気を以惣裁職御辞職之御存念ニ而、九日より御引込ニ相成、未御願済をも御待無之同廿日ニ京地御発途福井表ニ御帰藩に相成候」（「出京私記」）との事態に直面した元田は、越前藩は「是迄御同志御同論ニ而御依頼ニ相成居候越藩、如斯ニ候得は此方様（肥後藩のこと）にも此砌御存意被仰立度」として、「攘夷之儀世界至理正当之御談判ニ相成、其上ニも侵犯之事有之候ハヽ、如何様ニも攘夷可然、其節ニ者御国を挙而帝都を御守衛可被成儀ニ候処、一途ニ攘夷と被押極非義之戦争を被始皇国之赤子を干戈ニ陥らせ、左候而、帝都之御守衛と有之候而は何之御義も立兼何之御策も無之」（同）と攘夷方針を強く批判し、「此義を以汔度御建白ニ相成御守衛も御断早々御帰藩可然儀を申出候」と思い切った意見を提議したところ、「老職衆も同意ニ而御内聴ニモ被達候処尤ニ被思召上候旨ニ而衆議ニ相成候」となったが、「攘夷之御論勤王党之怒気に触、縉紳衆より忌諱を御受可被成」との判断から建白は中止となった（同）。しかし「時勢国難、我君公此間ニ処シテ忠効ヲ奏セラル、洵ニ勢ノ為シ難キ所」であったので元田は再度藩主の建白と帰藩を主張し、「同僚ニ謀リ用人家老奉行ニ談シテ君公ノ聴ニ達シ命ヲ奉シテ建言ノ草ヲ起シ不日ニシテ成リ」「君公之ヲ可トシ親カラ奏書ヲ持シテ」、三月二十八日鷹司関白へ上呈した。更に同文の趣旨を以て同三十日幕府へも建白をしたのである。(44) このように「大樹公御滞京之儀公武江御周旋被遊御建白も御採納ニ相成候得者、今度御上京之御趣意も被達候処、時勢如此危疑陰嶮之形勢ニ相成候而者、外藩之御身此上之御輔翼者何分御力ニ不被為及、左候得者御周旋之御效験被為在候此機会ニ御帰国之御願立可然と衆議一致」（「出京私記」）した肥後藩は、藩主の帰国を願出、許可を得て四月六日藩主は京都発足帰国の途についた。「小臣事奉命之初より微力之資を以嶮難之地に出、平生之所志を伸得候儀難相成は、素定之事に候処、時世益険嶮良公子ニも案外之御早引、其後は益以困阨之形勢、切歯痛嘆之事而已ニ而、就而者己之微力を自責慚悔致し候処、今日大守君目出度御発駕之期ニ被為至小臣之心事先者御奉公も是迄と存し候」（同）とはこの時の元田の心境であった。(45)

四月四日の天皇の石清水八幡行幸、五月十日には尊攘派の主導する長州藩が、攘夷令の実行として下関にて外国船砲撃を行うなど事態は急展開してゆく。このような状況下において留守居職の責任は重大であったが、例えば朝廷からの「親兵」差出命令に対する処置においては、国許からは「五月中旬後右選士被差登候処、五十四人悉皆勤王党と相唱候面々而已ニ付驚異痛心、最早辞職も今日と存込（沼田）勘解由殿へ嘆訴致し候処、勘解由殿も同様辞職の内存ニ有之」（同）「右選士勤王党被差出候而者私之建議御国論と相違仕候のみならす、向後者甚以困窮之事共差発り職分を汚し可申と奉恐入候」（同）と、判断における重大な食い違いなどに直面させられ辞職の意を強めている。(46) また永孚は「公武一和ノ議時幾ト反動シ皆激論ノ圧倒スル所トナリ局促手ヲ出スコトヲ得ス」(47) と手づまり状況の中で事態を打開すべき方策を見出し得なかった。彼は当時の回想として「余時ニ島津氏ノ後来ニ頼ミアルヲ期シ」と島津久光に期待するところが強く、「未タ西郷大久保ノ大人物タルヲ知ラス、長井（雅楽）ノ横死ヲ嘆惜シテ周布益田久坂桂等ノ挙動ヲ好ンセス、三条公ヲ知テ岩倉公アルヲ知ラス」[48]と述べている如く、公武合体開国路線に立って、尊攘派に批判的であったことから、京都での諸藩士、公家との交流においても当然ながら一定の限界を有していたと言えよう。

ところで上述の如き尊攘派主導の状況展開の中で、小楠と越前藩有志とは「春嶽公ノ辞職脱帰以来益々時事ノ切迫救フ可ラサルノ勢ニ赴クヲ憂ヒ大ニ国議ヲ一定シ君臣一致闔藩出京以テ尽力スル所アラントス」[49]との考えで藩論の統一をはかっていたが、小楠はその状況を肥後の同志に次のように伝えている。

すなわち「只今と成りては公武共に実に難被致容体誠に絶言語申候」との状況であり、越前においては「一大議論」を発し、「夷人摂海に乗り入るを不待春嶽公尚御上京一藩を挙げ御供致し、朝廷幕府に必死に被及言上」る決意をしている。その「言上」の内容は「攘夷拒絶之義は既に天下に布告に相成候事に付今更争に不及」、先ず在留の夷人を京に集め、将軍、関白列座の下に彼ら夷人とよく話合い「其上にて何れ道理可有之、其道理に因て鎖とも開とも和とも戦とも御決議被成候へば、彼是共に安心之地に至り可申候」。これは一通りの覚悟ではできるものではなく、第一に春嶽公と現藩主（茂昭）の両公の決心と「身を捨て家を捨て国（藩）を捨る」覚悟が必要である。これで藩議がまとまれば、加賀藩、肥後藩、薩摩藩、と手を結び、三、四藩がまとまれば「必定治平可致」であろうと述べている。さらに「追啓」として藩論が一決し「此節は天朝幕府の御間柄御周旋抔と申事にては一切無之、本書の通り天下に大義理を御立とほし被成候御趣意にて有之候。尤此許は開国論と申候儀列藩へも相知れし事故」両君はじめいかなる暴発の変に遭うかもしれず、「全君臣必死再び帰国いたし不申との御覚悟にて誠に人心大に振ひ義勇感動は格別に御座候。」であり、そのため「御家中若者相すぐり外は農兵精練を撰び三隊被召連精兵大抵四千余の積り立にて御座候」と、挙藩上洛の計画の大要を述べている。[50]そして注意すべきは今後の方向について「大樹公にて難被遊御事情に候へば於朝廷黜陟進退被遊、列侯方にて有名之御方御挙用に成度、諸有司之撰挙は必しも幕士に限り不申列藩有名之士は御用朝廷にて御物裁被成度、左候へば政出朝廷日本国中共和一致の御政事と相成り終に治平に帰し可申候事[51]」と、小楠の理想にもとづく政治構想が示されていることである。[52]

さてこの方針が京都で、越前藩番頭牧野主殿介、奉行村田巳三郎を通して、沼田・元田への次の如き申入れとなった。すなわち「越前国議者此時体春嶽君徒ニ御傍観難被成此節挙国而御上京之御国議と一藩決議に相成候処、今一応京地之事情御審察被成候而直ニ御発靭可被成との御議定ニ而両人も上京致し居候事ニ付、御藩ニも御直書且御使者をも被差向、良之助様御一同御上京之儀御調略之御議定有之由、就而者国議如何ニ可有之哉」（「出京私記」なおこの話合については越前側の記録として「続再夢記事」にも詳細な記事が載っている）というのである。越前側の問いに対し永孚は「近日ノ形勢ヲ察スルニ、激論ノ士朝家ニ結合シ陰ニ謀ル所アリテ其跡未タ顕ハレス、若シ名無クシテ我妄リニ動ク時ハ、勿チ其歯牙ニ掛リテ却テ其拑制ヲ受ク、若カス今姑ク声ヲ呑テ其変ヲ見ハ、久シカラスシテ必ス其幾ノ露ハル、所アラン、一旦其変兆ヲ見ハ東西一同迅速ニ上京シ以テ大ニ尽ス所アル、決シテ遅カラス、且春嶽公当春突然ノ退帰、彼ノ徒ノ呵責スル所トナリテ、朝命未タ免許ノ沙汰アラス今復押テ上京スルアラハ果シテ朝命ヲ以テ之ヲ拒ムモ知ルヘカラス[53]」と、情況判断の違いをふまえて反対の意を表明している。勿論永孚は越前藩のこの国議が小楠により為されたことを承知している。注目すべきことは「出京私記」では「小生自ら嘆し而謂、当春春嶽様強為勇退之御処置も春嶽公之御心ニ不出し而横沼山之建議ニ可有之、此節之御急決も沼山之勇断ニ出候而恐くハ春嶽公之御真意ニ者出申間敷」と推測している。前半については元田の誤解であり、むしろ前述したように小楠が春嶽に随いて京都に出てこられなかったため、京における春嶽を支えきれずに起きた事と考えるべきである。後半についてはほぼ推測の通りであったろう。しかし続けて「沼山をし而春嶽公之地位ニ処シ此挙動措置を成しめは如何哉。馮河之勇をも用いて非常之奏功可有之候得共、実に其位を不得其用を不得、沼山をして亦此地に居キ此時体を見せしめは、当春之御勇退此節之御急進も亦必別ニ所見是あらん乎」（「出京私記」）と、流石に見る所を見た批判を行っている。そして越前藩の使者が既に熊本にも出発したことを知らされ、「越藩ノ国議已ニ決シ先生ノ意見茲ニアリト雖モ余カ国ノ為ニ慮リ時世ノ勢ヲ察スルハ大ニ同シカラス、之ヲ以テ藩議ニ訴ヘ君公両公子ノ取捨ニ決セサルヘカラス」[54]との考えを以て、「六月廿五日藩命ヲ受テ至急馳セテ国ニ帰リ七月七日熊本ニ達」[55]した。永孚は即日奉行井上加左衛門、中老有吉市老左衛門、用人田中八郎右衛門に報告、翌八日城中桐ノ間で「家老中物列席」の前で「越前国議京地時体牧野村田之談合之始末幷小臣見込之趣其巨細」（「出京私記」）[56]を報告し、その後「澄之助様良之助様御前ニ被召出」て同様に報告、更に後日藩主にも報告している。ところで同じ頃熊本では親兵差出において藩政府の政策のあまりの拙劣さ（全員勤王党で編成上京させたことから「御隣国（薩摩）よりも一藩勤王之嫌疑を不被免」という状況になっていた）に対して、「彼是之時体此侭傍観可被成時に無之、速ニ君上御上京被遊、左も無之候ハ、両公子御上京可被為在儀御当前之御処置」という議論が起こっており、更に「横沼山越藩之国議をもって此許社中へ申越し候末より社中之正議流奮発建議周旋」していた（「出京私記」）ところに、永孚が京都の最新情報をもって帰ってきた形となった。その永孚は、「今日之時体御傍観不可被成速ニ御上京被遊三条家御説得勤王党御解散可有之との議は条理明白固より可然御処置に候処、只条理のミを押立候而機会ヲ得不申候得は条理も立事を不得して大事を誤るに至り候故、条理機会篤と熟慮有之、尤大義取捨今日ニ相決候時ニは御成敗は天ニ任せ国家を挙而難ニ赴ク之時可有之候得共、今日は未タ其時宜ニは至リ不申候得は、時を謀り力を量り徐ニ条理を以御動キ可被成儀肝要ニ候。当時三条家を初諸縉紳衆専ら勤王党御信用、一切悔悟之機無之候得は決而言語を以説督すへからす、御手許之勤王党陰詰固滞決而無事を以御解放し成へからす、如此時節ニ両公子御上京被為在候とも客をもって主を攻メ外より内を制するの勢ニ而、何之御手段も難被施御条理も難相立、況哉良公子ニは当春御周旋之末ニ而却而勤王列より種々之御煩をも生し可申、是今日之時体不動之時世ニ有之候而、今姑く機会を御需被成候内ニは、乍恐宸襟之御憂悩も漏達致し、不遠彼等之我慢増長、いか成妄動暴行も発し可申、其節こそ不可失之機会ニ而、無二無三ニ御馳セ登リ速ニ克服之御手段可被為在御事ニ候」と、京都の情勢を分析した上で、現時点での上京論に強く反対した。更に永孚は続けて「尤昨今強而御上京之御決議ニ有之候ハ、、我より乱を初めて其乱を治るの御算略ニ而、格例を破りて一国之人才を御撰擢ニ相成候得は、小臣共固より御同心之議ニ候得共、御国之力を量り候得は、親兵さへ小臣共京都之建議御採用も無之、総而住江か存念ニ任せられ、沼田交代さへ遷延失意他人ニ譲りニ相成、人才之御選挙を申せは実学之流は御採用ニ無之、如此御国之勢を以強而御上京に相成、人才も不挙士気も不張独り我君をし而此嶮艱之地ニ口舌を以条理を立られ候様との議は如何成御廟算ニ候哉」（以上「出京私記」）と元田には珍しい位、藩庁の従来の政策を強く非難したのである。このことが結果的には、上京論に冷水をかける結果となり、それはまた越前藩への同調反対でもあったので、元田は「同社中ヨリノ抗議」も受けているが、前引の史料からも明らかに知られるように「先生の識見に違フト雖トモ敢テ悔ヒサルハ、国ノ力ヲ量リ両公子ノ為メニ深ク慮ル所アレハナリ」[57]という元田なりの情勢判断にもとづく確信に由来する行動であった[58]。この時の小楠と永孚との考え方と行動のちがいはかなりはっきりしている。前述した如く文久三年五～六月頃における特に京都情勢は、公武合体派にとってはきわめて不利なものであった。この情勢を越前藩の武力を手掛りに逆転させて、自分の政治的理想の実現をはかろうとするのが小楠であり、情勢判断を綿密に行い、特に肥後藩の力量を十分に知っているが故に、情勢が不利であれば有利になる迄待つというのが永孚である。永孚がこの時小楠の考え方を理解していたことは「出京私記」で見た小楠批判からも間違いないが、それに同調できないことも事実であり、時機を見るという永孚の慎重ともいうべき行動様式はここでも発揮されたといえよう。従って情勢が変化すれば、永孚の慎重論は解消されるのであり、「八月央ニ至候而は京地之時体次第ニ差迫リ、薩筑之挙動も相分リ内外之時体最早御上京ニ可相成御機会今日ニ在と研究致し」、積極的状況論を建言するに至り、八月十八日に「澄之助様御名代として御上京之旨被仰出らる。猶又良之助様御一同御登京之儀仰出られ」（「出京私記」）と決定を見ていた。そこへ八月十八日の政変の報がもたらされ、永孚は「此大変アリ上京ノ機以テ一日モ猶予スヘカラス」(59)と両公子の上京を勧めている。このように変化したことについては、事態が急変して時機が到来したと判断したからであり、自分が「情勢ヲ見ルノ誤ラサルコト」を信ずと述べている。小楠の挙藩上京策が実行されていた場合、それが成功したか否かについては即断し得ないが、かなり困難であったろうとは推測できよう。その限りでは永孚の処置と意見は肥後藩に関する限り適切であったかも知れない。永孚の考える公武合体論とその具体策としては八・一八政変を待ったほうが適合的であったように結果論としては思えるが、それはあくまで情勢を見ることによってもたらされるものであり、肥後藩自体がヘゲモニーを掌握して状況の変化を招いていこうというものでは全くなかったことも確かである。(60)さて永孚は前述の如く熊本に帰着するとそのまま「中小姓頭ニ昇転シ、原秩年捧併セテ七百石番頭格」に列した。(61)

八・一八政変後窮地を脱した幕府は権力回復を図り、一方長州藩も巻返しに躍起となっている。元治元年の前半はそのような動向がやがて暴発に至るやの緊張した状況にあった。そのような中で上京していた「両公子」（澄之助＝護久、良之助＝護美）について「京師此許之御評議相伝候処は頻ニ御帰国之御内願に御座候由」とのことで、元田は「当時長州之御処置筋を初外国之御談判天下之御経論数件之御設施未た一ヶ条之御就緒も相見へ不申実に御創業之始と可申候処、其御見届も不被為在此侭天朝幕府之御膝下を御立離被為在候儀如何成御評議歟と奉存上候」と強く批判するのである。元田は政変の結果「天下之形勢一変」しており、だからこそ「是迄通り幕府之閣老諸有司之御政事ニ而は難被為行届時世不得止勢」であると認識しており、この時こそ幕府が「此勢ニ依而御創業之始ニ御志を被為復、大藩之諸名賢を閣老同様之御職掌」に任命して政治を行うならばその力を復することも可能であろうが、「左も無御座候ハ、天下之人心不遠又々喚散仕候勢ニ可有御座」と考えており、そのような状況の折に、しかも肥後藩（或は両公子）も「御尽力の央ニも御座候得は猶当分御滞京一橋公春嶽公を御扶翼被成、会薩諸藩御一致ニ御運被成」る働きを続けるべきであり、帰国願などは為す時期ではない（以上「在職存稿」）[62]と元治元年四月小笠原美濃へ建白を行っている。藩当局の何かにつけて消極的な対応と時局認識の差異の大きさに元田が切歯扼腕していることがよく示されている。元治元年七月十九日薩・会らの兵が蛤御門で長州兵と衝突する禁門の変が起こり、二十三日幕府は長州追討の勅命を受けた。幕府は諸大名に出陣を命じ、肥後藩にも七月二十八日小倉応援を命じて来た。この前後、元田は「同僚中話合」として「下津久馬、神谷矢柄、松野亀右衛門、田中八郎右衛門、元田八右衛門」連名の「覚」に次の如く論じている。まず「今度長州之挙動実ニ正邪勝敗天下興廃之機会と奉存候得は、御国においては御国家に被為替而公武江御忠節可被為尽との従来之御国議乍恐上君上より下士民ニ至迄信実之御誠意相貫、仮令長州暴威を振ひ候とも聊も御動揺無之、いつ〳〵迄も真之尊王興覇之御精神一段徹底仕御信儀天下ニ相顕候様」と藩の基本態度の確認を求め、事件勃発後であるので先ず「良之助様御上京一刻も宸襟を可被奉安御議と奉存候、万一事宜次第ニは兵を反して長州御差向可被成儀も可有之、……何様ニも今日御出馬之御一決被為在度」、また「御隣藩御調議之儀……別而薩藩之儀……一番に御調議被為在度」と、護美の速かな上京と薩摩藩との連携を行うことを主張している。また藩の出兵に際し「総帥ニ御適任」として「御二方様」のいずれかを推している（以上「在職存稿」）。

肥後藩はまず八月十六日備頭沼田勘解由を先鋒隊長として二二九三人を小倉に発足させた[63]。ところで肥後藩の立場は元田も強く述べているように薩摩と結んで公武一和を推進しようというもので、横井小楠も八月六日勝安房に宛てて「薩大隅公も不遠上京且良之助も近日此地出発罷登り申候薩肥此節ハ一致可仕大ニ都合宜敷御座候」[64]とこの方針に賛成しており、また吉井友美より大久保利通への書翰に「大久保越州（一翁）横井勝なとの議論長を征し幕吏の罪をならし天下の人才を挙て公議会を設け諸生といへども其会ニ可出願之者はさつさと出し公論を以て国是を定むへしとの議に候由、只今此外挽回之道有之間敷候」[65]との情報が伝えられている。これは横井の発想がかなり大きなウェイトを占めていると思うが、吉井も賛成していると思われる。[66]

さてその後十一月「良之助君君公ノ先鋒ト為テ出テ小倉ニ陣ス余神谷矢柄ト本職ヲ以テ親軍隊長トナリテ之ニ随行」[67]と十一月十二日熊本を出発した。小倉滞陣中、元田は西郷隆盛と初めて会ったことを「一夕公子小笠原侯ノ招待ニ赴ク余陪騎シテ市街ノ常盤橋ヲ過ク一人ノ大男子橋側ニ立チ杖ニ倚リ顧ミテ公子ノ馬上ニ在ルヲ見ルアリ、余之ヲ目スルニ結髪蓬ノ如ク身ノ丈ケ壮大巨眼人ヲ射ル、問ハスシテ西郷ノ人豪タルヲ知ル、後沼田旅寓ニ相会スルニ果シテ是橋側倚杖ノ巨眼人ナリ」[68]と回想している。結局戦闘に至らず長州藩が降伏したため解兵となり「慶応元年正月三日公子軍ヲ率テ小倉ヲ発ス、余神谷ト共ニ騎従シ同月八日熊本ニ帰着」したが元田はその後「未タ幾クナラス職ヲ辞」し、「留守大班ニ列」することとなり職務から離れてしまった。[69]

このように第一次征長戦は終り、薩肥の連携による公武周旋という方策は具体的な行動には結果しないままに終った。幕政の改革等は勿論行われず、幕府の高姿勢が現れ、一方長州藩においては、高杉晋作ら倒幕派が勢力をもち、恭順派を排し藩政を握り、長州の態度も再び硬化し、慶応元年四月将軍親征による再度の征長令が出るに至る。在府奉行鎌田軍之助は藩主の命を待たずに肥後藩が此度の軍の先鋒となることを幕府に申請している。「是迄御先祖様御以来之御忠節諸藩ニ先立御願ニ相成不申而は其詮茂無御座」[70]と述べた幕府べったりの態度を示したが、流石にこのことは国許でも「幕府近来の処置甚た不当なれとも幕府より先鋒の命下らは止を得す之に服するも可なり自ら進みて先鋒を願ふといふは是れ即ち幕府に阿諛するものなり斯くの如き大事を主公に伺はす専断にて請願するは不臣の甚しき者なり」(71)などの非難の声があがったが、鎌田への処分はなかった。諸藩もまた名分の立たぬ今度の軍に先鋒を願い出る肥後藩に批判的であった。(72)肥後藩の態度は基本的に幕府の征長に同調していたが、それでも慶応元年中にはなかなか藩論は確定しなかった。

元田が「御建白大意監物殿江差出美濃殿江披見ニ相成候者付」との意見書を提出したのは慶応元年十一月六日のことである。(73)元田はまず「天下之治安者賢才之登用ニ有之候事は万古不易之論ニ有之候処其根本ニ心目を注ケ不申候得は衆賢挙り候而も綱紀不立し而却而紛乱を生し申候、其根本と申は今日則主上之御聖徳を御尊奉被成候将軍家之御一心ニ在之候」と、将軍の心術の在り方こそが根本であるとした上で、「将軍家之御一心御開明無之」間は「縦令一橋公之御聡明有之候とも其御聡明御功迹相顕れ候程天下之人心二ツニ分れ決而一致ニ至り難く候」と言う。だから一橋慶喜が将軍後見職として「全く周公之忠誠を御体認」し、「一毫御偏奇なく彼我是非之見を被捨有名之大久保子(一翁)勝子板倉侯等之賢を内外ニ御列挙ニ相成、猶吐哺握髪之御心ニ而春岳公を初会桑薩肥東西有名之賢侯伯にも御懐襟を開かれ天下之利害得失御尋問ニ相成公論正議下ニ遺ル処なく天下之善を集」めて、将軍を支えることが必要であると論じている。その上でこのような考えに立って藩主に対し「一橋公ニ御尽言被為成閣老其他会桑越薩之諸藩ニも公然と被仰談度」いと求めている。更に「今度根本之条理を以正大之御周旋被為在候得は彼我是非之私見」を捨てて行わねばならず、特に「越は御近族之親、薩は御隣交之義決而御疎意ニ被成間敷候」と越前・薩摩との連携をあくまで重視して「公然たる御国議明白ニ御示談被成度奉存候」このようにするならば「天下一藩も御国を敵視する事不能御一国之御信義則幕府御一新之御基と可相成」と言う。更に藩内においては「良公子に御委任被遊猶正大之御宏見ニ而彼此党派之論を被捨置ニ国之人材御登用内外之任ニ被召仕度奉存上候」と藩政における護美の起用と「党派之論」即ち学校党に偏した人材登用を改めることを求めている。以上の如き元田の議論には一貫した筋があるが、当然にもこの時期における藩主流に受容されるべくもなかったことも明らかである。

翌慶応二年一月薩摩藩は土佐の坂本竜馬の斡旋で長州藩と結び、四月には幕府に対して征長出兵を断って来た。(74)薩摩藩のこの行動は、これまで薩摩との連携を意識してきた肥後藩の立場を微妙にしたが、結局学校党主流の親幕的主張が大勢を占め、六月には出兵に踏切るに至った。実学党、元田の意見は、現状は「全幕府御一府之御政道と奉伺候得者此侭ニ而天下之御政道相立人心感向仕候儀は万々以無之御議ニ而実ニ危急切迫之御時体」「我思威を以て天下を服せられんとの御私ニ被為出候得は決而天下之服従は無之」であるとして「幕府今日御一府之御政道幡然御改革被遊天下と共ニ天下を治るの御心取」にて従来から主張している公武一和、人材登用、衆議公論を実行するべきであり、肥後藩としては「右様之御条理を以此節十分之御献言御尽力乍恐是を以皇国幕府江之御奉公と可被遊」、「幕府之御政道正ニ出候ハ、天下背キ候とも御輔翼被遊、若又非道ニ出候ハ、御一藩を以も御諫争決而御追従被遊間敷」との基本態度の上で、「根本御建白一日も御急発ニ而右御建白御採納被遊内外之御賢才御登用列藩公共天下と共に天下を治るの御目度御一新被遊候ハ、早速御人数可被差出、若此侭之御征伐ニ被為在候ハ、列藩決而奮発仕間敷、御国におひても何分御受御当惑被成候段被仰立、御建白御採納有無を以出兵之御決定被為在候ハ、御条理相立可申と奉存上候」と論じている。(75)長岡監物もこの趣旨に同意であり、六月になって元田が「(監物の)内意ニ依而認」た意見書において「今日御国議断然御立被遊一刻も御使者を被差越」小笠原老中に「外国危迫之情状ニ因る問罪之師打入期限急ニ被差延」ことを献言すべきであり「一条之御名義を以閣老御卒発之御指揮に被応、御自国之疲労農力之衰弊をも御厭無之、容易ニ二番手迠御繰出に相成候儀、乍恐天幕江真之御忠節とも不奉存上如何成御国算に被為在候哉」と強く出兵抑制を論じ、しかも「重々奉恐入候得共私儀二番手被差出候儀は何分御免被仰付候様」とまで述べている。(76)しかし藩当局は

「当家ハ殊ニ九州之前軍ニも候へハ速ニ人数差向不致尽力候而ハ対公武名義必至度難相立」[77]として断乎出兵となり、監物は「事玆ニ至ル武門ノ栄辱決然処断セサルヘカラス宜シク速カニ軍ヲ帥ヒテ小倉ニ出テ兵ヲ頓メテ動カス幕僚小笠壱岐守ニ説クニ前議ヲ以テシ天下ノ大勢ヲ洞察シテ将軍家自反班師ノ挙ヲ為ナシムヘシ、是失フヘカラサルノ幾今日ノ策此外ニ出テス」[78]と元田から奨められ第二陣を率いて出発した。しかし出兵の命を受けた諸藩も全く幕府への義理で出兵しているに過ぎず、七月二十七日小倉兵を援けた肥後軍が来攻の長州兵と戦っても他藩の来援はなく、戦死者七人、手負い六人の犠牲者を出し、第二次征長戦で九州における唯一の被害を蒙った。この状況に怒り愛想をつかした溝口蔵人、長岡監物は「此侭ニ而ハ無謀ニ陥り候迄之事」「今日之機会を逸し候而ハ只々大勢之御人数死地ニ陥り候迄之事」と報告し、独断で七月晦日に撤退した[79]。藩も漸くここに至って藩兵引上げを認め、また大命を奉じて小倉表に出兵したが、幕府の処置が「宜を被失長防は不服を重ね諸藩出兵之向も多ハ責を塞候迄ニ而」幕府の命令にも応じない有様となっており、このように「御大本確定不仕諸藩一和不致候而は……御自反御更始之外他事無之」との建白を幕府に差出しさえしたのである[80]。

この頃には仏・英とそれぞれに戦って和した後「外国ノ形勢漸ク分カリ攘夷ノ為スヘカラサルヲ真知セリ、而シテ各国皆帝王国ニシテ我国ノ如キ将軍ノ国権ヲ執ル国体無キヲ以テ並立ノ為シ難キヲ恥ツルコト知レリ、是ニ於テ廃幕ノ論復古ノ議紛々興起」[81]と述べている如く、元田も薩長が倒幕勢力であることを認識している。彼は将軍家茂の死、慶喜の将軍宣下を聞き、また「我藩一藩固僻ノ見聞ヲ自守シ佐幕ヲ以テ国論ノ主義ト為」している状況に対し危機感をもち、「今日ノ勢天下英雄ノ心已ニ幕府ヲ去ル、将軍ノ職ヲ維持シテ治ムヘカラス、慶喜公宜シク将軍ヲ降リ列侯ト共ニ同心協力シテ天朝ヲ翊戴セバ、庶幾クハ国家ヲ安ンシテ其地位ヲ保ツヘシ、我藩盍ソ此議ヲ建テ、慶喜公ニ建言セサルヤ」[82]と監物に建言しているように、新しい時代の到来を確信しているが、あくまで武力倒幕には同意せず、将軍の辞職による政治の変革を望んでいる（公議政体論の立場）。従って慶応三年末の王政復古の宣言について津田山三郎（信弘）からの報知を聞き、「時勢已ニ玆ニ至リ天理ノ運営ニ此ノ如クナルヘシ、決シテ失計ニ非ザルナリ」との認識を示しながらも、安場一平が「非常ノ挙驚クニ堪ヘタリ、然ルニ横井先生ハ是ヲ是トセラレテ賛成ナリ」と小楠の判断を伝えるや「先生ノ見地此ノ如クナル時ハ復危疑スヘカラス、我藩ノ主義大ニ改メサルヘカラス(83)」と、小楠の判断に力づけられて藩主のすみやかな上洛を勧めるのであった。

三　維新期藩内政情の混迷と実学党・元田の活動

慶応三年十二月九日王政復古の宣言により新政府の成立となる。三職設置に伴い在京中の肥後藩士溝口孤雲と津田山三郎は十四日参与に任ぜられ、十八日長岡護美と横井平四郎御召の達書が京都肥後藩邸に下った(84)。これに対して溝口孤雲は国許家老への書状で朝廷では小楠を強く要望しているが「同人ハ御案内之身分ニ而天下之御政道を被議候参与局抔ニ被差出候而ハ何とも不都合ニ有之候得とも……一ト通之被仰立ニ而ハ相済申間敷されハ迚其侭被差出候而ハ御家中一統之物議何程ニ可有御座哉甚以懸念仕候(85)」と消極的な態度を示している。これを受けて藩は小楠は病気であるとの理由で断っている。これは表面的理由で内容は「御国許彼是俗論差興一応病気と被仰立」ての断りであったため、朝廷が認めることもなく、三月八日岩倉より重ねて召命の意が伝えられたため藩も止むを得ず承諾し小楠を士席に復した上上京を許した。小楠は上京四月二十二日徴士参与に任ぜられた(86)。この時、元田は、「先生道理ノ活見経綸ノ運用時ヲ待チ君ヲ得テ之ヲ天下ニ行ハント欲スルノ志此盛運ニ遇ヒ進取ノ意敢為ノ気已ムコト能ハス門人ノ望ム所モ亦皆玆ニアリ」と小楠や社中の多くが小楠の上京に積極的であったのに対して「先生ノ召ニ応スル余独以テ早シトス窃ニ先生ノ身ニ危ム所アリテ心ニ賀セサルナリ」とやや消極的であったというのである。それは元田において後の小楠の遭難において「先生ノ出ル僅ニ三年ノ後ヲ待タシメハ決シテ後日ノ禍アラジ」との「事後ノ論」につながる感じを有していたことを、元田は「余カ神機ニ感スル所」(87)と述べている理由、俗に言う胸騒ぎ、虫が知らせるといった感覚的な理由によってのことであったと述べている。これは元田が消極的とさえ思われる程の慎重な情勢判断の為せるところであったと言えるかも知れない。

世子細川護久は熊本を発し上京、鳥羽伏見の両軍対峙の中を正月三日京都に入り、十二日議定に任ぜられた。護美も二月末上京し、三月一日参与に任ぜられた。しかしながら肥後藩のこの変革への対応は鈍く、藩の方針をめぐっては、在藩の主脳部は家老に実学党の長岡監物(米田是豪)がいる他は、長岡帯刀(松井盈之)、有吉将監、小笠原美濃、郡夷則、有吉市左衛門などすべて学校党系、守旧派で占められ、中老・奉行も同様であったため、維新政府から布達される改革についても消極的であり非協力的であったことは見のがせない。それでも軍制改革による軍備強化は特に王政復古後の維新政府の兵制確立に対応してゆく意味からも至急の取り組みが必要とされた。在京中の護久は明治元年二月十三日在藩の家老中老あて書翰で「御国之御軍制ハ是迄御先蹤茂有之事ニ候得とも如是宇内之形勢より致変革候而は御軍制茂又不致変革候而は実地之勝利無覚束……先達而京摂間戦争之次第且即今列藩出陣之模様等茂具ニ致承知候へハ猶更切歯ニ堪不申……岩倉殿より段々咄之内西洋之兵制ハ数百戦ニ試候良法迚茂此筋ニ不相運候而ハ皇威を海外ニ赫耀いたし候儀は六ヶ敷依之神州一般右之兵制ニ被仰付旨不遠御沙汰之筈ニ候間非常ニ致尽力候様被申聞候……万一天下之大勢を不弁不相替偏見固執心得違之者茂難計候間右等者江は篤斗申諭炮術ハ勿論士台之兵制より断然御改革被仰出一刻も御国体御取堅不被為在候而は往々如何成都合ニ成行候茂難量実ニ案労之至ニ候(88)」と、単に砲術の改革だけではなく、根本的な兵制自体の改革と洋式採用を強調し、また改革に対する「偏見固執」の藩士の反対をも予想している。この方針へは当然の如く藩内で反対論が出、ようやく正式に軍制改革に着手するのは、護久が同年閏四月十二日帰藩して藩主から内外政務一切を委任され自ら改革にあたることによって、六月十八日旧軍制を改めるに至ったのである。

以上やや煩雑なまで経過をふり返ったのは、この改革が元田にも関係してきたからである。即ち慶応元年中小姓頭を辞して以来無役であったが、慶応三年十二月二十九日高瀬町奉行に任ぜられ(89)、翌一月二十八日に現地に赴任していた。閏四月十四日その彼に「藩ノ召命アリテ側用人兼奉行」となった。この前後元田をはじめ多くの実学党系の人々が登用されている。四月二十二日大奉行に任ぜられた下津休也は五月十八日には小笠原美濃と財政改革に当ることになった。四月二十日有吉将監、郡夷則の二家老が退き、二十四日米田虎之助が家老本役に列せられた。道家角左衛門は前年から奉行職にあり、牛島五一郎も閏四月から奉行をつとめた(90)。このように護久を中心に元田・下津・道家・牛島の実学党によって六月の軍制改革が進められた。しかしそのことが一方で学校党・守旧派の反撥を惹き起こし、更に征東軍派遣の可否をめぐっての論争と相俟って藩論は沸騰した。その経過をまず元田の述べる所によって見てみよう。討会の議についても「我藩ハ素ヨリ徳川氏ニ厚クシテ会藩ヲ是トシ薩長ノ挙動ヲ驚怪シテ征伐皆薩長ノ私ニ出ル者ト為シ討会ノ議ヲ不是トシテ俗論紛興セリ」という有様であった。更に「幕府ノ彰義隊ノ兵士上野ノ宮ヲ擁シテ上野ノ山ニ拠ル」との報に接して「我政堂同僚ノ議幕兵ノ勇ヲ称して官軍ノ勝ツコト能ハスト云者アリ、余断言シテ曰ク、朝敵ノ余燼何ヲカ為シ得ン必不日ニ撲滅スヘシ、後報至ル五月十五日官軍上野ノ山ヲ取ル、残兵東走シテ会津仙台地方ニ逃匿スト、同僚初メテ驚ク」という状況認識の違いをさらけ出し、朝廷が会津征討の令を発し、長岡護美は東行し征東大総督輔翼、米田虎之助も江戸に赴いているにもかかわらず「在藩ノ諸有司天下ノ大勢朝旨ノ在ル所ヲ知ル者僅々タルノミ」という状態であった。六月初旬、官軍副参謀として江戸に到っていた安場一平が帰藩し事情を報じ護久上京の急務を陳べたが、藩主・護久共になお決断つかず「奉行用人ヲ召テ時事ノ得失ヲ計リ各意見ヲ言ハシ」めた時、「同僚皆曰、会藩義憤固守シテ東国諸藩連合応援セハ天下ノ事未タ知ルヘカラス、我藩宜シク兵ヲ出スコトナリ漸クニ勢ヲ見テ動クヘシ、澄之助君上京ハ病ニ託シテ猶予ヲ願ハレテ然ルヘシ」との驚くべき日和見の立場を執った。これに対し元田は「今朝廷ノ大義名分凛然トシテ、首領ノ慶喜恭順命ヲ奉シテ違逆スル所無シ、然ルニ遺蘖ノ会藩仮令強敵ナルモ幾日カ支フルコトヲ得ン、薩長仮令私意ナキニ非サルモ王命ヲ奉シ順ヲ以テ逆ヲ伐ツ、其勝ンコト必セリ、西郷アリ大久保アリ木戸アリ大村アリ、文武人ヲ得内ニ籌リ外ニ応ス、算遺策アラジ、若又軍気逡巡スルコトアラン日ニハ必天皇親征アルヘシ、普天ノ下誰カ敢テ之ニ抗スルコトヲ得ンヤ、其得失成敗今復之ヲ論スルニ及ハス、唯大義ニ由テ速ニ命ヲ奉シ越後白川ノ二道ニ藩兵ヲ出シテ以テ勤王ノ師ヲ助ケラレヨ、岩公ノ召状ハ必謀ル所アラン。公子殿下ヲ労スルト雖トモ従来ノ忠誠此際ノ危急国家ノ為メニ尽力セラレサルヘカラス……両公殿下顧慮スルコト無ク速ニ茲ニ決セラレンコトヲ」と、出兵と護久上京を強く説いたが、「出兵上京ノ議ハ余牛島ト二人ノミ」「勢ヲ見テ動カサルノ論ハ道家宮村林永屋井口ノ五人」(91)と「勤王論」は「孤立」の上京となってしまった。このような藩論は時局認識における立ち遅れを示していることは明らかだが、同時に前述した如き軍制改革が実学党系によって実行されたとの認識から学校党・守旧派が対立感情を刺激されていたことにより増幅されたのであった。藩議は六月二十七日護久の上京中止に決定したが、七月五日岩倉からの再度の召命が伝えられると護久は上京を決意した。藩老達は驚愕し評議によって政変が起こされ人事の更迭がなされた。すなわち家老溝口孤雲は七月四日退任し、五月に退任した有吉将監が七月十一日に、また郡夷則が二十四日それぞれ家老に復し、十二日には中老木村男吏が家老に昇任、孤雲の子蔵人が中老に、二十四日には有吉市左衛門が家老に任ぜられ、また鎌田平十郎、井口呈助は二日副奉行となった。一方家老小笠原美濃、奉行道家角左衛門の二人は政変の責を負って七月十七日病気と称して引こもり翌日辞職を願い出八月四日聞届けられた。七月十二日奉行牛島五一郎は軍艦船将に転役、二日には神谷矢柄が御番頭に、元田永孚は中小姓頭に左遷された(92)。

この七月政変の原因は「近日御政道の改革を仰出され、寛永の御創業以来、宝暦の御改正にて殆んと完備せるものを、朝廷の御主旨に名を仮りて国政を改革し、富強の本を立て時勢相応の処置すべしとて、旧例古格を打破するは、是れ畢竟、御先代様より御採用なかりし実学党の者共が、此機に乗して政権を掌握せんとの野心に外ならず、然るを家老小笠原美濃、奉行道家角左衛門、同元田八右衛門等、同腹になりて其奸謀を逞くするを、此侭に生存せしめば御政務を撹乱せん之を刺殺するに若かず(93)」とまで言われたように、五月以来の改革を実学党の専断によるものとし、藩議紛乱の責を彼等に負わせんとした学校党・守旧派が、護久の上京決意の発表によって暴発しようとしたためであった。また護久自身にも本来上京について迷いがあり消極的であったことにもよるのである。この間の事情について七月二十二日元田から奥羽出征中の米田虎之助宛の書翰は「根元御上京御進不被遊御内心江衆俗之議論符合致し監察主ニ成り休焉殿（内膳家長岡忠顕）八代（松井盈之）等是を助ニ相成一統より実学派江之悪み甚敷加之兵制中興等御変革之件々惣而御両殿様之御趣意を矯メ国家を愆り候姦人と美濃殿道家を指撃致し衆口同音相唱候よし其内ニは若輩無弁之族ニ者暴発も可有之勢に而休焉殿和泉殿（一門細川興増）殿方之耳ニ相達し廟堂は存知不申候へ共裏手より一々君聴ニ聳動し誠ニ急迫成勢に而実ニ非常之御苦心御当惑被為在」と記し、また「御上京一条御内情ニ浸潤し外論主ニ成リ其末西洋御倡を初諸御改正筋一統之人気ニ悖リ惣而美濃殿道家を初神谷私共実学流之所業と憤り沸騰之末暴徒激発之勢上聞に相迫り候処より偏ニ暴発を御恐被遊候而只管物情御鎮定之尊慮ニ被為出候より外無他事御儀ニ奉伺重々奉恐入候次第ニ御座候」と書き送っている(94)。元田ほどに慎重な行動を心がけてきた人でも、また小楠に比べてより現実対応的な動き方をする彼さえもが、「刺殺するに若かず」とまでの憎まれ方をしたのであり(95)、この当時の肥後藩が、如何に時局認識にずれを有し、状況に対してきわめて反動的な体質となっていたかを示している。また元田自身について言えば、彼はこの時改革派の立場に立っていたことは明白である。だがこの事件は元田にとって大きな衝撃であったらしく、前引の書状には、「若殿様御確定之御模様ニ奉安心廟堂は一致ニ而何之懸念も無御座候処より監察外議之心配りニ間を抜し終ニ主客地を替其末暴論激発御政体一変革と相成君子之罪私共不束之致ス所と只々自反奉恐入候迄ニ御座候……最早五十一垂老之齢と罷成……茶陽之一隠と罷成候儀至当之心得と覚悟仕追而退老奉願候時宜を相待申候」[96]と、自身の不覚を述べ、隠退の意思を示している。

しかしながら政局は新政府に有利に展開しており、会津包囲がなされ落城も近い九月、元田は「此時ヲ失ヒテ君公猶藩ニ退守セハ其責軽カラスト因テ君公ノ英断速ニ上京アランコトヲ欲シ書ヲ上リテ尽言ス」[97]とある如く建言を行っている。「元田文書」中に慶応四年九月付の「上書草稿」と題された史料がこれに該当する。[98]きわめて長文のものでそのすべてを紹介することはできないが、いささかその内容に触れておきたい。元田の建言は四点にわたっている。すなわち①「御上京之儀は岩倉卿より御召も有之候得共思召之旨被為在当分御猶予御願立之段奉敬承候、然処……朝廷之御為筋においては盛衰治乱共ニ御上京御直ニ御輔佐不被遊候而は御尊奉之御誠意御立被成間敷奉存上候」と、藩主上京延期について批判し、太政官の改革等についての疑念から上京に消極的な藩論に対し「堂々たる御大国之御任兼而之御依頼諸藩ニ先立朝政御輔佐皇国一定之御尽力御当前」と考えられるのに「御上京御猶予被遊候」ようでは「乍恐朝廷被遊御覧而は如何可有御座、此末御上京御打止ミニ共相成、万一君臣之大義を以御責ニ共相成候得は実ニ奉恐入候次第」と藩主上京が中止にでもなれば朝廷から疑惑を抱かれ征討の対象にさえなってしまうのではと強い危機感を表明している。万一会津征討に「時月を費し候ハヽ守戦時に順ひ益以太政官之根本御力を可被為尽」と強く藩主の上京を勧めている。②に「御隣藩御信好之儀」として、藩内には「諸藩之挙動ニ疑惑を生し或は忌疾も不少、別而薩長之儀は敵国同様」とさえ考える向きもあるようだが、「万一此流伝相募り不慮之争闘引起し候哉も難計」、そうなれば「実ニ御国家之大患」であると述べ、あくまで「両肥薩長兄弟之御親ミを以一致勤王専務の御儀」として、特に薩との関係を重視すべきであり「薩肥両筑長芸之諸藩は御親戚ト云御隣藩と申、同心合力一致之御忠義」を実践することが基本であり「万一浮説之為ニ御隣好薄ク共相成候而は天下之大計を被為失候のみならず御国之御安危も御眼前ニ可有御座奉存候」と切言している。③として「御治国之儀は亦其御基本可有御座」と「御両殿様御天親之御和睦寸分之間隔不被為在処より大臣一致内外無偏党御紀綱相立候」事を挙げている。そして今般の「大臣一致に至り兼物議沸騰ニ及ひ候儀」は「意見之違」によるもので、その原因は「実学勤王学校西洋和流家等彼我之意間隔致し候処より互に疑惑を抱き終ニ物議と相成候」と捉え、「上ニ一定不抜之御見識被為在条理を以御取捨被遊候得は下ニ党派之論を立候様之儀は有御座間敷」と藩主の「一定不抜之御見識」を求めている。更に今回退けられた「監物美濃勘解由角左衛門等」は「孰も御国家を思ひ候忠臣ニ而決而御退ケ可被遊人体ニ而は無御座」とはっきり彼らの復帰を求めている。同様に「御腹心の名臣」を得ることが藩主が「御治国之御基本」を立てる上には必要であるとして、「大小臣之内ニ而忠義之気象米田虎之助ニ勝リ候人物有御座間敷……実ニ御腹心之人体末長く被召仕度」、「下津休也……精神は丈夫ニ有之憂国之志飽迄深ク諸事之気配り行届思慮周密ニ有之候」「此両人者……御腹心之名臣ニ恥不申人体と奉存候」また「美濃忠順にして思慮深く、角左衛門忠実果決智略も有之……虎之助休也ニ続而御信用被遊度」等と具体的に名を挙げ推している。更に注目すべきは「横井平四郎儀……一旦御咎をも蒙り世俗之誹謗甚敷候得共、其学識凡常之外ニ出実ニ御国中之一人当時徴士ニ被差出置御国ニ而は難被召仕候得共、再度天下之事ニも関り治道之筋におひてハ並ぶ者は有御座間敷、御国家之大計御進徳之要等御下問被遊候ハ、逸稜之御増益ニ可相成と奉存候」と小楠を高く評価し藩主に諮問を勧めている。このように元田は今回退けられた実学党系の諸人物の復権復帰を強く主張している。

この意見書の特色は以上のような藩主上京、隣藩（特に薩）との関係、家臣の復帰要望といった具体的な問題についての建言に止まらず後半部において、その思想的立場、基本的考えを藩主に全面的に説いているところに特色がある。即ち④元田は藩主に対し「今日之御専務御知識を世界ニ御求メ御心徳ヲ聖賢ニ御進メ被遊御学問と奉存候」と、まず「学問」を勧める。その「学問」とは「人君御学問と申候は則堯舜禹湯文武周孔之講習ニ相成候治道之要、心法之沙汰ニ而、二典三謨等ニ明白ニ相見申候間、御政務之御余暇右典謨之書を御覧被遊、堯舜禹之精一戒謹一心之徹一事之発をも深ク思を凝し、允ニ其中を執り賢を挙げ不肖を退ケ民を安んし国を治め、山川土穀百工之政事ニ至る迄は反復御玩味被遊、御進徳之要治道之基を御会得被遊度奉存候」と言うもの、「御政事即御学問御学問即御政事ニ而、堯舜禹之講学も此外ニは無御座儀」であると言うのである。これが元田達の講学してきた実学の主張そのものであることは、前章で検討してきたところからも改めて言うまでもないであろう。元田は君主が堯舜の心を体得することそれが学問であり、直ちに政治に直結するものであると説いて、実学の徒であることを一貫させていることがわかる。それだけではなく、元田はこの学問を「実学と申儀有之一流之学派之様相唱……数十年世上之誹謗少なからす候処」と長年の藩内での反「実学」的風潮、更には自分達が三十年前より始めた講習が如何に学校派から憎まれたか、等についても明言し、そのような誤解に対し、反論を展開する。即ち「実学と申儀外ニ替りたる訳も無御座、真実ニ聖賢之道を学ふと申事に而、平生集会講習仕候筋は、君上を尊ひ国家を重んし古之聖賢を恭ひ孔孟の道を伝へて君上を堯舜之君と仰き奉り国家を唐虞之御代と崇め奉らんと志し、一身之修行忠信仁義を失ひ不申様心懸候外更ニ他念も無御座候得は……御国中一統志有之者之学ひ可申筋に而、臣子之考迠ニ限不申乍恐上之御学問も実学之外ニは有御座間敷御儀と奉存候」と宣言する迄に至るのである。

以上やや長きにわたり元田意見書の注目すべき内容を見て来たが、元田がかなり思い切って踏み込んだ内容の意見を展開していることは、今回の自らをも含めた実学党系の人物を藩政から排除した政変への強い批判とその藩の政治動向への危惧が特に藩主に対する意見として披瀝されたものであると言え、あえて立ちいって検討してみたところであるが、そこに三十年前に元田が参加して小楠や長岡監物らと始めた実学講習の時から一貫して持ち続けた思想が生き続けていること、元田が依然として原則的実学の徒であることが確認できたことが重要である。

ようやく出兵した後も熊本藩は度々徳川氏宥免、旗本扶助の件を願い出るなどの幕府への同情的態度を変えていない。この後九月末に至り藩主は熊本を発ち上京、十月十三日に参内するに至った。元田は藩のこのような動向に対して今後のことを考えて米田虎之助へ望みを託するようになる。十月一日元田が奥州出征中の米田に送った書翰中に、「御国今日之勢実学学校誠ニ氷炭相反し候得共　監物様（米田是豪）御初勘解由様方（沼田延裕）方猶又御乗出し之儀中々難事ニ相成申候間弥以御鎮定被成候外無之只々賢台御一人之御誠忠を以内外上下ニ御立被成候得は今日之御任ハ是迄と又大ニ相替り可申と奉存候乍憚御果断御勇決は聊以不奉望御精神泰山之如クどこ〳〵迄も御持通し被為在候様に奉懇禱候[99]」と述べて、米田虎之助が改革の先頭に立つことを強く要望している。なお米田は奥州の鎮定後十一月十三日東京に凱旋し、同二十五日海路熊本へ戻った。

ところで前述の「政変」以降保守派学校党勢力によって占められていた藩政府においても、明治元年十月二十八日政府より布達された「藩治職制」にもとづく制度改革に乗り出していた。とは言えその実施は例の如く遅々としており、ようやく翌年二月に至って藩としての成案による実施に至った。ここで紹介しておきたいものとして「明治紀元戊辰孟冬十二月東皐野隠私撰」と識された「藩治制略」と題された史料の存在である[100]。これは元田永孚による「藩治職制」の解釈・私案と見ることができる。もちろん、藩において実施されたものとは内容に相違が大きいが、元田の考えが示されたその前半部分を以下に紹介しておきたい。

藩治制略

一、王政復古皇国一大治トナレリ、各藩ノ君主御政体書ノ旨ニ效ヒ速ニ旧弊ヲ一新シテ皇国一般ノ治体ヲ建ンコトヲ要ス、是国君帝ニ事ヘ天ヲ奉スルノ第一義ナリ。

一、帝ハ天ニ代リテ民ヲ理ム、万国兆民ノ父母タリ、国君ハ天ニ代リ帝ヲ佐テ一国人民ノ父母タリ、故ニ万事天理ノ至公ニ基ツキ一人ノ私ヲ用ユヘカラス。

一、封建ノ制元来王者推恩ノ仁政ニ出テ藩屏ノ権制アリト雖トモ、方今ノ封建世襲ハ是武門ノ専権土地ヲ利スルノ私ニシテ王者民ニ父母タルノ公道ニ非ス然レトモ……帝亦不忍ノ政ヲ施シテ封建ノ旧制ニ循ヒ府藩県ノ治体ヲ建ツ藩主此義ヲ知リ深ク帝徳ヲ感シ土地ヲ以テ私有ト思ハス国君ノ本ニ反リ治民ノ道ヲ尽シテ従来武門専私ノ罪ヲ謝センコトヲ思ハヽ速ニ土地人民ヲ差上ケ帝命ヲ待ヘシ是藩主道ヲ建ルノ始ナリ。

一、帝ハ血統綿々万世不易猶天日ノ易ヘカラサルカ如シ、国君ハ帝命ヲ奉シ国民ヲ治ム道ヲ得レハ国君トナリ道ヲ失ヘハ之ヲ易フヘシ。是天地自然ノ道ナリ。故ニ国君自ラ国民ヲ治メ帝命ヲ奉スルコト能ハサレハ国ヲ献シ職ヲ辞シテ賢ニ譲ルコト理ノ当然ナリ、然レトモ帝既ニ不忍ノ政ヲ施シテ封建世襲ノ制ニ循ヒ玉ヘハ国君タルモノ深ク帝心ヲ体シ奉リ予シメ宗室ノ賢ヲ択ヒ、議事院ヨリ参与議定ノ中ニ列セシメ大政ヲ見聞シ識徳ヲ開発シ国政ヲ佐ケ藩主ニ代ルノ資トナシ……。

（中略）

一、執政以下国政ニ預ル者一切門地貴賤ヲ論セス唯其賢ヲ選フヘシ其選ハ議事館ノ公論ヲ以テ決スヘシ。

一、政体ハ御政体ニ摸效シ一国ノ権総テ国政局ニ帰ス、国政局ノ権ヲ分ツテ議政施政ノ二ツトナシ其制皆太政官ノ制ニ效フヘシ。

（中略）

一、施政官ニ民政軍事刑法会計市政ノ五局ヲ付ス、五局各知局事アリテ判決施行スヘシ。

（中略）

一、学校ハ暫ク廃止ス……方今ノ学校ハ皆俗学ニテ人心ヲ眩惑シ異見ヲ誇張シ風俗ヲ害ス速ニ廃止スヘシ。

（中略）

一、洋学諸課芸斯道ノ羽翼ニシテ今日ノ急務ナリ游学生ヲ選ヒ洋行シ或ハ洋人ヲ雇テ教導スヘシ。

（中略）

一、議事院ノ制ハ太政官ニ効ヒ宜キニ循フヘシ……

いささか長きにわたったが、いかにも元田らしい位置づけによるもので、実際、彼の藩政改革においてとりこまれたものも少なくないと言えよう。

明治二年は横井小楠暗殺の悲報の熊本到達から始まった。「先生ノ変真ニ当世ノ不幸安場此報ヲ聞キ馳セ来リテ之ヲ告ク。余共ニ与ニ嘆惜シテ其賊ノ所為ヲ憤リ且窃ニ先生ノ出処ノ早カリシヲ惜ム[101]」と「嘆惜」するばかりであった。二年三月頃には外国人に対する暴行殺傷事件が頻発した。三月十七日英国公使パークスに対する侮辱事件が起り「肥後藩ト云日本大名ハ何者ソ官服モ不弁日本ハ礼国ト云トモ実ハ礼儀ヲ知ラス甚タ粗暴也[102]」と厳重な抗議が申入れられた。この事件は轟木武兵衛一派の勤王党の所為と目され政府から尋問があり、調書の結果肥後藩の名を偽った者の仕業であると報告したが、このような事件に肥後藩の名前が利用されるところに肥後藩の守旧的性格を知ることができよう[103]。ことほど左様に政府内部における肥後藩の評判は悪かった。明治二年二月には「列藩も朝意は直ニ遵奉し」実行に移しているのに、肥後藩は「何も実巧相立候程無之候而ハ実ニ御国家之為ニ不宜との御内話」が三条、岩倉より在京老臣らにあったほどで、在京老臣らも「向後　朝廷御沙汰之筋相運候様無之候而は誠ニ御国家之存亡ニ係り可申」との心配を報じている位である。[104] 永孚たちの危機感はそれ以上に強かった。彼は二年二月中小姓頭を辞し東大江村に隠退し塾を開いていたが新政府に「討肥ノ挙アリト云」噂を聞いて、下津休也、長岡監物、米田虎之助、道家角左衛門らと救済策を論じ「両公子ノ輔翼ヲ伸張スルニ非ンハ藩事救フ可カラサル」と、藩政の改革の断行を考えた。[105] この時の実学党の決意は相当固くまた積極的であった。四月二十八日米田虎之助は護久、護美の使命を帯びて鹿児島に赴き、島津久光父子、小松・伊地知・黒田などの参政に会って、熊本の実状を語り改革についての意見を徴している。[106]
また彼らは実学党豪農層の竹崎律次郎、徳富一敬らとも連携をはかりながら、学校党系の中でも中間的な執政有吉将監を説いて改革に同意させ味方に引入れている。その計画は「沸騰過激姦賊輩を登用致し候姦魁廿余人は是非御誅戮無之候而は難叶候との事ニ而将監殿右之姓名世子君御覧ニ被奉入候との事、将監殿此行寛猛二字之措置ニ出候存意之由寛則巨魁藪図書（滞京の副執政）住江（甚兵衛、尊攘派）轟木（武兵衛、同門）小篠（八之進、同）輩速ニ御国許江被差下候様被奉願候筈との事猛則此議相拒ミ難被行勢ニ成行候節は断然斧斥を用候処置有之候筈との事」と、硬軟両様の措置を計画し「正義ニは牧多門殿沢村尉左衛門安場一平罷在候間此兵力を以事を済れ候存意ト相考申候」[107] と武力行使をも辞さないとしている。ただこの計画について実学党内部においても意見が完全に一致していたわけでもないようで「社中ニ而も紛伝異議起り新堀（下津休也）元田村井（範三郎）同議、牛島（五一郎）神足（勘十郎）横井山形竹崎駒井同論」[108] と、前者は実学党坪井派が長老と仰いだ下津休也を中心としたグループとまた元田を中心とする中間派（山崎派）とであり、後者は沼山津派を中心としていることに注意しておく必要がある。前者の意見は「王政一新之今日ニ到候而ハ神州之事ハ天下有志ト同心協力共公之条理を以事を済し候筋ニ候弊は天下邦家身心一物也強而彼我を分別可致事ニ無之」[109] との穏健論でもあるが、これに対して「新堀村井半なと姑息説培養之所致」[110] との批判が急進派からは述べられる如くであった。しかしこの計画は実行されず、その企図した主脳部の追放さえ殆んど実現されぬままに、六月十七日版籍奉還を迎えることになり、藩主細川詔邦は藩知事に任命され、政府からの命による「諸務変革」がなされることになった。その結果七月二十二日発令の藩庁幹部の顔ぶれは次の通りであった。

大参事　松井帯刀、有吉将監、米田虎之助、藪図書、

権参事　住江甚兵衛、松崎伝助、奥村軍記、鎌田軍之助、井沢伝次、

少参事　村上求太郎、池辺吉左衛門、沢村三平次、藪作左衛門、（今両三人は覚不申候）[111]

一見してわかるように、大参事四人中、改革派は有吉、米田の二人であり、「巨魁」として排除の対象と目されていた藪図書が依然としてその地位を占めており、また権大参事五人中に改革派はなく、少参事にも道家之山が入っているだけといった有様では、元田が「小生共にも大分開眉の時に相成申候、然し未だ何一つ御手も付不申候」[112]と述べる様な状況でしかなかったし、改革は単なる藩機構の改革のみに終ってしまったのである。そのためか以後も中央において熊本藩に対しては「肥後或ハ佐竹久留米等専ら攘夷を称へ此三藩依然といたし居候而は万国懇信を結候儀も成兼候由英国聞込如何様卒埒付候様との主意ニ而鹿児島へ新製小銃弐百挺大炮七門差贈候由」とか、「肥藩表ニ正義を唱内実佐幕之念（不）絶朝旨を順奉いたし不申夷人と争擾を引起其乱ニ乗し為る事あらんとす真意之由申唱早ク御武断管轄四分之一被減候様との儀」[113]などといった風説に見られる如く、評判は依然として芳しくなかった。このような悪評をも挽回すべく藩としてはより明確な態度を示してゆく必要があり、政府への了解工作とともにようやく明治三年五月藩主詔邦の隠居と実学党に近い世子護久の藩知事就任に至り、改革が進められるに至った。その当初に「大参事一人良之助君之ニ任シ、権大参事二人米田虎之助津田山三郎之ニ任シ而シテ休也翁ヲ以テ権大参事ノ勤務ニ充ツ、少参事四人安場一平、太田黒惟和太、山田五次郎、早川助作、権少参事四人白木大助、宮村七五三、杉谷某、神山某、

監察ニハ沢村石平、幸準蔵……官吏皆改撰ニ成リタルナリ、初メ余ヲ以テ家令兼侍読ト為スノ内喩ヲ受ク、余固ク家令ヲ辞ス、乃知事公ノ侍読ヲ専任」[114]という藩主脳部の入れ替えが断行され守旧派・学校党勢力の退陣と改革派（実学党系勢力）がこれに代った。

おわりに代えて

細川護久は六月十一日、藩士を城内に召集して元田永孚の筆になる藩政改革の要旨を次のように諭告した。即ち、

方今皇国一致王化大行之日ニ当リ当藩之風習兎角因循固僻ヲ不免全ク朝旨未貫徹様御聴込ニ相成居右類之藩々有之ニ於テハ不得止屹度御譴責ニ可相成哉ニテ当藩之議誠以危急存之秋ニ立至リ

と、熊本藩の置かれた危機的立場から、藩政改革の急務を説き、更に、

我等一身ヲ抛チ　朝旨ヲ奉シテ藩政ヲ一新シ正四位様（詔邦のこと）之御忠志ヲ継述シテ普ク上下ニ貫徹セシメン事ヲ欲ス、一藩ノ士民孰カ王臣ニアラサラン孰カ王命ニ背キ奉ル者アランヤ但卑下賤愚之徒深遠ノ朝旨ヲ不奉窺或ハ巷説ニ惑ヒ或ハ私見ニ泥ミ是迄方向ヲ誤候者モ不少候得共是全ク本心ニアラス皆見聞ノ愆也、依之是迄之儀悉皆我等共不行届ト自反致し以往一藩更始し……人才之黜陟ヲ初メ民政兵制官員禄制等数件之政事順序ニ依テ改正致シ一藩王政行亘り候様令勉励候覚悟ニ候条有官無職之無差別一致朝旨ヲ遵奉シ……

と改革の実行についての決意を述べ、最後に、

一藩ノ士民末々ニ至マテ篤ト右之趣意ヲ真知し決而不心得之族無之、愈以皇国之為ニ奮起勉力忠誠ヲ可抽者也[115]

と諭している。これは藩士に対する改革の要旨を示したものとして注目される。

改革政治は、「毎朝政事堂ノ上局ニ出テ堯舜二典ヲ講スルヲ、知事公以下ノ大少参事列坐シテ之ヲ聴キ、相互ニ質問講習シ、畢テ諸政事ヲ施設処断シ、百事知事公ニ上請シテ直ニ施行シ留滞スルコト無シ、夜ヲトシテ知事公ノ内殿ニ出テ論語ヲ講ス、知事公及近習列生シテ之ヲ聴ク」[116]と元田が述べている如く進行した。これは元田が小楠達と講習し構想した君主の政治の進め方を現実化しようとしたものであった。だが、熊本藩の藩政改革はこのような側面のみで評価されたのではなく、改革の具体的諸政策の立案・推進の主体となっていたのは竹崎、徳富ら実学党の中でも横井派とも称されていた豪農層であり、その政策の典型として評されているのが、七月十七日の「村々小前共え」という徳富の筆になる農民への論告であったことは、諸先学の指摘から明らかである。[117]ここではその内容の詳細にふれることはしないが、年貢負担の軽減をはかるため従来の付加税としての上米・口米・会所並びに村出米銭合計八万九八三六石を免除するとしたもので、[118]小楠が理想とした「唐虞三代の大道」の政治の具現化であったことと、竹崎が構想した「改革意見書綱要」が、①領主私生活の制限、②城郭破毀、③貢租軽減による農民の解放、④領主支配機構の解体と議院制度の創設、⑤役人公選、⑥棄捐令という注目すべき内容[119]を含んでおり実現の有無を措いても高い評価が与えられている。

だが、元田について最後に一つだけ注意しておかねばならないことがある。それは元田が、この改革政治の展開進行の中で竹崎・徳富ら豪農層が果していた役割について如何に考えていたのだろうか、という問題である。これまでも再三にわたり引用してきた「還暦之記」の記述の中で、竹崎、徳富の名前はこの改革の件りでは全くあらわれてこないのである。永孚が記するのはすべて藩士の名前だけである。改革派の一翼を担っていたと評し得る元田にして、武士だけの力で幕末以来の肥後藩を維新の方向に向けてゆくことができたと考えていたのであろうか。二章にわたって上述してきたように幕末期の政局の中で状況と密着し、それに即応した姿勢をとってゆるがず、ある局面において自らの見直しの正しさをも証明し得た元田は、その支えとしてきた思想（実学＝朱子学）を小楠と共有し、その継承者を自負するにもかかわらず、小楠が一方において強い影響下に育成してきた豪農層の姿は見えていなかったのであろうか。

ともあれ元田永孚の五十余年にわたる熊本での生活はこの改革の中で終る。明治四年一月藩命により上京した彼は宣教使、少参事に任ぜられ東京に住むことになった[120]。そして同年五月三十日宮内省出仕、明治天皇の侍読（のち侍講と改称さる）となったことから[121]、二十年間の永孚のいわば第二の人生が始まるのであり、それが序論にも述べたように彼をして一つの歴史上の人物たらしめることになったのである。またそれが（政治的）保守主義（思想）者元田永孚としての筆者の関心につながることも前述したところであった。一見すると幕末肥後藩における改革派が明治前期における保守主義者であることは矛盾するようである。政治上の立場の変化と政治状況の中でのその行動の軌跡については、明治前期の政治史との関係で精しくあとづけてゆかねば、その答は出ないし、それが本書の以下の大きな課題である。では思想上においてはどうであろうか。元田は思想的に変化したのであろうか。元田の思想の核の形成について詳述した第一章をふまえて、以下の各章において、その点も併せて精しく検討することになろう。

注

（1）以上の引用は「還暦之記」（元田竹彦・海後宗臣『元田永孚文書』一〈元田文書研究会、一九六九年〉、以下、「還暦之記」と略す）六七頁。

（2）なおこの時元田は辞することの可否について横井小楠、荻昌国、長岡監物と相談している。小楠、荻は「辞スルニ同意」し、且つ小楠は「今ニシテ学官ヲ受ク、是従来講学ノ本意水泡ニ帰スルナリ」と自分達の「講学」の原理からも元田の決心を支持しているが、監物は「命ヲ受クルヲ以テ処置ノ宜シキヲ得タリトシ、且父君ノ心モ必茲ニアランコトヲ察スト懇切ニ余ニ勤メテ命ヲ受ケ其果シテ大ニ裨補ノ功アラン」と勧めている（「還暦之記」、六七頁）。小楠と堅物との立場・考え方の相違が良く示されていることに注意しておきたい。

(3) 前掲「還暦之記」、七〇頁。

(4) 以下の経過の詳細については山崎正董編著『横井小楠』(上巻伝記篇〈明治書院、一九三八年〉三八四～四〇九頁)。また松浦玲前掲『横井小楠』(朝日評伝選八〈朝日新聞社、一九七六年〉一四三～一四五頁を参照)。

(5) 山崎前掲『横井小楠』四〇二～四〇三頁、及び細川家編纂所編『肥後藩国事史料』(〈侯爵細川家編纂所、一九三二年〉以下『国事史料』と略す)二、一二一～一二三頁。

(6) 安政五年十二月二十一日付大原三位宛吉田松陰書翰。山口県教育会編『吉田松陰全集』(第六巻〈岩波書店、一九三五年〉一五五頁)。この書翰は各藩の情勢を伝える内容であり、その中での肥後藩への評である。ついでに言えば肥後藩政の「俗論」ぶり即ち大勢順応は本文で見た如くであったと思われるが、そのような事例は、『国事史料』を読むだけでいくつも見出すことができる。

(7) 前掲「還暦之記」、七二頁。なお「君臣ノ大義」については前章末でふれた。

(8) 安政六年正月三日に沼山津に着いた小楠は五日に藩庁に用事があって熊本に出、兄嫁の実家不破氏に泊っている。そこに元田永孚が訪ねて来、翌日には元田は小楠を自分の家に案内してもてなし、次いで沼山津へ送って行き、泊りこんで話している。この間に小楠から聞いた越前における仕事ぶりを書きとめたものが「北越土産」と題される小冊子であり、元田はそれを久住の郡代を務めていた荻昌国に送っている。以上の経過は「北越土産」に詳しい。山崎前掲書四七五～四八八頁参照。また「北越土産」は山崎正董編著『横井小楠』(下巻遺稿篇〈明治書院、一九三八年〉九一四～九二二頁)に収められている。また細部に差違があるが「還暦之記」、六九～七〇頁を参照。

(9) 沼田哲・元田竹彦編『元田永孚関係文書』(近代日本史料選書一四〈山川出版社、一九八五年〉以下『関係文書』と略す)九六～九七頁。

(10) 前掲「還暦之記」、七三頁。

(11) この事件に対する三月三日から九日にわたる肥後藩の処置等の記録は『国事史料』二、四五一～五一八頁に詳細に収録されている。以て肥後藩の困惑・動揺を知ることができる。

(12) 前掲『関係文書』、一〇一～一〇二頁及び一〇三～一〇四頁参照。荻から元田宛書翰が残っていないため、元田の発言の中からのみ論議したであろうことをうかがうだけにとどまる。

(13)(14)「還暦之記」、七三～七四頁。なお「元田永孚文書」(国立国会図書館憲政資料室蔵、以下「元田文書」と略す)中にこの桜田門外の変に関する興味深い史料が存在する。これは表紙に「田舎私説　永孚」と記された和紙四綴の小冊子である。その内容及び書体から推して元田永孚の書いたものと思われる。

(15)前掲「還暦之記」、七四頁。

(16)文久元年十月十三日付荻昌国宛元田書翰(前掲『関係文書』、一〇四～一〇五頁)。なお同書翰中に「水府一条は……横井着に而委細御間取相成候事に付擱き申候」とか「夷人一条は横井限に而明白に相分り可申候」とあるように、横井小楠はこの頃熊本に帰省していたので荻達は横井より話を聞いているとの前提での手紙である。ところで、荻昌国はこの当時小国・久住郡代であったが、翌文久二年一月十八日に自刃してしまった(第一章注(36)水野公寿論文参照)。その報知を江戸で受けた元田は「只々茫然と相成申候」「西望悲泣仕候計に御座候」と荻蘇源太(昌国弟)に書き送った(文久二年二月十六日付荻蘇源太宛元田書翰、前掲書、九二頁)。

(17)前掲「還暦之記」、七五頁。

(18)小楠は前年文久元年四月松平慶永へ対面のため江戸に出、八月に一旦福井へ戻ってから前注(16)にある如く十月十九日以降熊本に帰省している。小楠はこの時の江戸滞在中に幕臣の大久保忠寛や勝海舟と知り合ったのである。従って文久二年七月の出府時にはそれを前提とし大久保等との面談が精力的に展開し得たのである(松浦玲前掲書)。

(19)あまりにも有名なものではあるが、ここで引用し確認しておきたい。

大将軍上洛謝列世之無礼
止諸侯参勤為述職
帰諸侯室家
不限外藩譜代撰覧為政官
大開言路与天下為公共之政
興海軍強兵威
止相対交易為官交易
(山崎前掲『横井小楠』下巻遺稿篇、九七～九八頁)。

(20)　この経過等については、松浦前掲書一八八〜一九四頁、及び三上一夫『横井小楠の新政治社会像』（〈思文閣出版、一九九六年〉六四〜六七頁）を参照。
(21)　文久二年七月十一日付荻蘇源太宛元田書翰（『国事史料』三、一五〇〜一五一頁）。
(22)　前掲「還暦之記」、七六頁。
(23)　注意しておくべきは、この引用後半部の評価の仕方は、後の時点（「今日〈明治十八九年ヲ云〉」と元田が記している）からの評価が入っていることである。
(24)　前掲「還暦之記」、七六頁。
(25)　このことは、『国事史料』三を調べてゆくと表2のように事実であることがわかる。

表2

年月日	事項
文久二年七月十七日	横井平四郎密に慶喜、春嶽起用後の幕府廟堂の状況を吉田平之助に告ぐ(「一橋様春嶽様御当職被為蒙仰候已来之御模様承合申度、昨夜横井平四郎詰小屋ニ罷越、内密聞取候趣左之通……七月十八日　吉田平之助」)。
七月二十日	在府本藩老臣松野亘は、幕政一所に関する横井平四郎の談話を、元田八右衛門の聴取筆記せしものを藩政府に報告。
閏八月十九日	在府本藩重臣(沼田勘解由、松野亘)は、幕府に於て横井平四郎採用の議ありしも、固辞して事なきを得たる由を藩政府に報告。
十月十六日	在府本藩重臣(沼田・松野)は、松平春嶽引入に関する横井平四郎の密話を藩政府に報告。「尚々本文之趣横井平四郎より三池迄密話之由に御座候間……」
十一月　二日	在府本藩重臣(沼田・松野)は、幕府の内情を聞きて、其改革の至難なるを認め、藩主の朝旨を奉して江戸に赴き力を致さん事を藩政府に建議す(「幕府廟堂の模様に関する横井平四郎よりの至密聞書」)
十一月二十日	我藩江戸留守居吉田平之助、勅使三条実美に関して叡慮のあるところを察し、翌日、横井平四郎を訪ひて幕議の決するところを知り、尋て之を上局に報告。
十二月十九日	(横井小楠・都築四郎・吉田平之助襲撃される)

(26)　この間の事情の詳細については、「還暦之記」、七六〜八二頁を参照のこと。

(27) 幕末維新期の肥後藩政の経過については、森田誠一「幕末維新期における肥後熊本藩」(福岡ユネスコ協会編・大久保利謙監修『九州文化論集三　明治維新と九州』平凡社、一九七三年)が現在でもすぐれた研究であり、本章に於ても以下の叙述において多くを参考にさせて頂いていることをあらかじめ明記しておきたい。
(28) 前掲『国事史料』二、九〇七〜九〇八頁
(29) 同右、九二八頁。
(30) 前掲『国事史料』三、一六五〜一六九頁及び一八八頁。
(31) 同右、二九〇〜三〇一頁。
(32) 同右、三六六頁。
(33) 護美は十二月五日着京したが、翌年一月十七日藩主慶順着京迄の一月半の間だけでも連日の如く、青蓮院宮、一条忠香、近衛関白、正親町三条実愛、三条実美等の公卿や諸藩主、藤井良節(薩)、佐々木男也、益田弾正(長)等との面会、会談を精力的に行っていたことを、『国事史料』二からも知ることができる。
(34) 前掲『国事史料』三、五三四〜五三五頁。
(35) 前掲「還暦之記」、八二頁。なお吉田平之助については、十二月十九日京都出発を前に都筑四郎、横井小楠と宴を催していたところを襲撃され重症(のち死亡)を負った為京都へ出立どころではなくなった。この事件は横井小楠を狙った肥後勤王党堤松左衛門らが引き起こした。この事件における小楠の対処をめぐっての肥後藩の悪意に満ちた対応、及び越前藩のあざやかな処理は対照的である。小楠は春嶽と共に上洛の予定であったが、安全をはかって福井に戻されることとなりそれが不可能となった。この点について詳細は山崎前掲『横井小楠』上巻伝記篇六七一〜六九三頁及び松浦前掲書二一四〜二一八頁参照。またこの事件の最終処理をめぐっては、拙稿「文久二年横井小楠『士道忘却云々』一件と元田永孚の小楠弁護意見書」(『日本歴史』六〇〇、一九九八年四月)を参照されたい。
(36) 同右。
(37) 前掲「還暦之記」では十二日出発となっている。
(38) 前掲「還暦之記」、八二〜八三頁。
(39) 元田の対外観については、第三部参照。

(40) 前掲「還暦之記」、八三頁。

(41) 長岡監物と、親族でもある神谷矢柄の他はすべて学校党主流派であるが、以後史料を見てゆくと元田は主に沼田勘解由と連携して行動するという形が多くなっている。

(42) 前掲「還暦之記」、八五頁。

(43) この時の建白書草案は「出京私記」(「元田文書」一一二—6)に全文が収められている。

(44) 前掲「還暦之記」、に「此奏案別録ノ出京私記ニ記載セリ」との注がある如く、「出京私記」はこの両建白書を収めている。これは元田にとって留守居職在職中の重要な仕事となった。なお両建白書は『国事史料』三、六八三頁以下及び六九五頁以下にも収録されている。

(45) 「此砌御国許之心友より贈簡の中ニ社中之批判微力之遺憾有之候との趣」と、元田への批判があったことに対し「去冬已来当地之形成益々困阨ニ赴き候次第者追々呈書之通ニ而、良公子之御明敏果鋭をもってすら御論解成りかたく……春嶽公之公誠忠純を以ても諄々御説得相成不申強而御勇退之御運歩ニ至られ……皆々時世不被得止之権変ニ被出候得者、是則大樹公之御大器も一橋公之御英果も困窮ニ至らせられ候ゆへんニ而、今日之困阨不得智者而知事了然たる儀に御座候、嗚呼長雅楽明快之活論遂ニ廃黜横死と相成、横沼山広大之識眼却而不測之災難を招き候様之儀、少く時世を予占する者豈自処する所を知らさらん、況小生之微力争か小補之功可有之哉、畢意我方を知時世を知り候故先ニ奉命之初に奉固辞候事ニ而今日社中之責所不放辞ニ御座候。雖然良公子を初諸名賢侯陸続御退散之後、太守君能公武之御間に御周旋……右御建白一条前後三十日三間発議より一奏草を終候迄隠微論述周旋扶翼之労者は小生関而力無之にしもあらす、是多少国家に報するゆへんニ御座候、時世挽回之儀者小生之微力初より所不能担当、偏ニ強有力英特之君子を待而已」(前掲「出京私記」)と、先見の自負をもふまえて反論してみせるのであった。

(46) この肥後藩の「親兵」の身分構成については森田前掲論文二三四頁表1を参照。
またこの一件について元田は特に「轟木宮部之両人は外之勤王党と違ひ今度凋略之主本ニ而既ニ罪状も陰発致し、二月十七日夜中勅使之発端轟木儀良公子之命を不受私ニ関白殿下を聳動致し、其砌良公子之御心痛は奉恐入候次第而已ならす、朝廷を誑嚇せしめ幕府を圧迫致し候次第、其罪実ニ不軽……たとへ朝命ニ而御呼登せニ相成候とも、此両人は決而被差出候儀は無之筈ニ付、選士書取ニも此両人は別段ニ而是非御差省キニ相成候様御付紙をも相願……未夕其墨も乾き不申内一応之御返答も無之、勤王党悉皆差出候のみならす右両人迄も被差出候儀遺憾切歯之次第ニ候」(「出京私記」)と、轟木、宮部を強く非難し、また安易に勤王党派遣を決めた藩当局への批判を行い「右選士勤王党被差出候而者私之建議御国論と相違仕候のみならす向後者益以困窮之事共差発り職分を汚し可申と奉恐入候間一日も早く素志之通病気閑退之身と罷成申度」（同）とまで述べている。
(47) 前掲「還暦之記」、八五頁。
(48) 同右、八六頁。
(49) 同右、八七頁。
(50) 文久三年五月二十四日、及び二十六日付在熊本社中宛小楠書翰（山崎前掲『横井小楠』下巻遺稿篇、四一五～四二三頁）。このように小楠の構想は熊本の門人達には詳細に伝えられている。なおこの件について、小楠は村田巳三郎が派遣され「沼田大監、元田へ被談合候筈」と述べている。
(51) 文久三年六月六日付在熊本社中宛小楠書翰（前掲書、四二五～四二七頁）。
(52) この件に関しての詳細と理解とは三上前掲書、一〇四頁以下、また松浦前掲書、二一九～二二六頁を参照されたい。
(53) 前掲「還暦之記」、八七頁。
(54) 同右、八八頁。
(55) 同右、八八頁。
(56) この報告の内容にあたるものとして「京都留守居元田八衛手録之事、越前藩士牧野主殿介村田巳三郎話合之大意」と題された、文久三年六月二十八日元田が大坂滞船中に記した文書がある。内容はくり返しとなるのでここでは省略する。前掲『国事史料』三、九四四～九四八頁、を参照されたい。
(57) 前掲「還暦之記」、九一頁。
(58) なお越前藩のこの挙藩上京論は、将軍東帰によって状況に変化を生じ、そのため藩内に意見の分裂が起り紛糾し、七月下旬小楠につながる上京論派は失脚させられ、小楠も八月熊本へ戻ることになった。松浦前掲書及び三上前掲書参照。
(59) 前掲「還暦之記」、九一頁。
(60) なお八月十八日政変と越前藩の挙藩上京とは、尊攘派と公武合体派という分類に立てば、共に後者による政治行動として理解されよう。その場合松浦氏は「目標はそれを果すための方法は違っていた」として、小楠の構想にもりこまれている「日本国中共和一致の政事」という理想の存在を高く評価している（前掲書、二三一～二三二頁）。元田が小楠のこの構想を知らないはずはないと言えるのだが、元田がこの差異を認識した上で、なお越前藩の方針（小楠の方針）に反対したと考えるべきであろうか、という点について、筆者は以前の拙稿（「元田永孚の思想形成」『文経論叢』一二―四、一九七七年三月）では否定的に考えていたが、「出京私記」を読み、元田が自藩の力量に疑問をもっていたことなどから敢えて反対にまわったと考えることもできると、若干修正しておきたい。

(61) 前掲「還暦之記」、九一頁。
(62) この「在職存稿」については、本節の前半八三頁の「出京私記」の説明を参照されたい。
(63) 前掲『国事史料』五、二〇四～二〇七頁。
(64) 同右、一六五頁。
(65) 同右、二八五頁。
(66) 同右、二八三～二八四頁。なお横井は十一月十日勝海舟に宛てた書翰で「薩・肥・越之三藩さしはまり候へば其余の諸藩も響応可仕、何分此三藩一致之処第一にて、天下公共之国是相立て申度奉存候。……方今之勢戦争程大適薬は無御座候、薩・会・越等趣向は相違り候得共因循之気習は漸々変却に向い珍重仕候。弊藩因循尤甚敷御座候処昨今出陣に向ひ候ては何やらん本気に相成り申候」と述べている（山崎前掲『横井小楠』下巻遺稿篇、四五〇～四五一頁）。ただ西郷は肥薩連携ということについては結構なことながら「是迄之肥後之情態より相考候処余りよふ過候間却て不安心之事」と懐疑的である。
(67) 前掲「還暦之記」、九三頁。なお『国事史料』五、四九五頁以下の小倉出陣の出張人員届を見ると「長岡良之助手人数附」として、番頭に元田八右衛門、物頭に元田亀之丞の名前が見える。
(68) 前掲「還暦之記」、九四頁。
(69) 前掲「還暦之記」、九四頁。
(70) 前掲『国事史料』五、八一一頁。
(71) 同右、八六三頁。
(72) 同右、八八〇頁など。
(73) 前掲『国事史料』六、三四一頁以下に収録。なおこの史料は、一部字句に異同があるが前掲「元田文書」「一一二幕末維新政治附熊本関係」中の「7永孚意見書一綴」に収められている。ここでは、この「元田文書」所載の史料を紹介を兼ねて引用する。

(74) 前掲『国事史料』六、五三三頁。

(75) この史料も注(73)の「元田文書」中にあるので、ここから引用する。『国事史料』六、五一五頁。なお「還暦之記」において元田は長岡監物に対して「初度ノ征伐ハ名正シク言順ニ長州ノ罪ニ伏スル所以……宜シク寛典ニ処シテ其心ヲ収ムヘシ然ルニ其采地ヲ削テ人心ヲ激シ今復大軍ヲ発シテ親征ス、其名虚傲ニシテ軽挙妄動其実ハ軍気振ハス、長州ハ今日死地ニ入ル、必ス一致決戦其勢敵シ難シ、今日天下ノ形勢昨日ノ見ル所ニ異ナリ薩ノ挙動ヲ察スルニ必ス召集ニ応セス我藩亦妄ニ兵ヲ出シテ怨ヲ長州ニ結ヒ不義ノ名ヲ取ルコト無カルヘシ然トモ我藩ノ幕府ニ於ル其誼素ヨリ薩長ト同シカラス、将軍家ノ過挙ヲ見テ救ハサルハ義ニ非ス、今ノ計ヲ為スニ我軍宜シク出スコト無ク、急ニ幕府ニ建言シ、将軍自反師ヲ班シ長州ヲ寛典ニ復シ天下ト更始スルノ大義ヲ為サシムヘシ」(「還暦之記」、九五〜九六頁)と出兵せず幕府への建白をさせよと説いており、それが次の監物の建言となった。

(76) この史料も注(73)の「元田文書」中にあるので、ここから引用する。『国事史料』六、六八四頁。

(77) 前掲『国事史料』六、六八七頁。

(78) 前掲「還暦之記」、九六頁。

(79) 前掲『国事史料』六、八三九〜八四〇頁。

(80) 同右、七、二二三〜二二四頁。

なおこのような方針の転換について森田前掲論文は「他藩の動きと睨み合せた保身的発想によることもさることながら、基本的にはこの頃(慶応二年)、阿蘇を中心とする一帯に農民一揆の勃発する情勢がみえていたからである」との指摘をしている。このことは慶応二年十二月十二日付の元田に宛てた小楠の書翰中に「……在中一統何方も上納さし支へ大困窮に落入候……殊に阿蘇南郷等の北地は下た地きさんに相違無之のみならず、去々年来宿駅の人馬に疲居候て必死之困窮、一切御役人聞入無之故、内牧会所には不容易張り紙、坂梨には付火、又は二個村より強訴之打立等も可有之風聞、甚以恐敷党民も起り可申、大に気遣事に御座候」と報じているところからも首肯できよう(前掲『関係文書』四〇四〜四〇五頁)。

(81)(82) 前掲「還暦之記」、九八頁。

(83) 慶応三年十二月二十七日付津田山三郎宛元田書翰にも「社中にも種々研究仕、一旦はいか成挙動歟と相考候儀も御坐候処、別紙沼山見込を以講習仕候通りにて、篤と御覧可被成」(『関係文書』一七四頁)とあるように、小楠の判断に拠っていることが示されている。

なお本文中で安場が元田に伝えた「先生ノ見地」や前引津田宛書翰中の「別紙沼山見込」の内容が如何なるものであるかについては、おそらく大政奉還の知らせを受け十一月三日に認めて松平春嶽に呈した建言文と同じものではないかと考えている。その内容は山崎前掲『横井小楠』下巻遺稿篇、九三〜九六頁を参照のこと。

(84) 前掲『国事史料』七、七一八頁。
(85) 同右、七一七頁。
(86) 同右、巻八、二六六、三二四、四〇四、四六五頁。
(87) 前掲「還暦之記」、一〇二〜一〇五頁。
(88) 前掲『国事史料』八、一三〇〜一三一頁。
(89) 元田は「乙丑ノ春中小姓頭ヲ辞シテヨリ」「講学ヲ以テ自ラ任トシ」ていたが、「生計年々ニ不足ヲ告クルヲ以テ弟ノ妻道家ニ姻アルヲ以テ余ニ勧メテ高瀬町奉行ヲ勤務シテ家計ヲ助ケンコトヲ云、余望ムニハアラサレトモ公命アラハ辞セスト云、故ニ道家ニ告ケ幸ニ高瀬町奉行缺員ナルニ因テ余ヲシテ町奉行ト為ス」（「還暦之記」九九〜一〇〇頁）という経緯があった。
(90) 前掲「還暦之記」、一〇三頁。
(91) 以上は「還暦之記」、一〇五〜一〇七頁。
(92) 前掲『国事史料』八、八四四〜八四五頁。
(93) 「男爵細川興増殿談話筆記」同書、八四五〜八四七頁所収。
(94) 前掲『関係文書』一二三〜一二六頁。また前掲『国事史料』八、八五九〜八六三頁。
(95) 前掲「還暦之記」、一〇八頁。
(96) 前掲『関係文書』一二三〜一二六頁。また前掲『国事史料』八、八五九〜八六三頁。
(97) 前掲「還暦之記」、一〇八頁。
(98) 前掲「元田文書」所収「一一二一―8上書」草稿。
(99) 前掲『関係文書』、一二九頁。また『国事史料』九、一二六九頁。
(100) 前掲「元田文書」、「一一二一―9藩治制略」。
(101) 前掲「還暦之記」、一一〇〜一一一頁。

なお小楠の暗殺及びその後犯人処分に至る経過については、山崎前掲『伝記篇』九六一～一〇五〇頁に詳細である。また特に、松浦前掲書二七一～二七八頁を参照されたい。

(102) 前掲『国事史料』九、七五五頁。

(103) 例えば明治二年五月十一日肥後藩選出公議所議員鎌田平十郎は他の諸藩選出の保守的議員ら一四人と連署して国是を建議しているが、その中で「洋癖家猶云フ開化文明千歳一時ノ好機会ト是誤国ノ論ニ非スシテ何ソ草莽志士痛憤切歯白日斬姦ノ挙アル所以ナリ察セサル可ンヤ西洋器械船舶等ニ至テハ固ヨリ取ラサルヲ得ス但洋政洋教ニ至テハ徒ニ益ナキノミニ非ス大ニ国ニ害アレハ峻拒セサル可ラス苟モ其政教ヲ禁絶セント欲セハ古道ヲ興起セスンハアルヘカラス而シテ毫モ洋臭ヲ帯ヒス勇断識量アル者ヲ撰挙シテ外国官トナシ」国威を発揮すべきであると、攘夷的感覚をむき出しにした意見を述べている。(『国事史料』九、八一五頁)。

(104) 前掲『国事史料』九、六四一頁。

(105) 前掲「還暦之記」、一一三頁。

(106) 前掲『国事史料』九、七九八頁、及び八一二～八一三頁。

(107)(108) 同右、八六七頁。

(109)(110) 同右、八一四頁。

(111) 明治二年十月七日付津田山三郎宛元田永孚書翰（前掲『関係文書』一七九頁）。但し前掲『国事史料』一〇、八八～八九頁に拠れば、道家之山、井口呈助も少参事に任ぜられており、元田が「今両三人は覚不申」と述べている部分を補うことができる。

(112) 同右書翰。

(113) 前掲『国事史料』一〇、二六一～二六三頁。

(114) 前掲「還暦之記」、一一四頁。

(115) 前掲『国事史料』一〇、五三〇～五三一頁。

(116) 前掲「還暦之記」、一一五頁。

(117) 森田誠一前掲論文、また大江志乃夫「熊本藩における藩政改革」（堀江英一編『藩政改革の研究』御茶の水書房、一九五五年）など参照。

(118) 前掲『国事史料』一〇、五六八～五七〇頁。

(119) 徳富健次郎述『竹崎順子』〈福永書店、大正十二年〉一八六～一八九頁)。
(120) 前掲「還暦之記」、一一七頁。
(121) 同右、一二三頁。

付論1　横井小楠思想の特質

はじめに

幕末維新期の思想史を検討したことがある人ならば、この変革の時期における思想の展開の裡に存在している多様性と可能性との豊かさに気づいているはずである。ここで取り上げようとする横井小楠が、この変革の時期においてもっとも独創的で豊かな思想的可能性を有していた思想家の一人であったことについても、多くの論者が指摘しているところである。そしてその場合「独創的で豊かな思想的可能性」なるものの、より具体的な思想の内容に即しての評価は、主として例えば十九世紀における日本が異質な文化の担い手としての西洋に対面し、それとの対抗関係の中で前近代から脱して近代に進み、それに伴って思想もまた前近代思想から（西欧的な）近代思想に達する、というような立場からの分析として行なわれ、その結果として、横井小楠は近代西洋の政治社会制度を、儒教思想家としての限界いっぱいまで理解した思想家である、というような評価がなされてきたといえよう(1)。

ところで以上のような小楠評価に対して、斬新な視角から注目すべき批判と新たな小楠評価の試みを提起しているというべきものとして、松浦玲氏による一連の論稿がある(2)。松浦氏は前記のような立場からの思想分析に対して「『近代的な政治思想』『科学的合理主義』つまりヨーロッパ近代思想」が小楠（をはじめとするこの時期の諸思想家達の）思想を評価する際の基軸とされていることに疑問を呈し、「日本では、大勢としてヨーロッパ文明に切り替えたのだから、言いかえれば、世代的に後から出てくる思想家たちが儒教を〝克服〟して「啓蒙思想」に到達しているのだから、この方法は……あらかじめ成功してしまっている方法」(3)であるとまで述べている。つまりこの「方法」によれば儒教の限界いっぱいまで西洋を理解した小楠よりは（逆に言えば小楠は儒教的枠組をすてきれないので）、儒教の価値体系を〝克服〟して、西洋近代思想をより完全に理解したとされる「啓蒙思想家」がより高い評価をうけることになるのだが、松浦氏はこのような思想の発展段階論的分析方法そのものに対して疑問を示されたと言えよう。そして松浦氏は、東アジアとヨーロッパで夫々に普遍思想として同一性を保持しつつ変貌をとげてきた儒学とキリスト教（及びヨーロッパ近代思想）という、異質の二つの普遍思想の十九世紀における接触がひき起した大衝突の中で、現象的に敗北を蒙った東アジアにおいて、その敗北故に西洋近代（思想）の自らに対する優位性を前提的に認めてしまうのではなく、その敗北の意味をあくまで自らの文化的・思想的枠組の中で徹底的に考察しぬくことのできた数少ない儒学思想家の一人が小楠であるというのである。松浦氏によれば「小楠がすぐれた儒学者であったからこそ西洋文明との接触に際して自分の思想をそれに対抗して飛躍させえた」(4)のであり、「啓蒙思想家たちが西洋近代の優位性をはじめから承認していたことが果して進歩であったかどうかを疑っており、儒教的枠組を堅持している小楠の思想を受けつぐ独自の発展」(5)の可能性をも探ることがなされねばならないということになる。

以上やや長々と松浦氏の所論を紹介したのは、この氏の提言はきわめて重要な問題を含んでいると考える故だが、にもかかわらず管見の範囲では、現在までのところ氏のこの提言をうけとめた上でなされた研究がほとんどと言ってよいほど見うけられないことに対する不満もあり、また松浦氏がいわばテーゼ的に提起されたまま、なお小楠の思想に即して十分には分析されていないようにも思われ、そのような中で松浦氏の提起を私なりに受けとめて小楠思想の意味を再検討してみたいというのが本論のささやかな意図であり、またこのことは、近代日本の成立・展開の過程ににおいて、小楠思想の位置は何処に設定し得るかという問題と、更には小楠思想をうけつぐ思想の可能性（或いは不可能性）を考察してゆくことを通して日本の近代における思想史の再検討にも及ぶための、前提的作業としても不可欠のものであると考えている。

このため本論では、以下においては小楠の儒学思想の核として先行的諸研究においても注目されている、小楠の西洋理解の転回を契機として小楠が到達した「仁」と「堯舜三代の道」を中心とする彼の思想の内容と、その意義についての分析を行おうとするものである。従って本論においても、嘉永六年ペリー来航以後における彼の思想の形成・展開がその分析対象とされることになる。(6)

一　小楠における世界認識の転回

嘉永六年開国を求めて浦賀に来航したペリー艦隊の後を追うかのように、ロシアからの三度目の使節プチャーチンの艦隊が長崎に入港した。幕府は海防掛兼務勘定奉行川路聖謨を長崎に派遣しプチャーチンとの交渉にあたらせることにした。当時熊本に在って思想活動を開始していた小楠は、江戸遊学以来旧知の川路に再会すべく長崎に赴いたが、ロシア軍艦はすでに一旦長崎を出港した後であり、また川路も未だ到着していなかったため、小楠は川路に宛てて露使応接についての自らの考えを記した「夷虜応接大意」を長崎奉行に託して熊本に戻った。(7)この「夷虜応接大意」の基調は「凡我国の外夷に処するの国是たるや、有道の国は通信を許し無道の国は拒絶するの二ッ也。有道無道を分たず一切拒絶するは天地公共の実理に暗して、遂に信義を万国に失ふに至るもの必然の理也」というところにあると言えよう。「信義を守り」「通信交易」を要求することは「天地公共の実理」であり、それを拒む理由はないとされる。

そこでこの基調からするならば「理非を分たず一切に外国を拒絶して必戦せん」とする攘夷論の主張は、鎖国の旧習に泥み「天地自然の道理を不知して必敗を取る」ものとして排されるし、「彼威強に屈し、和議を唱ふる」という相手の言うままになる態度や、心には攘夷を誓いながらも我国の現状を考えて「暫く屈して彼と和し」その間に富国強兵を行い、その成った後に「彼と戦わん」とするという態度のいずれもが批判されることになる。従って我国は万国に通用する「天地仁義を宗とする」「大道」を「国是」として貫きとおすことによって、軍艦で脅迫し法を犯し浦賀へ乗り入れたアメリカの「無道」を責め、その無道を改めさせることがまずアメリカに要求されねばならないし、そうすることがロシアに対しても信義を要求するための前提ともなると論じている。注目すべきことは、まず国交を開くか否かを決定する基準が「天地仁義の大道を貫くの条理」という、外国をも包摂し得る（と考えられている）普遍的な原理に求められていることであり、更に言えばその原理の前においては、すべての国がいわば平等な存在であるという考え方が含まれているということである。(8)従ってこの考え方をもう一歩進めれば、完全な開国論へと小楠を誘導することになるのである。

しかしこの嘉永六年頃までの小楠の対外観の基調は、水戸学的攘夷論への共鳴というところにあった。「夷虜応接大意」を書いた直後の嘉永六年八月十五日付の水戸藩の藤田東湖宛の書翰でも、徳川斉昭が幕政参与に就任したことを大いに喜び「此時に於て列藩総て老公様の尊意を奉じ二百年太平因循の弊政を一時に挽回し、鼓動作新大に士気を振興し、江戸を必死の戦場と定め夷賊を韲粉に致し、我が神州之正気を天地の間に明に示さずんばあるべからず」とさえ述べており、小楠が斉昭を中心とする水戸藩の政治力と水戸学に大きな期待をかけていることが表明されている。この意味ではこの時期などにおける小楠に対する水戸学の影響の大きさなどが従来から指摘されている。(9)しかし安政元年三月の日米和親条約の締結前後から、小楠は水戸学的攘夷論から急速に脱却していくことになる。同年九月二十日の越前藩士吉田悌蔵宛の書翰で彼は「必竟和戦之二ッを争しは今日に至りては不見識と奉存候。……惣じて和と云ひ戦と云ひ遂に是一偏之見にて時に応じ勢に随ひ其宜敷を得候道理が真道理と奉存候。既に墨夷に和を許候へば英夷にも何にも許さねば成り不申候へば墨夷に許さる、時に一決するが戦之道理なり。最早墨夷に許し大計を誤たるなれば今日之勢必ず和を絶之論は事勢を不知と可申か。然れば墨・英等之夷に処するは……道理之已れざる自然之筋を以て打明け咄合、聊たり共彼が無理なる筋は論破いたし、又聞へたるは取用ひ、信義を主として応接する時は……理に服せざる事不能」（傍点沼田、以下同様）と述べている。彼は既にアメリカの要求を容れて開国を認めてしまった以上「和を絶之論」（つまり鎖国攘夷の立場）にもどることは「事勢」を知らないこととして否定する（従って論理の帰結として小楠は攘夷論を放棄し開国論の立場に立つことになる）。彼は更にこのような現実のもとでは「和戦」の二者択一が問題となるのではなく、国内外にどのような道理を貫くかということが問題なのだと、「道理」に基礎づけられた外交の展開を主張している(10)。そしてこのような考え方が更に展開されてゆく過程において、彼は水戸派への不信と批判を明確にしてゆくのである。即ち彼は「水老も全く和議相唱へ被成候段鮫島咄にて承り、同人も重々同意にて老練之見識と申事に御座候。已に去春和に決し候は全老公御一言と申事にて、梁川星巌抔甚残念がり申候は不見識と鮫島は申候。……必竟は水府之学一偏に落入り天地之正理を見不申処より、其流義之大節義を却て失ひ候様に罷成り恐敷事に御座候。……是全利害之私心にて実に慨嘆之至に奉存候。総じて水府如此上は天下知名之士大抵は是に付応いたし……不思議成る了簡に変じ智術之計策を尊び候様に成行くは此学根底無き者□□□（三・四字不明）にて御座候」（安政二・三・二〇、立花壱岐宛書翰）と述べている。小楠によれば、水戸の老公（斉昭）が和議に応じた（和親条約に賛成した）ことについて、それを水戸の老公がすることだからとして賛成する考え方が大勢だが自分は反対である。このような水戸をはじめとする方針は一時しのぎのものであり、それは「利害之私心」から主張されているのであり、結局は水戸の学問が「天地之正理」を見ることができなくなったためであり、要するに「根底無き」ものであるためだというのである。

　このように嘉永六～安政二年の頃において小楠はその「道理」に基礎をおく外交観の展開と、水戸学からの脱却の過程を示しているが、この小楠が積極的に開国論を主張しはじめるのには、安政二年に当時第一級の世界地理書として翻刻されていた『海国図志』を読んだことが重要な契機となっているといわれる(11)。同年九月十七日付の立花壱岐宛書翰で「近比夷人之情実種々及吟味候処中々以前一ト通り考候とは雲泥之相違にて実に恐敷事に御座候。勿論兵端さし迫り候筋とも存じ不申候。遠大深謀之所存にて尤辺地抔を乱暴侵奪抔仕る者共にては決て無御座候」と述べているが、ここには西洋諸国の実情についての認識の深化(12)が彼に与えた衝撃の大きさがよく示されていると共に、彼が「実に恐敷事」として見た西洋諸国の実情とはどのようなものであったのだろうかという問題が出てくる。この文章において考えうるところでは、「恐敷」とされるのが単に彼我の軍事力の差、直接的な侵略の恐れにとどまるものではないことは、傍点の部分からも明らかであろう。そしてこの「夷人之情実」についての認識が「一日横井先生ノ説ヲ聞クニ開国ノ大見識ニシテ、天地宇内ノ道理国ヲ開クニ在リテ外国夙ニ玆ニ見アリ、其経綸措置早ク玆ニ一定セハ天下ノ衰ヲ興シテ富国強兵万国ノ上ニ出ンコト掌ヲ反スカ如ク、其設施先ツ米国ト交親スルヨリ始ムヘシ、若シ我ヲ用ヰル者アラハ先ツ米国ニ至リ誠信ヲ投シテ大ニ協議シ以テ財政ノ運用・殖産交易振興スル所アル可シ」と、元田永孚に述べたという(13)如き小楠の開国論として結果することになるわけだが、このような開国論が彼における西洋諸国への評価と日本の現状に対する批判ともなって展開されることになり、それが更に小楠の思想の深化として結果してゆくことになるのである。

　ところで小楠は和親条約締結前後から開始された幕政の改革について、「今日之廟議高論の通り大節倹之事武備を厳にする事・粮食を貯事此三条に出に相違無之、是を以て富国強兵の実政と相心得候は誠に嘆息之至に候。全体天下之事第一等をさし置き二等三等にて行候事は古今其例無之……誠に此二条を申候へば節倹も武備を厳にするも粮食を貯るも事は相替り候得共同じ節之仕組にして、全く表向之事に御座候」（安政二・一一・三、立花壱岐宛書翰）と批判している。小楠によれば現状ではまさに政治の制度が行き詰まっているのであり、「天下之事第一等をさし置」いて行われる改革は決して根本的な改革とはならず「表向」のもので終ってしまうであろうというのである。そしてこのような程度の改革は「其勢民に取らざる事能はず、忽に民百姓之大害と相成り候は是又必然之勢にて甚可恐事」（同前）と批判され、そしてこのようなことになってしまうのは「廟議必竟江戸一府之事に心有之、天下列藩に懸りあまねく治平を求むるの心無之故」（同）であると、幕府の姿勢を痛烈に批判していくことになる。小楠は安政四年彼を越前藩に招聘するための交渉に熊本に来た村田氏寿[14]に対して「国初以来為天下にするの政無之悉徳川氏の為又其国々の為に起り候事」と述べたといわれるが[15]、徳川氏や諸藩のための政治ばかりであり、天下のための政治はないと、いわば幕藩体制に対する根底的批判がなされているのである。

　さてこのような小楠の眼から見た現状とそれに対する批判と表裏の関係にある彼の西洋諸国に対する評価はどのようなものであったのであろうか。前述した村田氏寿に対し小楠は次のようにも述べたという。「道は天地の道なり、我国の、外国のと云事はない。道の有所は外夷といへ共中国なり、……初より中国と云、夷と云事ではない。国学者流の見識は大にくるひたり。終に支那と我国とは愚な国に成たり。西洋には大に劣れり。此で墨利堅抔は能々日本の事を熟観致し決して無理非道な事を為さず、只日本を諭して漸々に日本を開くの了簡なり。猖獗なるものは皆下人共なり。爰で日本に仁義の大道を起さにはならず、強国に為るではならぬ、強あれば必弱あり、此道を明にして世界の世話やきに為らにはならぬ。一発に壱万も弐万も戦死すると云様成事は必止めさせにはならぬ。そこで我日本は印度になるか、世界第一等の仁義の国になるか、頓と此二筋之内、此外には更に無い」[16]。ここには前述した如き日本の現状についての認識が「我国とは愚な国に成りたり」と表現されているが、その理由は「仁義の大道」が日本に無くなっているというところに求められているわけだが、それと共にその「道」が「天地の道」としてその普遍性が強調され、その「道」が実際に実現されている（と判断される）限り、その国は中国であるということになり、その点において日本（とシナ）と西洋諸国との間に区別はなくなるのである。小楠の見るところでは、日本の現状に比してむしろ現在では西洋諸国において「道」が実現されているのではないかとさえ判断されているのである。そのことが、小楠が欧米諸国の国情に「実に恐敷事」を見たところでもあったといえよう。度々の冗長な引用ではあるが小楠のそのような認識を示す部分を掲げておかねばならない。「方今万国の形勢丕変して各大に治教を開き、墨利堅に於ては華盛頓以来三大規模を立て、一は天地間の惨毒殺戮に超たるはなき故天意に則て宇内の戦争を息るを以て務とし、一は智識を世界万国に取て治教を裨益するを以て務とし一は全国の大統領の権柄賢に譲て子に伝へず、君臣の義を廃して一向公共和平を以て務とし政法治術其他百般の技芸器械等に至るまで凡地球上善美と称する者は悉く取りて吾有となし大に好生の仁風を揚げ、英吉利に有つては政体一に民情に本づき、官の行ふ処は大小となく必悉民に議り、其便とする処に随て、其好まざる処を強ひず……政教悉く倫理によつて生民の為にするに急ならざるはなし、殆三代の治教に符合するに至る」（「国是三論」富国論）。このような認識を彼にもたらし得たものは、彼が西洋において実現されたと考えている「道」＝「天地の大道」＝「仁義の大道」という理念による判断であり、この理念はまた引用した文の末尾において「三代の治教」とも言われるものであった。

二　「仁」と「三代之道」

前節で見たような小楠の日本の内外の状況についての認識は、小楠をしてその現状批判の根拠を儒教の古典の中に見出させることになる。それが「三代之道」として定立されたのである。「三代」とは言うまでもなく唐虞三代＝堯舜の治世のことであるが、それは儒教においては理想的な社会・政治が実現されていたとされる時代であり、その時代が強調されることも、もとより小楠の独創ではないのだが、小楠においては「今日と相成り候ては更に前日之所置を以て議すべき事とも存不申、今日は又今日之所置大に有之事に奉存候。扨其所置に於ては深く三代之道に達し、明に今日之事情に通じ、綱領条目巨細分明之大経綸之有大有識之君相にてましませずして、いかで此落日を挽廻し玉ふべきや」（安政三・一二・二一、村田氏寿宛書翰）と言われているように、現実に対する鋭い関心と共に、その危機の克服のために「三代之道」に達することが主張されるのであり、更には「天地之間第一等之外二等三等之道無之」（安政三・五・一五、立花壱岐宛書翰）と、真の「治道」としてはこの「三代之道」以外に「道」はないとして、それのみを目ざすことが主張されるところに特色がある。それでは小楠が言うところの「三代之道」とは如何なる内容のものとして理念化されているのであろうか。この点については小楠の発言にも若干のニュアンスの変化などもあり、必ずしも明確化しがたいが、例えば「治国安民ノ道、利用厚生ノ本ヲ敦クシテ、決シテ智術功名ノ外ニ馳セス、眼ヲ第一等ニ注ケ、聖人以下ニハ一歩モ降ラス、日用常行孝弟忠信ヨリ力行シテ、直ニ三代ノ治道ヲ行フヘシ、是乃堯舜ノ道、孔子ノ学、其正大公明真ノ実学(17)」といわれるところにも見られるように「治国安民ノ道、利用厚生ノ本ヲ敦ク」するところの民生安定＝仁政の理念であり、また前引の村田宛書翰からもうかがえるように、その仁政の具体的施策を実現すべき主体としての治者＝君主のあり方をさすもの、と見ることができよう。そしてさらに、その根底をおさえる普遍的価値としての「仁」の観念の展開を、指摘することができる。以下においてこれらの点について若干立ち入って考えてみたい。

小楠は「皐陶謨に六府三事允乂と有之、六府は水・火・木・金・土・穀の六物を指候て民生日用の財用不可欠者なり。聖人上に在て民生日用の世話をいたされ右の六府を乂めて其用を尽し、物産を仕立て器用を造作し許大の生道を建立せられたり、是実に聖人代天の大作用なるに、朱子之を知らずして五行の気と穀とを合して六府とすと説けるは大なる誤にて候」（「沼山対話」）と述べて、堯舜は「六府」を具体的な「生道」とし、正徳・利用・厚生を「三事」として立てたとある如く、その内容は具体的な事物であるにもかかわらず、朱子が「六府」を陰陽五行や易の問題へと哲学的・抽象的に解釈していることを批判している。小楠においては「三代之道」とはまず何よりも一つ一つの具体的な事実であり、「三代の如く現在天工を亮くるの格物あらば、封建井田を興さずとも別に利用厚生の道は水・火・木・金・土・穀の六府に就て西洋に開けたる如き百貨の道疾く宋の世に開く可き道あるべきなり」（「沼山閑話」）とも述べているように「三代之道」は全体として「西洋に開けたる如き百貨の道」を現在に行いうるようなものであらねばならず、その意味では幕末における現実に対する実践の指標となるものである。そのような実践的な学問こそが小楠によって「格物之実学」と称されるものである。そのことは「沼山対話」において、学問について次のように述べているところにもあらわれてくる。小楠によれば「大学に所謂格物即ち古の学問の業なるべく候。其格物と申は天下の理を究ることにて即思の用にて候」といわれるように「格物」一般は「思の用」であり、「天下の理を究る」ことであると、現実の問題を解決する働きの基礎であるとされる[18]。更に「古の学は皆思の一字に在としられ候」として、学問とは思うこと（＝考えること）につきるといわれ、また「一身の修為より天下経綸の事業に至まで皆思より出候」といわれ、更に「一通の書を読得たる後は書を抛て専己に思ふべく候。思ふて得ざるときに是を古人に求め書を開てみるべし」ともいわれるとき、ただ「思」うこと、「一身の修為より天下経綸の事業」に至るまで考えぬくことが問題の解決を可能とするのであり、その場合「思」うことの立脚点に、まさしく彼の言う「古人に求め」る、即ち儒教の古典＝「三代之道」があることになる。そしてその場合「学問を致すに知ると合点との異なる処ござ候。天下の理万事万変なるものに候に徒に知るものは如何に多く知たりとも皆形に滞りて却て応用の活用をなすことあたはざるものに候。合点と申すは此の書を読て此の理を心に合点いたし候えば理は我物になりて其書は直ちに糟粕となり候。其我物になりたる以上は別事別物に応ずるにも此の理よく彼に通じて活用致すものに候」と言うように、例えば「三代之道」の学問に対する者は、「堯舜」の志向とその実現の方法をも、まずそれが過去の諸条件の下においてどのように形成・展開されたかをリアルに認識することが必要であり（「合点する」）、それを経ることによって現在の自分の前に展開する事態に対して学問が有効性をもつと言うのである。このような考え方の上に展開される彼の学問・思想は前述したような実際性・実践性を有していたわけだが、その実践性の根底には普遍的価値と倫理が存在するところに特色があるといえよう。「天下経綸の事業」を計る心における根拠（＝心術）が常に問われていくのである。ここにおいて小楠思想における「仁」の意味が問題になるのである。

　小楠はまず「道は天地自然の道にて乃我胸臆中に具え候処の仁の一字にて候。人々此の仁の一字に気を付け候へば乃自然の道にて候」（「沼山対話」）と述べて、「道」の価値の根源としての「仁」、それが「我胸臆中に具え候」といわれる如く人間各々の中に有されているものとして「仁」をとらえている。そしてまた「大凡仁の用は利を以て人に及ぼすにあることに候。譬へば子たるもの、孝道は十分心を親の身に懸けて、只々親の心を安んずる様に致すことに候。人君愛民の道は是又専ら民を気に付けて、民の便利をはかり世話致す事に候。天日の恩と申ても専ら万物を煖め養ふて是を育つるにあることに候。是皆己を捨て人を利するのことなり。故に利の字己に私するときは不義の名たり、是を以て人を利するときは仁の用たり。仁の体は固より己に在て、仁の用は利物にあることに候」（同）と述べているが、この文中で述べている「仁の体」とは「固より己に在」るもので、前引の「我が胸臆中に具え候処の仁の一字」ということに等しいことがまず指摘できる。また「仁の用」とは小楠の言葉では「己を捨て人を利する」こと、つまりは利他ということで、換言すれば自分の心を他人に移入し、他人の立場に立ってその人の為に自分が行うということである。そしてそれが政治の場においては、「人君」にとっては「他」である「民」に対して「気に付けて、民の便利をはかり世話致す」ということ、それが「人君」における「仁の用」であるということになるのである。くりかえすならば「仁の用」は「人君」においては積極的な「愛民」としてなされねばならないことになり、それは「仁政」と言いかえてよいものであろう(19)。小楠においてはこの「愛民」の実践＝「仁政」の実現の具体的な指標は、まさに「三代之道」の中にすでに示されていると考えられており、従って「三代之道」の実現が「仁の用」であるということになる。ここで以下のようなことが問題となる。つまり一つはそのような「三代之道」の実現をはかるべき主体として想定されている「人君」を小楠はどのようにとらえているかということであり、また一つには「三代之道」の実現を小楠は具体的にはどのように考えているのだろうかということである。勿論この二つは切りはなして考え得るものではなく、小楠も一体のものとして考えているわけだが、ここでは行論の便宜上、二つにわけて考察してゆきたい。

　前述したように「三代之道」の実現をもたらすことが「仁の用」であり、その実現の担い手たるべき者は「人君」であるわけだが、その場合小楠において何よりも「人君」＝為政者に対して求められるのは彼の徳性であり、「其根本は堯舜精一之心術を磨き聊の私心も無之所之修養第一にて」とか「其根本は初にも申通り此学の一字三代以上之心取第一之事にて是又中に不及候」（文久元・一・四、荻角兵衛・元田永孚宛書翰）とも述べられているように、まず為政者における道徳的内面性の陶冶が基本におかれ、為政者の心術の純粋性・公平無私性が重視されているのである。[20] そしてそのような為政者は「人君は上に在て慈愛・恭倹・公明・正大の心を操つて、是を古聖賢に質し是れを武備に練り、是を聖教に施すに性情に本づき彝倫により至識惻怛を以て臣僚を率ひ黎庶を治む」（「国是三論」士道論）という姿に理想化されており、為政者に求められるべきものは「至誠惻怛」の心であり、また「戦争の惨怛万民の疲弊、之を思ひ又思ひ、更に見聞に求むれば自然に良心を発すべし」（「中興の立志七条」）という「良心」である。小楠において為政者に対して「私心」・「利己」を排して天地公共の道に立つことを求める内面の純粋性とは、このような「良心」であり「至誠惻怛」の心であり、これこそが「仁」として彼が根源的価値として把握しているところのものであった。

　ところで、前節末で検討した小楠の西洋の国情についての認識は、逆に言うならば、「三代之道」を基準とした彼の西洋評価の観点であり、またその限りにおいて小楠の「仁政」に関する具体的イメージをあらわしていると見ることができよう。小楠がどのような側面で西洋を評価していたかというと、例えば「将又民に取之年貢は十之一分にて有之、此外は聊も取り不申」（安政三・一二・二二、村田氏寿宛書翰）という点であり、これは周知の如く『孟子』において貢租の率を十分の一にするべきであると説いている[21]ところを念頭においた、租税負担の軽いこと＝民生安定＝仁政という考え方を示しているし、また彼は安政二年に作った「沼山閑居雑詩十首」の一つにおいて「曾読七月詩。深知王業基。非民国何立。愛之饒食衣。所以十征一。尚恐失其時。時授民事。養老慈幼児。見饁彼南畝、田畯喜怡々。如何舎此道。剝民供其私。租税十征五。加之以縛笞。蕩々天下是。如坐累卵危。嗚呼七月詩。読之双涙垂。[22]」と「詠んだ詩の」中でも「十征一」と租税率の低い堯舜の治世を讃え、それに対比して「租税十征五」という幕藩体制の現状を「如坐累卵危」と批判しているところにも明らかにされているところである。[23] また前引の村田宛書翰が続けて「扨経済之道は第一土地より堀出する金・銀・銅・鉄等の諸物、将又職工を集工作場を立其地々々之産物にて諸物を造り是以天下に交易致し、是等之利を以て国用と致し申候」と述べているような、民生安定を実現するための手段としての鉱工業、貿易ということへの着目がある。或いは「其他俄羅斯《オロシヤ》を初各国多くは文武の学校は勿論、病院・幼院・唖聾院等を設け、政教悉く倫理によつて生民の為にするに急ならざるはなし」（「国是三論」富国論）と述べているところにも、『孟子』を念頭においた民生安定の為の制度への着目があった。そしてこのような西洋評価のなかにみられる「仁政」の具体的諸相は、小楠においてはすでに聖人によって「三代之世」において実現されていたものであるとされ、『書経』の「利用厚生」を基準として理解されたものに他ならなかったのである。本節の初めに引用した「沼山対話」で「聖人の作用利世安民の事業二典三謨にて粗見得可致候」として「六府三事」をあげていた部分、及びそれに続けて「又一篇の禹貢を読候に禹の水利を順導いたされ候功業西洋人も是を見て甚だ其作用の広大なるを嘆感すると云。又禹貢は至て簡古の文体なれども九州の物産をば逐一記載して、其土宜を察し以て有無交換の法制基本を立てられたり。先是にて聖人の事業を知べく候。其他舟楫交易の道理易にも見えたれば乃聖人の始められしことに候」と述べている部分などにそれがあらわされている。また引用の終りの傍点部分にあるように「交易」もまた聖人によって始められたものであるという指摘は目を惹くところである。小楠はこのことを敷衍して「通商交易の事は近年外国より申立てたる故俗人は是より始りたる如く心得れども決して左にあらず。素より外国との通商は交易の大なるものなれ共其道は天地間固有の定理にして、彼人を治る者は人に食はれ人を食ふ者は人に治らるゝといへるも則交易の道にて、政事といへるも別事ならず民を養ふが本体にして、六府を修め三事を治る事も皆交易に外ならず」（「国是三論」富国論）と述べているところを見るならば、小楠における「交易」観の特異さに注目せざるを得ない。小楠によれば、「仁政」は「民を養ふ」という事、つまり「愛民」の発現であるが、それは「人君」の利他の行為であり、「六府を修め三事を治る」事＝政治はすべて民の為にあらゆる側面で「有無交換」をすることであり、即ち「交易」に他ならないとされる。更に「人を治る者は人に食はれ人を食ふ者は人に治らる」という政治的支配・被支配の関係も、ここにおけるように相互的な関係として、いわば互いに他を利するものと把握される限りやはり「交易」であり「仁」の具体化であるとされる。そして「外国との通商」は、外国とよしみを通じ他国を利するが故に自国をも利するとされ、これは「他利」(が即ち自利である)という「仁の用」そのものであり、まさしく「天地間固有の定理」であり、それは相互的な平等な関係であるとされるのである。[24] なお小楠は「今洋人の所為をみるに……万国に交通して交易の利を広くする故に渠等国富兵強民用の利厚くして租税等も至て寛なることを得たり」(「沼山対話」)と述べているように、西洋人の活動の中での「交易」のもたらしている現実的利を認め、「通商の利を興し財用を通ぜば君仁政を施す事を得」(「国是三論」富国論)という意味からも「交易」の重要性を論じ、具体的政策の提言と指導さえ行なったのである。[25]

さて以上見てきたような「仁」と「三代之道」観を有していた小楠にとっては、前節で見たように、徳川幕府や諸藩の政治は「為天下にするの政」ではなく「悉く徳川氏の為又其国々の為」に行われてきたものであり、「便利私営にすぎない」[26]と、徳川家や各大名の「鎖国の旧見」や私的利害を優先した政治に対して根底的な批判を行なったことも当然といわねばならない。それればかりではない。小楠の「仁」観に照らして見るならば、日本の現状に比してひとたびは「殆三代の治教に符合す」と評された制度を有する西洋諸国に対しても彼は批判をむけざるを得ないのである。即ち西洋諸国が「仁の用を得て人を利するの道を施」すに至っているのならば、それらの国々が現在有している植民地を返すことがあるであろうかという問いに対し「何分左様には参兼候。是必竟各国に於て各の割拠見の気習を抱き、自利するの心体にて至誠惻怛の根元無之候故何分天を以て心として至公至平の天理に法り候こと不能ものに候。此は是非もなきものに候」(「沼山対話」)と述べ、また「イギリスはイギリスの割拠見、ロシヤはロシヤの割拠見にて各の一国々々の議論主張致候故追々惨怛の戦争引起し候。……全体割拠見と申す者免れがたきものにて、後世は小にして一官一職の割拠見、大にしては国々の割拠見皆免ざることに候」(同)とも述べているように、西洋諸国が夫々の国民の物質的生活を向上させているのは良いことであり、一見したところは仁政であるが、しかしそれも実は各国の「割拠見」(自国の利害を優先させる考え方)にもとづいているため、真の「仁」に発するものではない以上、植民地の保有をやめることはできないし、西洋諸国間の戦争もやめることはできないのである。要するに「渠等申唱へ候議論皆枝葉末流に付て精微に研究する迄にて、至誠惻怛より発出致候者とは相違いたし候」(同)と言われるのである。このように西洋諸国は末端の施策においては良いが根本においてはだめであると評されている。ではその根本とは何か、それは「天を以て心」とすることすなわち「至誠惻怛」に他ならない。そして他方で前述の如くこの「至誠惻怛」の心に拠ることが為政者に対しては何よりも要求されていた。だが「真実公平の心にて天理に法り此割拠見を抜け候は近世にてはアメリカワシントン一人なるべし。……然るにアメリカも今日に至りては已に南北の戦争に相成候てワシントンの遺意は早失ひ候」(同)と言われるように、小楠の求める「仁」の体現者は最早西洋諸国には求め難い実情である。しかも前節で見たように、一方において「支那と我国とは愚な国に成たり」という現状認識が小楠にはあったので、そのような状況の中で小楠には、彼の手で「日本に仁義の大道を起」さねばならず、また日本が「世界第一等の仁義の国」になることが、彼にとっての実践的な課題とされるのである。[27]しかも小楠は、日本が「世界第一等の仁義の国」になることは、日本が「強国に為るではならぬ」[28]と言われるように、「仁義」は「強国」と一線を画してとらえられており、また「横行と申すこと已に公共の天理にあらず候。所詮宇内に乗出すには公共の天理を以て彼等が紛乱をも解くと申丈の規模無之候ては相成間敷、徒に威力を張るの見に出でなば後来禍患を招くに至るべく候」(「沼山対話」)と述べているが、これは「横行」が日本を「世界第一等」にするという点で小楠の考えに似ているようではありながらも、実は「公共の天理」(＝「仁」)を欠く、単に「威力を張る」という膨張主義の論理であり、それは将来に「禍患を招く」と批判し、一本の筋を通しているのである。[29] そして更に注目すべきことは、「我輩此道を信じ候は日本・唐土之儒者之学とは雲泥之相違なれば今日日本にて我丈を尽し事業の行れざるは是天命也、唯此道を明らかにするは我が大任なれば終生之力を此に尽すの外念願無之候」（原漢文）（慶応三・六・二六、甥左平太・太平宛書翰）と言い切っているように、小楠は自らの思想を当代における日本や中国の儒者の思想とははっきり区別し、真の道、つまり儒学の精髄である「仁」・「三代之道」は小楠においてのみ存在するものであり、小楠はまずそれを日本で実現することに全力を傾注しなければならないし、それが自分に天から課せられた「大任」であると言うのである。このような使命観と実践への志向とは有名な次の詩において実に明確に表現されているといえよう。「堯舜孔子の道を明らかにし、西洋器械の術を尽す、何ぞ富国に止まらん、何ぞ強兵に止まらん、大義を四海に布かんのみ」[30]（「送左・太二姪洋行」）。

おわりに

以上小楠思想をできる限りの内在的に検討してきたつもりであるが、小楠思想の特質をどのようにまとめたらよいであろうか。「夷虜応接大意」における「天地仁義の大道」の提起に始まり、その理念の普遍性を朱子学を基幹とする儒学思想の内部に追究した結果として、小楠は西洋（近代とその思想）との接触において、その力に抗して自らと日本の主体性を保持すべき普遍的理念（そして政治思想）を「堯舜三代之道」とその本質としての「仁」の思想に結晶させて提起したと言うことができるのではないだろうか。「仁」とは一人の人間の裡に在る場合にも何よりも他との関係において「己を捨て人を利する」つまり利他ということ、自己との間に一切の対立がないということであった。そしてこの「仁」は政治の理念としては、何よりも為政者によってなされねばならない「利他」の行為としての「愛民」

＝「仁政」の実現ということになり、更にその「仁政」は具体的には何を指標として行うべきかという問いに対して、小楠は儒教の古典の中にすでに明記されている「三代之道」を新たな意味づけの下に提起したと言うことができる。従って小楠にとって現実の日本でもまず為政者が「仁」の心から出発することが何よりも大切であるということになり、それは他でもない人民の幸福の実現の為に大切なこととされているのである。第二節の注(20)でも述べたところだが以上のような小楠思想を政治と道徳の未分化の故に前近代から脱しえないものと評価する傾向に対しては、政治と道徳を切りはなし、「仁」を政治とは別次元の個人道徳としてのみ扱う政治思想が、現在にまでつらなる日本の近代に即したものであったとも考えうるならば、その近代を何度でも検討してゆくことが今も必要ではないか、その手がかりに小楠思想はなり得るのではないか、と問い返したい。

ところで本論では小楠思想と彼の政治的実践の関係について、或いは彼の思想の形成・展開過程を分析するという方法はとらなかった。このような点については、本文中で触れ残した多くの課題と共に今後の課題とさせて頂きたいと思っているが、最後に一つだけ、小楠の維新政権への参加ということに若干ふれておきたい。小楠は維新政権に対してそれが幕府の「私営」の政治よりもましな政治を標傍した限りにおいて、自らの理想の「仁」の実現の場となし得る可能性を見たのではないだろうか。しかし周知のように小楠の維新政権へのかかわりはきわめて短期間で（暗殺という形で）強制的に終らせられてしまったため、彼の理想と政府との間には未だ具体的な問題（矛盾・対立を含む）が起るまでに至らなかった。小楠が引き続き政府にかかわり続けていたらどうであったかという想像は誰しもが持つことであろう。思想家としての小楠は「仁」に立脚して、明治期になって出現した多くの政府批判者たちとは別の形で、明治政府をも批判することになったのではないだろうか。だがこのように考えるとき私は政府の内に特殊な位置を有した一人の人物に関心をもたざるを得ない。それは明治天皇の侍補・侍講であった元田永孚である。元田は肥後藩における小楠の同学の士であり、小楠思想の忠実な継承者であるとも評されている人物である。元田は一般には儒教主義を固守し政府の近代化＝欧化主義に反対し続け、また教育勅語の成立に重要な役割を果したきわめて保守的な政治家・思想家であるといわれているのだが、そのような元田が小楠思想の継承者・祖述者であるならば、元田の姿は前述した明治期（に生き続けたと仮定した）の小楠の姿となるのであろうか。このことは小楠思想の評価の上でも無視できない重要な問題であり、このような意味では、元田永孚は小楠思想をより詳細に検討する場合の重要な対象でもあることを付言して本論を終りたい。

注

（1） 研究史的に言えば、これらの評価は、丸山真男「開国」（『講座現代倫理』11、筑摩書房、一九五九年）にはじまり、源了圓「明治維新と実学思想」（坂田吉雄編『明治維新史の問題点』未来社、一九六二年）、植手通有「明治啓蒙思想の形成(三)―西洋観の転回との関連において―」（『思想』五一六、一九六七年六月、後同氏『日本近代思想の形成』岩波書店、一九七四年）、などにおいて展開されている。本来ならば横井小楠研究史についてここで展開すべきであるが、本論初出発表時では上に述べた如くであろうか。従ってその後の研究の大幅な進展の中で現在では小楠の思想を韓国や中国など東アジア儒学の中で検討され比較研究がなされるに至っている。筆者の評価などについては注(2)に譲りたいが、最近までの小楠研究の基礎的研究として水野公寿「横井小楠研究文献目録稿」（『近代熊本』二七、一九九九年二月）の意義は大きい。改めてそこに揚げられた諸研究の多さに一驚するものである。

（2） その主要なものは「理想のゆくえ―思想は政治となりうるのか」（『日本の名著30　佐久間象山・横井小楠』解説論文、中央公論社、一九八四年、「日本における儒教型理想主義の終焉(三)―文明の衝突と儒者の立場―」（『思想』五九二、一九七三年一〇月）、「横井小楠と佐久間象山―その開明思想」（『伝統と現代』二一、一九七三年七月）などである。筆者はここで述べた如く松浦玲氏に大きな影響をうけて小楠研究にふみこみ、以後本論のおわりに書いたように元田永孚を直接の対象として幕末・明治特に明治前期における儒学思想のあり方の検討を行い、その政治思想的意義の検討を行うに至ったのである。松浦氏の小楠理解の基本はここに掲げた論文であろうと思うが、伝記的に拡大したその理解は、一九七六年朝日新聞社刊の『横井小楠』であろう。なお現在では同書の補訂版とも言うべき、松浦玲『横井小楠〈増補版〉』（朝日選書六四五、朝日新聞社、二〇〇〇年）を基本とすべきである。

(3)(5)　松浦前掲『思想』所載論文参照。

(4)　松浦前掲『伝統と現代』所載論文参照。

(6)　嘉永六年以前の小楠思想についてのたちいった研究があまりなされていないことを指摘した平石直昭氏は「横井小楠研究ノート—思想形成に関する事実分析を中心に—」(東京大学社会科学研究所『社会科学研究』二四—五・六号、一九七三年三月)において、「一人の人間が四五歳までに形成してきた思想なり発想形式なりとの連関をぬきにして、それ以後の思想を理解しようとすれば、そこには研究主体の自己投影が惹き起され易いだろうし、従って小楠思想の理論的認識という面からみると、誤解の起り易い」弊があると批判されている。この批判はきわめて正当なものである。平石氏はこの認識に従って、小楠の伝記的記述の再検討を試み、更に天保十年前後における小楠の思想的変容を内在的に分析し、それが徂徠学的思考から程朱学への転回であることを明らかにされている。本論はこの平石氏の研究を貴重なものとして認めるものであるが、その上でなお本文に述べた如き分析を行うことになる。また平石氏には小楠の政治思想の分析を行った「主体・天理・天帝(一)(二)—横井小楠の政治思想—」(『社会科学研究』二五—五、六、一九七四年三月)という優れた論文がある。また同氏「横井小楠—その『儒教』思想」(『江戸の思想家たち』下、研究社、一九七九年)も参照すべき業績である。

(7)　小楠と川路との関係、及びこの時の経過については山崎正董編『横井小楠』(上巻伝記篇、明治書院、一九三八年)五七頁及び二八二〜二八九頁参照。なお以下においては同書よりの引用に際してはこれを『伝記篇』と略する。また小楠の書翰、著述などは『同』下巻遺稿篇(以下『遺稿篇』と略す)に収められたものが殆んどであり、その限りにおいて表題を記す他頁数などは注記しなかった。なお小楠への関心の深まりと拡大など、注(1)にひいた水野論文に明らかだったが、同氏も言う如く、研究の「隆盛の中にあって基礎史料は依然として戦前の」この山崎による『伝記篇』と『遺稿篇』であることをあえてふれておきたい。

(8)　但し「夷虜応接大意」では、日本が「万国に勝れ、世界にて君子国とも称」せられているのは「天地の心を体し仁義を重んずる」こと、つまり「天地仁義の大道」に基礎を置いているからであるとされ、その「天地仁義の大道」を基準にして「外夷」の「有道」「無道」が計られるのであり、その意味では日本を中心とした考え方であるが、ここでは日本が「道」を基準とした外交を行わなければ「信義を万国に失ふ」ことになるとして、日本もこの「道」によって計られることを許容しているのである。更につけ加えるならば「其有道と云るは唯我国に信義を失なはざる国のみ言ことにあらずして、自余の国に於るも又信義を守り侵犯暴悪の所行なく天地の心に背かざるの国を云ることにして……」とあるように、「有道」の基準は日本に対してだけではなく「自余の国」に対しても「侵犯暴悪」でないことが要求されているのである。
(9) 小楠思想と水戸学との関係については、ここでは今中寛司「小楠学の儒教的思想形態について」(『史林』五二―一)を参照した。これが正しい理解だったか、今となってはいささか怪しいと認めざるを得ない。
(10) これが前述した「夷虜応接大意」から一貫している彼の考え方であることは明らかである。
(11) 前掲『伝記篇』、三三五～三三七頁参照。
(12) 小楠の海外事情についての知識の習得がどのようになされていったかという問題については、例えば平石前掲『社会科学研究』二四―五・六所収論文を参照。
(13) 元田永孚「還暦之記」(元田竹彦・海後宗臣編『元田永孚文書』〈元田文書研究会、一九六六年〉一、六八頁)。
(14) このことについての詳細は『伝記篇』、三六五～三八四頁参照。
(15)(16) 村田氏寿「関西巡回記」(『伝記篇』、三八〇～三八一頁)。
(17) 前掲「還暦之記」、二七頁。
(18) 小楠は「宋儒治道を論ずるに三代の経綸の如きを聞ず。其証には近世西洋航海道開け四海百貨交通の日に至りて経綸の道是を宋儒の説に徴するに符合する所有る可きに、一として是れ無きは何なる故に乎」と設問し「張横渠・西銘の合点は有れども、是も道理を推演して合点と覚ゆるなり。……一草一木皆有理須格之とは聞えたれども是れも草木生殖を遂げて民生の用を達する様の格物とは思はれず、何にも理をつめて見ての格物と聞えたり」(「沼山閑話」)と、「宋儒」の「格物」とのちがいを述べ、批判している。なお小楠思想と朱子学との思想的関係、相異などはきわめて重要なテーマだが他日を期したい。この点についてはとりあえず、阿部吉雄『日本朱子学と朝鮮』(東京大学出版会、一九六五年)等を参照。また本書第一部第一章でも及ばずながら言及した。
(19) この場合に小楠における「仁政」は「明君有ても纔に民を虐ざるを以て仁政とする迄にて、其真の仁術を施すに至らず」(「国是三論」富国論)と言われるように従来の伝統的な仁政観よりも積極的な内容を有している。
(20) この心術の重視は何よりも為政者が公平無私(「私心」を捨てる)でなければ「治道」の実現=「愛民の道」が保証されない為であり、為政者の私的・個人的次元での「修身」=私的な道徳的完成が「治国平天下」に連続するというような朱子学のもともとのオプティミズムとは切れている点に注意すべきである。たとえば為政者は「天を以て心として至公至平の天理に法」ることが必要なのに、「管仲が仁と中も畢竟は此根元(注、「至誠惻怛」のこと)なき故覇術と相成申候」(「沼山対話」)と管仲を批判したり「総じて弊と云は大抵は法度政令には無之事にて、上之心之私が忽に下之心を塞候ものにて」（文久元・一・四、荻角兵衛・元田永孚宛書翰）とも述べているところにもそのことがあらわれている。なお管仲批判などにあらわれる論理には、小楠と同じように「三代之道」を重視する徂徠学との差が決定的にあらわれているが、この点についてはとりあえずは、今中前掲論文、平石前掲論文参照。また植手通有氏が小楠において「道徳」が「もっぱら為政者の道徳として治国安民との関連で取上げられる」ことをそれなりに評価しながらも、なお結論的に「彼にとって『道』は人君安民の道であると同時に内面的な心術の道であり、かつそれは『作為』に対立する『自然』の道であった。こうした彼の思考の基本的枠組（frame of reference）には近代的な政治思想の基礎となりうるものは何らないとすらいってよい」（植手前掲論文）と評されるとき、特に傍点を付した個所にはこだわりが残る。というのはまず小楠に即して考えるならば「仁」「道徳」は何よりもまず為政者に対して強制さるべきものであり、松浦氏も述べているように「君主＝為政者の道徳と、人民の幸福との関係が、どこまで具体的に考えぬかれているかが問題」（松浦前掲『思想』所載論文）なのであり「仁政」が真に人民のためのものであるべき保証として小楠がまず為政者の道徳的義務を強調するのは当然であり、それが実行できない為政者はとりかえられてもよいという考え方にも論理的には接続してくるともいえよう（小楠の「沼山閑居雑詩十首」のうちに堯舜の禅譲を讃え世襲の血統論を批判した有名な詩がある）。

（21）『孟子』滕文公上篇にある。

（22）前掲『伝記篇』、三六一頁。

（23）このように『孟子』において論じられていた堯舜の治世に貢租が十分の一であったということを根拠に、幕藩体制社会を批判するという考え方は熊沢蕃山において早く提起されていた（小楠が蕃山を高く評価していたことは知られているが、両者の思想の詳細な対比の上でこの点を論じたものは管見の範囲では見られず、やはり今後の課題としたい）。

（24）「華夷彼此の差別なく皆同じ人類にて候えば互に交通致交易の大利を通じ候が今日自然の理勢と被ㇾ存候」（「沼山対話」）とも述べられている。

（25）この点が小楠＝「重商主義」的思想家とする評価の一つの根拠となっている。例えば宮城公子「和魂洋才―日本の近代化における倫理的主体の可能性と現実」（『日本史研究』七二、一九六四年五月）参照。

（26）村田前掲「関西巡回記」（『伝記篇』）。

（27）（28）村田前掲「関西巡回記」より。

(29) それと共に「仁義」をひろめようという場合には「宇内に乗出すには公共の天理を以て彼等が紛乱をも解くと申丈の規模無之候ては相成間敷」という覚悟の表明をも伴っていたのである。

(30) 通常この前半の傍点部分は佐久間象山の「東洋道徳西洋芸術」という有名な語句と共に引用される。その場合、松浦氏も言うように、評価の重点は「西洋器械の術を尽す」という部分におかれて対句を伴うが故に小楠（や象山）の西洋理解度を示する象徴的言辞の如く扱われてきた。しかし本論を通しても明らかにしえたと思うのだが小楠にとっては「堯舜孔子の道を明らか」にすることが如何に本質的に重要な課題であるか、ということを強調しておきたいと思う。

第二部 「国憲」と「国教」

明治前期政治過程と元田永孚

第一章　元田永孚と「君徳輔導」論

はじめに

明治十一年五月十四日の朝、当時明治政府の実権を一手にしていたといえる参議兼内務卿大久保利通は、宮中で開催される元老院会議出席の途上、四谷紀尾井坂に於て島田一郎等により暗殺された(1)。当日、二等侍補元田永孚は明治天皇に対してこの年の一月から始めていた「論語」の進講の途中であった。大久保遭難の報は直ちに宮中に伝えられ、元田は「忽講ヲ止メテ起テ変ヲ奏」じた。天皇は「容ヲ動シテ驚嘆」したという。

この事件は政府にとってもきわめて大きな衝撃であったが、直ちに翌日参議兼工部卿伊藤博文が内務卿に任ぜられ(2)、大久保の敷いた路線を継承してゆくことになった。元田にはこの事件はきわめて憂慮すべきものと考えられた。同じ十五日、佐々木高行、吉井友実、土方久元、米田虎雄ら同僚の侍補と参集した元田は「維新ノ鴻業ヲ輔翼スル者、条岩両公ニ継テハ、西郷、木戸、大久保三人、今西郷木戸巳ニ逝テ、残ル者大久保一人而已、天下ノ大任ヲ担当スルハ此一人ト頼ミタルニ」、その頼みとしていた大久保を失うことになった今、「将来ノ事復他人ニ依ルヘカラス、唯皇上ノ宸断ニ由ルヘシ、願フ所ハ聖上此変ニ当リ、一層奮発万機躬ヲ以テ親ラ裁断シ玉フノ御誠心アランコトヲ、依テ此義ヲ以テ建言セント衆議一決」したのであり、この建言を、異例のことではあったが、侍補一同が直接天皇に対して「上言」したのである。今後は「万機親裁ニ出テ臣下ニ御依頼ナカランコトヲ」という建言は、天皇にも強く響いたようであった。[3] 元田らがこのような行動をとったことには、上引したところにもあるように、彼らが期待し信頼をしていた大久保利通の死が及ぼすであろう事態の展開についての憂慮と共に、「大久保を殺せる島田一郎等の斬姦状中に今日の日本の政治は、上は聖旨に出るにあらず、下は人民の公論に由るにあらず、独り要路の官吏数人の臆断専決する所にあり、とあり。是れ方今天下一般の論ずる所にして、事実果して然り」[4]という侍補佐々木高行の意見にみられるような少数有司による権力独占と専制に対する批判的見解が共有されていたこと、現在のような有司専制の行きつくところはついには天皇に対する直接の批判をもひき出しかねないという体制の危機を招来することへの強い危惧があったといえ、「今日は最早真に御親政の御実行なくては不可なり」[5]との認識に立ち、前述の如き天皇への奮起の要請とともに、彼らも積極的政治活動を開始するに至るのである。

さて、侍補達のこのような認識に基づく一連の政治的活動は、「天皇親政」運動と呼ばれており、その政治史上の意義、役割等については渡辺昭夫氏等の先駆的業績[6]にはじまり、その後明治前期の天皇制、太政官制の考察という点から原口清、下山三郎、岩井忠熊等の諸氏による分析がなされて来た。[7]

さて、本章を執筆するにあたってこの「天皇親政」運動の開始から筆を起こしたのは、実はこの運動における中心的存在の一人として活動する元田永孚の思想と行動について私の有する関心に発している。[8] 本章の目的は、明治四年五月末に明治天皇の侍補になって以後、彼が天皇に対して行ってきた進講などに見られるその思想や、その時期に形成されてくる天皇の側近的立場に立脚して、政治上の諸問題に対して元田が有するに至った考えや、諸々の活動を、具体的には明治十二年頃まで、つまり侍補の「天皇親政」運動の展開に至る時期までの、その思想と行動とを対象として、その特色の解明を試みることにある。

一　元田永孚の「君徳輔導」論

元田永孚が五十余年にわたる熊本を中心とした生活と政治活動を終り、藩命により上京して宣教使、少参事に任ぜられ東京に住むことになったのは明治四年一月のことであった。五十四歳の彼からすれば、新政府の中枢の人々は皆若く、いまさらに自分の出る場でもないと考えて新政府への出仕を求める気持ちもなく、むしろ熊本へ帰ることを望んでいた。(9)だがその年の五月、元田の運命が大きく変る出来事が起った。そしてこれが元田をして「歴史上の人物たらしめる」ことになったきっかけでもあった。(10)すなわち、当時新政府では宮中改革が断行される直前で、女官たちの大量更迭が行われ、新たな侍従侍読たちが天皇の周辺に配置されることになる。(11)そのようなとき侍読の一人であった中沼了三が辞職した為、(12)後任を求めていた大蔵卿大久保利通はその推薦を安場保和に頼んだ。安場は元田を推薦し、彼は固辞したが、(13)結局受けることになり、五月三十日宮内省より出仕の命があり、「宮内省ニ出テ万里小路宮内卿ニ拝命ヲ告ク、即日天顔拝謁ヲ賜フノ旨アリ、乃衣冠ヲ着シ膝行シテ進ミ稽首シテ龍顔ヲ三間ノ外ニ拝シ、復膝行シテ退ク」というように天皇への拝謁をすませた。(14)侍読としての進講は六月四日から始まった。「先侍読ノ後ヲ承継」して論語公冶長首章(15)を進講した。章旨文義の講説を終えてひきつづきそれに関する彼の見解を天皇に披露した。それは、「聖人ノ人ヲ察シオヲ撰フ、公平正大世ノ毀誉スル所ニ拘セス必其中正ヲ得、誠ニ人君人ヲ察シオヲ撰フノ規範ト為スヘキナリ、凡人君ノ道ハ、任用賢ヲ得ルヨリ大ナルハ莫クシテ、人君ノ徳ハ聡明人ヲ知ルヨリ先キナルハ莫シ、今人君天下ノ人ヲ視ル、聖人ノ公冶長南容ニ於ケルカ如クナル時ハ、官ニ棄才無ク野ニ遺賢ナク天下悦服セサルコト莫ケン……」(16)という如く、朱子学の解釈に基づきながら「人君」(君主)の道とすべき心得を説くものであったと言えよう。

最初の進講を終えた永孚は、横井小楠たちと共に始めた自らの学問が、たどらせられた過去の苦闘をのりこえて、正当性を認知せられたとの感激を覚えると共に、[17] 自分が今後進講してゆく明治天皇について、「皇上陛下ノ天資ヲ伺フニ、英武ニシテ威厳アリ、曾テ文弱軽佻ノ態ナシ、時ニ春秋十八歳文武ノ科業僅ニ課ニ就キ未タ聖知発達ノ機ニ至ラス」との観察を行い、従って今後の彼の方針を「是正ニ培養失フヘカラサルノ秋、当ニ誘導スルニ君徳英発ノ議論ヲ以テシ活発通達シ易カラシムヘシ、宜シク文字歌者流ノ博雑ヲ用フヘカラスト、故ニ進講スル毎ニ先ツ音読字解ヨリ導キ、然ル後ニ反復談論、務テ聖心ノ感発センコトヲ求ムルノミ」[18]（傍点引用者、以下同様）と述べていることは注目されよう。元田は自分の進講を通して「君徳」の「培養」を志ざそうというのであり、その場合の「君徳」の内容が重要な意味を有することになる。

だが、このような方針をたてた元田が出仕早々に見たところでは「然トモ憂フル所ハ、当世ノ大臣、目前ノ事業ヲ成スニ汲々トシテ、君徳培養ノ急務ヲ疎ニシ、輔導ノ方未タ備ハラサル」という状況であり、彼は「余是ニ於テ窃ニ身ヲ以テ輔導ニ任ジ、百方尽ス所アランコトヲ思フ」[19] との決意をしたのである。ここにあらわされているような「君徳培養」「輔導」において政府、大臣の政策への不満ということは以後における元田の行動における原点ともなり、また反面やや過剰とも思われる天皇への奉仕の意識ともなっていくのである。[20]

さて、出仕直後から上述の如き感想と決意をいだいた元田は、出仕後約一年を経た明治五年六月に、過去一年間の自分の経験と見聞から「宮中諸事改正アリテ、侍従ノ人ヲ選任シ旧習ヲ一変スト雖トモ、君徳輔導ノ道未タ立タス、任用亦未タ其人ヲ得ス、而シテ専ラ洋風ニ鶩セテ、我国ノ善俗美教将ニ廃セントスルノ勢アルヲ見、痛惜ニ堪ヘス」[21] と、従来の「君徳輔導」のあり方を批判して三条大臣に対して意見書を提出し、次のように述べている。

すなわち「去秋来窃ニ宮中ノ事ヲ覗フニ、侍従華族之半ヲ黜テ、県下士族ノ壮勇ヲ用ヒ、鄭重軟弱ノ習ヲ変ジテ、簡捷毅武之風ト為シ、侍読ノ日講旧ニ依ルト雖モ、語学之課業日ニ進ム、服御器物故態ヲ去テ西洋新製是ヲ貴ブ、隔日正院臨御、御親政之勤労セリ、双日兵隊ヲ訓練シ講武之術務メリ、或ハ字法ヲ習ヒ或ハ騎馬ヲ試ム、其レ玉体ヲ健康ニシ、聖資ヲ保養スル所以ハ尽サザルニ非ザル也、然リ而シテ、天下治安ノ道実ニ易カラズシテ、宇内並立ノ業亦小ト謂フ可カラズ、豈是瑣小末技之能ク及ブ所ナランヤ……徒ニ末技之文具武事是レ勤メバ、則チ恐クハ簡捷毅武之風却テ疎率猛暴ノ態ヲ漸習シ、兵隊訓練ノ術却テ一兵士之芸ニ陥ル、和漢之講書ハ則チ庸儒ノ常談ト為リ、西洋語学ハ則チ一訳官ノ技ト為ルニ足ラズ、是レ皆帝王ノ当ニ為スベキ所ニ非ザル也」[22]と言うのである。彼によればこれまで行われている「君徳輔導」のための諸課業は、本質的なものをはずしており、「瑣小ノ末技」にすぎないもので「天下治安ノ道」「宇内並立ノ業」をなすべき「帝王」たるものの「当ニ為スベキ所ニ非ザル」ものであると、強く批判している。とすれば「君徳輔導」のためには如何なる教育がなされるべきであると彼は考えたのであろうか。またその「君徳」としてはどのようなものを考えていたのであろうか。この点を知るために好適と思われる元田の意見書の類[23]が存在するので、以下においてはまずそれらの内容を検討してみたい。

そもそも元田において「君徳輔導」は何の為に必要であると考えられているのだろうか。「宇内列国盛大雄強の日に際し、我皇国蕞爾たる一島国を以て帝国と尊称し、各国と対峙」している状況において、しかも「政理の相対する乎、人智の相比するか、学芸の相侔き乎、兵力の相敵する乎、皆未だ然る能はず」という状態において「侮を受」けずにおわる理由を、元田は人君（天皇）による国家の統一が保たれている点に求めている（求めざるを得ないといえるほどきびしい状態にあるということかもしれないが）。とするならば、現実の人君のあり方如何ということはすぐれて政治的な課題であり、何にもまして緊急の事柄である。「古の天下を治る者は、必先大本を立つ、大本は何ぞ、人君の心是なり、何を以て人君の心とす、聡明仁愛人を知り民を保つ是なり……人君の心一たび立つ時は、措置未広がらず、法制未備らずと雖、天下人心に感ずる所真実透徹、其事業の成る、政令を待たず、民の之に赴く水の卑きに就が如き者あり[24]」と彼が述べ、或は「方今王政復古、四海維新なり、宜しく君徳を明にして民心を定め、治道を講じて万国の上に出んことを期すべし[25]」とも述べる時、元田にとって政治の課題は法制、制度の充実以上に「人君」の人格による人心の収攬にあることが知られよう。またその「人君の心」即ち「聡明仁愛」は、個人的な倫理としての「徳」であることも明らかである。ところが、このような「君徳」観からすれば、現在のところは「人君の聡明未だ開けず、仁愛未発せず、而して天下の政に当る者徒に辺幅を修め、事功を顕さんとす」という状態にあると思われるのであり、従ってこのような点から「臣子の職、其務る所の要は、人君の心を立るより急なるはなし[26]」といわれるのである。「君徳輔導」が何よりも重要であるにもかかわらず、以上のところからも元田による従来の「君徳輔導」のあり方に対する批判の根拠は明らかになったといえよう。さて元田はその「君徳輔導」の為には二つの事が必要であると考えている。一つは、天皇をして個人的倫理としての「徳」を修めた有徳君主となってもらう為の具体的教育であり、元田はそれを天皇が儒教を学ぶ事によって果されると主張する。だがそのように「経史を誦し、道徳を論じ、古今を談じて聖聞に供する」ことがなされても「輔導の体用若備わらざるに於ては、則糟粕の空談聖徳に益なし[27]」と言いきっている如く、元田は「輔導」の方法が改革されることを主張するのである。

まず前者について元田は大略次のように論じている。「存誠致知の方、克己復礼の目、天下経綸の道」は「聖経」に由らねばならず、それゆえ「応神帝の王仁を徴して聖経を講じ、天智帝の南淵に就て周孔の道を学」んだのは理由のあることであった[28]。ところが維新以後「朝野専ラ文明開化ト唱ヘテ頻リニ西洋ノ風姿ニ移」り「時勢ノ赴ク所……終ニ底止スヘカラサルニ至レリ」という具合にもなった[29]。しかし「人倫性情之徳は、我邦の天賦に根ざして其工夫の次第は四書二経に具在」しているから「西洋に求む」べきではなく、(30)天皇が儒学を学ぶことは、過去の歴史にてらして祖先の業を継ぐことになり重要であるというのである。(31)

次に、後者即ち君徳輔導の方法の改革を論じたものとしては、これまでも引用してきた「君徳輔導の上言」における彼の考え方を見てみたい。天皇の「心」を輔導する為には「天下第一等の人を択び、水魚腹心の親みありて、而後薫陶啓沃の益あるべし」と思われるのに、その「第一等の人」は、得ることがもともと容易でなく、「僅に其人ある、即ち専ら太政に任じて」政務に追われ「輔臣の名ありと雖、其実は奏事稟勅常例に止まり」輔導の任を十分に果していない。一方日常的に天皇の側近にある「宮臣」「内廷の臣」は「天下の事務に預ることなく」単なる宮中の事務を処理するに止まっている。このような状況で「天皇の聡明を開かれ、仁愛を発せられんことを冀う」ことはそもそも無理である。このように天皇を補佐して政務を行うべき「大臣」（政府）と天皇に近侍してその輔導を行うべき「宮臣」とが疎隔しているため、政治の面でも必ずしも十分な効果を上げず、また「君徳」の輔導も十分に行われていない。このような弊を改めて「宮臣」と「大臣と内外表裏一体となりて、宮府の間和易浹合」の状況をつくり、即ち「宮府の間一体となり大細の輔翼既に備る」ようになれば「天皇成徳の効」もあがり、政治の実もあがるようになるというのである。元田は「太政大臣左右大臣及参議の内両三名、輪日帝室に待し、天皇の動容周旋悉く親視し、宮中の大事皆与り聞き、時々天皇の側に在りて、君臣の心術政理の体裁を講究し、古今治乱成敗の迹を論じ、或は侍読の講席に列して経史の疑義を質問し、……或は内宮の燕席に連り、或は宮省諸臣の閑話に雑はり……天皇は寝食の間も輔臣を見ざらんことを憂ひ、輔臣は頃刻も帝則を離れんことを恐れ、皆縦容厭飫の楽みありて、鄭重格式の形迹なく、薫陶涵泳の益ありて、切直諫争の過行なし。聖智の進む、聖徳の躋る、皆此中に在り(32)」と天皇を中心に大臣・宮臣の人格的、情緒的一体感のもとに結ばれた集団の理想的あり方をイメージしているのであり、その実現を求めるのである。

この元田の考えは、彼の終生の主義であり理想であり、その後も折にふれてその実現を天皇に対し、或は大臣、参議に対して主張しているところである。[33] 例えば明治七年「人心疑懼議論街ニ満ツ、而シテ三条岩倉ノ諸大臣或ハ痛ミ或ハ負傷ノ後、僅カニ勉テ事ヲ視、西郷及島津、木戸皆国ニ帰テ出ス、朝廷人無ク実ニ危急存亡ノ秋[34]」という征韓論争の後の政府の分裂、人心の動揺に対する危機感から、これに対する方策として上奏した「六輔臣親任ノ上奏」は「帝王天下ヲ治ムルノ要、賢臣ヲ親ムニ在リ」として、具体的には「三条岩倉島津西郷大久保木戸ノ六輔臣ハ復古ノ元臣ニシテ陛下ノ腹心股肱ナリ、当ニ之ヲ親ミ之ヲ愛シ之ヲ信シ之ニ任シ、終始一体陛下ト相離ルヘカラス[35]」としている。現実の政治の展開はまさしくこれら「六輔臣」は分裂しており、そこにはそれなりの政治的理由と経過が存することを元田も無視しているわけではないが、そこであえて「六輔臣」を「親任」することを説くのは、「方今宇内ノ形勢大ニ変シ、内外治乱ノ機、陛下徳輝ノ発スルト発セサルトニ由ル、正ニ須ラク務テ億兆ノ心ヲ攬ルヘシ、億兆ノ心ヲ攬ル先ツ天下有志ノ心ヲ攬ルヘシ、有志ノ心ヲ攬ルハ先ツ六輔臣ノ心ヲ一ニスルニ在リ、六輔臣ノ心ヲ一ニスルハ、礼貌仮勅ノ及フ所ニ非ス、唯陛下ノ一誠ニ在ル而已[36]」との認識によるのである。同様の主張はその後も例えば明治十年西南戦争の始まる中、京都に滞在していた天皇に随従していた元田が建言した君徳培養のための「十事ノ疏[37]」にも見られる。この意見書は「民心ヲ収ム」に始まり「君徳ヲ修ム」に終る一〇項目[38]からなっており、民心収攬を天皇に期待しその為にも「君徳」（その内容は「公明誠大」つまり公正・聡明・至誠・寛大の四つで、基本とされる）を高めることが求められるという構成には、元田の一貫した考えが反映されている。

このように元田は民心の収攬を天皇の政治の第一の目的としているが、それは天皇と「六輔臣」の人格的結合による一体化によりもたらされ、その実現の最終的方策は、まず何よりも天皇の「一誠ニ在ル而已」、すなわち天皇の個人的な人格の陶冶、道徳的完成に求められているのであり、政治は「君徳」というきわめて個人的な倫理に収約されてゆく道徳主義的傾向の強いものとなっている。しかしながらつけ加えるならば、「君徳」という道徳にもとづく徳治主義による政治のあり方を論ずることは、必ずしも非政治的ということではないと思われる。即ち前引してきた「六輔臣親任ノ上奏」や「十事ノ疏」が出された明治七年から十年に至る政治状況、政治過程における特色は、天皇を頂点として明治政府を構成する支配者集団（有司）の内部における抗争、分裂の過程として見ることもできるが、このような状況の中で支配集団の結集の軸として天皇の果す役割は大きいと考えられ、天皇の人格を最高度に発揮し、維新の諸功臣（例えば「六輔臣」など）の結合の要として統一を実現するための、天皇の人徳＝君徳が必要とされていると見ることができ、元田が「君徳」の培養・輔導を一貫して主張するのは、政府内部の結集を求める為という点では政治的な性格をもつものであったと見ることもできよう。

さて、以上見てきたような「君徳輔導」論にもとづき、それを実現するために元田は制度改革も主張していたが[39]、元田の主張が政府にうけいれられるのは、西南戦争という明治政府の最大の危機に直面した明治十年であり、同年八月に侍補の設置として具体化した。侍補官は、「常侍規諫、欠失ヲ補益スル[40]」すなわち常に天皇に近侍し、天皇の欠陥を諫めることをその職掌とするとされるが、その具体的内容は確定されていなかった。この時侍補に任命されたのは、一等侍補が徳大寺実則、吉井友実、土方久元、二等侍補が元田永孚、高崎正風、三等侍補が米田虎雄、鍋島直彬、山口正定の八名であり、その後一等侍補に佐々木高行が追加されるなど移動があった。この侍補達の中心的、指導的存在であったのは元田と佐々木であったと言えよう[41]。

侍補設置という形で、元田の主張が政府首脳にうけいれられるに至った契機は、前述したような維新功臣の分裂、相次ぐ士族反乱、反政府運動に対する支配層の深刻な反省とこれに対処すべき新たな方策の必要性を痛感したことである[42]。元田は西南戦争勃発に際しての大久保利通の発言を次のように記している。「大久保日ヲトシ、余ヲ招テ容ヲ改テ問テ曰、君徳ノ輔導其重大ナルハ嘗テ貴君ノ言フ所、政府モ亦敢テ等閑ニスルニ非サレトモ、目下細大ノ急務ニ纏綿サレテ、遂ニ今日ニ至レリ、然ルニ此大乱ニ遭フ、天下ノ治乱、君徳ニ非スシテ鎮定スル所無シ、輔導ノ急務タル今日ニ至テ益々切実ナルヲ覚フ、自今以往他ハ顧ミス、先ツ当ニ全力ヲ輔導ニ尽スヘシ」[43]とは、政府の第一人者がこの点を痛感したことを示しており、その結果、双方の意見と認識の合致のもとに侍輔設置は速かに行われるに至ったといえる。[44]

二 「君徳輔導」論の思想基盤

さて以上の如き元田永孚の「君徳輔導」論の内容を、元田における侍補設置に至るまでの行動の過程と共に、考えてきたわけであるが、ここで視角を変えて、政治における人心収覧の重要性を説き、その要として為政者・人君の徳の重要性を強調する元田永孚の思想の特質は何であるかについて考えてみたい。

元田永孚の思想が儒学、就中朱子学に基礎づけられて、その独自の再解釈により普遍性を主張しようとした横井小楠の思想に強く影響されて形成されてきたものであることについて、第一部一・二章にわたって彼の思想形成の過程、つまり幕末維新期肥後藩における実学党の形成展開を元田永孚に視点をすえて考察した。だが、明治期における元田の思想が、小楠思想と同一の論理構造を有するものであり、徳富蘇峰のいう「横井先生を絹漉しにした様な人」[45]であるとの評価にあてはまるものなのかということを検討する必要があり、本章で対象としてきた元田の「君徳輔導」論は、この問いを検討する一つの重要な手がかりであると思う。以下において、前節で検討してきた「君徳輔導」論にみられる元田の考え方を、ほぼ同じ時期に始められた彼の天皇への進講[46]などに拠りながら、その思想的特質について考察してみたい。

前にも書いたように、元田永孚は自らを横井小楠思想の体現者としての自覚と自負において終生変るところがなかった。[47] ところでその小楠の思想だが、その特質はどのようなものであるかについて行論の便宜の上、要約的にあげておきたい。[48] 小楠の発想において重要なことは、日本を含めて当時の東洋においては「政道」が失われ「無政事」に陥っているのに対して、西洋においては「殆ど三代の治教に符合する」(「国是三論」)ほどの政治が行われており、その点で西洋の優越という認識と日本などの現状への批判があり、失われた「政道」の回復が重要な関心となっている。そして小楠はそのことを、朱子学を根幹とする儒学思想の内部に追究した結果、自己と日本の主体性を保持し、「政道」を回復すべき普遍的理念を「堯舜三代之道」とその本質としての「仁」の思想に結晶させて提起したと言える。そして政治の理念として、この「仁」は、何よりも為政者＝人君において体得され体現されねばならない徳性であり、そのような人君の行う政治としての「仁政」の実現である(その場合「仁政」の具体的内容は「堯舜三代之経倫」「利用厚生の道」として治山・治水・交易といった技術＝「仁の用」による人民の生道を立てることである)。従って小楠においては日本に「政道」を回復する方法は「三代之道」に帰ること(「三代之道」の実現をもたらすこと)であり、その実現の担い手たるべき者は「人君」であり、「人君」の心術の純粋性が重視されるのであった。

それでは、このような小楠の思想を継承しているという元田の思想は、小楠のそれと如何なる関係にたつものであろうか。

元田は明治十六年四月に開始した「書経講義」のなかで、所謂「六府」に関して次のように論じている。「是ノ説ハ横井小楠ノ説ニテ、総テ政ハ山ノ政アリ、河ノ政アリ、草木ノ政アリ、金壙ノ政アリ、豈五行ノ気ヲ云ハンヤ、宋儒ノ見誤リナリト申サレタリ……横井先輩ノ卓見ヲ主トシテ水火木金土穀ハ実物財成ノ政ト為スヘキナリ」。[49] この説は小楠の説そのものであり[50]、その理解の上に「扨王政ノ要ハ徳ト政ト一貫ノ道理ナルヲ知ルヲ第一ノ緊要トス……其徳アリテ直ニ養民ノ政ヲ行フ、政ハ六府三事悉ク修メ和ラキ遂ニ歌詠楽舞ノ楽ミニ至ル、一身ノ徳ヨリ天下億兆ノ其所ヲ安ンスルニ至ル、一貫シテ二ツアルコトナシ[51]」との考え方も、小楠の思想を継承展開したものである。また元田は西洋の学問についても「西洋課学に至りては、大学格物の実効を尽し、其政体民法、器械の精微、天文地理諸物の理に至る迄、堯舜三代の未発を開成し、真に現在の格物、人々之を学ばずんばあるべからず[52]」と述べ、小楠と同様の評価を与えており、それを全面的に拒否するといった固陋な守旧家でもない。また彼によれば、今日の学者は「智ト徳トヲ分テ説ク」、しかし「智ヲ離レテ徳ヲ云可ラズ」、「徳ト智トヲ分テ云ヘハ、智ハ乃チ狡黠姦猾ノ知トナリ、徳モ亦塊然墨守ノ人トナラン而已」であり、そうであっては徳の「実体実用」が失われてしまう[53]。「後世ノ儒者」は「仁ノ理窟ノミヲ考ヘ」「終年其字義意味ヲ探索シテ、所謂大全ニ白髪経解ニ老死」であり、「真ニ孔子ノ罪人」である。孔子からみれば「却テ西洋ノ窮理政事ニ御左袒ニナルベキコトトモナ」り、「孔子ヲ学ハント欲スル人ハ当世ノ漢学者流ヲ脱却シテ、実際ニ就テ、仁ノ活用、徳ノ流行ヲ体認シテ、力行スルヲ要ス[54]」というのである。以上の如き論点において、元田は小楠の思想（実学）の理念を祖述していると言ってよいであろう。

そして元田は、また自分の学問について次のようにも説明している。すなわち「孟子歿してより学術其道を失ひ、漢唐宋明清儒者輩出し、詞章に熟し訓詁に詳かに性理を談じ、道術を説くを以て各一家を成し、自以て学問とす。是を以て己を修め人を治めて天工を亮くるの実学終に明ならず、堯舜孔孟の教学、変じて腐儒曲学の文字癖となり、治乱に補ひなく大道の衰え支那今日の勢に至れり、故に我邦学問をなす者、先漢唐以下の文字癖を看破して、直に堯舜孔孟の実学に基き、書籍を恃まず文字に拘らず真の学術あらんことを要す[55]」というのである。このように「治乱の補い」なき学問をしりぞけ、実効ある学問＝「堯舜孔孟の実学」たらんと志す点において、またその実効の面において、前に引用したごとく「大学格物の実効を尽」しているとの認識にもとづき「西洋課学」を否定しない点においても、元田は小楠の学問を継承している。

このように、学問観、学問の方法などを見る限り、元田と小楠の差はないように思われるが、ではその上で、小楠において展開されていた政治についての考え方、政治の理念や「政道」について、元田においてはどう展開されているであろうか。まず彼の「王道」論に注目してみる。「論語講義」において「子曰管仲之器小哉」という「八佾篇」中の一章を解釈するに際して、朱子の註に依拠して「朱子ノ註ノ如ク管仲器小ナルノ処ハ王道ニ志無クシテ僅ニ伯業ヲ行ヒ得タルニアリ」を正しいとして、更に「王道ト云ヘハ天下ニ王タルノ道ニテ管仲ハ斉国ノ臣、此時周室衰ヘタレトモ周室ヲ置テ王道ヲ行フヘカラスト云論」があり、それによれば管仲が斉の桓公に王道つまり周室の回復を行わせなかったことが「器小ナルノ処」であるということになるが、「決シテ左ニアラス、王道ニハ一家ノ王道アリ、一国ノ王道アリ、天下ノ王道アリ、方今ニテ云ヘハ、宇内万国並立ノ日ニハ、日本ニハ日本ノ王道、支那ニハ支那ノ王道……小国ニテモ各王道アル者ナリ、王道ト云ハ余ノ義ニアラス……博ク仁政ヲ施スヲ云ナリ、故ニ匹夫匹婦ニシテモ王道ヲ行フヘク、富強ノ大国ニテモ僅カニ己レヲ利シテ人ヲ相手ニスルカ如キハ王道ニアラサルナリ(56)」と論じている。この王道論は小楠における例えば「道は天地の道なり、我国の外国のと云事はない、道の有所は外夷といへ共中国なり(57)」という考え方の延長上にあると考えられるし、小楠思想をうけついだものであることは明らかである。

次に注目すべきは、小楠における「政道」の回復の問題としての「仁」と「三代之道」観についての元田の考え方である。まず小楠においては日本に「政道」を回復する方法は「三代之道」に帰ることであったのに対し、元田においては、その回帰の先が「我国上古の天祖神聖の道」であったという点のちがいである。いささか長くなるが、彼は「今億兆の君子となりて、民の禽獣に遠ざからんことを欲せば、豈神聖の教に基かざるべけんや。蓋上古の神聖聡明叡智の性、これに加るに寛容温厚発強剛毅の徳を以て天下照臨し、教を万世に垂る。此の時に当り文字の記すなく、書契の伝るなし、即ち地に体し、教を三種の神器に寓して、天下万世をして見て覚り易からしむ。蓋鏡の象は明なり、所謂聡明叡智の性なり、玉の象は仁なり、所謂寛容温厚の徳なり、剣の象は義なり勇なり、所謂発強剛毅の徳なり。此三徳民生の始、之を天に受け性とする所のものは、人々固有せざることなし。故に人君能敬して之を存し、推して以て天下に及せば、天下の人亦此三徳を明かにして、天下国家治平ならざることなし。……応神天皇に至りて西土の経典を加へて神経の註解となし、益斯道の精義奥旨を推演して、学路用功始めて明かに、聖徳広運人に取て養を為すの誠意、実に堯舜と道を同ふす[58]」と述べている。そのなかで注目されるのは、前半で述べられている「三種の神器」によって、「三徳」が象徴されており、それが「神教」の内容をなすということと、元田の描く理想の世は「上古の天祖神聖の世」であって、しかもそれは元田において「堯舜と道を同ふす」という判断によって理想とされたということである。そして「道は一なり、太神之を伝へ、孔孟之を教え、西洋又之を発明す[59]」として、経学（孔孟の学）は本来内にそなわる前述の如き徳を自覚化してそれを研究するための註釈の体系であり、洋学はそれを実現するための技術を与えるものであると考えられている。このようにみてくるならば、元田において論理としては一応完結しているが、一方において「心術を外にし、論理を薄くし、国体を忘れ、名分を愆り、徒に文明開化を唱へ、専ら不羈自由を説者は、所謂洋癖にして、国書の固陋、漢籍の陳腐よりも世道に害あること、亦誡むべきなり[60]」と述べたり、或は「皇帝代々三種の神教を体し、堯舜三代の学を講じ、躬行心得の余、天下億兆をして親感興起、克く自ら新にせしめ、更に日用彝倫の実に就て、自然の教学ありて、文華虚飾の習ひ曾て是なきなり……天下只一教、上下貴賤皆同学にて、風俗の美、教化の醇、宇内に卓越せしなり[61]」と描く彼の理想の世のとらえ方にみられるところに明らかな如く、元田においてとらえられている理想の政治とその中心となるべき「徳」というものは、「堯舜の道」という同じ言葉を用いて、儒教という普遍的原理を基準としているようでありながらも、「上古天祖神聖の道」という日本の個別的な過去における「徳」のあり方にも依拠しようとしている点で小楠の思想とは稍々ずれを示していること、またここで「堯舜の道」の内容が、小楠におけるそれが「利用厚生の道」＝経世済民の技術としての政治＝「仁政」を具体的に含んだものとして成り立っていたのに比べるならば、「人君躬行、心得実理、講究の誠意」とか「天理人倫心術経倫真正の学[62]」といわれるような「心術」に重点をおいた主観的な側面に強く傾斜するものであった[63]点など、元田的な特色となっている。

以上の特色（乃至は小楠との相違）に注目するならば、彼において政治思想として強調されるのが「方今王政復古、四海維新なり、宜しく君徳を明にして民心を定め、治道を講じて万国の上に出んことを期すべし、他なし堯舜三代の学を講じて、神教をして再び明かならしむるにあり[64]」とあるように、「堯舜三代の学」＝「神教」による「民心を定める」ということに帰着することも当然である。いかにして民心を収攬すべきか、その場合に「君徳」が重視されること、これが政治に対して有する元田の最大の関心ということになる[65]。前節でみてきた「君徳輔導」論がこのような元田の思想の具体的展開であることは今や明らかであろう。

以上「君徳輔導」論を支える元田の思想に関して若干検討してきたわけだが、私はその過程において、元田が小楠思想の継承者であると自負しているにもかかわらず、なお両者の間に存在する偏差の一端にも触れることができたように思う。以下においてその点についてもう少し考えておきたい。

元田は「論語」の講義の中で、「論語」について、また「学」について次のように言っている。「学ニ正アリ偏アリ、大小本末アリ、孔子ノ所謂学ハ、至中至正ノ大本達道ニシテ、修身平天下ノ道徳学ナリ、当世ノ所謂学ハ、一科々々ノ学、異端末技ノ謂ニシテ、大本達道ノ学ニ非ス[66]」として、学問における「本末」の区別を立て、更には孔子の学を

「道徳学」と規定する点においては、前述したような「心術」の重視、道徳の重視を示している。それはともかく上述の如く考える故に、元田によれば、人はまず「学ノ本末大小ヲ弁明シ」て「大学ノ道ニ志ヲ立テ」て、「格物致知誠意正心修身ノ順序ヲ差ヘス、斉家治国平天下ノ実理ヲ究メ」た上で、「西洋ノ学百課ノ書」を学ぶのならば「大学ノ道ニ於テ亦発明ノ助ケトナル」[67]のだが、「孔子ノ学ヲ後ニスル時ハ、根本立ス、遂ニ道徳ヲ損シ、人倫ニ悖リ、身修マラス、家斉ハスシテ、国治マラサルナリ」[68]ということになってしまう。ところが「方今文明日ニ進ミ事業大ニ開」け、「欧州ノ文明ヲ耳聞目撃スル者、其事業ノ末ニノミ瞑眩シテ本ニ反ルコトヲ知ラ」[69]ないという状況も出ていると批判する。このような言い方は元田の発言の中から多くひろい出すことができ、元田の欧化主義批判はこのような認識に発している。勿論「国トシテ富強ト云開明ト云ハ、素ヨリ貴フ所」[70]であるという如く、元田が単純な守旧家でないことは前にも述べたところでもあるが、元田にとっては「本末」の順序が何よりも重視され、「本」としての「道徳」が強調されるのであった。以上見たところでもうかがえるように、元田の論旨では、「本」と「末」が固定化され、夫々に「道徳」と「知識」とが区別されてわりあてられ、更にはその「本」と「末」の順序は、学習の時間的順序ともされているのである。とは言え、くり返すが元田は「本」のみを学べばよいとするわけでもないので、その方法としては「今日洋学ヲ学ヒマスルモ国書ヲ読マスルモ、此学ノ道ニ照シ見マセネハ、真ノ道理修身治国ノ筋ハ相分ルコトハコサリマセス」[71]というように、西洋の知識を学んだり、それをとり入れて制度・政治を変えるような際には「此学ノ道ニ照シ見」る、つまり儒学の原理に対照することが要請される。[72]また別にいえば、あらゆる場合に「本」「末」順序を意識し、つねに「本」を立てることが求められ、それは「人君」の政治において最も要望されることになる。

このような「本末」の固定化、「本」の強調は、「本」としての「此学ノ道」の内容を説明の為にも固定化してゆくことになる。前述してきたところからも、それが「道徳」であることは明らかであり、またその「道徳」は政治においては何よりも「人君」に要請されるものであったが、その具体的内容は、前述のところでは「神教」ともいわれ三種の神器に象徴される徳としても述べられていた。この点は元田においては結局のところ「道徳」における日本の独自性の強調ということに結びつけられてしまうのであり、(73) 小楠思想から見るならば、その偏差はかなり大きくなっていることが明らかであろう。

三　「天皇親政」運動と残された課題――おわりに代えて――

さてこれまで、二節を費して、元田永孚の「君徳輔導」論と、それに伴う侍補設置に至る彼の活動を考察し、更にはその思想の特色などを横井小楠思想との比較をも交えながら行ってみた。以下においては、これをうけて侍補設置以後の元田達の活動とその結果を概観し、そこに見出せるいくつかの問題を検討して、いわば明治保守主義の役割・意義について考えていくという今後への課題を確認しておきたい。

侍補設置後、現実に行われた大臣等の輔導の状況は、侍補等を満足させるものではなかった。佐々木高行は「総べて何事も聖上をば御幼年の如くに致し、些かなる事を申上げても御一言にて御聞入れなき時は其の儘に致し、万事政治上は両大臣に御任せあり」という大臣等の輔弼の態度に不安と不満を表明している。それは、佐々木のみならず元田等にも共有された「昔の天子なれば只今位の事にても明天子と申上ぐべきが、今日は外国と御交際上より其形勢を思ひ、又内国の光景も、神武帝以来未だ聞く事なき民権の議論も世の公論となり、既に立憲政体の御沙汰も出たる事なれば、議院も追々御設置の場合となるは遠からず、政治上には十分叡慮を注がせ給はざれば、迚も内閣の議事さへも御決定は難かしき事なり、最早御後れとなりし心地なれば、急速十分の御運びの付く方を、一同にて勘考し輔佐の任を尽くさずは安心ならぬ」[74]という現状認識のもとにおける危機感によるものであった。しかも侍補達がこの状況の改善の方策として運動し、実現しかけていた参議大久保利通の宮内卿としての君徳輔導の実行[75]が、本章冒頭の如く、彼の暗殺により挫折したことは、侍補達をして有司専制の現状が天皇に累を及ぼすことを強く危惧せしめ、彼らをして政府批判と新たな「輔導」体制の形成を要求する運動を起させるに至るのである。前にもふれた「天皇親政」運動の展開というのはまずこのことをさす。

この運動の詳細に関しては、前掲の渡辺昭夫氏の研究[76]などに譲り、ここでは問題点を略述するにとどめる。すなわち、侍補らの要求は、当初は天皇の内閣臨御および大臣参議の政務報告の際に侍補を侍坐させ、侍補をも政務に参加させるというものであり、これは政治に関する大臣、参議の天皇輔導のなかに侍補がわりこむことを意味し、従来の天皇―内閣の直接的関係の部分的修正であるといわれる。しかし、この要求が侍補らの有司専制体制に対する批判から発したものであること、また侍補のめざす君徳輔導が政治と切りはなされた場所（宮中）でのそれではなく、政治の中での君徳輔導であることを示しており（宮中・府中一体としての輔導の実をあげること）、更に「輔導」の内容が天皇の道徳的完成に止まらず、政治にまで拡大してきたこと（発想においては徳治主義に根ざすとしても）など、注目すべき展開となった。ところが内閣は宮中・府中の別をとなえ、侍補らの要求を拒否した。この対立には「侍補」の職掌についての認識の差違が存在したが、岩倉・伊藤に代表される政府内閣は、政治における従来からの天皇―内閣の輔弼体制を維持することをはっきり表明し、対立は深まってゆく。

明治十一年八月十六日元田が佐々木、吉井ら侍補に対しての書翰において、「士君子正道に独立して他を顧みざるは、今日を待つて云ふ事にもあらず候へども、従来の事、宮府一体、大臣と水魚の御親み有之度と、専ら注意致し候へば、政府の意を体し、或は周旋回護の道も幾分か有之たる事」といったこれまでの彼らの努力にもかかわらず、今日の政府が正邪混淆、清濁糢糊の状態になったことを慨嘆し「斯る政府へ王室をして一体ならしめ、斯る人々へ天皇陛下をして水魚の親みあらしめん事は、我輩の万々願はざる事に候、只だ王室は何所までも扶翼不致候ては忍びざる事に候、幸に聖上の御聡明、殊に御眷顧の深きを蒙る、皇后宮の御賢明御内助も有之事に候へば、我輩に於ては、決して孑々然たる進退致すべき時に無之候、仍て諸君に望む所は、将来益以て正道の二字を独立し、政府の邪正・清濁には面を振らず、侍補一分の正道を以て聖上を扶翼し奉り、以て王室を堅立し、以て天下人心を繫ぎ、政府正なれば共に協力し、政府邪なれば之を匡正し、立論すべきは幾度も政府へ立論し、奏聞すべきは憚らず直に奏聞し、聖上をして濁流に御浸潤無之様、侍補の力を以て維持したき事に候……」(77)という方針・決意を表明している。侍補が内閣に対し是々非々の立場をつらぬき、独自に天皇輔導にあたることを表明しているのである。この元田の考えは、以後もずっと維持されており、侍補と内閣との考え方の違いを良く示していると言えよう。

この政治的対立の結末としては、十二年十月十三日侍補の廃止となり内閣は勝利した。(78)しかし侍補の主張した君徳輔導、天皇親政の輔佐は、内閣にとって当然自らが精励すべき義務となった。侍補廃止の際の「御沙汰」として「自今大臣・参議内外ノ事一層精誠ヲ致シ、時ヲ以テ内ニ侍シ、専ラ親昵ヲ旨トシ、輔闕ノ責ニ任ズベキ様」(79)と達せられた。

侍補の天皇親政運動の経過は以上の如きものであった。元田永孚の「君徳輔導」論と、それに基づく政治的活動は表面的には挫折したかに見られる。しかしながら結果としては以下の如きいくつかの重要な政治的、思想的問題を後にのこしたのである。

侍補は廃されたが、天皇は彼らに「将来モ在職中ノ心ヲ以テ裨補ノ意見アラハ建言セヨ」(80)と勅諭した。元田は宮中に侍講としてとどまったが、彼に対する天皇の信頼は厚く、ついに三条、有栖川、岩倉の三大臣は「我等三人協議シ卿カ機密ノ顧問ニ備ハルコトヲ承諾セリ、自今以往更ニ卿ニ望ム、宜シク益々忠誠ヲ尽シ以テ君徳ヲ輔翼セラルヘシ」と、元田の天皇の機密顧問としての地位を承認するに至っている。(81) また天皇は佐々木高行、吉井友実、土方久元の三人に対しても「待遇セラル、亦宮中ニ在ル時ノ如ク、常ニ永孚ニ内喩シテ曰、此事ハ吉井ハ如何、佐々木土方ハ如何ト、永孚ヲシテ密ニ其意見ヲ問ヒ、三人亦余ニ就テ各其意見ヲ上陳スルコトヲ得タリ」との待遇を続けている。元田自身も彼らに対して「益々篤ク交リ心中毫モ隔ル所ナク、天下事アル毎ニ必相謀ラサルコト無シ」と記すように、(82) 彼らは密接な関係を保ちつつ共同の歩調をとり続けた。かくて天皇の側近的性格をもつ私的顧問としてのグループが形成され、彼らは一定の政治的立場を共有する集団として、後述するように、政治的状況に影響を保有することにもなった（それは宮廷派或は保守派の形成とでも言えよう）。

前述してきたように、元田及び彼に代表される侍補グループの政治理念の一般的性格は、「君徳輔導」論においてみられるように、儒教的徳治主義に依拠する伝統的・人格的支配原理と評することができ、そのような立場から官僚的法制的支配原理に立つ政府有司を批判した。しかし天皇親政運動が有司専制批判の一つであったことは、終局的に彼らに対立するものであろうか。この点で注意すべきなのは、侍補達が在職中に始めた「御親政始」と称する明治十二年三月の「勤倹の詔勅」発布のための運動であった。(83) これは明治十一年八月の北越巡幸から帰った天皇が「各地ノ民政教育ニ付テ叡慮アラセラレ、岩倉右大臣ニ御内喩アリタルニハ爾後一層勤倹ノ旨ヲ専務トシ我邦ノ徳義ヲ教育ニ施サンコトヲ」語ったことから、侍補達は「勤倹ノ旨真ノ叡慮ニ発セリ、是誠ニ天下ノ幸速ニ中外ニ公布セラレ施政ノ方鍼ヲ定メラルベシ」と運動したことにより実現したのである。(84) また国民教育も彼らの重視するところであり、特に天皇の発意があったことが（この点について元田が輔導の成果として喜んでいることが注目されるが）(85) 重要であり、(86) 元田たちは天皇尊崇の精神を国民に浸透させ、忠孝・礼儀・廉恥等の徳目をもって国民教育にあたることを推進させた。この思想的基盤が特に前節で一瞥した元田の思想の中にうかがわれることはいうまでもないが、天皇の意を体して元田が起草した明治十二年の聖旨教学大旨・小学条目や、幼学綱要の編纂[87]、教学大旨に対する伊藤博文の「教育議」（井上毅起草）と元田の反駁（「教育議附議」）という論争[88]など一連の教育政策の展開は、教育勅語につながる元田の「国教論」[89]と共に第二部第三章において詳細に検討することになっている。

また元田等のグループは、政体上の問題においては、伊藤博文を中心とする政府主流の見解や政策に対し、対立しそれを規制しつつ、明治十四年政変に至る重要な政治勢力として、最終的には政府と補強しあう形でいくつかの活動を示すに至る。その例として挙げられるのが、侍補から議官を経て、十三年三月末に元老院副議長になった佐々木高行の元老院改革論と政体論であろう。即ち、明治八年設置以来の元老院の権限をめぐって木戸と板垣の間でなされた議論の結果は、元老院の権限の縮小と板垣の下野、その間における元老院の国憲編纂とその骨抜きという状態になっていたわけだが、この一旦は骨抜きとなった元老院が、明治十一年〜十二年にかけて再びこの権限拡張を例えば検視制度廃止といった形で要求しはじめるに至った[90]。

その首唱者としての佐々木という点から、彼が元老院に如何なる役割を期待していたかを示すものとして十三年七月と八月に彼が三大臣宛に提出した二通の建白書は興味深い。まず七月の建白では、「国庫乏キヲ告ゲ民人窮ヲ訴へ、上下ノ困難如此景況ニ至」ったなかで、その解決策は「勤倹ノ詔ヨリ外、他ニ良策アル事ナカルベシ」との認識に基く実行が必要であるとする。その際「大監察局ヲ開キ陛下ノ深ク信ズル所ノ、極メテ忠実ナル者ヲ、陛下ノ御目代ト勅選シ、顕官ノ此ノ実効ヲ挙ルヤ否ヤヲ監視」させることで、「勤倹ノ実始メテ顕」れるという。更に「元老院ヨリ近日将ニ奏上セントスル所ノ憲法ヲ審査スル所ノ（「局ヲ設ケ」脱カ）、憲法ニ管渉スル建白書議疏ヲ修輯其法全備ノ後ニ至ツテ宜シク従前ノ詔勅ニ照シ、国会開設ノ旨ヲ告示スベシ」と論じている[91]。また八月七日付の建白では、「我国為政ノ目的ハ陛下御宇ノ始メニ当リ被仰出候詔勅ヲ、百官有志等、果シテ之ヲ遵守仕候否ヲ、能ク御督察被遊候事、大切ト奉存候」と監察官の制度が必要であるとして、続けて「我朝ニハ曾テ弾正台又ハ検非違使ノ設ケアリ、支那ニハ諫議御史ノ官アリテ、皆弾劾ノ職ニ任ジ申候」、西洋諸国では、「大抵此大権議院ニ有之候儀各国憲法中ニ記載有之候」と議会の役割の一つとしている。現在我が国では天皇初政の弾正台が廃された後は監察の制度は存在していないが「右監督ノ一途ハ、別ニ監察官ヲ被置候共、目下之ヲ元老院ニ御授与相成可然哉トモ奉存候」だが、「目今官省ノ構成ニ於テハ、仮令監督ノ権ヲ元老院ニ授与スルモ、未ダ其権限ノ軽重スル事能」はざることと思われ、そのため速に政体の再構成が必要であるとして「速ニ国憲ヲ確定シ、行政・立法（司法脱カ）三大権ヲ確立スルニ有之ト奉存候」。特に「元老院ハ議長、副議長、議官トナシ而シテ其権ヲ重クスル為メ、議長ハ大臣ノ次席ト為シ、……議長ハ大臣ヨリ転任シ、其他議官ハ大ニ精撰」すべきであると言う。このように佐々木は行政監察権を元老院、更には議会に付与し、そのため元老院の権限・権威の強化を主張している。(92)

更に佐々木は同年中に左大臣有栖川宮に宛てた建白書においても同様に行政監察制度設置を述べ、「是迄ノ情勢ヲ察スルニ、至尊ト大臣トノ責任ニ権限無之、動モスレバ善事ノ称ハ大臣之ヲ受ル事アルモ、悪事ニ係ル責ハ必ラズ至尊ニ帰ス」と、政府（大臣・参議等）に対する露骨なまでの不信感を表明し、「宜シク体裁ノ権衡ヲ取リ、至尊ノ特撰ヲ以、監察弾正ノ官ヲ被置度奉存候」と、政府の施策に対する監察官の設置を求めるが、その場合「監察討論ノ権、皇国、支那ハ監察ニアリ、唯西洋ハ議事官ニ在リ、之ヲ要スルニ、行政官ヲ監察スベキ官ヲ備フル、和漢西洋符節ヲ合セタル如シ、然レ共、監察討論ノ精微ナル、議事院ニ如クハナシ、何トナレバ、議院ハ立法ノ府ニシテ、殊ニ議員ハ民撰ニ成リ、公論無偏、聊カ忌避スル所ナケレバ也」との認識から、議会の開設がなされるまでの措置としての監察制度の提起をしているのであり、(93)議会制についての佐々木の認識が柔軟である事にも注目しておきたい。このような佐々木の改革プランは政府主流とは別の立場ながら、「立憲政体」確立のための活動をしているのである。なおこのような立場、考えが元田とすべて同じであるとは必ずしも言い難いが、侍補廃止以後、この時期においても、佐々木と元田の内には頻繁な接触があったことからも、両者間の意見の交流調整は行われていたと考えられ、有司政府への不信は共有のものであり、元田においても議会や立憲政体に対する認識は柔軟であったことに注意しておきたい。

また政体論とも関連するが、政治家に対しては、西洋化を推進してゆく「才子型」の政治家に対する道徳主義的発想からする強い反撥が示される。元田らは侍補在任中、明治十一年、大久保没後、内閣が、当時下野して欧州滞在中の井上馨を召還して参議兼工部卿に任命しようとした際に、井上の人格や前大蔵大輔時代の尾去沢銅山事件等をもち出して強く反対した(94)。以後も例えば十三年の外債募集反対は大隈重信への不信感をまる出しにしたものであった。更に後のことだが元田は十四年政変による大隈罷免について「大隈前参議兼大蔵卿ノ財政ニ長シタルハ天下ノ共ニ推ス所ナルカ、其私利ヲ経営スルモ衆目ノ共ニ嫉視スル所ナリ、故ニ其免職ハ正人君子ノ大ニ快シトシテ之ヲ賀セサルハナシ(95)」とまで述べている程である。

或は明治十三年の集会条例の制定について、佐々木は「之がため人民が政府を怨み、官民の離反をなすべし。何となれば今日の演説者も皆悉く暴論家にはあらず。然るを集会を圧迫せば却て害あらん。今日聖慮のある所を示し、政府の方針を定め、一定の情実を加へざる政治を施さば、集会条例は無用なり……聖上の大御心さえ貫徹すれば危険の事はなし。仮令条例を設けて圧しても、迚も止まるものにあらず、却って人心を害すべし(96)」との理由から反対している如く、徳治主義的原理に基く、強権主義的、法規主義的な政治への反撥を見ることができる。

以上これらのところからも、元田や佐々木たちが一定の政治理念を共有するグループとして、立憲制の成立への過程において、比喩的には「右」からの有司専制批判の機能を果す、保守主義者であったと評することができよう(97)。

以上きわめて簡略な粗描に終ったところで提起したいくつかの問題点が、明治保守主義思想の一例としての元田永孚の思想と密接に関連していることは言うまでもないと思われる。特に元田に限定するならば、前述した教育政策についての彼の思想の展開にからめて明治十四年政変の前後に展開される元田における立憲制についての考え方、そこにおいて示される伊藤・井上毅との対立と補完関係の展開が引続き検討されねばなるまい。

注

(1) 板垣退助監修、宇田友猪・和田三郎編『自由党史』(上〈岩波文庫、一九五七年〉二二九頁)。

(2) 春畝公追頌会編『伊藤博文伝』(中〈春畝公追頌会、一九四〇年〉一〇二～一〇四頁)。

(3) 元田永孚「還暦之記」、以下「還暦之記」と略す(海後宗臣・元田竹彦編『元田永孚文書』第一巻〈元田文書研究会、一九六六―七〇年〉以下『文書』と略す)一六九頁。

(4) 津田茂麿『明治聖上と臣高行』(自笑会、一九二八年)四〇八頁(以下『臣高行』と略す)。

(5) 佐々木は前述の如き侍補一同の天皇への奏上に際して「今日御親政の体裁なれども、事実は内閣大臣への御委任なれば、自然天下一般も二三大臣の政治と認め居れり、既に彼の島田一郎等が斬姦状も、天覧あらせられたる如く此の点を指摘痛論せり、就ては今日より屹度御憤発あり、真に御親政の御実行を挙げさせ、内外の実情にも十分御通じなくては、維新の御大業も、恐れながら水泡画餅に帰すべし、方今国内の人民が挙つて不平を鳴らし居れるは、大変改の時ゆゑ已むを得ざる人情なるも、行政の当を得ざる点も多々あり」(『臣高行』四〇九頁)と、政府有司への批判と危機感を表明している。

(6) 亀掛川博正「侍補の天皇親政運動について」(『近代日本史研究』三、一九五六年)、大久保利謙「明治初年における天皇親政運動とその波瀾」(『日本史の研究』第一六輯)、渡辺昭夫「侍補制度と天皇親政運動」(『歴史学研究』二五二、一九六一年四月)、「天皇制国家形成途上における『天皇親政』の思想と運動」(『歴史学研究』二五四、一九六一年六月)等があり、特に渡辺氏の二論文には、本章を執筆するにあたって多くを負っている。

(7) 原口清「明治初年の国家権力」(『大系日本国家史』四、東京大学出版会、一九七五年)、同「明治憲法体制の成立」(『岩波講座日本歴史』一五、岩波書店、一九七六年)、下山三郎『近代天皇制研究序説』(岩波書店、一九七六年)、岩井忠熊「太政官制と天皇

制」(『日本史研究』一七二、一九七六年一二月)等がある。なお、本章初出時以降には、野崎昭雄「侍補制度と政局の動き」(『東海大学紀要文学部』一七、一九七二年五月)、笠原英彦「天皇親政運動と佐々木高行」(『慶應義塾大学大学院法学研究科論文集』一七、一九八三年三月)が出た。笠原氏はその後『天皇親政—佐々木高行日記にみる明治政府と宮廷』(中公新書、一九九五年)を出している。また、大日方純夫「一八八一年の政変をめぐる中正派の軌跡」(『日本史研究』二〇五、一九七九年九月)、西川誠「明治一〇年前半の佐々木高行グループ」(『日本歴史』四八四、一九八八年九月)等の研究も出ている。なお、当該時期に関する政治史研究分析としては御厨貴「大久保没後体制」(『年報近代日本研究』三、山川出版社、一九八一年)が出色であった。

(8) 本書「序論」参照。

(9) 前掲「還暦之記」、一二六頁。

(10) 吉本襄編、徳富蘇峰監『元田先生進講録』(民友社、明治四十三年)緒言。

(11) 明治四年からの宮中改革については、渡辺昭夫前掲『歴史学研究』二五二論文、及び岩井氏前掲『日本史研究』一七二論文がその分析を行っている。また渡辺幾治郎『明治天皇と輔弼の人々』(千倉書房、一九三六年)四四〜五九頁参照。

(12) 中沼了三(了蔵)は、隠岐国出身で文化十三年生まれ、天保元年京都に出て崎門学派の鈴木遺音に学ぶ。同十四年京都で学舎を開き、その門人として西郷従道や川村純義があった。その説く所は大義名分論と尊王論であり、嘉永年間学習院儒官、元治元年大和十津川に文武館を創設した。維新後明治二年一月天皇の侍講となるが、三条実美らと意見が対立し、翌三年十二月に辞表を提出した。その後四年三月尊攘派公家の愛宕・外山事件への関与を疑われて位記返上、薩摩藩預けとなっていた。元田がその後任となる前の状況はこのようなものであった。なお中沼はこの時の冤罪は晴れ帰京するが、その後にも神風連の乱の時にもなお政府筋から疑われている。その後は大津にて湖南学舎を開いている。明治二十九年没。中沼については、その尊攘派的な思想の問題と共に、出身地隠岐国における維新期のいわゆる「隠岐運動」(研究書よっては隠岐コミューンとまで称するが)との関係を重視する見方もある。中沼郁、斉藤公子『もう一つの明治維新—中沼了三と隠岐騒動—』(創風社、一九九一年)参照。

(13) 安場保和は明治四年には熊本藩少参事であったが、維新期から大久保利通との繫がりがあり、そのため廃藩置県後、大久保大蔵卿の下で大蔵大丞、租税権頭になっている。なお、この間の経過を元田の言に見れば、安場保和が「昨大久保大蔵卿ニ至ル、卿問テ曰朝廷侍読人ヲ闕ク(此時中沼了蔵免職トナレリ〈傍点ハ筆者〉=割注)其人ハ無キ乎ト。予(安場のこと)心ニ之ヲ幸トシ因テ答フルニ元田先生ヲ以テス。曰ク予カ同社ニシテ知事ノ侍読、学ハ乃程朱学ナリ、卿ノ曰程朱学ニシテ最善シト。其成否ハ未タ知ラスト雖トモ豈喜フヘキノ事ナラスヤト……余（元田のこと）傍ヨリ之ヲ聞キ大ニ驚テ安場ヲ責」また「他日安場又来テ曰、昨知事公ト大久保卿ニ至ル。卿知事公ニ先生ノ人ト為リヲ問フ。知事公ノ曰其職ニ適スルト否サルトハ敢テ知ラス。其人物ニ至テハ保証スル所ナリト、先生既ニ知事公ノ保証ヲ受ク復タ辞ヲ言フコト勿レ」（以上前掲「還暦之記」、一二六〜一二七頁）と言った経緯があったことがわかる。

(14) 前掲「還暦之記」、一二七頁。

(15) 周知の事であるが、『論語』公冶長篇の問答は、歴史上の人物、当世の政治家、弟子達の人物論が主体となっている。その「首章」というのは、おそらくは「一、子、公冶長《こうやちょう》を謂《のたま》わく、委《めあわ》すべし、縲紲《るいせつ》の中《うち》にありと雖も、その罪にあらずと、その子を以てこれに委す。二、子、南容を謂わく、邦に道あるときは廃《す》てられず、邦に道なきときも刑戮《へいりく》に免《まぬが》るべしと、其の兄の子を以てこれに書す」の二章を続けて読んだものと思われる（本文中で引用した如く元田が「聖人ノ公冶長南容ニ於ケルガ如クナル時ハ」と述べていることに拠る）。なお、この二つのエピソードは、対照的な人物に関する孔子の対し方を示しており、それを一組の説話として並べたことにより孔子らしさを強調しようとした論語の意図を見ることができると解される（貝塚茂樹訳「論語」第三巻『世界の名著三　孔子、孟子』〈中央公論社、一九七六年〉一一〇〜一一一頁）。

(16) 前掲「還暦之記」、一二八頁。なおこの当時天皇への進講を行っていた者は「此時平田（鉄胤）加藤弘之、余ヨリ先ニ侍読ト為リ、平田ハ国書（日本書紀伝＝割注）、加藤ハ独逸語学ヲ進講シ、余ト日時ヲ更ヘテ奉侍セリ」（同右、一二九頁）とあり、また元田の進講は「爾後月次十二回ヲ以テ例トス、後更ニ日本外史ヲ交ヘテ進講ス」（同右、一三三頁）というものであった。

(17) 「余二十五歳ニシテ長岡温良師、横井先生、下津大人、荻子ト共ニ程朱ノ学ヲ講シテ聖人ノ道ヲ信シ、道徳経世此ノ実学ニアリト自ラ任シテ疑ハサリシモ、藩俗ノ忌嫉スル所トナリ、世ニ否塞スルコト殆ント三十年、玆ニ至テ始テ天廷ニ坐シ天顔ニ咫尺シテ此学ヲ講シ、親シク天聴ニ達スルコトヲ得タリ、何ノ慶幸カ之ニ過キンヤ」（同右、一二八頁）という元田の感想には、その感激と共に朱子学＝実学との理解が確認されていることもあわせて留意されたい。

(18) 前掲「還暦之記」、一二九頁。

(19) 前掲「還暦之記」、一二九頁。

(20) それはちょうど親子ほどの年齢の違う（当時元田五十四歳、天皇十八歳）両者の関係にもかかわらず、以後元田の言うところの「君臣水魚の交り」の中でより強められていく。例えば後になるが、明治十年十一月二十一日夕、御苑萩の茶亭における菊花の宴に際し、元田と天皇の間にかわされた応酬の記事（「還暦之記」、一六一～一六二頁）などにおける君臣交歓は元田の人柄にもよるのであろうが、天皇の元田への感情をよく知ることができる。
(21) 前掲「還暦之記」、一三七頁。
(22) 「上三条公書」、国会図書館憲政資料室蔵「元田永孚文書」、「一〇七―17　上奏建言書草稿」中に所収。
(23) 年次順に揚げると次の如きものである。
①「教学大意私議」明治三年十月記。侍読出仕以前のものであり、どこに提出したものかは不明（憲政資料室蔵「元田永孚文書」一一〇―1）。
②「為学之要」明治四年九月十五日。「還暦之記」によれば吉井友実に贈ったもの（なお憲政資料室蔵「元田永孚文書」、「一〇七―16　諸草稿綴り」の中の「1、為学之要」は「明治四年十月」となっている）。
③「上三条公書」本文の如く明治五年六月（注(22)参照）。
④「君徳輔導の上言」明治元年九月、岩倉具視に提出（憲政資料室蔵「元田永孚文書」、「一〇七―15　意見書綴り」所収）。なお、①②④は海後宗臣『元田永孚』（日本教育先哲叢書、文教書院、一九四二年）に収録されている。
⑤「六輔臣親任の上奏」明治七年八月（憲政資料室蔵「元田永孚文書」、「一〇七―17　上奏建言書草稿」の中に「ハ、六輔臣信任の上奏　漢文」及び「ト、六輔臣信任の上奏　訓読文」とが所収されている）。
⑥「十事ノ疏」明治十年五月（憲政資料室蔵「元田永孚文書」、「一〇七―17　上奏建言書草稿」中に「ホ、十事ノ疏」として所収。猶『明治天皇紀』四、一七六～一八二頁に収録されている）。なお、以下において前記①～⑥を引用する場合、原本に対照し、支障がない場合は、活字化されたものから適宜引用する。
(24) 以上「君徳輔導の上言」。注(23)前掲の海後宗臣『元田永孚』（〈文教書院、一九四二年〉一七四～一七五頁）。
(25) 「教学大意私議」海後前掲書、一九一頁。
(26) 「君徳輔導の上書」海後前掲書、一七五頁。
(27) 同右、一七九頁。
(28) 「為学之要」海後前掲書、一七三頁。
(29) 前掲「還暦之記」、一三三頁。

(30) 「為学之要」海後前掲書、一七三〜一七四頁。

(31) このように儒教を天皇が学ぶべきであると主張するが、現実の天皇の課業の状態は、明治七年の元田の言においても、そのようになっていないことが知られる。「……侍読ノ書モ国書歴史ヲ用キルノ外、多クハ訳書ノ瑣々タル者ノミ、時ニ福羽ハ国書ヲ主トシ、加藤ハ洋書ヲ専ラトシ、余此際ニ立チ、何ノ書タルヲ択ハス、其説ク所ハ君徳ノ要、義理ノ当帰、治乱盛衰ノ機、君子小人ノ弁ニ非サルハナシ、……反復説明シ聖心ノ確信アランコトヲ期ス」(前掲「還暦之記」、一五二頁)。

(32) 以上「君徳補導の上言」、海後前掲書、一七六〜一七七頁。

(33) 後述の如く侍補が設けられた後、元田達は「当官(侍補)ノ責任ヲ尽スニハ君臣ノ懇親ヨリ始マル」として「毎夜御晩食後二時間当直侍補二人後宮ニ侍座シ、皇宮官御同座シテ、御款話ニ陪シ、諸事究屈ナラス」、世情話等を含めた懇話をはじめている(前掲「還暦之記」、一五九頁)。また、「大臣参議日々ノ臨御ニテ議政上ノ謁見ハ絶ヘスト雖トモ未タ御親睦ノ実深カラス」、親睦を深めるためには侍補達の意見を承けて、明治十年「十一月廿七日ヨリ午時ノ御陪食ヲ賜ハリ、当日ハ三条大臣大久保参議両人ニテ侍補当直土方米田陪坐セリ、是ヲ始メトシテトシテ爾後ハ月々金曜日ヲ以テ御陪食ヲ賜ハルコトニ定マリタリ」(「当官日剳」、前掲『文書』一、三二九〜三三〇頁)、という大臣、参議の宮廷での定期的な陪食が始められ、また参議の主任担当事項に関する政務報告の機会を増やすようにと、明治十年十二月に元田は「……大臣参議ノミ聖上政事ノ学友タル可キ也、……大臣参議代ル〳〵政事ヲ議論シ以テ聖上ノ学友タランニハ其実際輔翼ノ効亦此上アル可ラサル也」との意見書を両大臣に提出しており(「当官日剳」、前掲『文書』一、三三四頁)、これは翌年一月から実行された。これらは元田の理想の一部の実現と見る事ができよう(これについては宮内庁『明治天皇記』四〈吉川弘文館、一九七〇年〉、明治十年十月十一日、十一月二十七日、十一年一月十六日各条等も参照のこと)。また十一年四月元田が郷里の先輩下津休也に宛てた書翰では「侍補拝命後相運候事件数々有之候内第一緊要の事は、毎夜於後宮聖上皇后宮御同座にて、当番の侍補両人幷侍従試補陪坐、二時間余御寛話被為在候而、君臣の御親睦十分被為出来候事。第二、毎月金曜日(一ヶ月四度)ニ大臣・参議・宮内卿・輔・当番侍補於御前食事を賜はり御懇談被為在、御食事後は皇后宮にも御同座被為在、二時間余御接待に而、大臣の御親睦被為在候事。第三、大臣・参議交る交る隔日に御前に祗候し、各主任の職掌を以其事務言上致し、国事に御明習被為在候様培養の事。第四、両大臣御政務の間に、午後一時間於御前維新已来の詔勅布令御読会被為在候事(但当番侍補陪席)。第五、皇族親王方月に一度御談会に御陪座に而御親睦被為在候事。第六、西郷近衛都督・野津少将を始め、近衛之士官等両人宛、毎日午後三時より御乗馬のお相手に罷出候様被仰付候事。第七、日々皇后宮並女官へ御詠歌之御題を賜はり、皇后宮毎日六首宛の御詠進に而、後宮関雎の御歓楽十分被為在候事。第八、日々の御読書は論語・帝鑑図説・国史紀事本末等に而、道徳上の御講習専らに被遊候事。第九、一ヶ月に三度宛侍補中集会に而、君徳培養上実際の集議致し、一ヶ月一度必ず両大臣と集会に而有之、集議を更に会議し、議論を主とせず熟談を主とし而、宮府一体の運びを専要に致候事。右の外日々政治堂へ臨御に而、万機の事務御聴被遊候等の事は申すに不及候。」（沼田哲・元田竹彦編『元田永孚関係文書』〈山川出版社、一九八五年〉一四五頁）と書いており、その実態を知る事ができる。なお既に引用しているが「当官日剳」という日記体の記録が前掲『元田永孚文書』第一巻に収められている。これは侍補在任期間中の記録でもあり、天皇皇后の動静をも詳細に記録したものとして興味深い情報を提供してくれる。このような、元田と天皇の交歓のあり方などについては、拙稿「元田永孚と天皇―『輔導』と天皇への影響を中心に―」（沼田編『明治天皇と政治家群像』吉川弘文館、二〇〇二年）がある。

(34)　前掲「還暦之記」、一四七頁。

(35)　前掲「還暦之記」、一四八頁。

(36)　前掲「還暦之記」、一五〇頁。

(37)　前掲『明治天皇記』四、一七六～一八二頁所収。

(38)　「十事」とは「一曰民心ヲ収ム二曰士志ヲ定ム三曰兵気ヲ養フ四曰営繕ヲ減ス五曰県官ヲ親ム六曰公論ヲ挙ク七曰内閣ヲ重ンス八曰四海ヲ家トス九曰正学ヲ講ス十曰君徳ヲ修ム」というものである。少し細かく見るならば、政治課題の第一は民心の動向を天皇がつかむことにあり。そのための根本は八、九、十に挙げられている。更に具体的には五、六、七、特に六について「国会議ヲ興シ」「至論公議ヲ采テ内閣ノ大儀ニ正ニ之ヲ決スルニ宸断」と国会開設を述べ、七について「内閣ハ陛下ノ心服天下ノ根本」であり、天皇は「内閣ヲ以テ常殿トナシ大臣ヲ以テ腹心トナシ」て治国の根本を堅固にすると述べている。また、二の「士志ヲ定ム」では維新以来「士旧来ノ武職ヲ解」いたが、一方「授産ノ道未タ立タス」「定志ナシ故ニ」「激発乱民ト為ル」と士族対策を重視し、一方で四には「方今ノ浪費ハ官庁邸宅ノ営繕」にありとして「営繕ヲ減ス」が挙げられている。これは後出の「勤倹の詔勅」の内容等にも関わってくる認識として注意しておきたい（同右書、一七七～一八二頁）。

(39)　例えば元田は明治九年にも「永孚一身ヲ以テ輔導ニ任スルハ、命ヲ拝シテ以来素ヨリ人ニ譲ラサル所、然トモ帝王ノ徳一人ノ能ク輔助スル所ニ非ス、故ニ更ニ其方法ヲ慮リ、乃侍傅侍保ノ職ヲ設ケ、侍講ト併セテ三職ト為シ、一和協同以テ君徳ヲ賛補セハ、体用宜キヲ得テ必効益アルヘシ」と、そのことを木戸、三条に説いたと述べている（前掲「還暦之記」、一五四頁）。

(40) 「当官日剳」、前掲『文書』一、三一一頁。

(41) 以上の点、元田「還暦之記」、一五八頁。渡辺幾治郎『明治天皇と輔弼の人々』（〈千倉書房、一九三六年〉一五六～一六二頁）、『伊藤博文伝』（中巻〈春畝公追頌会、一九四〇年〉九九～一〇〇頁）。渡辺昭夫前掲『歴史学研究』二五二所載論文等参照。

(42) 侍補設置以前において政府首脳たちが天皇の輔導について無関心であったわけではなく、明治四年宮中改革などはまさにそのためにも行われたものである。しかし元田にはその施策等が不十分であると感じられた為、これまでみてきたような建言がなされたのである。政府首脳の中でも、例えば木戸孝允は「君徳輔導」について特に強い関心を有していたように思われる。『松菊木戸公伝』（下巻〈明治書院、一九二七年〉一八五八～一八六一頁）。『木戸孝允日記』（東京大学出版会、一九六七年）明治八年八月九日、十四日、二十日、二十九日、九月三日の各条、などによれば徳大寺実則、元田永孚、高崎正風などと「君徳輔導」について協議し、天皇に奏聞したりしている。なお渡辺幾治郎前掲書、六三～七七頁に詳しい。また最近の成果としては、西川誠「木戸孝允と宮中問題」（前掲沼田編『明治天皇と政治家群像』所収）が参考になる。

(43) 前掲「還暦之記」、一五七頁。

(44) この間の事情について原口清氏は次の如く評されている。「この時期には、政府を離れた功臣を優遇・温存する装置は、皆無ではないが、ほとんど問題にならぬほど微弱である。政府を去った功臣が、郷党の反政府的雰囲気にまきこまれて反逆の道を辿ることも、客観的に不可避な面があったのである。こうしたなかで、西郷隆盛・江藤新平の轍をふませない道は、天皇の人徳に依存し、君臣間の温情のきずなによって功臣の離反を防止する以外になく、そのためには、君徳輔導を抜本的に改善しなければならない」（前掲「明治憲法体制の成立」、一三九頁）。

(45) 「小楠先生と元田永孚先生」、徳富蘇峰『時勢と人物』（民友社、一九二四年）。

(46) 元田の明治天皇への進講録は、前掲『文書』第二巻に収められている。即ち①「新年講書始進講録」（と編者により命名されている）、明治五年より明治二十四年までのもの。②「経筵論語進講録」という明治十一年一月から一一回にわたって行われた進講、③「進講草案」としてまとめられたもの、である。また天皇に対してではなく、①明治十六年四月から二十三年七月にかけて行われた、吉井友実、税所敦、安場保和、谷干城、土方久元等の人々に対して行った「書経講義」、②明治十四年から十九年まで印刷局を中心に行われた「論語講義」の二種が『文書』第三巻に収められている。なおこれらはすべて、国立国会図書館憲政資料室蔵の「元田永孚文書」中に収められている（同目録番号一一三、講義録、進講草案）。

(47) 注(17)における元田の感想を参照されたい。また「足下の僕を見るや、漢学者流を以て之を目す、僕固より然り、然ども僕は故長岡監物横井平四郎の徒、従来漢学者流の腐儒たることを悪む」(明治二十年頃、森有礼宛書翰、海後前掲書、二〇九頁)との元田の言葉もしばしば引用されるところである。
(48) 小楠の思想については、拙稿「『仁』と『三代之道』―横井小楠思想の特質についての一考察―」(本書第一部付論1)を参照されたい。
(49) 「書経講義」、前掲『文書』三、六二一頁。
(50) 「皐陶謨に六府三事允乂と有之、六府は水火木金土穀の六物を指候て、民生日用の財用不可欠者なり。聖人上に在て民生日用の世話をいたされ、右の六府を乂めて其用を尽し物産を仕立て器用を造作し許大の生道を建立せられたり、是実に聖人代天の大作用なるに、朱子之を知らずして五行の気と穀とを合して六府とすと説けるは大なる誤にて候」という「沼山対話」における小楠の説にもとづく。
(51) 「書経講義」、前掲『文書』三、六二一~六二三頁。
(52) 「為学之要」海後前掲書、一七三頁。
(53) 「新年講書始進講録」(明治九年進講)、前掲『文書』二、一二三頁。
(54) 「論語講義」里仁第四、前掲『文書』三、四一二~四一三頁。
(55) 「為学之要」海後前掲書、一七二~一七三頁。
(56) 「論語講義」八佾篇、前掲『文書』三、四〇七頁。
(57) 村田氏寿「関西巡回記」(山崎正董『横井小楠』〈上巻伝記篇、明治書院、一九三八年〉三八一頁)にひかれた小楠の言葉。
(58) 「教学大意私議」海後前掲書、一八九~一九〇頁。
(59) 「為学問答」海後前掲書、四一頁。
(60) 「為学問答」海後前掲書、四一頁。
(61) 「教学大意私議」海後前掲書、一九〇頁。
(62) 同右、一九二頁。
(63) この点に関しては、例えば先程も引用した「為学之要」において、元田は西洋の学問を評価しながらも、同時に「然ども人倫性情之徳は、我邦の天賦に根ざして其工夫の次第は四書二経に具在す、亦西洋に求むべからず。……漢籍に限らず洋書国典と雖ども、心術に暗く実用に疎なれば、忽ち腐儒曲学の文字癖となること同前なり。故に為学の要、天理人倫の離るべからざる……」と述べているが、ここにおいて元田は実効ある学問と「人倫」とを区別して、「人倫」のもといを重視する傾向、「心術」重視の傾向をみせていることがわかる。勿論小楠においても「三代之道」の実現をもたらすこと（＝「仁の用」）、とその実現の担い手たるべき者としての「人君」における「心術」の純粋さ（「仁」）が強調されており、その点が重要であることもかつて論じたところである。にもかかわらず、小楠との比較において元田には心術の重視が顕著ということである。

(64) 「教学大意私議」、海後前掲書、一九一～一九二頁。

(65) 元田の天皇に対する進講では、この問題が何度も繰り返され、強調されている。例えば堯舜を論じて「道徳仁義ヲ以テ事業ノ上迄施シ及ホシタル人君ハ古今此堯舜ヨリ外ニハ是ナク、故ニ今日ノ御目的此堯舜ヨリ外ニハ是ナ」く、「制度ヤ法律等ハ古今ノ別土地ノ違ヒモアレハ、時世ニ随ヒ土地人情ニ応シテ如何程ノ変化モアルヘケレトモ、只一ツノ仁義道徳ノ御目的ハ寸分モ狂イテハ決シテ相成ヌコト故、此堯舜ヲ以テ御目的ト遊サル、ヨリ外ニハ、今日帝王ノ道ハ是ナキ義」と述べたり（新年講書始進講のうち「明治五年進講」、前掲『文書』二、五頁）、或はより直接に「政ヲ執リ行フ人君宰相ノ心術品行ノ正邪ニ因テ人民ノ服スルト服セサルトノ大違ヒトナル者ナリ……下人民ノ上人君ニ思服スルハ、心ニ在テ政ニ在ラス、徳ニ由テ法ニ由ラス、故ニ政ノ作法ハ第二ニテ、其政ヲ執リ行フ人君宰相ノ心術品行カ第一至要ノコト」であると「心術」を強調し（同「明治九年進講」同前、一二頁）、「天下ヲ治メマスルニハ、先ツ人々ノ心ヲ治メマスルカ要領《カナメ》ニテ、其人ノ心ヲ治メマスルニハ、先ツ天子ノ親ラ其心ヲ治メマスルカ第一ノ要領《カナメ》ニテコサリマスル」（同「明治一五年進講」同前、五二頁）と、繰り返しこの点に論及している。

(66) 「経筵論語進講録」学而首章、前掲『文書』二、一一一～一一二頁。

(67) 「論語講義」為政篇、前掲『文書』三、三四七頁。

(68) 「経筵論語」学而首章、前掲『文書』二、一一三頁。

(69) 同右、孝弟講義、同右、一一七頁。

(70) 同右、孝弟講義、同右、一二七頁。

(71) 「新年講書始進講録」明治六年進講、前掲『文書』二、八頁。

(72) 例えば政治についても、民権論について「今ノ所謂民権ハ西洋ヨリ伝来シ、民始メ上ノ圧制ニ激昂シタル逆衝ノ民権」であり、

「純善ノ民権」ではなく、「純善ノ民権ハ、堯舜ノ於変時雍ノ黎民、文王ノ如傷ノ民大学ノ上下四旁均拘斉方正ニシテ各分願ヲ得ル、是乃君民順受ノ権利」であると説明したり（「新年講書始進講録」明治九年進講、前掲『文書』一、一六頁）、或は「今天下ノ事ニ内務大蔵ノ事務モ盛ニ致サネハ相成リマセス陸海軍モ大ニ興サネハ……士民ノ困窮モ救ヒ物産民産ヲモ世話致シマセント申シマスル如ク、何モカモ一時ニ業ヲ成ント致シマスレハ決シテ財用ノ行亘リマスル筈ハナキ道理テコサリマスル」が、論語学而第五章における「節用」の理を知ることで富国が可能となると論じ（同、明治十一年進講、同前、二九～三〇頁）、「書経舜典」における「開四門明四目達四聡」を説明して「今日当世ニテ申シマスレバ議院ヲ開テ会議ヲ設ケマスルモ全ク今日ニ適当致シマシタル」「開四門……」のあり方であるとするのである。なお元田はこのような思考により、議会、憲法、その他政治制度を理解し、その理解の限りでこれらを肯定する点で、決して頑固、守旧ではないことを付言しておきたい（この点についての詳細は本書第二部第二章第三節を参照のこと）。

(73) 更に元田は教育についても「本末」を強調することになる。その場合「維新以来俄に欧米の文明に摹彷し、教育の方法も其の規則を用ひ……全国の面目を一変」するに至ったが、このような「欧米流の教育」によれば「日本国を挙て将に欧米の粉飾人たらしめん」とうことになってしまう。「是れ皆な教育の本末を誤るに因依するなり。速に其の本に反り、祖宗の謨訓を闡明し、世々の令典を継述し国体風俗に準由して日本人の魂性を養成するの教育を施設せざるべからざるなり、然らば即ち此の孔子の教、首として之を資らざるべからず」（「経筵論語」、前掲『文書』二、一五九頁）と述べるに至る。「道徳」における日本の独自性の強調と合せて考えるならば、「孔子の教」も「孔子忠孝の教学」といわれるものとなり、「神教」に一致させてしまっていることがわかる。明治十年代以降における元田の教育論がこのような根拠に立つことを合わせて指摘しておきたい（この点に関しては本書第二部第三章を参照のこと）。

(74) 『臣高行』、四〇五～四〇六頁。

(75) この経過の詳細は、渡辺幾治郎前掲書九八～一〇〇頁、「還暦之記」一六八頁、等参照のこと。

(76) 渡辺昭夫前掲『歴史学研究』二五二号所載論文。なお渡辺幾治郎前掲書一七六～一八五頁。稲田正次『教育勅語成立過程の研究』（〈講談社、一九七一年〉三一～四一頁）。なお元田「古稀之記」『文書』一、一七九～一八〇頁。前掲『伊藤博文伝』中、一四〇～一四五頁。『臣高行』四一一～四一八頁、四三九～四五二頁等は史料的に詳しい。

(77) 『臣高行』、四一六～四一七頁。

(78) この時の元田の心境は左に示す十月十四日の（つまり翌日）の佐々木宛書翰に非常に良く表されている（『保古飛呂比　佐々木高行日記』八、東京大学出版会、一九七六年、三五六頁、以下『保古飛呂比』と略す）。

拝見仕候、如諭、昨夕既に御発表に相成り、勢の極る所、無致方次第、就ては多少御感想の御心中深く諒察仕候、於迂老も、積年の所願、唯此の君側一点に有之、漸く二年の間御協力同心の御運に相成り、一進一卻、一つとして思ふ様に運び兼候へ共、之を算するに、幾分歟御補益も被有之と奉存候処、理勢の推す処より不得止、今日の運に至り候儀、一己に於ては素より可惜事にも無之候へ共、只々帝室天下の御為を思ひ、実に概歎を極め申候、殊更日々御同様に竝膝御語り合申候、老兄吉井御退省に相成り候ては、実に何の楽みも無之心地を覚へ、御同様に昨夜安寝を致し難く、御察し可被成下候、以後の処も是迄の御知己、固より御同僚の御親交迄とは決して相心得不申、天下の為め一身の為め、何分御疎遠無之様にと、迂老よりも懇願の至に候間、乍不及、老身丈は猶一層微力を尽し、御教示をも時々拝承度念願に候間、宜敷御汲量奉希候、何れ一両日中、寛接万縷可得拝話、早々拝答如此に候、頓首、

十月十四日　　元田永孚

佐々木老兄

(79) 渡辺幾治郎前掲書、一八四頁。

(80) 「古稀之記」、前掲『文書』一、一八〇頁。

(81) 同前。なお十三年三月十五日付の元田より下津休也に宛てた書翰において「迂老には不相替御寵遇を蒙り奉り、感銘に不堪奉存候。此節の一条に付ては内々言上等、三大臣よりも依親を受、機密をも事により大臣より明され候様に而、意外の老翁と罷成り申候」（前掲『元田永孚関係文書』一五三頁）と述べているところも同じく元田の立場が示されている。

(82) 「古稀之記」、前掲『文書』一、一八一頁。

(83) 渡辺昭夫『歴史学研究』二五四号所載論文。

(84) 「古稀之記」、前掲『文書』一、一七六頁。

(85) 「皇上論語ノ講筵ヲ開カレテヨリ爾来屢々此書ノ面白シトノ御喩ヲ蒙リ、聖識ノ益々進マセラレ、義理ヲ好マセラル、ノ愈々深キヲ恐察シ奉」ていたところ、巡幸中学校の授業を参観したときの感想として、天皇が「明治五年以来田中文部大輔カ米国教育法ニ拠りて組織セシ学課ノ結果ヨリ此弊を顕シタルナリ」と元田に述べたことを、元田は「聖賢道徳ノ学ヲ御講究アラセラル、ノ補

益ニ因テ然ルヘシ」と大いに喜んでいる（「古稀之記」、前掲『文書』一、一七六〜一七七頁）。なお、このような従来の教育についての天皇の批判的発言がみられたことが、以後の教育政策、国教イデオロギーの展開のきっかけとなったことは注意すべきである。この点については本書第二部第四章参照。

(86) また別の見方をすれば、この頃には、元田等侍補は天皇の意向を自分たちの考え方に近づけることができていた、或は天皇と侍補達の間には、政策の方向などで一致がみられるようになっていたと評することができよう。明治十一年十月十二日付の元田から下津休也への書翰において、元田は天皇の見識の一大進歩について天皇の「御発論の大略を申上候へば、○独立帝国の基本を立候事。○教育の法を正し、忠孝を主とすべき事。○刑律は本邦の人情により、専ら西洋法に不泥事。○人材選挙法、従来薩長人偏選の癖を除き、公選法を立つへき事。○本邦物産を興候て、輸入品を減ずる事。○陸海軍制も本邦の規則を立つべき事。右等の御見識は確乎と被為在、容易の議論にては難奉動奉伺候」（前掲『元田永孚関係文書』一四八頁）と述べている。この通りであるならば、まさしく元田などと意見を同じくするものと評されよう。なお注(33)掲出の拙稿「元田永孚と天皇」も参照されたい。

(87) 「古稀之記」、前掲『文書』一、一八二頁。海後前掲書五一〜六九頁。稲田前掲書四一〜四四頁及び七七〜八二頁など参照。

(88) 「教学大旨」「教育議」及び「教育議附職」は国立国会図書館憲政資料室蔵「元田永孚文書」中に夫々「一一〇—2　聖旨教学大旨　明治一二年七月」、「一一〇—6　教育議伊藤博文（元田永孚写）明治一二年一綴」、「一一〇—7、教育議附議　元田永孚　明治一二年九月　一綴」として収められている。稲田前掲書を参照のこと。また本書第二部第四章を参照。

(89) 例えば海後前掲書七〇〜七七頁、及び二〇三〜二〇七頁参照。なお憲政資料室蔵「元田永孚文書」中、「一一〇—23〜27」は「宗教論」或は「国教論」と題された一連のものである。

(90) 稲田正次『明治憲法成立史』（上〈有斐閣、一九三〇年〉、二六一〜二七六頁及び三三七〜三五一頁参照）。

(91) 前掲『保古飛呂比』九、二二八〜二三〇頁。

(92) 同右、二四四〜二五〇頁。なおこの二件の建白は、「理財」の方法についての建白をも重要な内容としているが、ここでは、それは勤倹の実行とそれを監察するための三権分立（特に国会設置）を保障する憲法の発布と要約するにとどめておきたい。

(93) 同右、四〇五〜四〇六頁。ところで、佐々木が明治十四年一月に有栖川宮に対して早く政府が国是を確立するよう述べている際に「英国のエドマンド・ボルグが仏国革命の弊害を見て、大に政治の主義を論じたるを見るに、我国今日の国是一定には参考として読むに有益のものと認め」元老院で翻訳しており、有栖川宮にこの書を勧めている（同書四九三頁）が、バークをとり上げている点において注目すべきである。なお同翻訳とは明治十四年十一月金子堅太郎（当時元老院大書記官）により編述され元老院蔵版として出版された『政治論略』のことである（同書は『明治文化全集』第三巻政治篇、一五三頁所収）。

(94) 前掲『保古飛呂比』八、一三六頁。

(95)「古稀之記」『文書』一、一八八頁。

(96)『臣高行』、四六〇頁。

(97) なおこの点は明治十四年政変の過程で、佐々木、元田等は、明らかに一定の政治勢力（「中正党」）と認識されており、その反民権、反薩長という政治スタンスに特色があり注意される。本章注(7)掲出西川論文等も参照。

第二章　元田永孚と「国憲」論の展開

一　明治十二年夏前後――「親政」運動の一側面――

改めて言うまでもないが、明治十一年五月の大久保利通の遭難は、それまでは彼が明治政府の実質上の最高権力者として、その下に伊藤博文、大隈重信両参議を従え、薩長藩閥を中心とする政治権力の統一を維持していたところから、その統一が破れ以後の政局の推移に大きな影響を及ぼしたのであった。大久保没後の明治十二年の政局は、三宅雪嶺の要領を得た記述によれば「中心が一定するまで多少の動揺の避け難く、……内閣安定の形ありて未だ中心の定まらざる」(1)状況であったとされる。

そのようななかで大久保の没直後に、佐々木高行、元田永孚などの天皇の側近にあり、信任の厚い一群の人々―侍補グループ―は、早くも政府との鋭い対立を見せ始めていた。それこそは前章においてすでに触れてきたいわゆる「天皇親政運動」であった。ここでのくり返しはさけるが、佐々木、元田、土方久元、吉井友実等侍補グループが、天皇の君主としての(政治的、道徳的)成長を期待し、ついに内閣に迫って閣議への天皇の親臨、侍補の侍座を要求した。彼らの元来の意図は、天皇の政治上の補佐を徹底し、はじめ大久保を宮内卿として侍補の統率者的な立場に据えて、君徳の培養、輔導にあたろうとしたが、大久保の遭難でその期待は失われたため、彼ら独自の手によって天皇親政の実現に乗り出したものである。彼らは当今の政治は体裁上親政ではあるが、内実は薩長藩閥専制の政治で、真実の天皇の意志から行われている政治ではない、従って二、三の権力者が政治を壟断しているとする民権運動や、西郷の挙兵や、大久保の暗殺などが発生するのであり、ひいては天皇に対する反対にまでなりかねないと危惧するのである。それを改めるために彼らは真の天皇親政の実現を目指すというのである。これは、政府の機構・制度上の頂点としての天皇の政治ということを天皇親政としている政府の考え方に対して、その太政官制から一度切り離して、それを使いこなす政治的君主としての天皇による政治、その輔佐役としての侍補、という形をとろうとするもので、天皇が道徳的にも優れた君主であることが前提となっている天皇親政であり、内容においてははっきり異なるものであり、このことはおそらく太政官制度にとっての一つの危機の現われであり、薩長藩閥にとっては、天皇と直結するグループによる薩長排斥、藩閥批判が成されることは重大な問題であったし、脅威でもあったので、伊藤がいわば内閣の代表の如き立場となってこれと正面衝突を演じ、彼ら侍補グループを抑えようとするのである。ただそれは、単なる政治的権力抗争であるというよりは（その要素が無かったとは言えないだろうが）、政府にとっては、外からの強い批判としての民権勢力への対抗、弾圧と共に、山積する諸政治課題を如何に解決できるかという問題であったとも言えよう(2)（以上の、「政治運動」の意味づけは、前章を要約的に述べたものである）。

ではその政治的諸課題とは何であったか。先行研究を借りて言えば、財政論であり、国会論であり、教化、教育論であった(3)。それらが明治十二年以降如何に展開してゆくか、その過程においてまず十二年初頭に攻勢をかけたのは、佐々木、元田を中心とした侍補グループであった。それが「親政」運動として表わされたと言ってよいであろう。

さて彼らの「親政」運動は、前章末でも述べたように明治十一年秋の天皇の北陸東海巡幸後にまず活発化した。これは還幸後の天皇が「各地ノ民政教育ニ付テ叡慮アラセラレ岩倉右大臣ニ御内喩アリタルニハ、爾後一層勤倹ノ旨ヲ専務トシ我邦ノ徳義ヲ教育ニ施サン」と語ったことから、侍補達は「勤倹ノ旨真ノ叡慮ニ発セリ、是誠ニ天下ノ幸、速ニ中外ニ公布セラレ施政ノ方鍼ヲ定メラルベシ」(4)として、再三、三条、岩倉両大臣を説いた後、明治十二年三月十日いわゆる「勤倹ノ御沙汰」として各省、各府県へ達されたのである。それは次の如きものであった。

各地御巡幸親シク民事ヲ被察内政深ク御軫念被遊今般左ノ条々被仰出候

一　凡百般ノ政揆勤倹ヲ本トシ冗費ヲ省キ務メテ簡実ニ就キ専ラ民生ヲ厚クシ事業ヲ勤ムヘキ事

一　官省ノ建築其他一切ノ土木既ニ着手シタル分ヲ除ク外可成省略可致事

一　各地方長官ニ於テモ厚ク旨意ヲ奉体シ費用ヲ節略シ民力ヲ愛養スヘキ事(5)

「……三日には勤倹の御沙汰被仰出御同慶の事に御座候　本年政初被仰出可然段は御同様両大臣へ切迫申上候処御事情も有之哉、漸く七八十日の日を経候て御運び相成、兼々御同前苦心痛(致)候通り、百事如此御因循にて恐入候、又勤倹の御沙汰書も何分不十分の様に被存候、聖上の厚き思召被為在候事は侍臣中にても御同前の場所に無之ては御深意は拝承無之事に候へは、今一層も二層も聖上の深き思召の万民迄貫徹致候様の御沙汰書出候様希望致候処、前件の通、兎角内閣諸大臣の精神薄き様に存候遺憾万々有之候……当今不容易時勢に候へは其不容易時勢と申事を十分に被仰出候様御沙汰書に相顕候様致候はゞ地方末々迄御趣意貫徹可致と例の愚論に候得共憾慨仕候……」(6)(文中傍点引用者)と、「勤倹の御沙汰書も何分不十分の様」に思われるが、それも「兎角内閣諸大臣の精神薄き」故に天皇の深意が十分に万民に伝えられないと思うと述べ、また「当今不容易時勢」との現状認識を示している。これに対し元田も同様に、

……勤倹御沙汰の儀、誠に難有被仰出にて、欣躍に堪へ不申、併し御密示の如く、昨冬斯迄の御深慮にて、右大臣へ被仰出候故、御同前切迫に申立候を、今日迄遷延に相成候儀は、如何に内閣の都合有之候とは申つゝも、遺憾至極に御座候、且其御沙汰書も、如貴諭、実に御精神貫き不申、彼是内閣にて聖意遵奉拡充の足らざる所に帰着仕候、……此上は将来御趣意の貫徹する処を祈り申候外無之、……何分此の好機会に投じて、今一層の御奮発

有之度、深祈仕候、……。(7)

と、不満はあったが、ともかくも彼らはこれを「御親政」の第一歩と考えたのである。

ところで、これに関して元田文書中に「見聞秘記」と題されたきわめて注目すべき史料が残されている。(8)

この史料は、当該時期に、侍補グループが、両大臣を促して閣議に提出せしめた建議書的な性格のものであり、「天皇親政」初政のための包括的な綱領とも見ることができる（岩倉によって具体化されたとは言え、そこには侍補の政策要求が強く反映されていることは内容を見る限り明白であろう）。以下に少々詳しく内容を検討してみたい。

まず冒頭には前述の「勤倹の御沙汰」の案文が載せられている。その後に「永孚按スルニ」として「右御沙汰実ニ宸衷発令ノ始メトス、其実ハ明治十一年十二月岩倉右大臣ニ親シク聖諭ヲ降サレ、右大臣感戴遵奉速カニ発令ニ及ハレントス、永孚佐々木高行ト共ニ右大臣ノ邸ニ至リ（十二月廿九日＝割注）、十二年一月四日ノ政始ニ発セラレンコトヲ請フ、廟議遷延此ニ至テ発ス、而シテ未タ聖意ノ深奥ヲ尽サス、惜ムヘシトス」と、その経過と、発布の遷延、内容への不満を記している。これは前引した佐々木、元田書翰を裏付けるものである。

続けて閣議案として、現在の状況は「外各国ノ勢ヲ察スルニ、非常ノ時機実ニ曠古ノ未タ例見セサル所タリ、我内国民力未タ伸ヒス物貨未タ豊ナラス、財政退縮シテ出入平ヲ失フ、加フルニ新政日ニ浅ク王化未タ四方ニ涵漸セス」という「創業撥乱ノ時ニ比スルニ其難キヲ倍スト云モ可」な状態であると認識し、そのような時にあたって「皇上聖徳夙成遠ク時弊ヲ察シ玉フ、実ニ臣僚ノ企テ及フ所ニ非ス」、その天皇の意を「天下ニ対揚」するため「下ノ三条」を閣議に付すと述べる。

その「第一」は、「勤倹ノ聖旨ヲ奉体スル事」は、「方ニ今天下奢侈ノ俗靡然トシテ風ヲ成ス」という「奢侈」の風潮を挙げ、それは維新後の風俗一新の動きの中に「欧州華奢ノ習其間ニ混淆シ文物ト倶ニ入リ朝野相倣ヒ以テ今日ノ弊アルヲ致ス」に至ったと認め、しかしそれは「勢ノ然ラシムル者ニシテ政事ノ罪ニ非」ず、とこれまでの政府の施策を弁駁しながら、しかし「今ノ時ニ当リ上下宜シク甘ンシテ艱苦ヲ忍ヒ倹勤ヲ先トシ専ラ実務ニ就キ凡ソ華靡文縟無用ノ物不急ノ具ハ努メテ之ヲ擯斥シ金玉花氈ノ飾徒ニ観美ヲ為ス者ハ一切之ヲ省略」するといった「倹勤」を専らとし、「輸出輸入ノ相平均セサル物価金貨ト倶ニ騰貴スルヲ致シ国民嗷々ノ窮ヲ訴フル」原因となっている「奢侈」を是正しなければならないと述べる。「第二親裁ノ体制ヲ定メラル、事」は、「数歳以来宮府一体親覧ノ政ヲ行ハル、モ」制度不備で十分に行われていないので、「今宜シク朝制ヲ一変シテ明カニ親裁ノ実ヲ挙ケ、凡ソ内外政務ノ重大ナル者ハ大臣参議ヲ召シテ御前ニ事ヲ議セシメ、然後ニ文案ニ御璽ヲ乞ヒ其律法命令ヲ発スルハ一体ニ詔勅ノ例ニ依」るべきであるとする。そして「第三、八年四月十四日ノ聖詔ヲ遵奉シ立憲ノ国是ヲ守リ漸次ノ方法ニ従フ事」とし、明治八年の詔勅発布後「元老院、大審院ノ設ケ稍ヤ立法司法ノ権ヲ分チタリ」、しかるに現在それが「稍々ニ退歩スルコトアルヲ免レス」、そのため「今物議輿論ノ喧キ」状況となっているとの認識を示し、具体的には「法律ノ重大ニシテ而シテ之ヲ検視ニ付スルニ止マル者アルカ如キ元老院ノ最満足セサル所」であると、検視を発し「法律ト徴税トハ必ス先ツ院議ヲ経セシムヘシ」、また裁判はその独立を保たせ、「法制局ヲ更張シテ内閣ノ羽翼トシ、以テ根軸ヲ固クシ行政各庁ノ施行スル所ヲシテ検閲監査」させるべきである、とする。

更に注目すべきは続けて「閣議案目」としてその具体的施行の細目ともいうべきものが一六ヵ条列挙されている。またこの各箇条の一部にはその頭部に元田の書きこみがなされている。そこで煩を厭わずまずこの部分を列挙してみる（条末の数字は引用者が付したもの）。

閣議案目

（未発＝欄外注記以下同じ）一、勤倹ノ聖旨ヲ奉体シ官省ヲ約束ス　①

（此中公文回議手続施行）一、御前議事及公文上奏式ヲ定ム　②
（未発）一、布告式ヲ改ム　③
（未発）一、元老院ノ章程ヲ改正ス（但検視ノ条ヲ削ル＝割注）　④
（行）一、太政官中内閣書記官ヲ置キ并ニ書記官局務改正　⑤
（廃）一、法制局ノ事務ヲ挙ク　⑥
（廃）一、調査局長官ヲ置キ局務ヲ更張ス　⑦
（未行）一、行政裁判ヲ設ク　⑧
右九《（マヽ）》条太政官調
一、地租改正法ヲ潤飾ス　⑨
一、士族授産金ヲ下付ス（地方士族ノ多寡ニ応シ地方官ニ配布シ力食ノ道ヲ開カシム＝割注）　⑩
右二条内務大蔵両省取調
一、勧業事務を拡張ス（貸金ヲ止メ専ラ地方官ニ委シテ各地ノ物産ヲ興シ需用運輸ノ便ヲ開ク＝割注）　⑪
一、巡査恩給　⑫
右二条内務省調
一、義倉　⑬
（行）一、大蔵省中一局ヲ設ケ官省需用ノ外国品ヲ給与シ監査ス　⑭
右二条大蔵省調
一、兵役　年限　近衛恩給　⑮

右陸軍省調

一、倫理ノ教ヲ申ヘ小学校教則ノ本トス并ニ神仏ノ教旨ヲ存重ス　⑯

右内務文部両省調

またこの「閣議案」には、更に続けて「各省院使へ御内諭案」六ヵ条とその「理由書」も揚げてあるがこれは省略し、上引してきた三大項目と「案目」との関係を若干検討する。「第一」は、上引の「勤倹ノ御沙汰」に関わるものであり、「案目」の①⑨⑩⑪⑬⑭などいわゆる節倹愛民、民生安定に関するもので「財政論」に関わるものが該当するであろう。この財政論は、元田、佐々木の「財政論」として以後の政局の展開において、特に明治十三年に重大な政治課題となる「外債」反対論の伏線となったものである。「第二」は天皇親裁（親政）の体裁にふさわしい制度に改めるということであったので②③にあたる。「第三」は、元老院の権限拡張、及び明治八年の詔勅にも関わることから「憲法論」に関するものでもあり、④⑤⑥⑦が該当し、元老院、内閣の強化、行政を監査する機関としての法制局の設置などは参議政治を抑制する機能が期待されている。さらには立憲制の制定についての元田の関与の足がかりともなったのである。またもう一つ注目すべきものとして⑯が挙げられ、これは以後の国民教化の運動や国教論の展開につながるものである。

しかし以上の政策は、大臣による提案とは言いながら、元田、佐々木の岩倉への働きかけによるものであることから、十分な実施には当然のごとく閣議で反対を招いたようである。元田はこの史料の最後に再度「永孚按スルニ」として「右閣議数条聖旨ヲ遵奉施行ノ目未タ悉ク緒ニ就ニ非スト雖トモ聖意ノ及フ所ヲ見ル可キナリ、之ヲ維新以来ノ一大改正ト言ハサルヲ得ス」と評しているが、(9) 結局「詔」は「御沙汰」とされ、つまり太政官達という形となり、しかも「政初」の発布は三ヵ月も遷延してしまったし、細目中で実施されるに至るのは②⑤⑭だけでしかなかった。そのことは前述したごとく元田や佐々木には不満の残るところであった。

「勤倹の御沙汰」の発布後、前引の元田が佐々木に宛てた書翰の後半部で、元田は次のように述べている。

今般勤倹被仰出候旨一統へ貫徹仕候ニ付ては、続て今一つ被仰出有之度義は教学の御趣意にて、是以て昨年還幸後は懇々御沙汰有之事故、何卒一統へ被仰出有御座度奉存候、近年教学の風、自然本を捨て末に配（馳）せ候様成行、忠孝廉恥を忌候て、外飾の開化に流れ候様にて、皇国の本色を失し、叡慮に不為叶候間、向後忠孝を本とし、礼義廉恥を重んじ、其上に広く知識をも研精致し候様との御趣意、何分御拡充有之度企望仕候、此儀は未だ被行候儀とは不存候へ共、先々為御含申上試申候、県々の小学校には、今一つ別に、御確論有之候[10]

ここには後に（十二年八月）「教学大旨」及び「小学校条目二件」として提起される原型が明らかに示されている[11]（この点について詳細は第二部第三章を参照）。だがここで元田が考えているのは、単に狭義の教育の問題としてのみではなく、政治全体の理念を確立するための一連の試みの一環として考えられていたと思われる。と言うのも、元田や佐々木は、「勤倹の御沙汰」の後にそれを拡充し、天皇親政の「大基礎」を勅語の形で宣明することが重要であると考え、大臣などに運動していた（なおまたそれを不可分のこととして侍補の権限の拡充も論ぜられていたのであり、佐々木は「何分大臣、参議ヨリ上奏ノ儀モ御心ニ不被為叶、亦思召モ十分大臣、参議へ貫徹セザル御事モ被為在候御模様モ有リ、然ルニ聖上ニモ未ダ御若年ニ被為在候へバ、今日十分万機御心ニ入候御補佐申上候ハヾ、聖徳益々輝キ候御事ナレバ、此ノ間ニ在テ、上下ノ意脈能々貫徹致ス様ノ事ニ尽力致度ト、侍補一同ニテ相談ス、去レドモ今日ノ権限ニテハ補欠ノ任ナレドモ、只々陛下ノ御内儀等ノ御挙動ノ御事ニ預カリ、夫レニ付、古明君ノ行状等ヲ何トナク御咄申上候位ニ止マリ候事ナレバ、今少シ権力ヲ被与不申テハ、甚タ申上候儀モ力弱シ……依テ今少シ権限ヲ御拡張相願度、昨年ヨリ申出デタルニ、大臣ニテ漸々同意ノ景況ナレドモ参議ニ議論アリテ被行難ク[12]」とその内の事情を述べている。この問題は以後侍補と内閣との対立となるのである)。

明治十二年の六〜七月頃は侍補たちのこの運動が行われていたのであり、(13)十二年六月二日の元田の佐々木宛書翰には「一昨日は至極の好都合、老兄より段々御申入れにて、迂生の趣意も能く相貫き、久々に御熟話に相成り、両公共に御隔心なき御模様に相見へ、大慶仕候、……尤も条公の御意中、未だ岩公の御見込に御会意無之様にて、此所は大事の御合点前に候……将来の事実に今日の御補佐に可有之と存候間、御同前に企望し、岩公見込に御基礎相立、一統其御心積りに相成り順路に相運候様に、弥以て相祈り申候……(14)」とあり、元田・佐々木が三条・岩倉に申入れ、両大臣の意見は未だ一致していないが、岩倉は「御基礎」を立てることに同意していると述べている。さらに六月二十三日の元田の佐々木宛書翰には「……両大臣より宮内卿・吉井・老台一件の大基礎言上の御内話有之候由、右の御運びに相成候段、誠に恐悦至極に奉存候……(15)」と、「大基礎」について両大臣から奏上することになったことは「恐悦至極」であると言っている。この奏上とは六月中に両大臣によって行われた次のものを指すのであろう。(16)ここでは、

一　御親裁ノ実ヲ挙ケサセラル、事……

一　諸官分任ノ責ヲ重クセラル、事……

一　施政ノ方向ヲ慎マセラル、事……

一　陸海軍ノ事一層御注意アラセラレタキ事……

一　諸官ヲ昵近アラセラレ君臣ノ情誼ヲ親密ニセラレタキ事……

一　文武官勅任ハ勿論奏任ト雖モ担当ノ事務ニ就キ或ハ其人物ニ従ヒ特ニ召見ヲ賜フ事……

などが挙げられている。各条夫々に説明がついているが、中でも注目すべきは第二条において「立憲ノ政体コ、ニ建チ君ハ事ヲ統テ事ヲ執ラス尋常ノ政務ハ之ヲ諸省長官ニ任シ其責メニ当ラシメ……今ノ閣省諸臣ハ皆中興ノ元勲、伏

願ハ陛下賢ニ任シテ疑ハス而シテ宮府一体事大小トナク聖旨ノ在ル所ハ必ラス主任ノ長官ヲ召テ親シク訓諭ヲ垂レ玉ヒ、其或ハ事聖意ニ副ハサルカ如キアラハ亦必ラス長官ヲ召テ問訊ヲ賜ハ、実ニ幸甚ト謂ヘキナリ、或ハ廟議ノ外侍御ノ臣、別ニ内旨ヲ奉スル如キアリテ万一中外ニ漏洩スル如キアラハ壱塵千里ノ謬ナシト謂難シ、其害勝テ言ヘケンヤ」と述べているところである。即ち御親政とはいっても「立憲ノ政体」の下においては主任の長官の責を重んじ、聖旨は主任の長官に伝えられるべきであって、宮府一体とはこのことであり、「侍御ノ臣」が別に内旨を奉ずるようなことがあっては大きな弊害を生ずることになろう、と侍補達の主張、要求に反対しているところである。

七月二日の佐々木宛元田書翰には「……大基礎件々御掛念御同様奉存候……御親裁の御始めには大綱領簡明に両大臣へ被仰出可然と奉存趣を申上、暗に御促し奉申上置候、明日は出仕に付、何とか奉伺候事も可有之相考へ申候」(17)と述べ、「大基礎件々御掛念御同様」というのは、両大臣上奏の内容にかかわるのであろうか、前引の如き内容であれば元田や佐々木が不満をもつのは当然であった。なお「御親政の御始めには大綱領簡明に両大臣へ被仰出可然」と天皇に申上げたと言っているところの「大綱領」は、元田が作成して上奏した次の文書のことであると考える。

万機御親裁遊ハサレ候ニハ其始ノ勅語大緊要ノコトニ付兼テ御沙汰アラセラレ候件々ノ内ヨリ左ノ三ヶ条ヲ以テ始メニ御沙汰アラセラレ度奉存候

一、知識ヲ開進シ事業ヲ興造スルハ当世ノ務トスル所ト雖トモ我国体ヲ本トシ独立ノ基礎ヲ立、古来ノ気風ヲ失ハサルヤウ致スヘキ事、但外国交際ヲ始メ陸海軍制法律教育県治ノ政令等我邦ノ気風習慣ヲ参考シ専ラ洋制ニ執着セサルヤウ心得ヘキコト

一、忠孝ヲ本トシ礼儀廉恥ヲ重ンシ我邦ノ本性ヲ失ハサルヤウ官民一同相心得ヘキ事、但教育法モ専ラ其旨ヲ体スヘキコト

一、品行ヲ修正スルハ士民同一ノコトタリト雖トモ大臣長官ハ四民ノ標的タルニヨリ殊更ニ清潔ヲ主トスヘキ事、但酒色遊興博奕等ノ悪弊ハ固ヨリ官員ニシテ商利ヲ営ミ賄賂ヲ受ル等最慎ムヘキコト(18)

だが天皇および両大臣に対する彼らの熱心な働きかけにもかかわらず、このような趣旨の勅語は発布されずに終るのだが、以後の政治過程において、彼らのこのような運動は様々の影響を与えていくのである。

即ち略述するならばこの「御沙汰」案は、「教学大旨」の起草ともほぼ時期を同じくしており、更には侍補の権限拡張要求が同時期から八月、九月と昂揚し、内閣（伊藤）との対立を深めてゆくところとも重なっており、これらは一体として見るとき、参議政治の政府に対して有する意味は重要であろう。この「御沙汰」案は天皇が政府に対し道徳政治の基本原則を提案し、それにより、国教による政治へと政府の政治方針を批判することに進み得るものであり、政治の精神としては、この道徳政治の理念は政府指導者達の私的行為をも強く批判するものとして働く。当時の参議達は、井上馨に限らずいずれもその政治的資質の故をもって政府を構成していたのであり、その道徳的資質はかならずしも十全ではなかったとも評せるので、元田達のこのような考え方は、政府構成メンバーたちには一種の脅威として受けとられたし、また元田たちにとってはそのような参議たちのあり方自体強い批判の対象となるものであったことも当然であった。

「教学大旨」は後述するように、要するに天皇自らが道徳の大本を樹立し、天下の人心を統一し、国民道徳の方向を定める（国教の確立）こととして道徳政治の方向を目指すものとして機能し得るのであるが、これが「御沙汰」案と一体のものとして構想されたことから、上述の如く政府の方針を規制するものとなるとして伊藤の強い反論をひき起こしてゆくのである。そして更に注目すべきことは、この明治十二年六月に、元田は彼の立場からする独自の立憲政治に関する考えを天皇に上奏するのであり、元田においては道徳と政治の結びつきは、立憲制を天皇親政と結合させた立論として考えられていることを示すのである。

二　元田永孚の「国憲」論の展開

前節において検討してみた明治十二年の夏に至る時期に展開された侍補の「親政運動」の一局面と、そこで提示されていたいわば彼らの運動の「綱領」的性格をもつ「見聞秘記」及び「大基礎」御沙汰(案)の中で、立憲政についての彼らの立場は、元田永孚において如何に構想されていたであろうか。本節においては、前節の理解の上に、まず十二年六月の元田の立憲政に関する上奏を検討し、更に同年の元老院第二次国憲案への修正案の提示、「国憲大綱」の作成、十四年諸参議憲法意見についての天皇への意見奉答、という一連の憲法立憲政に関する元田の構想、意見の分析を試みたい[19]。

1　明治十二年六月立憲政に関する上奏

前述の侍補達の「大基礎」確立の運動の最中であった十二年六月、元田は立憲政についての意見を上奏した[20]。全文はいささか長いので以下摘記しながらその主張する内容を考えてみよう。

まず、冒頭から「祖宗ノ国体ハ永遠ニ確守セサル可カラサル也、歴朝ノ政体ハ時ニ随テ変改セサル可カラサル也、……恭惟ニ我邦上世天造草昧瓊々杵尊始テ国土ヲ開闢シ玉ヒシヨリ、皇子皇孫継統相承ケ、万世君臨四海奉載、父子ノ親篤ク君臣ノ義明カニ、綿々亘々以テ今日ニ至テ益盛ナル者、是我君主の国体、豈万世ニ確守セサル可カラサル者ニ非サラン哉、然ルニ其政体ニ至テハ、国初民情ニ従カヒ土俗ニ応シ、自然ノ治無為ノ化ヲ布キシヨリ以来、其時代ニ随テ沿革之アリ。推古帝ニ憲法十七ヲ定メ、大化ニ新制ヲ宣へ、大宝ニ新令ヲ領チ、爾後貞観延喜増補改正一ナラス、以テ今日ノ維新ニ至テ大変革スル者、豈政体ノ時ニ随テ変改セサル可ナラサル者ニ非ス哉」と、述べている。ここでは「国体」と「政体」とを区別した表現をしている。元田は「永遠ニ確守セサル可カラサル」「国体」と、推古天皇憲法十七条、大化改新、大宝律令等々の如く「時代ニ随テ沿革」があり「時ニ随テ変改セサル可カラサル」ものである「政体」とを区別している。[21] ついで、「現今ノ巷論」には「君権民権ノ権限ヲ立ツルノ論（人民参政ノ権ヲ立ツルノ論＝訂正注記）」があり、或は「陛下ヲ以テ虚位ヲ守ラシムルノ論」や「甚シキハ共和政治ノ建白」なども出ている。このような風潮については「其胚胎スル所ハ即チ明治元年ノ誓文ト八年四月十四日ノ詔書ニ在リ」と考えている。この詔書が出された後現在に至って、立憲制を以て「君民同治ノ国体」と解した上で議論している点において「我国ヲシテ英国立憲ノ体ノ如クナラン」と考え、「陛下ノ早晩英国王ノ如クナランコトヲ望ム」「西洋家者流」も「国体ノ終ニ洋制ニ変センコトヲ憂」うる「勤王ノ士」も、ともに明治八年四月の詔書を「誤認」し「流伝」に誤らされているのであって、今日何よりも必要なことは、詔書の正しい意味を「弁明」してその誤りを正すことであるという。そうでなければ「将ニ不測ノ害」を招いてしまうであろうというのである。

　では元田は何が正しい解釈であると言うのだろうか。元田は次のように言う。

臣誠恐窃ニ謂、陛下ノ所謂立憲政体トハ、英国ノ如キ立憲政体ヲ云ニ非ス、即チ日本帝国ノ立憲政体ナリ、日本帝国ノ憲法ヲ立ルハ即チ陛下君主ノ宸断ヲ以テ我邦ノ憲法ヲ立ルナリ、其憲法ハ即チ天地ノ公道ニ基ツキ祖宗ノ国体ニ由リ古今上下ノ民情風俗ニ適度シタル憲法ナリ、是他無シ、即チ推古帝ノ憲法ヲ拡充シ、大化大宝ノ制令法度ヲ潤色スルナリ、決シテ国体ヲ変スルニ非サルナリ、故ニ陛下ヨリ之ヲ勅シテハ単ニ立憲政体ト云テ害ナキカ如シト雖トモ、臣民ヨリ之ヲ称シテハ必ス君主親裁立憲政体ト言フ可キ也、然ラサレハ則君民同治ト我君主親裁ノ国体ト混同分タス、彼ノ無識ノ徒ヲシテ誤認疑惑将ニ大害ヲ招カントス……つまり元田によれば国体論に背馳しない立憲論があるということなのだが、それはこの憲法が「天地ノ公道ニ基ツキ祖宗ノ国体ニ由リ古今上下ノ民情風俗ニ適度シタル」ものであることによるものであり、そのような憲法とは「推古帝ノ憲法ヲ拡充シ、大化大宝ノ制令法度ヲ潤色」したものであって、それは「君主親裁立憲政体」というべきものである。このような「立憲政体」は英国の如き君臣同治の立憲政体とは混同さるべきものではないと論じている。

このような論は、「憲法」というものについての元田の認識・理解の在り方を示すもので、後述する如く、伊藤博文や井上毅らの強い反撥と批判を招くものとなるのであるが、つまりいかにも古めかしく、西洋の憲法理論とは対照的なものとも見られるものであるが、にもかかわらず、このような論理が「国体」を支えるものであるという上において、制度論に対しては大きな影響力を有することになってしまうのである。

なお前引のところで「君主親裁立憲政体」ということが述べられているところには、元田の政府に対する批判が込められているのであり、それは前引の箇所に続けて「……臣此ニ於テ亦窃ニ陛下ノ為メニ尽言スル所アリ、陛下即位以来、万機内閣ニ在テ臣未タ親裁ノ実ヲ知ラサルヲ以テ、頻年紛議ヲ来タシ、佐賀、熊本、山口、鹿児島ノ乱随テ起リ随テ滅ヒ、以テ今日国会民権論ノ起ルモ、皆是内閣ノ専制ヲ疑フニ由テナリ、故ニ今ノ時ニ当リ、日一日ヨリ急ナルハ、陛下親裁ノ実ヲ天下ニ明示スルヨリ先ナルハナシ、親裁ノ実ヲ明示スルハ、国憲ノ立、之ヲ親裁ニ決シ、国会ノ開ク之ヲ宸断ニ発スルニ若クハナシ……」と述べているところに具体的にあらわされている。そしてこれが、元田たちが侍補としてその権限拡張を主張している同時期になされていることを思えば、その論ずる意味は明らかである。すなわちそれは内閣の集権即ち有司専制による天皇親政の空洞化に対する批判であり、そのような有司専制をチェックすることこそ「天皇親政」であり、この十二年六月という時点でその「親裁」の実を明示するものとして「立憲主義」が措定される。従ってこの立憲主義も、それが権力専制をチェックするものは、人民に基礎を置くことによってなされるのではなく、天皇に基礎を置くものであらねばならなかったのである。

そして元田が「親裁」により立憲政を開くことを天皇に勧めるのは「今国会ノ議、与論下ニ鬱興シテ、廟議之ヲ難スルト雖トモ、人心ノ赴ク処、其勢終ニ開カサルヲ得サルナリ、其迫ラレテ之ヲ開クハ之ニ先キンスルニ若クハナシ、所謂人ニ先キンスレハ人ヲ制シ、人ニ後ルレハ人ニ制セラル、先後ノ機、間ニ髪ヲ容レス、唯陛下洞ラカニ察シテ明断スルニ在ルノミ」という如く、人心の赴く所国会は早晩開かざるを得ないのであるから、この際機先を制して天皇のイニシアチブにより国会開設を決することが得策との判断によるのであり、「今陛下一タヒ決断スル時ハ、国会ノ権人民ニ在ラスシテ陛下ニアリ、仮令衆論ノ囂々タルモ、縦横与奪唯陛下の心ノ如クナルベシ、誰カ取テ服従セサランヤ」ということも考えられるからである。また続けて「且公論ト云者多数ニ資ルト雖トモ多数必ズ公論ニアラサルナリ、八百ノ諸侯孟津ニ会スルモ、天下後世ノ公論ハ即チ餓夫ノ二人ヲ是トス、徽欽ノ末、満朝和議ヲ唱ヘテ戦ヲ云フハ李綱趙鼎二三ノ人ノミ、豈多数ヲ以テ公論トシテ一二人ノ議ヲ以テ私論トナスヘケンヤ、是衆論、公論ノ別ニシテ、仮令国会ヲ開キ衆論ヲ集ムト雖トモ、公論ノ決ニ至リテハ唯陛下ノ其中ヲ執ルニ在ルノミ、天下ノ民権者流、西洋ノ政規ニ倣ヒ、喋々論スルモ、国体政体ノ本ヲ明ニセス、公論衆論ノ別ヲ別タス、一己偏ノ論ヲ主張スルニ在ルヲ以テ、陛下一タヒ断シテ、以テ中正ノ標準ヲ立ンニハ、天下始メテ方ニ向フ所ヲ知ル可キ也」と述べているところでは、国会を開いて衆論を集めるけれども、その多数が必ずしも「公論」ではない。少数が却って公論となることも歴史上の事件からもあることで、「公論」の決定は天皇が「其中ヲ執ルニ在ルノミ」と論じているところからすれば、先ず民権論者が「西洋ノ政規ニ倣ヒ、喋々論スルモ、国体政体ノ本ヲ明ニセス、公論衆論ノ別ヲ別タス」と批判しているところからも、君主親裁の立憲政体の下では、君主があくまでも決定を行うのであって、多数の意見を必ずしも採用しないこともあると言っているように見えるが、それは国会を一種の諮問機関視していることになるとも見受けられる。とすれば、これは明らかに今後伊藤などが考えてゆくところとはかなり違ってくると言わざるを得ない。この点をも含んで、元田の憲法論を更に追ってみたい。

2　「国憲大綱」―「憲法」と「国教」主義―

元田は同じ明治十二年頃に、元老院の第二次国憲案[22]中の数ヵ条に対する修正案を作成しており、その修正案は既に稲田氏により紹介されているが[23]、行論の都合上一応再録したい。

第二条　皇帝ノ身体ハ神聖ニシテ侵スヘカラサル者トス

右

皇帝ハ天祖ノ神胤国民ノ君主ニシテ侵ス可カラサル者トス

第三条　皇帝ハ行政ノ権ヲ統フ

右

皇帝ハ行政立教ノ権ヲ統フ

第三篇　国民ノ部

第五条　国民ハ貢入ノ義務ヲ有スルノ上ニ国民ハ皇帝ヲ尊親シ国教ヲ奉守シ国憲ヲ確信スルノ義務ヲ有ス

第十四条　国民ハ各自ニ信仰スル所ノ宗旨ヲ奉スルコト自由ナリトス然トモ民事政事ニ妨害ヲナスハ之ヲ禁ス

右

国民ハ各自云々然トモ国教及ヒ民事政事ニ妨害ヲナスハ之ヲ禁ス

蓋シ国教ハ天祖以来皇帝ノ立ツル所ニシテ即チ倫理ノ教君臣誠敬父子慈孝夫婦和順兄弟礼譲朋友信義ヲ本トシテ正心誠意国家ヲ共済スルノ義ナリ此教輓近漸ク衰茶シ世ノ人或ハ我邦教無キ者トスルニ至ル故ニ方今立憲ノ際此教ヲ明示シテ国民ヲシテ一般ニ茲ニ基本セシメンコトヲ要ス

まず第二条については前半部を変更し、「皇帝ハ天祖ノ神胤」と規定することが注目されるが、これが日本の建国神話などに基く国体論に発するものであることは明らかである。第三条においては行政権の他に「立教」の権というものを設定し、行政と並列しかも独立の権限と考えていることが注意される。第五条については本来国民の納税義務を規定した条文であるのに、そこに「皇帝ヲ尊親シ国教ヲ奉守シ国憲ヲ確信スル」義務を挿入するのだが、或はこの第五条と第六条（兵役義務）が国民の義務を規定した条文であるため、そこにつけ加えたということなのかとも思われるが、ここでは「国教」が「国憲」と共に提示されることに注目したい。更に「国教」については第一四条のいわゆる信仰の自由についての規定に対し「国教」に「妨害ヲナスハ之ヲ禁ス」と、「国教」が強調されているのである。

このように元田は「方今立憲ノ際此教ヲ明示シテ云々」として、国教主義を憲法に掲げ、憲法の性格規定の一つの特色としている。ではその「国教」の具体的内容についてはどうかと言えば、それは「天祖以来皇帝ノ立ツル所」であり、それは「倫理ノ教」であり、しかも明らかに儒教の徳目を内容としている。「輓近漸ク衰茶シ世ノ人或ハ我邦教無キ者トスルニ至ル」状況をまきかえすものとされる。このような考えは前述してきたところから一貫していると言える。

このことは以降においても同様である。元田は明治十三年九月末に「国憲大綱」を起草している。元田文書中にはその完成に至る経過を示している草稿が三点存在する。即ち九月二十八日の日付を付された「国憲大綱」（A）、九月三十日付の「国憲ノ大綱」（B）、日付は無いが「乙覧ニ供」へた「国憲大綱」（C）の三つである。[24]本来ならばこの

A・B・C三点を列記してゆくべきであるが、あまりに煩雑でもあるので、以下にはまず最終案（C）の全文を掲載し、ついでA・Bについても摘記しながら注意すべき点について触れてゆくことにしたい。

国憲大綱

一、大日本国ハ天孫一系ノ皇統万世ニ君臨ス
一、日本国ノ人民ハ万世一系ノ天皇ヲ敬戴ス何等ノ事変アリトモ此天皇ニ背クコトヲ得ス
一、国教ハ仁義礼譲忠孝正直ヲ以テ主義トス君民上下政憲法律此主義ヲ離ル、コトヲ得ス
一、天皇ハ神聖ニシテ犯ス可カラス何等ノ事変アリトモ其神体ニ管セス
一、天皇ハ全国治教ノ権ヲ統フ
一、天皇ハ全国人民ノ賞罰黜陟生殺ノ権ヲ統フ一ニ憲法ニ拠テ処断ス
一、人民ハ身体居住財産自由ノ権ヲ有ス法律ニ非サレハ妄ニ其権ヲ制スルコトヲ得ス
以下諸憲其目多様ナリ其主任者ノ撰奏スル所ニヨル但右七条ハ皇国君民ノ間必要ノ目ナリ仍テ之ヲ掲載シ以テ乙覧ニ備フ

というものである。

さて草案Aにおいて、このCの七ヵ条のうち六ヵ条までは、その置かれた順番の異同や文言の少々の違いはあるものの、最初から掲載されていた。無かった条目は「国教」の内容規定の条目であり、これは草案Bにおいて登場する。先に述べるならば、草案Bは、最終稿Cと内容上は全て同じであり、ただ順番が著しく違っており、またその各条の頭に例えば二番目を「第四」、三番目を「第五」といった具合の書き込みがなされることで、最終案となることがわかる。その意味でBとCとは同じと考えてもよい程である。草案Aはその点ではかなり違いがある。例えば「士族恩

典ノ事」という条目が二ヵ所に分出しており、いわゆる士族授産への関心の強さをも見せている。また「財政ハ国ノ大計一日忽ニスヘカラサルノ要務タリ」として「米納ノ議」は「之ヲ今日ニ行フ頗ル不可ヲ覚フ」「朕熟考スルニ今日財政ノ急ヲ救フ唯勤倹アルノミ」といった勤倹実行を強調する勅語案文らしきものまでが書かれている。また「国憲ヲ立国是ヲ定ムル事」として「日本帝国ノ大憲ヲ立ツルハ固習ニ僻セス洋制ニ泥マス万世君主ノ国体ヲ鞏固ニスルヲ以テ憲法ノ主義トス曩ニ既ニ元老議官委員ノ草案アリ、更ニ審議覆案以テ宸断ニ決スル今日ノ急務トス、国憲ノ立ツ速定成リ難シ国是ハ一日定メサルヘカラス何ヲ以テ国是トス御誓文ノ旨ヲ酌量シテ今日ニ適当スルヲ要ス」と述べている（これはB・Cでは省かれている）如く、国憲と国是を区別しているが、国是とは政治の方針というものであり（五箇条誓文を基本に現状に合わせて考えることでもあるとし）、憲法の主義とするところは「万世君主ノ国礼ヲ鞏固ニスル」ところにあるというのであり、憲法を「宸断ニ決スル」ことが今日の急務であると述べているところは前第1項の主張と変わっていない。

なおAには、「元老院ヲ改正スル事」として、次の如く述べる箇所がある（これもBからは省かれてしまう）。即ち、

元老ノ名称実義外国ノ体裁ニ拠テ設ル所ニシテ目今ニ於テハ有名無実之ヲ改ムルヲ可トス蓋シ元老ノ字義ハ国ノ元功耆老ヲ云故ニ此院ニ入ル者ハ必ス国事ニ功労アル耆老ノ人ヲ以テシ其品位ヲ重ンシ其晩節ヲ保全スルヲ要ス故ニ文武官ヲ問ハス其年老繁職ニ堪ヘサル者ニシテ罷免スヘカラサルノ人ヲ元老院ニ入レ事無キ時ハ優游其老ヲ養ハシメ事アル時ハ諮詢ヲ下シテ其説ヲ尽サシメ以テ帝室ノ羽翼トス是ヲ元老院ノ本色トス……議院ハ別ニ設ケテ其名称ハ即チ議院ト称スルヲ可トス、註　国会ヲ開ク時ハ上議院下議院ト称ス、議官ノ制ハ元老院従来ノ撰ト相反シ功労ノ有無ヲ問ハス年歯ノ老壮ヲ論セス必ス学識アリ弁論アリ世故ニ練達アル人ヲ挙テ之ニ任スヘシ、右ノ如ク元老院ト議院ト区別スル時ハ名実相適シテ体用燦然タリ……

というのであるが、ここで元田が元老院と議院を区別し、元老院を「帝室ノ羽翼」とする様に改正すべしと述べている。この元田のイメージでは現に存在している元老院の在り方とは大分違うものであると思われ、元老院のあり方については、前節で見た「見聞秘記」の中でもとり上げられており、[25]そのこととの関連からも、元老院の権限拡張論などとの関わりで考えるべきものであろう。

以上A・B・Cの三案を対比しながら見て来た。Cについては「乙覧ニ備フ」とあることからも元田から天皇に見せたものであろう。この「国憲大綱」については、憲法の条文の中にこの七ヵ条は「皇国君民ノ間必要ノ目」であるから、必ず含まなければならないとしている点からも、元田の憲法観の根本であると言えよう。その中でも第三条、第五条と、その国教主義が憲法の中に大きな意味を持つものとして措定されており、憲法（国憲）と国教とが切りはなされるものではないことが主張されている。これは元田の一貫した考え方であった。即ち元田においては憲法制定は、天皇による治教権のもとで国教主義が貫徹されることを含むものでなければならず、後の憲法と教育勅語との関係を考える場合にも、このような国教主義を前提とするものであったことを忘れてはなるまい。

3　元田の憲法建議—明治十四年六月—

元田は十三年十一月二十二日次の如き文書を記している。[26]即ち、

御内諭

一、国憲立定ノ事

右祖宗ノ成憲ヲ拡張シ国民ノ習慣ヲ存保シ現今宇内ノ定例ヲ採択シ皇国独立ノ憲法御親裁被遊候ニ付内閣ニ於テ機密ニ調査被仰付旨御沙汰ノ事

一、元老院改正ノ事

右　岩倉右大臣伊藤参議ノ建言ノ如ク被聞召上候ニ付猶精確宜キヲ得候様御沙汰ノ事

一、士族恩典ノ事

右　特旨ヲ以テ帝室ヨリ賜リ候旨断然御親勅ニテ被仰出其方法ハ右大臣宮内卿商議相定メ候様御沙汰ノ事

右ハ先日以来ノ御内諭ヲ蒙リ御宸裁既ニ御内決トハ伺ヒ奉リ候処方今ノ急務緊要ノ御親断天下ノ耳目ヲ一洗シ人心ノ方向ヲ収合スル是ヨリ大ナルハ莫シ当春内閣分離陛下御親断ノ実徳将ニ顕ハル、ノ時而シテ今一月ヲ過レハ則明治ノ十三年ヲ畢ラントス故ニ速ニ勇断ヲ以テ右三条被仰出候様伏シテ懇願奉リ候事

明治十三年十一月廿三日　　臣元田永孚百拝

というものである。これは前半部は「御内諭」或は「被仰付旨御沙汰ノ事」「……候様御沙汰ノ事」という文言から、天皇が述べたことを元田が記したものと見ることができ、後年の文章はその実現について天皇が「勇断ヲ以テ右三条被仰出候様」に、元田が「懇願」するというものであって、元田と天皇が、憲法の制定、元老院の改革について同意見であることがわかる。そしてこのことが、佐々木高行にも共有されていたことは、次の佐々木の記述からも明らか(27)である。即ち佐々木は十三年十二月五日元田と面談、元田は天皇から次の如きことを聞き、佐々木の意見を確かめるよう言われたと伝える。それは「近日内閣ノ中ヨリ追々奏聞セル事件有之ニ付、只今御勘考中ニ付テ、殊更御内諭被仰出候ト奉恐察候」ということであって、「内閣ヨリ申立テハ、岩倉右大臣ヨリ、早ク国憲御制立相成候テ、順序ヲ以テ議院設立ニ可相及、且又、士族ハ維新ニ当テハ功労有之族ナレ共、恩典ハ無之、却ツテ減禄等ニテ、孰レモ行路ニ迷ヒ、年ニ月ニ困窮ニ差迫ルコト故、士族ノ授産ノ為メ、御補助有之度……右国憲ノ議ハ、大木・山田両参議ヘ相当被仰付可然トノ事ナリ、伊藤参議ハ、何分、今日ノ如ク薩長人ニテ要路ヲ占メ候テハ、人心ニ大関係ニ付、今日ノ

参議ハ悉皆被免可然、又、元老院ヲ大改革スベシ、其趣意ハ、各府県ニテ弐人宛公撰ヲ以テ任ズベシ、当時参議ヲ初メ勅奏官ニテモ何人ニテモ、本籍ノ公撰ニ依ツテ議官ニ任スベシ、如此ナラバ可然トノ事ナリ……」とあるが如く、岩倉、伊藤からの「申立」の内容が示される。岩倉が「早ク国憲御制立」、「順序ヲ以テ議院設立」と述べていること、伊藤が「元老院」議官公撰、を述べていることなど注目すべき情報といえる。佐々木は十六日に土方と共に元田を訪ねて意見を交換し、参議廃止、元老院へ権力付与、議官公撰不可などを「内決」し、「元田ヨリ十分言上」の手筈とした。(28) また佐々木は十二月二十三日天皇に召され、「内諭」を承り、自分の意見も奏上、(29) 同二十六日元田と面談し、建言書を元田を通して呈出の段取り、また議官公撰不可を強調している。更に元田の言として「岩公モ兼テ明治八年ノ詔書ハ不同意ト申シ居タルニ、元老議官ノ公撰ヲ同意トハ不解事ナリ」と述べられていることが注意される。(30) 要するに十三年末において岩倉は（他の大臣も）、その内容の確定はともかく「国憲」制定については同意しており、その点では天皇や佐々木・元田らと違っていたとは思えない。(31)

さて明治十四年六月、元田は諸参議の憲法建議(32)に関して天皇の下問を受けていたことを承けて彼の意見を上奏している。「古稀之記」は、このことについて「一日陛前ニ侍ス、聖上各参議ノ奏議ヲ取テ永孚ニ示シ汝善ク之ヲ熟看シ意見アラハ上申セヨト、永孚之ヲ看ルニ大木大隈伊藤山県井上ノ奏議ナリ、乃謹テ之ヲ受け奏シテ曰、是誠ニ重大ノ事件臣反復熟読シテ後必奏聞スル所アルヘシト、退テ是ヲ一読スルニ、憲法ノ成定官制ノ組織国会開設ノ遅速、各々意見ヲ異ニシテ同一ナラス、因テ永孚ノ見ル所ヲ以テ一々之ヲ取舎シ別ニ平素ノ主意ヲ立テ、発明スル所アランコトヲ庶幾シ、親カラ筆ヲ執テ之ヲ記シ一書ヲ作テ上ラント欲(33)」したと述べている。

元田の意見書はかなり長文であり、「元田文書」中に自筆草稿が存在する。(34) 以下においてその主要な諸点について検討してみたい。意見書の前半部分では、各参議の意見についての元田の意見・批判が述べられている。元田の要約に従えば「憲法ノ我国体ニ本ツイテ立ツルハ大木ノ議固ニ当然ナリトシ、議院ノ設ケ伊藤井上ノ議詳カナルモ確定ノ制ニ非ス、山県ノ議案ハ既ニ時勢ニ後レテ用ヰラレス、大隈ノ議ハ全ク英制ヨリ出テテ其来年ヲ以テ国会ヲ開クト云カ如キ決シテ行フヘキ事ニ非ス、伊藤ノ見ニシテ猶君民同治ヲ以テ政治ノ極点ト云カ如キ尤我政治ノ目的ニ非サルナリ、宜シク各参議ノ意見ヲ酌量セラレ別ニ宸断ヲ以テ立憲ノ大旨ヲ確立シ、大詔ヲ発シテ天下ノ方向ヲ一定セラルヘキナリ」(35)ということになるが、今少し井上・伊藤・大隈・大木については詳細に見ておきたい。

井上馨の意見(36)については「時弊ヲ言フ最詳悉的切ナリトス、其民法ハ習慣ニ成ルノ説ハ国憲ハ国体ニ根シ確乎不抜ノ論ナリ」とした上で、「其元老院ヲ廃シテ上議院ヲ置クノ論ハ臣以テ取ルヘカラストス」とし、国会開設論が明治八年詔を口実として日々さかんになっている情況のなかで今新たに「上議院ヲ置ク時ハ其勢直ニ下議院ヲ置カサルヲ得」なくなるので反対、「元老院ヲ存スルヲ可トス」、また元老院の「議員ヲ増選シテ百員トナスハ可ナリ、其半数ヲ勅撰トシ半数ヲ民撰トスルノ説ハ甚不可ナリ」、それは「将来下議院ヲ興シ民撰ヲ以テ議員ヲ出スヲ以テ、元老院ハ(他日ノ上院＝割注)必ス勅撰タルヘシ」と言うのである。これは前引した佐々木との話しにも沿っている。

伊藤博文の意見(37)に対しては「維新以来弊害ニ因ノ論ハ最明切ナリトシ、其之ヲ救フノ策元老院ヲ更張シ及ヒ公撰検査官ヲ設クルノニ議ハ其主旨ニ於テ可ナリトス、但其議員ノ選改テ各県ノ公選ニ取リ華士族ノ有位非官ニ拘ハラス新タニ之ニ充ルノ論ニ至テハ臣以テ甚不可ナリトス、蓋シ元老院ハ到底勅撰ニシテ下院ト混合スヘカラサレハナリ」と論じている。井上、伊藤に共通するところとして元老院議官についての論があるが、二人ともそれを半数を民撰、或は「各県ノ公選」とするとしている点について元田は将来の「下(議)院」は民選となるのだから、元老院は必ず「勅撰」でなければならないと主張している。これは一貫しており佐々木高行とも同じ意見であったことも既述の如くである。(38)

また「其大猷一定不抜ノ議ニ由リ、明カニ聖謨ノ在ル所ヲ知ラシメテ躁急ノ人心ヲ防範スルノ説ハ至当ノ論トス」と述べている。(39)

大隈重信の意見(40)については、「大隈参議国会開設ノ年期ヲ布告スルノ議ハ臣切ニ恐ル急進党ヲ促スノ速害ヲ招カンコトヲ、故ニ早ク之ヲ布告スルハ不可ナリトス、其政党官永久官ヲ分ツノ議ハ、其勢必ス然ラサルコトヲ得サル者ト雖トモ、殊更ニ之ヲ設テ定制トナスカ如キハ、忽チ政党相凌轢スルノ速害ヲ生ス、決シテ行フヘカラサル者トス、其国憲ヲ制スルハ簡短ナランコトヲ要スルハ臣以テ善トス、凡ソ国憲ハ簡明ニシテ其至要ヲ掲ケ永延動カスヘカラサルヲ主トス、煩砕ニシテ疑ヒヲ生スヘカラス、其輿望アル人材ヲ明察シテ政台ノ組織ヲ制定スルノ議ハ固ヨリ善シト雖トモ、英制ノ如ク上下議員ノ公評ニ決スルト云ハ今日用ユヘカラサル者トス」等と述べ、ほぼ全面否定していることが注目される。(41)

そして元田は「大木参議ノ帝憲政体ヲ分析シテ之ヲ建ルノ議ニ於テハ最上ノ至論トス、方今ノ急務ハ国体ヲ扶植シ帝権ヲ確定シテ横議風潮ノ大勢ヲ挽回スルヲ以テ第一義トス、故ニ臣此議ヲ以テ首トシテ陛下ノ之ヲ嘉納シ速ニ国憲調定ノ挙アランコトヲ庶幾ス」と、大木喬任の意見(42)に対してそれを肯定的に評価している。

そして以上の如く元田は各参議の建議を一通り論評して、それらが、「皆国憲ヲ制定シ議院ヲ更張シテ国会ヲ開クノ基軸ヲ立ツルノ主旨ニ非ルハナシ」という共通認識があることを確認した上で、「国体ヲ万世ニ保存シ帝権ヲ永遠ニ確守シ時宜ヲ量リ後患ヲ慮ル」ためにも、更に自分の意見を展開していくのである。まず「臣カ大木参議ノ帝憲論ヲ主トシテ国憲ノ以テ立テサルヘカラストスル所以ハ、凡ソ国ノ憲法アルハ猶身ノ自然ニ度アリ家ノ自然ニ法アルカ如ク国必ス憲法アル所以ナリ、我邦一系君臨万世不易、上ノ行フ所下視テ之ニ効ヒ、上ノ令スル所下聴テ之ヲ守ル、政教一致君民愛敬、是神州確乎不抜ノ国体必スシモ憲法ヲ要セス」と述べる。大木参議の帝憲論を採用して国憲を立てるべきであるとして、「政教一致君民愛敬」で「確乎不抜」の「国体」は必ずしも憲法を必要とはしないのだが、「世ノ開明」に従い、人情の変化などもあって「自然ノ国体ニ順ツテ」「憲法十七条ヲ制シ大宝令ヲ定メ」たのと同様に、「国体ニ由テ速カニ帝憲政憲民法ヲ定メ」て、「我神州ノ国体万国ニ卓絶ナル所以」と「民法ノ外国ト異ナル所以」と「西洋法ノ当ニ取ルヘキ所ト取ルヘカラサル」ものとを、人々に「知ラシ」めて、「民権国会自由共和ノ説横行シ」「狂瀾ノ中ニ酔倒シテ方向ヲ失」っている人民を救うべきであると強調している。また憲法の制定について、現状を観るに「若シ今日ヲ置テ他日ニ譲ラハ」「洋風横議ノ狂湧」を抑えることができなくなり、「帝室」に対する「患害」も測ることができないほどになるであろうから、その意味で現在が憲法制定には良い時期なのであるとする。次に元田は「国会論者ノ主義ヲ聞クニ我政体ヲ以テ君民共治ト為ント、参議ノ論中ニモ亦国会ヲ起シテ君民共治ノ大局ヲ成就スルハ甚ダ望ムヘキノコトナリト云」と、「君民共治」論が民権論者のみならず参議の中にも存在しているが、これは「国体ヲ変更スルニ至ル」もので「甚不可」であると批判している。日本においては仮りに「制度ハ英制ヲ取ルモ」それは君主がそう定めるのであって、「万機一モ宸裁ニ決」するのが日本のあり方であって、これは「君主立憲」ということであり「君民共治」とはちがうのであり、「決シテ国体ヲ変更スルニ非ルナリ」と述べている。このことは、前述した明治十二年六月の元田の上奏（本節第1項）においても、英国の立憲政体と日本の君主親裁立憲政体とはちがうものであると主張していたことでもある。

そして続けて「速ニ国体審定ノ局ヲ設ケ委員ヲ撰テ帝憲政憲ヲ制定シ、更ニ元老院ヲ改正シ……一層其権ヲ重シテ……又内閣ノ組織ヲ改良シテ行政ノ権ヲ一致セシメ、内閣・元老院唇歯一体帝室ト相密着シ、陛下行政議法ノ大権ヲ総轄シテ偏重偏軽ナク、其措置已ニ定マリ其施設已ニ整頓シ然ル後ニ国会ヲ開クノ期限ヲ天下ニ布告シ……」と述べ、帝憲制定の局を設置し、元老院を改正し権限を重くし、内閣組織改正を行い政府の一体化、準備を整えてから「国会ヲ開クノ期限ヲ布告」するというような対応をきちんと行っておけば少しも問題はなく、将来にも患はないと言うのである。結局、元老院の改正は殆んど行われなかったが、内閣組織の改正、憲法制定作業は現実に行われてゆくし、また政局の急展開により、準備が整ってからではなく先にもされねばならなくなったが、国会開設期限の布告も為されることとなった（十四年十月）等いずれも周知の如くであるが、元田に即して十四年六月という時期の発言としては注目に値する。

元田は、要するに、大木と同じく帝憲と政憲（大木は「政体」と言う）とを制定すべしと述べているが、大木の意見によれば、帝憲とは皇邦国礎の在る所、天皇安民の根源、帝室の憲章に関する所、を明らかにするものであり、政体とは三権の分別及び設官の要旨、議会の綱領を明らかにするものをさしていたし、前者永遠不朽、後者は時に臨んで更革できるものであり、この両者を合すれば外国の国憲になるというものであった。とすれは、本節2で検討した元田の「国憲大綱」などは、大木のこの分類からすれば、主として「帝憲」に該当するものと言えよう。元田は大木と同様に帝憲政憲制定の後、国会開設の期限を天下に布告すべしとして、国会の設置はもとより認めているが、元田は上議院は勅撰として皇室の輔翼たらしめ、下議院は公選とするもその権限を狭くして上議院に抵抗する力を与えないようにするのを可とす、と述べている。

以上、先行の学説にも拠りながら、いささか煩雑なほどに元田永孚の憲法（制定に関する）意見を見てきたが、以上の如き彼の意見は、彼の「国体」理解の上に構成された立憲制であり、その「国体」は「帝憲」として確立されねばならない中心的なものであって、特に「国憲大綱」において「国教ハ仁義礼譲忠孝正直ヲ以テ主義トス、君民上下政憲法律此主義ヲ離ル、コトヲ得ス」と規定されていた「国教」主義が強調されていたことを想起したい。逆に言うならば、元田によれば立憲制は、国体論に矛盾するものではなく、いわば国体論的立憲制ということが元田において成立するのである。これは論として矛盾のないものと言えるのだろうか。当時の政府主流における立憲制の理解とは、どのようにくいちがい、或は重なり合うものであるのだろうか。そしてこの元田流の立憲論は、元田のどのような思想的基盤から主張されたものであるのか。次節において更に検討をすすめたい。

三 元田永孚の立憲制論の思想的基盤

前節で見てきた如き元田の憲法観は、元田個人のみならず、政府内では大木喬任や或は佐々木高行らにも共有されるものであったし、全部ではないとしても岩倉にも理解されるところがあったと思われる。そして更には「大隈ノ建白ハ聖上ニモ最初ヨリ御信用は無之、参議建白中大木ノ分ヲ第一御信用ナリ次ニ伊藤ナリ」との元田の言(43)に拠るならば、天皇は大木そして元田に同意見であったことになる。これはやはり政府主流にとっては無視し得ないことであったと思われる。その意味で元田流の憲法観、国憲論に対しての理論的批判の必要が感じられたのであろうか。その上で井上毅の史料中に残されている井上の憲法意見書(44)の内容は注目に値する。

まず井上は「憲法之性質」として「我国並ニ漢土ニテ従前称ヘ来リシ」ものと、「近比世人ノ喧伝スル所ノ国憲又ハ憲法ト唱フル者」とは、実は性質のちがうものであって、前者は「一応政府ノ掟ヤウノ物ニテ律令格式ノ類ヲイフニ過キズ、即チ聖徳太子ノ憲法五十四条〔十七〕トイヘル如キ是」であり、後者は「一種政体ノ名称」であって「古人ノ所謂憲法トハ其名同一ナリトイヘトモ其実異種異様ノ物」であり、従って「今若シ其ノ名同キニ誤解シ其ノ実ノ性質ヲ究メザル時ハ後日必ス千里霄壌ノ懸隔ヲ生シ一個ノ紛争ノ源ヲ為サントス」という。同じ「憲法」という語のもとに違った内容が含意されていると指摘する。そして後者は「欧洲ノ所謂『コンスチチュシオン』ヲ翻訳シタルモノナリ、

『コンスチチュシオン』ノ政トハ即チ『アブソリュ』(訳専制)ノ政ニ対スル名ニシテ、君権限制ノ政ヲ謂フナリ、全国君民ノ間ニ一致シテ大憲ヲ定立シ永ク約束トナシ無上ノ権ヲ法章ニ帰シ君室ノ家法君権ノ定限皆載セテ明文アリ、人君即位ノ初メニハ敢テ其憲法ニ違ハズトノ誓ヲ宣告シ、宰相憲法ニ違フ時ハ重罰其身ニ加へ、而シテ其憲法ヲ遵守スル為ノ結構ハ必ス立法行政司法ノ三権ヲ分立シ立法官ヲシテ憲法ノ監守タラシムル是ナリ、故ニ所謂『コンスチチュシオン』ハ君民ノ共議ニ成ルモノナリ、『コンスチチュシオン』ヲ守ルハ必ス君民同治ノ法ニ依ルモノナリ、全国人民ノ代議人ト共議セズシテ『コンスチチュシオン』ヲ創定スルノ理ナシ、民選議院アラズシテ『コンスチチュシオン』独リ成立スル物ニアラズ」というものであるという。この説明、理解が西欧近代の立憲政の理解にほぼ正確であることはわかるであろう。以上の如く「憲法」について二つの意見(理解)があることをまずはっきり提示した上で、現在政府が憲法を定めるという場合においては「所謂憲法定ムルトハ聖徳太子ノ憲法ヲ定メラレ貞永ノ式目ヲ定メタルト同ク独リ朝廷ニ於テ一応ノ掟ヲ定メ官人ノ守ルベキノ準則トナス為ニスルニ止マル歟、又ハ欧洲ノ所謂『コンスチチュシオン』ニ倣ヒ君民ノ間ノ約束ヲ定メ上下同治ノ基礎トナサントスル歟」、どちらの意味、立場であるのかをはっきり確定しなければならないと論ずるのである。そして井上は「此ニ一説アリ曰ク今所謂憲法ヲ定ムルトハ我カ古人ノ所謂憲法ヲ本トシテ傍ヲ欧洲ノ法ヲ斟酌スルニ過キザルノミト此言即チ目的明瞭ナラザル者ナリ、……憲法ハ彼此ヲ斟酌スベカラズ……欧洲ノ所謂憲法トハ民選議院ト必ス相因テ成立スルモノナリ、民選議院ナシ是レ憲法ナキナリ憲法ノ節目多シ而シテ其大主義ハ、曰君権ヲ限ル、曰立法ノ権ヲ人民ニ分ツ、曰行政宰相ノ責任ヲ定ム、今若シ是等ノ大主義ヲ措テ取ラズ、独リ其枝葉節目ヲ創定スル時ハ、猶是レ朝廷ノ掟式目ノ類ニシテ独リ官吏ノ準則タルモノ即チ聖徳太子ノ憲法ナリ」と述べる。ここで井上の立場は明らかに後者の意味での憲法論であり、前者の立場の憲法論を批判している。そして前者の立場の憲法論が、これまでの行論からすれば、前節で見てきた元田的憲法論を指していることになろう。井上が「民撰議院ト必ス相因テ成立スル」憲法、「君権ヲ限ル」「立法ノ権ヲ人民ニ分ツ」「行政宰相ノ責任ヲ定ム」という「大主義」に拠る憲法、という考えを示しており、そこでは元田的な憲法論は原理的に全く異なるものであり、西洋の憲法論の導入によらねば憲法制定はあり得ないという理解が前提となっている。ところでこの井上の意見は、憲法の具体的内容などに言及したものではなく、憲法の「性質」と創定の「目的」という原理的な問題に限って展開されたものであり、いわば基本的な理解という上での井上の考えが良く示されたものであるといえよう。なお井上の憲法意見としては、明治十四年において、例えば岩倉や伊藤らの諮問に応じて提出されたものが存在するが、ここではその詳細について言及する場ではないので省略したい。

さて以上の如き井上の意見の中で批判の対象とされた憲法意見が、元田的立憲論を指すものであるとするならば、逆にこの井上のような考え方は、元田においてはどのように受けとめられたであろうか[45]。前節で見てきたような元田の立憲論には、元田の理解する「憲法」の観念に基づくもの、いわば思想的言葉制度を、我国古来の観念と断絶した外からのもの（西洋のもの）として解釈することの方が間違いなのであった。元田はこれらの制度を我国古来の価値体系の中に位置づけることを主張する、つまり元田は彼の理解し立脚している儒教的価値や理念に根拠を置いて、憲法や議会を理解することができること、そのような読み替え或いは儒教的理念の敷衍（或は拡大解釈）によって考えることを示しているのである。以下においてその事を、元田が様々な折に行った諸種の講義[46]によって、具体的に検討してゆくことにする。

さて、元田は『論語』為政首章の講義を行ったとき以下のように述べている。

本編では「徳」ということが、政治との関係においてその基本となることが説かれているのであるが、元田によれば「人君政を為すの主眼、万機の大本」であり、「政は礼楽、教化、法制、禁令、皆人民を治むる所以の具にして……

すべて民を保安統治するの方法を包括せり。其民を保安統治するの政を為すに、其法術は種々様々あるに、大本徳の一つを以て之を行ふを、政を為すに徳を持てすと云なり」(47)とまず説かれる。更にその「徳」についての説明が続けられる。即ち「当世徳の字の意義を審にせす、智と徳とを分ちて教育を施し、智育徳育と云へは徳は智に対して一箇物となり稍小に見へたり、文明論と云著書には智の区域は広大にして窮りなく徳の区域は狭隘にして限りあり」と、ここで維新以来の教育における智育徳育の区別などを批判し、特に「文明論と云著書」として福沢批判をも提起している如く思われる。そして「元来智は徳中の一つにして徳の外に智なく」と述べ、徳は仁義礼智信の五つの全体を包括したものであり、学問はこの「全徳を得るを以て目的として、全徳にあらされは万機に応して大用を為しかたし」というもので、この徳によって万機の政を行うことを「為政以徳」と云うのだと述べている。このことは政治を行う上において「在上の君相威力を以て圧制せんとすれば下民また激昂して相凌かんとし、上の人権略を以て籠絡せんとすれは下民また詐術を以て相欺かんとし、法制繁冗なれは智巧を設けて免かれんとし、号令厳密なれは憤怨して乱を起さんとし、上下交々末を逐ひ流を追ふて底止する所なきに至りて猶返ることを知らざるなり」という弊があるが、君主が「其身に反し徳を行ひ其徳を以て政を為し国を治むる時は下民忽ち之を仰き之を敬し之を慕ひ之に服し……無為にして天下治まる」ということになるというのである。そしてそれは中国・日本の歴史上においても、また西洋においても明かに見られるとする。

このように政治における「徳」の重要性が強調されるが、それでは「憲法も民法も刑法も無用に属する乎といふに、否な決して無用にあらす」として、「法は徳を助くる所以にして徳ありて法無かるへからず、故に憲法は徳中の憲法なり、刑法民法も徳中の器具なり、千法万法皆徳中にあらさるはなし」と述べる。とすれば、元田にとって法は権限の確定、権利義務の関係を規定するといったものではなく、法は「徳中の器具」、徳の補助であり、その徳は君徳と同じであるから、日本においても「上古の神聖至誠純一の徳を以て民を化し民皆鼓腹撃壌上下和楽、東より西より南より北より思ふて服せさることなし、此時に於ては憲法も建るに及はす法制も設くるに及はす、……唯君主の純徳に因て四海太平なり」という時代から「人文漸く開くるに随ひて民智も進み事業も興る時に当りては、上下の心利に走り名に馳せ智巧を逞ふし嗜欲を擅にせんとす……此時に於ては君主の徳を以て憲法も建てさるを得すして各種の法律も設けざるべからず」と変化してきた。「人君徳を以て憲法を建て、政を為す」ようになった理由である（つまり「憲法十七条を制し、大宝の令を布きし所以なり」とも言うのである）。したがって我国で憲法を定めるのは、西洋各国の如く「民知に先んぜられ民権に犯され已むことを得すして君権を保たんが為めに憲法を製し種々の法律を設置して君民の間に権衡を執り漸くにして其国を把握せしなり」というような歴史的な経緯とは「建国の体」が異っており、日本ではその建国以来の天皇と国民との「飢へは之に賜ふに食を以てし寒けれは之に与ふるに衣を以てし玉ひ」という関係の同一線上のものとして（憲法の制定が）理解されているので、「憲法を建て玉ふも君徳なり、各種の法を設け玉ふも君徳中の一事なり、皆民の言ふことを待たすして民の為めを思し召し、時勢に順ひて其用を利し其務を開き玉へは、民の権利は君権中より賜はりたるにて、君権は乃君徳なり」ということになる。従って遂に言えば憲法も議会もそのような「君徳」の発現として上から賜わるものであるというのであり、それが日本の独自の「自然の大道」であり、我国の政体に適うものであるというのである。(48)

なお元田において憲法が上述の如くに理解された上に、元田が天皇に対して説くところの眼目となるのは、天皇が近代西洋の制度・法律の導入の上に立つ君主である場合に、その根本となるのは、天皇自らが「徳」を体現する存在にならねばならぬということであり、例えば「辱クモ当今御一新全く徳ハ神武天智ノ古ニ復ラセ玉ヒ、政ハ万国所長ノ新法ヲ取ラセ玉フニテ、復古維新ノ御政体、真ニ孔子ノ旨ニ符合シ玉フナリ、然シナカラ法政ノ末ニ任スルハ易ク、徳義ノ本ヲ務ムルハ難キコト故、将来ノ事偏ニ聖徳ノ御勉強ニ在テ、決シテ英雄者流ニ止マリ玉ハス、決シテ法政ノ末ニ任セ玉ハス、益々至明ノ聖智ヲ磨テ内外ヲ照シ、益々至誠ノ大仁ヲ垂テ億兆ヲ安ンシ、益々至剛ノ神勇ヲ振テ大業ヲ担当シ玉ヒ万機ノ政皆此中ヨリ発出シ玉ハンコト(49)」と強調され、徳が根本に置かれねばならないというのであり、また「抑以徳の二字為政乃大本にして内外古今に照し見て其炳たる日月乃如く玆に基かすしては如何なる憲法善政ありとも国治まらず、国富み兵強くしても民安からす、方今宇内万国の文明と云富強と云と雖共争訟止ます戦闘動もすれは起るもの他なし、上下の方針徒に法にありて徳を以てするに一ならさるに在而已(50)」と述べている如く、常に「徳」の優位が前提となるのである。

さて憲法が上述の如き性格のものであれば、その議会も「衆善を択び己を舎て人に取るの公平正大なる」君主の「具」であると見るべきものとされる。

元田はこの議会についても、彼の儒教の理念にもとづいて以下の如く理解している。すなわち彼は天皇への進講のなかで、「書経」舜典中の「詢于四岳闢四門、明四目達四聡」との一章句を引いて解釈を加え、結論として「今日当世ニテ申シマスレハ議院ヲ開テ会議ヲ設ケマスルモ、全ク今日ニ適当致シマシタル開四門明四目達四聡ノ一法テコサリマス」と述べている。(51)この章句は、舜が堯のあとを承けて本式に天子となり百官に命じて職務に就かせたという一節があり、舜は堯の喪が明けると翌年の正月元日に文祖の廟に行って自分がこれから天子となることを報告した後、まず最初に行ったことの内容が、この故事である。元田によればまず「四岳」とは「堯ノ時ヨリ居マスル賢者テ……四方ノ国諸侯ノ長官ニシテ朝廷ニ在テ天子ヲ輔佐致シマスル大臣テコサリマスル、堯舜ノ代ニハ百揆ト四岳トノ二宮カ第一等ノ大臣テコサリマシテ、百揆ハ百官ヲ統轄致シマシテ天子ヲ輔ケマスル故百揆ト申シマシ、四岳ハ四方ノ諸侯ヲ総ヘ掌リマシテ天子ヲ輔ケマスル」また「此四岳ハ四方ノ人材ヲ進用スルコトヲ掌リマシ、又四方ノ民情ヲ通達スルコトヲ掌リマスル職掌ナリ、賢臣ナリニテコサリマスル」と説明し、続けて「百揆ハ今ノ太政大臣ノ如ク、四岳ハ今ノ内務卿ニテ一層任重ク位尊ヲ同ク輔佐ノ大臣」であると言う。次に「開四門」とは「其賢才ヲ挙ケマスル始メニ、四門ヲ開クト申シマシテ、四方ノ門ヲ開キ明ケマシテ、何方ヨリニテモ賢才ノ進ミマスルヤウニ仕掛ヲ致シマシタル」という。それによって「天下四方ノ賢才漏レナキヤウニ挙ケ用ヒマスレハ野ニハ遺賢ナキヤウニ相成リマシ、朝廷ニハ党派ノ患ヒモコサリマセスシテ君臣ノ職掌カ相定マリマス」が故に「舜即位ノ始ニ四方ノ門ヲ押シ開キマシテ何処カラテモ賢才ヲ挙マシテ、決シ偏頗ナキコトヲ天下ニ示シマシタルニテコサリマス」と説明する。このことに関して元田が「凡ソ人ヲ薦挙致シマスルニ兎角一方二方ニ偏ナリ易キモノテコサリマシテ……初メ挙リマシタル人ノ手引ニヨリテ其人ノ勝手見知リニヨリテ挙ル者テコサリマスル、サヤウニナリマシテハ人才ノ権衡ヲ得マセスシテ偏重ニ傾キマスル故ニ必ス紛紜ヲ生シマスル者テコサリマスル、其一方二方ノ人才カ挙リマシテ政ヲ執リマスル故、其気風流義カ自然ト合体致シマスルヨリ党派ノ政事ト相成リマスル故ニ忽チ天下ノ人心服シマセヌヤウニ至リマスルハ必然ノ勢」であると述べているところは、その「党派」批判即ち藩閥批判の理論的根拠としても注目されよう。また「明四目達四聡」とは「人君ノ耳目ヲ開クコト」で、何故必要かといえば「人君一人ニテ天下ノ事情ヲ尽ク見、悉ク聴クコトハ相成リ難キ道理テコサリマスル故ニ、大舜ハ一人ノ耳目ヲ捨テラレマシテ即チ天下ノ目ヲ目トシ天下ノ耳ヲ耳ト致サレマシテ、天下四方ノ人々ノ見ル所聞ク所ハ悉ク直言致サセマシテ、少シモ隠忌致シマセヌヤウニ仕掛ラレ」「夫故ニ四方ノ民情ハ漏レナク大舜ノ耳目ニ入リ来リマシテ、困苦ノ状モ怨嗟ノ聲モ誹謗ノ言モ善モ悪キモ何モカモ朝廷ノ上ニ簇々ト聞ヘマシテ、何一ツ壅蔽致シマスルコトハナキヤウニ相成リマスル」と説明している。

このように「此開四門明四目達四聡ノ三ヶ条ハ天下ヲ治メマスルノ三綱領ト申スヘキ者」であるから、「後世ノ人君此道ニ順ヒマシテ汎ク賢才ヲ挙大ニ言路ヲ開キ天下治リ、此道ニ違ヒマシテ人才ヲ偏信シ言路塞カリマスレハ天下治マリマセヌハ鏡ニカケテ見ルカ如ク、真ニ万古ノ規範」であるが、しかしながら「其賢才ノ挙ケヤウ、耳目ノ開キヤウハ、其時代ニヨリ其国ニヨリマシテ自ラ一概ニハ参リマセヌコトハ亦自然ノ理」であるということから、結論的に最初に引いた如く「今日当世ニテ申シマスレハ議院ヲ開テ会議ヲ設ケ」ること、が今日における「開四門明四目達四聡」のあり方であるということになるのである。

「開四門……」が以上の説明のように、「天下ノ賢才ヲ挙ケ……天下ノ民情ヲ通シマシテ壅蔽ナカラシメマスル」という精神の現代における具現化されたものが「議会」ということであって、「舜ヲシテ当世ニ生レシメマシタナラ議院ヲ設ケマセストモ別ニ天下ノ事情ヲ尽シマスル仕方モコサリマセウガ、又其人情時世ノ赴ク所ニ順ヒマシテハ必ス会議ノ方法モ備ハリマスル致シ方モアランカト存シラレマス」として「議会」が肯定されるのである。さらに「本朝ニシテ数年ノ後ニハ国会モ御開キアルヘキニ方法ハ西洋ニ御採用アルモ、其精神・主義ハ必ラス祖宗ノ御心ヲ体セラレ大舜ノ旨趣ニ基カレテ我邦特殊ノ議会ヲ興サレタシ」と論じられるのである。それは舜の場合は「舜ノ致シ方ハ西洋ノ如ク民権論ヲ起シマシテ人民ニ迫ラレテ国会ヲ起シマスルヤウノコトハ決シテコサリマセス、其天下ヲ公ニスル誠心カ人民ヲ旺握致シマシテ、民権論ニ先立マシテ十分ニ議論ヲモ尽サセマシ十分ニ賢才ヲモ挙ケ用ヒマスルコトテコサリマスル故ニ、天下人民ハ只々舜ノ政略ノ中ニ遊ヒ育テラレマシテ、何ツ議院カ開キマスルヤラ、イツ会議カ起リマスルヤラ知ラス識ラス舜ノ政令ニ順ヒマシテ」という如く舜の主導のもとで行われるのであるから、日本でも天皇が主導権をもって、天皇により議会が開設されることを前提としなければならないということになる。それは天皇に対する心がまえとして説かれるという進講の性格からは当然のことなのである。(52)

さて「議会」はこのように君主が「衆善を択ふ」のための手段であることから、議会に対してどのような対処をするかということも、君主は政治を行うにあたって「君ノ政ハ少シニテモ偏倚マシテハ相ナリマセス、此中ヲトリマスルカ政事ノ大目的ニテコサリマスル、今天下万事何ニテモ中正ノ道理ハアルモノニテコサリマスル」[53]が、天下の「人心」も様々にあるため「人心・道心」の二ツから「中」をとることは不可能であり、「已ニ道心ノ一ツ心ヲ以テ天下ノ言ヲ弁シマスレハ玆カ中正ノ道理ト申ス処ハ鏡ニカケテ見マスカ如ク明カニ見ヘマシテ」と「道心」に拠って立つとの原則をたてる。そこから「当世議院ノ会議ニ多数ヲ以テ公論ト定メマスレトモ、是ハ公論ニテハコサリマセス、中正ノ論は多数ニモヨリマセス少数ニモヨリマセス、唯其人ノ道心ノ一ト筋ヨリ出テマシテ人心ノ私マシリマセヌ処カ中正ノ公論ニテコサリマスル、故ニ人君天下ノコトヲ定メラレマスルニハ先ツ人心ヲ収テ道心ノ一ツニナシ、道心ノ一ト筋ヨリ天下ノ上ニ臨マレマスレハ天下万機ノ政何ニテモ歟ニテモ其触レマスル事コトニ悉ク大中至正ノ直中ノ条理ヲ執」ることができ、それにより行き過ぎも後退もなく「中正」を得ることができると論じている。これは議会における多数決の原理を認めない、「公論」＝「中正ノ論」の認識なのである[54]。

これは前節で検討した明治十二年六月の意見書においても述べられていたことであり、多数決の原理を認めず、その延長上に議会の議決権そのものをも認めない論であるが、元田のそのような理解の拠るところが、「古典」であることも明らかである[55]。

以上憲法、議会、公論の概念について元田の理解がどのような形になっていたのかを見てきたが、以上のことを前節での検討と合わせて考えるならば、元田の憲法論（元田の言う「国憲」）は、天皇親政論の立場からの立憲制論であり、それが彼の儒教理解に裏打ちされた形で成立していると言うことができよう。それは本節の初めに見たように井上毅から（そして伊藤博文から）すれば憲法政治の本質を理解しないものと批判されていたにもかかわらず、元田からはむしろ逆に批判すべき考え方は井上（伊藤）的立憲政治であるとされ、それは単に元田個人に止まらず佐々木高行や大木喬任などと共有される考え方であったと言うことができる。

おわりに

憲法をめぐる元田永孚の意見は、しかしながら政府主流に受け容れられることはなかった。立憲政・国会開設問題についての政治的動向は、周知の如く大隈意見書を斥けて岩倉（井上毅）のプロシア型君権主義の憲法を軸とする立憲制樹立のプランとその担当者に伊藤博文を起用するとの考え方が明治十四年七月には基本となっていた。そしてその後、十四年八月以降開拓使官有物払下げ問題の政治問題化する中で、佐々木・谷・元田らの「中正党」の激しい薩長批判と在野民権派の政府攻撃をうけた政府による同年十月の大隈追放と国会開設勅許の発布―いわゆる明治十四年の政変に至る細かい経過については、諸先行研究に依拠し、ここでは立ち入らないことにする。(56) 憲法制定に関して以後元田が関与していくことはなかった。

しかし元田が翌十五年二月付で次の如き文書を著していること(57)について一寸触れておきたい。まず「窃ニ各国立憲ノ制ヲ按スルニ、其民ト政ヲ公ニシ天下ヲ以テ私セス憲典ヲ制立シテ上下倶ニ守ル、此レ乃標準ノ存スル所易フヘカラサル者ニシテ、其組織構成上下交関権限広狭ノ間ニ至テハ則各国相同シキ者アリ相同シカラサル者アリ」と、各国に共通する立憲制における「標準」「易フヘカラザル者」の存在を指摘した上で、具体的な組織制度などは各国によって「相同シキ者」「相同シカラサル者」があるとして、その「同シキ所」としては「立法ノ事王室上下両院ト之ヲ公ニシ、行政ノ事専ラ王室ニ総ヘ、而シテ君主ハ不可干犯ノ地ニ立チ宰相代テ其責ニ任ス」という立憲君主制の共通の原則を指摘し、続けて「相同シカラサル者」を列挙した上で、「臣等上祖宗以来国体ノ重キヲ仰キ、下人民習俗ノ宜キヲ察スルニ多言ヲ待タスシテ甲乙ノ問ニ取捨シ、彼ヲ斥ケ此ヲ採ルノ要領ヲ獲ルニ難カラザルコトヲ知ルナリ、伏シテ惟フ、陛下ノ聖叡必既ニ瞭然洞鑑シテ之ヲ採択スル所アラン」と述べ、更に「世道ノ変ハ常ニ人心ニ因ル、憲法ノ行ハル、ト行ハレサルト、其永久易ハサルト変動常ナキト、専ラ人心ノ向背如何ト視ルナリ、故ニ国家治ヲ制スルノ道他ナシ、善ク人心ヲ制スルニ在ルノミ……人心ヲ制スルノ道之ヲ既発ニ抑フルハ則其末ニシテ之ヲ冥々ノ間ニ導キ其好悪ノ由テ出ル所ヲ涵養矯正スルヲ以テ本トス、故ニ今日ノ急務ハ尤教育ヲ慎ミ云々下条ノ如シ」と、「人心」を「制スル」ことが憲法が実行されるか否かなど政治の根本であり、そのための施策は教育であるとして「今日ノ急務ハ尤教育ヲ慎ミ新進ノ輩ヲシテ平正着実先入主ト為ラシメ浮薄偏僻ノ流ニ陥ラザラシムルニ在リ」と続けている。この意見は実際に提出されたものとは考えられないが、元田の考え方において憲法・政治の問題が教育の重要性に帰せられているあたりに注目しておきたい。

さて実際の憲法草案の策定等の過程には元田が加わる余地もなかったことは言うまでもない。元田が憲法制定に関わるのは明治二十一年枢密院の設置により顧問官の一員に挙げられたことによる。二十一年七月郷里の村井繁三に宛てた書翰[58]には「枢密顧問官に栄転、迂老の面目に候得共、老骨重任に難堪恐入申候。文政・天保時代の老朽、文明の憲法会議に加入候事、自分ながら珍事と存申候。日本歴史上の一故事に可相成哉と自讃致候」と率直に喜びを伝え、また「隔日に会議を開かれ、午前十時より午後二時迄に而、聖上にも必臨御被為在、開院以後于今一度の御欠席も不被為在、誠に難有事に而、迂老も一日の欠席も不致、老体には随分勉強致居申候」と、その審議に精励していることを伝えている[59]。元田はこの審議過程では殆んど発言をしていないようであるが、それは伊藤が憲法審議開始にあたって行った演説のなかで憲法の基本方針について「我国ニ在テ機軸トスヘキハ独リ皇室アルノミ、是ヲ以テ此憲法草案ニ於テハ専ラ意ヲ此点ニ用ヒ、君権ヲ尊重シテ成ルヘク之ヲ束縛セサランコトヲ勉メリ[60]」と述べたことなどに大筋で共感した為でもあろう[61]。

しかし草案第五条「天皇は帝国議会の承認を経て立法権を施行す」についての審議においては「承認の文字は下より上に対して認可を求むるの意なり」との批判を元田も述べており、森・山田・寺島・副島・土方等からも「賛襄」「議決」「協同」などの修正が出された[62]。また六三条の後半「国債を起すは帝国議会の承認を経へし」についての修正としての「国債の一項は別に六十四条に載り分けるを可とす」と東久世の意見に賛成をしている（他に鳥尾、吉井）。この二ヵ所以外元田の発言の記録は見ることはできない。元田が基本の考えとしてこの憲法案に対して支持していたことは明かであろう[63]。

以上いささか時期を降ってまで元田と憲法とのかかわり方について見てみたが、前述した如く元田が伊藤を支持するに至るのは、元田から見て伊藤が「変化」したと評価したことによるであろう。それは明治十二～四年の段階では、未だ「国憲大綱」などに端的に示されていた如き天皇親政論、国体論、国教論に立脚した立憲制論が、伊藤にとって憲法を作成するにあたって大きくのしかかってくる課題なのであった。たしかに元田の国教論はそのままの形では憲法には含まれなかったが（国体論的解釈が導入されることにはなったが）、この十二年前後の時期においてはより具体的な国政論の展開が元田によって示されており、それはこの時期連動して教育政策をめぐって展開されていた。そして最終的には国教論は、憲法とは区別されながらも、教育勅語へ接続し、憲法と勅語とが一つのセットとして構成されてゆくことになる端緒は、この明治十二年前後にあったと思う。それを次章においても検討したい。

注

（1） 三宅雪嶺『同時代史』（二〈岩波書店、一九五〇年〉八六頁）。なお「大久保没後」の体制と政治過程を分析した研究としては御厨貴「大久保没後体制―統治機構改革と財政転換」（『年報近代日本研究―特集　幕末・維新の日本』山川出版社、一九八一年）、及び同氏「地方制度改革と民権運動の展開」「十四年政変と基本路線の確定」（井上光貞〔他〕編『日本歴史大系四　近代一』第二編

第一節・第二節、山川出版社、一九八七年）が優れている。
(2)　本書第二部第一章に筆者の概説を述べているので参照されたい。以上の「親政運動」の意味づけはそれをまとめ直したものと理解されたい。
(3)　これは主要には前注(1)の御厨論文に拠っているが、私の理解としては、財政論は明治十二年、十三年に政府内で論議された勤倹論、外債論、(地租)米納論を指し、国会論とは、明治八年の詔勅を承けての憲法論、行政機構(改革)論を含意し、教化論とは国民教化システム整備とその根拠としての国教論のことであると整理しておきたい。
(4)　元田永孚「古稀之記」(海後宗臣・元田竹彦編『元田永孚文書』第一巻〈元田文書研究会、一九六六〜七〇年〉以下『文書』と略し、「古稀之記」については頁のみ示す）一七六頁。
(5)　宮内庁『明治天皇紀』(第四〈吉川弘文館、一九七〇年〉六一九頁)。
(6)　明治十二年三月十四日条、『保古飛呂比　佐々木高行日記』(八、東京大学出版会、一九七六年、以下『保古飛呂比』と略す）二六八頁。
(7)　同右、二七〇〜二七一頁。
(8)　「元田永孚文書」(国立国会図書館憲政資料室蔵）文書番号一〇九—6、以下「元田文書」と略す。
同史料は他に「岩倉具視関係文書」、「三条家文書」、「大隈文書」等にも収録されている。なお「井上毅文書」(井上毅伝記編纂委員会編『井上毅伝史料篇』第六〈国学院大学図書館、一九七七年〉八三〜八四頁）中に「岩公意見　十二年」として「目」を列記し、また「理由書」もある。この列記された「目」は本史料の「閣議案目」と同一であることから、井上が閣議案作成に従ったと見ることができる。ところが、本文中に紹介する如く、「元田文書」中の本史料は、その最初の部分と最後のところに「永孚按スルニ」として元田のコメントが付せられており、また「案目」のうち半分位のものには「行」「未行」等元田による結果の書き込みがある上で重要なものである。以下本章での引用は「元田文書」による。本史料については、早く渡辺昭夫氏による紹介がなされた(同氏「侍補制度と『天皇親政』運動」『歴史学研究』二五四号論文)。最近の研究では西川誠「明治一〇年代前半の佐々木高行グループ」(『日本歴史』四八四、一九八八年九月）がある。
(9)　その文に続けて「然ルニ文中欧洲華奢ノ風ニ習フハ勢ノ然ラシムル者ニシテ亦政事ノ罪ニ非サルナリト論シタルハ未タ其本ニ反セサルノ論ナリ。当時若シ深思遠慮アリテ確乎不抜ノ国是ヲ立テタラハ豈此ノ如ク蕩々返ルコトヲ知ラサルノ弊ニ至ランヤ、之ヲ政事ノ罪ニ非スト云テ責ヲ時勢ニ帰スルハ抑何ノ心ソヤ、苟モ此心ヲ以テ倹勤ノ聖意ヲ奉シ財政ノ困難ヲ挽回セント欲ストモ吾未タ賛成ス所アルヲ知ラサルナリ」と、大臣の認識に強い批判を加えていることは忘れるわけにはいかない。

(10) 前掲『保古飛呂比』八、二七一～二七二頁。

(11) この点については本書第二部第三章において詳しく論じている。

(12) 前掲『保古飛呂比』八、三五四～三五五頁。

(13) 以下の経過については、稲田正次『教育勅語成立過程の研究』〈講談社、一九七一年〉三八～四一頁）に早く触れられている。

(14) 前掲『保古飛呂比』八、二九一～二九二頁。

(15) 同右、二九九頁。

(16) 前掲『明治天皇紀』第四、六八九～六九一頁。

なお明治十二年六月二十七日付佐々木宛元田書翰を見ると「……昨年来御苦慮の末、先日来尚又御同前に今日の機会と存込み、立言致し候事も無になり申さず、聖意に貫徹致したりと、実に雀躍御同慶に奉存候、如貴諭、漸く端緒相開き候様相見へ、将来今一層御大事と奉存候処、何様にも、君上の御大本始て御立被遊候事にて……」（前掲『保古飛呂比』八、三〇二頁）と、安心しているところは、或は上述のことを指しているのかと思われる。

(17) 同右、三〇五頁。

(18) 前掲「元田文書」、「一〇九—5　元田永孚意見上奏」（年月欠）。

なお天皇が如何に元田などと考え方が近いかを元田は「全く去年還幸後より、各地の事情に付て稜々御明論奉伺候、近況に至り候而も、弥以御英明御発揮の御模様に奉伺候。……第一日本国は日本の国体基礎を建て、猥りに外国の流風に移らざる様に、第二は忠孝仁義を本として、専ら智力に馳せざる様に、第三は節倹を主とし、洋風の建築を不致様にとの御見識は、確乎不抜の御定論、実に奉敬服候計に御座候」と、故郷の先輩下津休也に報じている（明治十二年七月十九日付下津休也宛元田書翰、沼田哲・元田竹彦編『元田永孚関係文書』〈山川出版社、一九八五年、以下『関係文書』と略す〉一五〇頁）。

(19) 本節において引用、使用する主たる典拠史料はすべて元田文書中のものである。これらの史料を早く紹介、検討したものとして稲田正次『明治憲法成立史』（上〈有斐閣、一九六〇年〉以下、『成立史』、四三四～四五二頁）があり、本節においてもその成果を前提としている。

(20)「元田文書」、「一〇八―1　元田永孚上疏草稿　立憲制確立に関する意見一綴」①。なお稲田前掲『成立史』上、四三四～四三六頁②参照。また本史料は早く渡辺幾次郎『日本憲政基礎資料』(議会政治社、一九三九年)に「第三十八、元田永孚の憲政意見書」として収録されている③。更に『明治天皇紀』第四、六九一～六九六頁に「元田永孚政務親裁に就き上奏す」④として収録された。但しこの『明治天皇紀』所載の④は他の①～③と比較すると、文章の異同が若干認められるので注意が必要である。

(21)ここで問題となるのは、「国体」という語の持つ意味、観念の内容についてであるが、元田の用いる「国体」とは、前引のように「我邦上世天造草味瓊々杵尊始テ国土ヲ開闢シ玉ヒシヨリ皇子皇孫継続相承ケ万世君臨四海奉戴、父子ノ親篤ク君臣ノ義明カニ綿々亘々以テ今日ニ至テ益盛ナル者、是我君主ノ国体、益万世ニ確守セサル可カラサル者ニ非サラン哉」と述べられているところに明かである。また「国体」に関しては本来ならばその用語の古代以来の使用例について検討したりする必要がある(資料的には帝国学士院編『帝室制度史』第一巻、帝国学士院、一九三七年、後に一九七九年に吉川弘文館からの復刻版がある。参照)が、本章では主として大久保利謙「明治憲法の制定過程と国体論―岩倉具視の『大政紀要』による側面観」(『歴史地理』八五―一、一九五四年一〇月)に拠っている。

(22)周知のように元老院では明治九年九月天皇から「国憲」草案の起草を命ぜられ、同年十月日本国憲案第一次草稿を脱稿、続けて十一年七月それに修正を加えた第二次草案が成立、これはその後ほぼ二年間棚ざらしとなったままであったのが、更に改訂が加えられ十三年七月ころまでに第三次草案が作成された。詳細については稲田前掲『成立史』上、二八三～三三七頁。

(23)稲田前掲『成立史』上、四三六～四三七頁。

(24)前掲「元田文書」一〇八―2、一〇八―3。なお稲田前掲『成立史』上、四三七～四四〇頁。

(25)前に見たように「八年四月の聖詔を遵奉し立憲の国是を守りて漸次の方法に従ふ事」という項目があり、その内容は「元老院章程ニ就キ宜ク検視ノ条ヲ削リ事大小トナク必ズ議定ニ付シ凡ソ法律ト徴税トハ必ズ院議ヲ経セシムヘシ」とあったことに関係しており、十一～十二年の元老院の権限拡張運動が、とくに検視条例廃止要求としてなされたことに関係している(なお検視条例については稲田前掲書三三八～三四〇頁等参照)。そして佐々木高行が元老院権限拡張を主張したことは、侍補の権限拡張論と同様の意味、つまり内閣の集権＝有司専制による天皇親政の空洞化批判ということにおいて、権力の分立＝元老院が立法権(に近いもの)を持つことにより政府を抑制できるということであった。元田が国憲大綱草案Aにおいて元老院を問題としたのは、佐々木などの動向と切りはなして考えることはできない。

(26) 前掲「元田文書」一〇八―4。稲田前掲『成立史』上、四四〇頁。
(27) 前掲『保古飛呂比』九、三七七～三七八頁。
(28) 同右、三八二～三八三頁。
(29) 同右、三九二～三九三頁。佐々木は「……孰レモ国会不遠設立ト奉存候間、国会議員ハ無論公撰ニ相成候ヘバ、元老院議官ハ勅撰ト、区別判然御立テ御尤ニ奉存候」と述べている。
(30) 同右、三九五～三九七頁。
(31) 稲田正次氏は、明治十三年十一月付の岩倉具視の建議書を紹介している。そこで「諸公ノ審議ヲ得憲法ヲ編制シ国民ノ秩序ヲ定メ国家ノ基礎ヲ鞏固ナラシメ以テ上聖意ニ副ヒ下人民ノ心ヲ満足セシメ」ねばならない。その「憲法ハ海外各邦ノ方法ヲ模範トセス我邦皇統ノ無窮民俗ノ習慣国民ノ秩序等佗邦ニ異ナル所以ヲ考察シテ之ヲ制定シ以テ帝室ノ基礎ヲ鞏固ナラ」しめねばならないと述べている。元田永孚の前引した「御内諭」に述べた意見とよく似ていることに注目すべきであるとされる（稲田「明治十三年の岩倉、元田の憲法制定論」『明治憲法成立史の研究』有斐閣、一九七九年）。
(32) この諸参議の憲法建議提出の経過の詳細については、稲田前掲『成立史』上、四二六～四三三頁、四五二～四六四頁を参照。また鳥海靖『日本近代史講義―明治立憲制の形成とその理念』（〈東京大学出版会、一九八八年〉一〇二～一一五頁）も参照。
(33) 「古稀之記」、一八四頁。しかしこれは六月に下問をうけたということではないと思われる。佐々木高行の日記の明治十四年一月十六日の条には「午後元田ニ面会、元田曰ク、旧年来伊藤ノ建白ニ付三大臣ニテ評議スト申ス事ニ相成リタルヨリ、是レ参議中ヨリ建白相成候分ヲ、一々御評議被成度トノ申立テニ成リタルヨリ、然ラバ御前ニ於テ大御評議ト申スニ相運ビタルニ、河村参議ノ言ニハ直接御前ニテ御評議相成候共、所詮相纏リ申ス間ジキニ付、今篤ト参議中ニテ下調可然トノ事」という経過もあって、その後「右建白夫々元田ニ内々御渡シニ相成リタルニ付、異見言上ノ筈ナリ」という事となった。そこで元田は「高行ニ内見致シ意見ノ処相談ナリ」として続けて「元田曰ク、山県ノ建白ハ今日最早時機ニ後レタリ、黒田ハ開墾云々ノ点ハ勿論同見ナレ共、国会猥リニ設立スベカラザルハ時勢ニ違フナリ、其他ハ格別異議ナシ、其中井上ノ分ハ、今回事情ヨリ内閣ノ景況等実ニ分明条理立チ尤モ同案ナリ、只元老院ヲ廃シ議官ノ半数ハ士族中公撰トノ事大ニ疑惑スル所ナリ、公撰ノ不可ハ既ニ旧冬御同案ナレ共尚又井上ノ建白ニ付御意見承リ度トノ事ナリ」とある如く、各参議建白についてコメントを加えながら、佐々木の意見を尋ねており、これに対して佐々木は「高行曰ク、公撰云々ハ旧冬モ御同案ニテ不可然。又元老院ヲ廃サレ上議院ニ改名是又不可然ト存候、公撰議員ハ国会議員ハ人民ノ公撰ニ致シ、元老院ハ勅選トスベキハ勿論ナリ……矢張リ元老院ニテ其権力ヲ与ヘ議官ヲ十分人選スベシ、又国会ハ順次相立タバ設立、論ヲ待タス、井上ノ一体ノ立《（主カ）》意ハ尤モ同意也、然而右元老院云々ハ不同意漸進ノ主義ニ相背ク事也、改革ハ成丈ケ穏当ニ運ビ候ヲ以テ妙トナス事古人モ大ニ論究セリト、元田曰ク、至極御同意ナリ、依ツテ御相談致タル筋ニテ十分ニ寛々言上可仕」（以上の引用は、『保古飛呂比』一〇、三六～三九頁）との応答をし、元田は自分と同意見であることを確認している。なおこの時には、大木喬任の建議書（十四年五月）、大隈重信の建議（十四年三月）は未だ提出されていない。佐々木は一月二十九日天皇に拝謁したが、その際に天皇は伊藤他五参議の意見書（建議）を話題としている。このように元田や佐々木は早くから諸参議建議の内容を知る機会をもっていたのであり、元田はそれなりに十分に検討の時間があったのである。

なおこの時期の元田は、「此時未タ国体君権ヲ唱フル者甚タ多カラス、政府ノ方針未タ定マラス、憲法又何ノ主義ニ出ルコトヲ測リ難シ……政府ノ見ハ大抵君民同治ヲ以テ政治ノ極点ト思想シタリシナリ、是余カ深憂シテ常ニ佐々木吉井土方等ト共ニ力ヲ尽ス所」（「古稀之記」、二〇一頁）との認識があったことも付記しておきたい。

(34) 前掲「元田文書」一〇八―5、6。なおこれらはかなりの改削修正がある。稲田前掲『成立史』上、四四一～四四六頁には、成案と削除の主部分を復元した形で掲載されている。以下において元田の議論を紹介検討してゆくにあたり、稲田氏の整理にも多くを参照していることを予めことわっておかねばならない。

(35) 前掲「古稀之記」、一八五頁。

(36) 井上の建議については稲田前掲『成立史』上、四二八～四二九頁参照。

(37) 伊藤の建議についても、稲田前掲『成立史』上、四二九～四三一頁参照。

(38) 元田意見書（一〇八―5）中では元老院問題については次の如く論じている。即ち、

元老院ヲ改正シテ其権ヲ重クシ議員ヲ増置シテ百員トナシ其撰任ノ方ハ今現員三十五名ノ外新タニ六十五名ヲ在職匪官ノ華士族各県ノ士族ヨリ勅撰ヲ以テ任セラルヘシ。臣遍ク各府県ノ士族ヲ観察スルニ当時ノ外ニ徳識才学名望勲労ノ以テ議官ノ任ニ充ルヘキ者一県五人ニ上ラサルヘシ……之ヲ全国ニ量ルニ纔ニ百二十人ニ足ラサルヘシ。今各県ニ令シテ百二十人ヲ撰出セシメ中ニ就キ四五十人ヲ勅撰シテ新タニ元老院議官トナシ以テ帝室ニ密邇セシメハ天下士族ノ方向忽チニ一新シ民権ノ説モ自カラ却退シテ上院ノ地歩ヲ占ムヘシ。

右臣カ元老院議官ノ必ス勅撰タルヘキト切言スル所以ハ大ニ帝権ヲ保存スル所以帝権ヲ保存スルハ人心ノ方向ヲ定ムル所以

人心ノ方向ヲ定ムルハ国体ヲ堅クスル所以ナリ

というものであった。

ところで、前掲「元田文書」中に、成立年月日不明ながら、元田が書いたと思われる元老院改革政府改革について記した文書が残っている（前掲「元田文書」一〇九―10）。前引の元老院論とも重なりながらも興味深い内容である。いささか長文ながら、これまで未紹介のものでもあるので、以下に掲出しておく。

〔元田永孚意見〕（年月欠）

一、現今議官三十名内外ナリ。更ニ七十名ヲ増加シテ百員ノ数ニ盈タシメ、其七十名ハ或ハ華族中ヨリ五名若クハ十名、勅任官中ヨリ十名若クハ十五名ヲ撰用シ、其外ハ悉ク諸府県ノ士族ヨリ取ルヘシ。其撰挙ハ各府県ニ令シテ一県ヨリ三名宛撰出セシメ、其撰名百二十人ノ中ヨリ四十五名若クハ五十名ヲ勅撰セラルヘシ。右ノ如クスルトキハ現在議官ノ転任ニ及ハス別ニ何院ノ設ケニモ及ハスシテ穏当ナルヘク、士族ノ撰出ハ新タニ四十五名ノ多員ヲ増加スレハ、其影響ハ天下ニ関シテ士族ノ栄選タルコト明ナリ、又府県公選中ヨリ更ニ取舎スル時ハ勅撰ノ実明白ニシテ元老院ハ勅撰タルコト動カスヘカラサルナリ。

一、政台ノ組織ハ三権ヘ行政・立法・司法ノ権衡、其ノ平均ヲ得ルヲ以テ主要トス。御一新ノ首ハ神祇官アリ太政官アリ弾正台アリテ、其政権専ラ政台ニノミ在ラサルカ如シ。爾後弾正台ヲ廃シ神祇官ヲ罷メ太政官一途ニ帰シ政権専ラ一方ニ偏セリ。左院ノ設ケアリト雖トモ其権衡懸絶セリ。其政台一部ニ専ラナルハ行政ノ一ニ帰スルカ如シト雖トモ其専行濫制ノ輿論ノ因テ起ル所、職トシテ是レ之ニ由ル。薩長政府ノ誹謗ヲ来スモ権衡ノ平ヲ得サルニヨル。其平ヲ得ル時ハ其人ノ才其任ニサヘ当レハ悉ク薩長人ヲ用ユルトモ何ノ不可カ之レ有ンヤ、故ニ今此弊ヲ除カントセハ政府ヲシテ行政ノ権ヲ専ラニセサルノ権衡ヲ平均ニスルニ若クハナシ。其権衡ヲ平均ニスルハ、八年ノ詔ヲ履行シ元老院ノ権ヲ重クシ、大審院ノ権ヲ皇張スヘシ。而シテ参議ノ員ヲ旧ニ復シテ三名ノ定員トナスヘシ、然ルトキハ、行政立法司法ノ三権並立平均シテ薩長政府ノ弊従テ除クヘシ。

一、太政官ハ太政大臣左右大臣及ヒ参議ノ三名アリテ之ヲ統轄シ其下ハ諸省ノ卿アリテ行政ノ権ヲ専任スヘシ

一、元老院ハ太政大臣ノ権アル者必議長トナリ、副議長四名アリテ之ヲ統ヘ議官ハ華士族百名之ニ任シテ凡ソ法ノ行フヘキ者悉ク元老院ノ議ヲ経サルコトナカルヘシ、天皇ハ毎日太政官ニ臨御、元老院ニハ毎議一度臨御、時々議長副議長顧問入対

スルコト大臣参議ノ如クスヘシ
一、大審院長官ハ人撰ヲ以テ高官ノ人ヲ用ヒ司法ノ統轄タルヘシ、右院長モ時々顧問入対大臣参議ノ如クスヘシ
一、現今参議十名ノ中三名ヲ以テ更ニ参議トシ其余ハ悉ク元老（院）議官トナスヘシ、然ル時ハ議官ノ位置自ラ重ナルヘシ
一、議長ハ太政大臣左大臣兼任ニテモ宜カルヘシ
一、是其大綱ナリ、其節目措置ノ如キハ別ニ詳議ヲ待ツ

(39) この点については、この意見書の最後に、「聖謨明示人心ヲ防範スルノ議ハ今日至要然トモ其勅旨如何ヲ知ラス故ニ窃ニ文案ヲ具状スル」として次の如き文（勅語の案文か）を載せている。「朕即位ノ始五条ノ誓文ヲ定メテ政体ノ基本ヲ立テ継テ立憲ノ詔ヲ発シテ漸進ノ主義ヲ示ス然トモ其綱領ヲ掲テ節目未タ詳ラカナラス是ヲ以テ軽躁妄進方向ニ迷フ者亦少ナシトセス自今更ニ国体ニ由リ帝憲ヲ立テ令典ニ拠リ政体ヲ定メ習慣ニ因リ民法ヲ制シ神州ノ国憲ヲ鞏クシ上下ノ権義ヲ明カニシ国安ヲ万世ニ保セントス汝百僚衆庶宜シク公議ヲ悉シテ以テ賛クル所アルヘシ朕将ニ親裁スル所有ラントス妄ニ我見ヲ立テ私論ヲ張リ以テ国是ヲ愆ルコト勿レ」
実は元田文書中に「大猷一定布告文書案」と名づけられた成立年次不明の一文が残されている（一〇八―13）。この史料は「伊藤ノ議ニ由リ大猷一定布告ノ文ヲ私撰スル左ノ如シ」と前書きして「朕即位ノ始五条ノ誓文ヲ定メテ政体ノ基本ヲ立テ継テ立憲ノ詔ヲ発シテ漸進ノ主義ヲ示ス、然トモ其綱領ヲ掲テ其節目ヲ示サス是ヲ以テ方向ヲ誤ル者亦少シトセス、自今更ニ国体（建国ノ体＝注記）ニ由テ国憲ヲ定メ歴世ノ習慣ニ因テ民法ヲ制シ上下ノ権義ヲ明カニシ君臣ノ道ヲ厚クシ以テ国安ヲ万世ニ鞏クセントス、是朕カ祖宗ニ報シテ民ヲ保シ国ヲ愛スルノ天職ナリ、汝百僚衆庶周ネク朕カ意ヲ体シ宜シク公議ヲ尽シテ以テ賛クル所アルヘシ、朕将ニ親裁スル所有ントス、妄ニ躁急軽進シテ国是ヲ愆ルコト勿レ」一見して両者の近似性に気付くであろう。この史料は意見書の当該部分の原案とも言えよう。煩雑ながら紹介する所以である。

(40) 大隈の建議については稲田前掲『成立史』、四五一～四六四頁参照。

(41) 元田永孚文書中に、この大隈批判とほぼ同文のものが意見書の形で残されている（一〇八―7）。或は原案とでも言えようか。これも未紹介であるので、以下に全文を掲出しておきたい。
元田永孚私見（明治十四年ヵ）
一、大隈参議ノ国会開設ノ年期ヲ布告スルノ議ハ急進党ヲ促スノ速害ヲ招クヲ以テ之ヲ施行スヘカラサル者トス、其政党官永

久官ヲ分ツノ議ハ其勢必ス然ラサルコトヲ得スシテ、其人ヲ用ユルノ道ニ於テモ自ラ其宜キニ適スルト雖トモ、之ヲ顕然定制トナスカ如キハ忽チ政党甲乙相凌轢スルノ速害ヲ生ス決シテ行フヘカラサル者トス、其国憲ヲ制スルハ簡短ナランコトヲ要スルハ宜ク取ルヘシ凡ソ国憲ハ簡明ニシテ其要領ヲ掲ケ永延動カスヘカラサランコトヲ欲ス、其細目ノ如キハ時ニ依テ増減潤色セサルヲ得ス故ニ簡ヲ要ス、大木帝憲政体ヲ分ツノ論大ニ宜ヲ得タリトス、其輿望アル人材ヲ明察シテ政台ノ組織ヲ制定ストノ議ハ採ルヘシト雖トモ、英制ノ如ク上下議員ノ公評ニ決スルカ如キハ今日用ユヘカラサル者ト擡頭ニ書スヘシ、汎ク輿望ノ人ヲ撰ハルルニハ各官省（長次官＝削）ヲシテ（毎歳季一人ニテ＝削）三五名ツツ封書ヲ以テ上申セシメ、各県ヲシテ一県毎ニ五名ツツ同シク封書ヲ以テ上申セシメ、之ヲ集メテ聖鑑ニ備ヘ其輿望ノアル所其材ノ長スル所ヲ鑑定セラレ順次ニ擢用（転換＝削）アルヘシ、然ル寸ハ政党凌轢ノ患ナクシテ黜陟皆宸裁ニ出テ議院ノ公評ニ決スルニ比スレハ其当ヲ得ル万々ナルヘシ

一、若シ今日必ス政台ノ組織ヲ議セラルニ於テハ三大臣ノ外一二ノ参議ヲ撰ハレ更ニ議官諸省卿ノ内ニ撰ハレテ可ナリ（内ヨリ一二名ヲ抜擢セラレテ機務参謀又ハ顧問ト為シ以テ大政ノ組織ヲ制定セラルヘシ＝削）

太政大臣　左大臣　右大臣　伊藤参議

大木参議　山田参議　福岡文部卿

(42) 大木の意見の中心は、稲田氏の要約によれば次の如くであろう。即ち「今邦家の基礎を定めんと欲せば、宜しく外邦の国家に倣ふべからざる也、今明治八年の詔を尋て、宜く帝憲及び政体を定むべし、而して又陛下預め国会興すべきの期を計り、法律制度これが備えを為し、因てその期を以て天下に示すべき也、帝憲なる者は宜く皇邦国礎の在る所及び天皇民を安んずる所以の源その他帝室の憲章に関する所を明かにすべし、政体なる者は宜く三権の分別及び設官の要旨その他国会の綱領を明かにすべし、而して帝憲は金石と不朽の者たり、政体は時に臨んで更革せざる得ざる者たり、この二者を合すれば則ち外邦国憲の事に外ならず」（稲田前掲『成立史』上、四三一～四三三頁参照）。

(43) 『保古飛呂比』一〇、明治十四年十月六日条（四三六頁）。

(44) この史料は前掲『井上毅伝』史料篇第一、九二～九五頁として、また伊藤博文文書中に収められており、稲田前掲『成立史』上、四四九～四五一頁に収められた。この時稲田氏は同史料は明治十四年六月の元田の憲法意見の後に書かれたとされていたが、後に注(31)所引の同氏の論文において明治十三年十一月成立との考証を示されたので、筆者もこの意見に従って考えている。

(45) もちろんこのように述べたからとて、井上、伊藤と元田とが憲法論をめぐって直接に論争したという意味ではない。

(46) その前にまずこの為政篇首章は「為政以徳譬如北辰居其所而衆星拱之」というもので、たとえば「政治をするのに道徳によっていけば、ちょうど北極星が自分の場所に居て、多くの星がその方にむかってあいさつしているようなものだ」（人心がすっかり為政者に帰服するという意味）金谷治校注『論語』（岩波書店、一九六三年、三七頁）といった意味である。元田はこの為政首章を明治九年の新年講書始の時、明治十二年の天皇への論語講義の時と二度講じている。また為政篇からは明治十九年にも進講している。

(47) 以下元田の為政首章の講義の引用は、ことわりのない限り「経筵論語進講録」（七）論語為政首章為政以徳一節講義（前掲『文書』二、一四九～一五四頁）からである。

(48) 「将来憲法も立てられ国会をも開かれ公議輿論をも御採用あることも総て我朝祖宗の令典を祖述し代々の成憲を明徴し当世に適用せらるゝものにて、凡そ君権と云は乃君徳の勢力あらん限り云ふ義にして、徳を離れて権あるへからす、民権と云も民の義を尽すの限度を云ものにて、義務の外に権なきなり、西洋の立憲政体とは大本既に別なる者なり、故に万つの法制一つも君主の大権に帰せさる無く、是我国自然の大道にして烈聖相伝へ万世不易の君徳たるに因てなり」と言う。

(49) 「新年講書始進講録」明治九年進講（前掲『文書』二、一八～一九頁）。

(50) 注(47)に同じ。

(51) 以下の元田の書経舜典からの引用は、ことわらない限り「新年講書始進講録」明治十二年進講（前掲『文書』二、二三二～二三九頁）からである。

(52) 元田は「一ツノ事業ヲ肇メマスルモ一ツノ改革ヲ致シマスルモ祖宗ノ心ヲ以テ心ト致シマシテ万事祖宗ノ業ヲ述マスルノ誠敬ノ心コソ天下万機ノ本ニテ人民天下ヲ治メマスルノ大主眼」である（注(51)と同じ）とか、「制度ヤ法律等ハ古今ノ別土地ノ違ヒモアレハ時世ニ随ヒ土地人情ニ応シテ如何程ノ変化モアルヘケレトモ只一ツ仁義道徳ノ御目的ハ寸分モ狂イテハ決シテ相成ヌコト故此堯舜ヲ以テ御目的ト遊サルルヨリ外ニハ今日帝王ノ道ハ是ナキ義ト存ジ奉ル」（「新年講書始進講録」明治五年進講〈前掲『文書』二、五頁〉）など、天皇に対して「祖宗ノ心」「堯舜ヲ以テ」目的とする心、をくり返し説いており、天皇の君主として道徳的完成を目的とするところが原則として窺われる。

(53) 以下の元田の書経大禹謨の講義からの引用はことわらない限り「新年講書始進講録」明治十五年進講（前掲『文書』二、五一～五八頁）からである。

（54）　なおこの行論で元田が典拠としたのは「書経」、大禹謨篇の「人心惟危道心惟微惟精惟一」という章句であり、これは「天子ノ心ノ治メヤウ」ということの説明として展開されている。まず「天下ヲ治メマスルニハ先ツ人々ノ心ヲ治メマスルカ要領《カナメ》ニテ、其人ノ心ヲ治メマスルニハ先ツ天子ノ親カラ其心ヲ治メマスルカ第一ノ要領《カナメ》」であり「其天子ノ心ノ治メヤウハ如何ニト申シマスレハ即此人心道心ノ二ツノ間ノ取扱ヒヤウニテコサリマス」といわれる。そしてその「人心道心」の説明は「此人心ト申シマスル方ノ受ケマヘヲ申シマスレハ喜怒哀楽愛悪欲ノ七情ト相成リマスル、道心ト申シマスル方ノ受ケマヘヲ申シマスレハ仁義礼智信ノ五常ノ徳ト相成」、「天道ノマヽヲ人ノ本心ト致シマスル故即道心」「人ノ形質ヲ成シマスル故ニ其形ト気ニ受ケマスル処ヲサシテ人心」というと説明する。これが朱子学の人性論における本然之性、気質之性の解釈そのままであることは改めて指摘するまでもない。

（55）　古典をもとにした理解で読みかえを行う、元田に即して言えば「此ノ学ノ道ニ照シ見ル」、つまり儒教原理に対照して理解するという方法については、例えば第二部第一章においても見たところであった。

（56）　大久保利謙「明治一四年の政変」（明治史料研究連絡会編『明治政権の確立過程』御茶の水書房、一九五七年）、梅渓昇「明治一四年の政変と佐々木高行」（同『明治前期政治史の研究』未来社、一九六三年）、また稲田前掲『成立史』上（特に第一〇章、一一章）、鳥海前掲書、また前掲『日本歴史体系　近代四』。また佐々木、元田らの「中正党」については是非とも論及したいテーマではあったが割愛した。大日方純夫「一八八一年の政変をめぐる中正派の軌跡」（『日本史研究』一〇五、一九七九年九月）、西川誠前掲論文を参照。

（57）　前掲「元田文書」一〇八―8、この文書は最後に「三大臣名」と記し、大臣より天皇への奏議の文案の如きものとなっているが成案に至らずに終ったものと思われる。なお字は元田であることは確かである。

（58）　前掲『関係文書』二一七頁、明治二十一年七月五日村井繁三宛元田書翰。

（59）　『枢密院会議議事録』（東京大学出版会、一九八四年～）を見ると、まず皇室典範の審議が五月八、二十五日、六月一、四、八、十一、十五日とあり、引続き憲法草案の審議（第一審会）が、六月十八、二十、二十二、二十七、二十九、の各日、七月二、四、六、九、十三日夫々午前・午後ときわめて集中的に開催されており、元田はたしかに一日も欠席せずに参加している。なお皇室典範審議における元田については、本書第二部付論2、を参照されたい。

（60）　稲田前掲『成立史』下、五六七頁。

（61）元田が伊藤の考え方に共感したというのは、伊藤の考え方にも一定の変化を認めたからであろう。その点について元田が二十三年二月に「伊藤氏は一昨年の春頃は事々物々欧洲に模擬するの考にて東洋に全く欧洲的の日本を作るの積りにて……然るに近来に至りては頻りに日本流を主張し、日本は他に類なき国なれば英によらず独によらず一種の日本憲法を作るべし何ぞ外国に模するを用んやとて、以前の論とは丸で反対の論なり」（島内登志衛編『谷干城遺稿』上〈東京大学出版会、一九七五年複刻〉六八三頁）と谷に述べたところに、伊藤の変化は元田には好もしいものと受けとめられたのであろう（坂本一登『伊藤博文と明治国家形成』〈吉川弘文館、一九九二年〉二六七頁に教えられた）。

（62）ここでは審議経過を詳細に辿るつもりは無く、元田の発言に限っての紹介に止める。審議の詳細は前掲の『議事録』があり、また稲田前掲『成立史』下、五八二～七七七頁、また坂本前掲書二五三～二七四頁などを参照。

（63）元田は憲法草案の再審会議が始まる前に二十二年一月十五日伊藤に対し「……将又憲法御修正之件も御沙汰を蒙り、右は御開会之上衆議に御決に候得ば、愚意申上候迄にも無之……其他は素より異論にも不及と相考申候」（『関係文書』、三〇頁）と述べ、審議に出席せず、熱海に行くことを伝えている程既に伊藤に任せていることがわかる。なおこの熱海行は病気療養を名目とし、同時に同地に避寒保養滞在中の皇太子明宮を訪れること、また同じく同地に滞在中の谷干城に面会して同人を出仕させる為の説得活動などを行ってもいる。この点については、本書補論の第三節で触れているので参照されたい。

付論2　元田永孚と皇室典範

はじめに

明治皇室典範が、明治二十二年二月十一日、大日本帝国憲法の発布と時を同じく制定されたことは周知のところである。ところでその皇室典範の制定過程については、戦後になって史料的制約やその他研究上の制約が解消されてきたことに伴い、稲田正次[1]、小嶋和司[2]、島善高[3]、小林宏[4]らの諸氏により精細な研究がなされ、その全過程が次第に明らかにされ、また国学院大学の創立百周年記念事業の一環として、同大学梧陰文庫研究会により、同大学所蔵の井上毅旧蔵文書（梧陰文庫）中の皇室典範関係資料の影印が行われ、『梧陰文庫影印―明治皇室典範制定前史』及び『梧陰文庫影印―明治皇室典範制定本史』の二冊[5]が相次いで刊行されるに至った。これは今後の研究に対して大きな役割を果すものであると評することができよう。

ところで昭和六十年七月に筆者は元田永孚の書翰をまとめた『元田永孚関係文書』を、元田永孚の曾孫元田竹彦氏と共編の形で刊行した[6]。その後、同六十三年筆者は元田氏所蔵にかかる元田永孚文書全体についての整理を完了し、文書目録の作成と、元田永孚書翰の未収録分の補遺としての刊行を行うことができた[7]。その文書中に数点ながらこれまで未紹介の元田永孚による明治皇室典範制定過程への関与を示す書類を見出すことがあった。そこで以下において、諸先学の研究に拠りながら、これらの史料を通して窺える元田永孚の同問題への関わり方について、若干の考察を行うこととしたい。

一　「帝室典則」と元田永孚の意見

小嶋和司氏の研究によれば、皇室典範の制定に至るまでの前史として、稲田正次氏の挙げられた「皇室制規」と「帝室典則」の以前から、皇室制度法の起草の試みがなされており、それを暦年順に示すと表3の如くなるといわれる(8)。

さて明治十九年六月十日、伊藤博文（宮内大臣）から三条実美（内大臣）に提出された「帝室典則」には、次の如き文書が付されている(9)。

古来皇家ノ諸儀例ヲ勘へ、宜ニ随ヒ未タ規程ノ確定セシ者アラス、禁掖常事ニ於テハ猶可ナリ、皇位ノ継承、丁年、立后、摂政及皇族処分ノ如キハ建国ノ根基、宜ク速ニ憲章ヲ立ツヘキナリ、茲ニ帝室典則ヲ立案シ、附スルニ現時皇族処置ノ目ヲ以テス、固ヨリ具備ノ法案ト謂フヘカラスト雖、要スル所、不易ヲ尚フニ在リ、右顧問官ノ評議ニ付シ、意見上奏可有之候也、

明治十九年六月十日

宮内大臣伯爵伊藤博文

内大臣公爵三条実美殿

この文書は「帝室典則」の作成意図をよく示すものであり、それによれば、皇室法について時代に応じて変化する細則的な規定は、いずれ後日に立法することとし、ここでは皇室法中の重要な基本原則、即ち皇位継承・丁年・立

表3

明治9年	元老院第一次国憲草案	
11年	〃　第二次草案	奉儀局取調議目
13年	第三次草案	
14年	岩倉具視憲法意見書	
15年	井上毅憲法草案	
	グナイスト談話とモッセ講義	
	シュタイン講義及び「帝室家憲意見」	（宮内省内規取調局設置）
16年	青木周蔵「日本帝家法草案」	「皇室令条」
18年	井上毅「謹具意見」	「皇室制規」
19年		「帝室典則」
?	シュタイン「帝室家憲」	

后・摂政・皇族処分等、当時においてできるだけ早急に立法を必要とするものについてのみ成文化したというのである。そしてこの草案が「具備ノ法案ト謂フヘカラス」と自覚されつつも、なお「顧問官の評議」に付されることが求められている。

なおここでいわれている「顧問官」は、宮中顧問官であり、内大臣府に置かれ、「帝室ノ典範儀式ニ係ル事件ニ付諮詢ニ奉対シ意見ヲ具上ス」と職掌が規定されており（太政官達、第六八号、明治十八年十二月二十三日）、当時、川村純義・福岡孝弟・佐々木高行・寺島宗則・副島種臣・佐野常民・山尾庸三・土方久元・元田永孚・西村茂樹が、その任にあった。

さてこの「帝室典則」六月十日案（一八条附録三条）は、小嶋氏の研究によれば、同年六・七月の間に、宮中顧問官の審議が少くとも四回は行われたといわれる[10]。以下に掲げる史料一[11]は、元田永孚により書かれたものである。まずその全文を掲げる。

〔史料一〕

第七条　全項之ヲ削リタシ、而シテ更ニ左ノ件ヲ掲ク、

嫡出ノ皇子無クシテ庶出ノ皇子立テ皇太子トナス可キ時ハ予メ皇后ノ養子トナス

別項加入

第八条　庶出ノ皇子立テ皇太子ト為スノ後、嫡出ノ皇子アリト雖トモ皇太子ノ位ハ変スヘカラサル者トス
　但天皇ノ寿幾歳ニ満テ嫡出ナキ時ハ庶出ノ皇子ヲ以テ皇后ノ養子トナシ立テ皇太子ト為スヘシ

原案
第九条　単ニ皇族ト称スル時ハ親疎ノ別ナク倫理ニ嫌ヒアリ、故ニ左ノ但書ヲ付スヘシ
　但従姉妹以外ノ族裔トス

附録
第一条　本文ニ但書左ノ如ク付シタシ
　但継嗣トナルヘキ諸王勲功アル時ハ特旨ヲ以テ親王ニ列スルコトアルヘシ
第二第三条　本文諸王ノ継嗣華族ニ列シ侯爵ヲ授クヘシ、如此ナル時ハ二等ヲ降ル、宜ク公爵ヲ授クヘキカ、且
　但書継嗣トナルヘキ人勲功アル時ハ特旨ヲ以テ諸王ニ列スルコトアルヘシト付シタシ

明治十九年六月十五日
　宮中顧問官　元田永孚案

この史料が前述の宮中顧問官の評議に備えて書かれたと推定されるのは、まず何よりもこの日付による。評議が行われた実際の日付は現在のところ未詳である。また六月十日案に近接するこの史料の内容もまた「帝室典則」に対する意見であることも明らかである。そこで次に元田のこの意見と、「帝室典則」原案の該当箇所との対比を試みたい。その際、宮中顧問官の第二回評議の日に提出されたという副島種臣の建議、及び顧問官修正結果(12)、ともあわせて対比してみる（表4）。

元田の意見と修正結果を対比すれば、結局元田の提案は、第七条について全項削除という点だけが、恐らく副島始

表4

〔原　案〕	〔元　田　案〕	〔副　島　案〕	〔修正結果〕
第七　庶出ノ皇子皇女ハ降誕ノ後直チニ皇后ノ養子トナス	第七条　全項削除条文全面訂正 嫡出ノ皇子無クシテ庶出ノ皇子立テ皇太子トナス可キ時ハ予メ皇后ノ養子トナス 別項加入 第八条　庶出ノ皇子立テ皇太子ト為スノ後嫡出ノ皇子アリト雖トモ皇太子ノ位ハ変スヘカラサル者トス 但天皇ノ寿幾歳ニ満テ嫡出ナキ時ハ庶出ノ皇子ヲ以テ皇后ノ養子トナシ立テ皇太子ト為スベシ	第七　庶出ト雖嫡后ヲ以テ亦母ト称ス	（削除）
第九　皇后ハ皇族及公侯爵ノ家ヨリ之ヲ択フヘシ	（説明略） 但書ヲ付ス 但従姉妹以外ノ族裔トス	第十　凡皇后ハ皇族或ハ公爵ヨリ之ヲ択フ者ト為ス	第八条 （原案ノママ）
附録			
第一　有栖川宮、小松宮、伏見宮ハ現今宣下親王ノ継嗣ヨリ諸王トナス	第一条 但書ヲ付ス 但継嗣トナルヘキ諸王勲功アル時ハ特旨ヲ以テ親王ニ列スルコトアルヘシ	（ナシ）	第一条 （原案ノママ）
第二　山階宮久邇宮北白川宮及載仁親王ハ、現今宣下親王ノ継嗣ヲ諸王トナシ其諸王ノ継嗣ヨリ華族ニ列シ侯爵ヲ授クヘシ	第二・第三条 （説明略） 宜ク公爵ヲ授クヘシ 但、継嗣トナルヘキ人勲功アル時ハ特旨ヲ以テ諸王ニ列スルコトアルヘシ	（ナシ）	第二条 （ヘシ）削リ原案
第三　梨本宮、華頂宮ハ現今諸王ノ継嗣ヨリ華族ニ列シ侯爵ヲ授クヘシ			第三条 （ヘシ）削リ原案

め他の顧問官も同意見の上で、通ったように見うけられる。しかし元田の真意は、この条文の訂正と増補にあったわけで、その意味では全く通っていないというべきであろう。また皇族処分についても、結局は原案通りとなっているところから、元田の意見は少数意見であったのであろう。

なお「帝室典則」のその後の扱われかたを見ると、十九年秋には制定の動きは表面から退潮してしまっており、伊藤博文はこれを過去のことと考えるに至っており、やがて井上毅が皇室典範起草作業の中心に登場することになるのである。(13)

二 「皇室典範」枢密院諮詢案の登場と元田永孚の意見

皇室典範の原案の起草について、それが枢密院において審議されるに至るまでの経過を、先学の研究により、暦年順にまとめると表5の如くになる。(14)

ところで「元田文書」中に、次の如き史料二(15)が存在する。全文は以下の通りである。

〔史料二〕

御内旨

皇室典範草案宮中顧問官へ下議如何、伊藤へ内談ノ事

井上外国公使転任之事

宮中官制文武枢密局建立如何

参事院設立如何

表5

明治20年1月12日	柳原前光帝室制度取調局総裁，伊藤の命により（尾崎三郎の日記から，同19年10月以降と考えられる）井上毅に「皇室法典初稿」を提出．
25日	井上毅の調査，ロエスレル，柳原との連絡がなされる．
2月26日	井上毅，柳原案の大修正，38ヵ条の「皇室典範」，75ヵ条の「皇族条例」を伊藤に提出．
3月14日	柳原，「皇室典範再稿」を伊藤へ提出．
3月20日	伊藤博文高輪邸にて，柳原，井上，伊東巳代治との会議．
4月25日	柳原，「皇室典範草案」を作成，伊藤へ提出，27日同案を井上にも提出． その後井上による柳原「草案」の修正，など行われる．
明治21年3月20日	井上修正意見．
3月25日	伊藤，井上，伊東，夏島にて審議決定．「枢密院御諮詢案」となる．
4月4日	井上「清写本」を伊藤へ提出． 翌5日伊藤より三条へ廻達．
5月25日	枢密院での審議始まる．

右之内へ寺島等出仕如何
十月廿五日記

元田の自筆のメモというべきものであるが、「元田文書」中には、他にもいくつもの「御内旨」と題されたメモ的なものが存在する。それらは、元田が天皇の「御内旨」を書き留めたものであり、元田と天皇との関係を示すものであり、また天皇の考えなどが示されている点でも重要な史料といえる。史料二もまさにそういうものの一つである。

さてこの史料の年次の推定であるが、その手がかりは「文武枢密局建立如何」という文言より考えて、まず枢密院の設置（明治二十一年四月）以前であることは間違いあるまい。また「井上外国公使転任之事」という文言は、いささか大胆な推測となるが、この「井上」を井上馨と考えるならば、井上が条約改正に失敗し外務大臣を辞任した（明治二十年九月十七日）後としなければなるまい。とすれば史料二は、明治二十年十月二十五日に記されたと推定できよう。前掲の略年表からも、明治二十年秋には、少くとも柳原による「皇室典範」草案が、井上毅の修正を経た上で存在している。天皇が「皇室典範宮中顧問官へ下議如何伊藤へ内談ノ事」と元田に述べていることは、前節で見た「帝室典則」の宮中顧問官による評議と同様のことを再び行うことを、天皇が考え、元田に伊藤へ伝えることを指示したと推測することができるのではなかろうか。もちろんこの「皇室典範」が柳原「草案」であるとの確証はないし、天皇がその「草案」を既に見ていたかも確認できない。しかし、天皇が皇室典範について関心を有していたこと、及びこの問題に元田が関係していたこと（天皇の相談にあずかっていたこと）は、史料二が端的に示しているのである。

さて周知のように明治二十一年四月三十日枢密院官制が公布され、皇室典範の審議は枢密院の最初の仕事として、五月二十五日より開始された。枢密院の構成員は次の如くであった。

議長伊藤博文・副議長　30寺島宗則
皇族　1熾仁親王・2彰仁親王・3貞愛親王・4能久親王・5威仁親王
大臣　6三条実美（内大臣）・7黒田清隆（総理）・8山県有朋（内務・外遊中）・9大隈重信（外務）・10西郷従道（海軍）・11山田顕義（司法）・12松方正義（大蔵）・13大山巌（陸軍）・14森有礼（文部）・15榎本武揚（農商務、逓信）・井上馨（農商務・七月二十九日以降）
顧問官　16吉田清成・17勝安芳・18河野敏鎌・19元田永孚・20品川弥二郎・21吉井友実・22東久世通禧・23佐野常民・24副島種臣・25佐々木高行・26福岡孝弟・27川村純義・28大木喬任・29土方久元・31鳥尾小弥太（六月十四日以降）・32野村靖（十一月二十日以降）（数字は当初の座席番号）
書記官長は井上毅、報告員として各条説明。

次に審議の経過は次の如くであった。
五月二十五日午後　第一読会終了。第二読会第一条中途まで。

二十八日午後　第二読会原案第一〇条まで。
六月　一日午前　同　第一五条中途まで。
〃　午後　同　第二一条まで。
四日午前　同　第二六条まで。
〃　午後　同　第三三条中途まで。
六日午前　同　第三五条中途まで。
〃　午後　同　第四四条まで。
八日午前　同　第四七条まで。
十一日午前　同　第六四条まで。
〃　午後　同　第六六条まで。
十五日午前　第五〇条の措置決定。第三読会。

以上の如く典範草案の審議は六月十五日に終了し、その結果として一二章六六ヵ条の草案は、一二章六四ヵ条となったが、伊藤、井上はさらに検討を加えて修正の必要を発見した。これを政府修正案として「再審」会議が開かれたのは、翌二十二年一月十八日であった。この「再審」会議の故に、最初の審議を「第一審会議」とよぶが、これで典範の全条文が完成したわけではなく、さらに小修正を加えたものが、二月五日に枢密院で審議され（第三審会議）、その後も用字の小修正が行われた。結局明治二十二年二月十一日、典範は公式に国民には公布せず、その制定を賢所・皇霊殿・神殿に報告するにとどめたのであった(16)。

以上の如き典範草案の審議過程については、諸先学による検討がなされているが、ここでは、この第一審会議に、枢密顧問官として加わっていた元田永孚が、会議において如何なる意見を有していたかについて、「元田文書」中より見出した二点の史料を紹介しながら検討してみたい。

まず次の史料三(17)を見て頂きたい。

〔史料三〕

祖宗ノ天祐ヲ受ケタル万世一統ノ皇位ハ男系ノ男子之ヲ継承ス

第一章二十九番土方　二十三番佐野　ノ修正ニヨリ大日本国ヲ改メテ万世一系ノ皇位トナスハ素ヨリ十九番ニ於テ大ニ賛成ス、然ルニ下ノ祖宗ノ皇統ト云ハ重複ニ因テ之ヲ削リ去ルト云ニ至テ皇統ノ二字ハ万世一系ニ対シテ削ルヲ善シトスルト雖トモ祖宗ノ二字ハ如何ニモ存シ度キコトナリ、故ニ更ニ修正ヲ加ヘテ万世一系ノ皇位ハ祖宗ノ天祐ニ因テ男統ノ男子之ヲ継承スト致シタシ、文章ハ更ニ祖宗ヨリ伝ヘテトナシテモ善ク、又ハ之ヲ祖宗ニ承テ男統ノ男子ニ継続ストナシテモ宜シ。祖宗ト云コトヲ加ヘ度キハ万世一系ト云ヘハ祖宗ヨリ子孫万世ニ係ルコトニハ相違ナケレトモ、此典範ハ祖宗ノ遺意ヲ述ヘテ万世ニ鞏固ナラシムルノ大義ヲ主トスル故ニ、恐レナカラ陛下ヨリ之ヲ御子孫ニ御伝ヘニナル最大ノ典範ヲ重ンセラル、上ニモ重キヲ加ヘテ必ス祖宗ヨリ御伝ヘニナリタル義ヲ鄭重ニ示サレ度十九番ノ精神ナリ。

皇位ハ皇長子ニ伝フ　皇長子トアルトキハ若シ皇長子ハ庶子ニシテ皇嫡子次子ナル時ニ皇庶子ノ長ヲ立ル嫌アルニ依テ当ニ皇長嫡子ニ伝フト致シタシ

史料三の文言からこれが諮詢案第一章皇位継承の第一条に関する意見の部分がほとんどであり、最後に第二条についての意見が付されている。

諮詢案第一条の条文は次の如くである。

第一条　大日本国皇位ハ祖宗ノ皇統ニシテ男系ノ男子之ヲ継承ス

この条文について、枢密院の審議の状況は、『枢密院会議議事録』(18)によれば、五月二十五日午後一時一〇分よりの第二読会において次の如きやりとりが見られる。

二十八番（大木）　文字上ニ就テハ深ク意ニ留メスト雖モ既ニ説明中ニモ我皇室ノ万世一系ニシテ天壌ト無窮ナルコトヲ叙述シ用意ノ慎重ナルコト知ルヘキナリ然レトモ退テ其正条ヲ顧レハ一字一句モ宝祚ノ万世一系ニシテ天壌ト無窮ナルコトノ意ヲ尽サス蓋シ憲法ノ条項中既ニ其明文アレハ典範ニハ之ヲ細言スルヲ要セスト云フノ意ナルヤ此ノ事最モ重大ナリ故ニ本条ニ於テモ其趣意ヲ掲ケンカ為ニ万世一系ナル大日本皇位ハ云々ト改メ、其以下ハ原案ノ儘ニテ然ルヘシ……唯タ万世一系ノ字ヲ加ヘンコトヲ望ム……

二十九番（土方）　文字上ニ渉リ修正ヲ試ミタシ大日本ト云フハ外国ニ対スルノ字ナリ歴朝相承ケ綿々一系未タ宇内ニ比類ヲ見サル我国ニ取リテハ万世一系ノ皇位ト改メラレンコトヲ希望ス

（中略）

二十八番（大木）　前説ヲ取消シ更ニ二十九番ニ賛成ス……

（中略）

二十二番（東久世）　日本帝国ハ万世一系ノ天皇之ヲ統治シ男系ノ男子之ヲ継承スト改メタシ(19)

等々のやりとりの後、時間の経過により次回へもちこしとなった。議論は発言者のいずれもが「万世一系」の語を条文中に加えることを主張したもので、元田の史料三の意見もそれと同じであり、更に「祖宗」の語にも執着した意見であることが特徴的である。

そこで問題となるのは、この史料三は、枢密院での発言のために作成されたものと思われるのだが、実際に会議の中で発言されたかどうかを含め、それは何時であったかということである。『議事録』を更に見てゆくと、次の如き審議経過が見出される。

すなわち五月二十八日午後の第二読会の第一条の継続として次の如きやりとりがあった。

二十八番（大木）　前回ニ於テ議場ノ問題トナリタル第一条ノ修正説ハ単ニ字句ノ修正ナリト断定スヘカラス万世一系ノ数字ハ我国体ノ最モ尊キ所以ヲ表彰スルモノナレハ必ス之ヲ加ヘサルヘカラス、祖宗ノ皇統トアレハ歴朝相承クルノ意ナルヲ以テ必ス万世一系ト云フヲ要セストスル説モアルヘケレトモ祖宗ノ皇統ト云フノミニテハ未タ我国体ノ如何ヲ表彰スルニ充分ナラス蓋シ本条ノ修正案ニ就テ各位ノ意見区々ニ渉リ未タ帰一ヲ得スト雖モ万世一系ノ字ヲ加ユルノ一事ニ至テハ想フニ各位其所見ヲ同フスルナラン前回ニ於テ二十九番ヨリ修正案ヲ提出セラレタレハ本官ハ更ニ二十九番ニ協議シ其賛成ヲ得ハ左ノ修正案ヲ提出セントス大日本皇位ハ万世一系ナル皇統ノ男子之ヲ継承スヘシ此ノ修正案ハ二十九番ノ前回ニ於テ提出シタルモノト大差アルコトナシ敢テ請フ二十九番ハ更ニ本官ノ提出案ヲ賛成セラレンコトヲ

二十九番（土方）　二十八番ノ提出案ヲ賛成シ前回ニ於テ本官ノ提出シタル修正説ヲ取消スヘシ

（中略）

二十四番（副島）　二十八番ノ修正案ヲ賛成ス

二十六番（福岡）　二十八番ニ同意

十九番（元田）　二十八番ニ同意（傍点引用者）

十七番（勝）　二十八番ニ同意[20]

この経過における元田の発言は「二十八番ニ同意」と記されているのみであり、他に発言した記録はない。この修

正案は賛成少数（八名）で否決され、最終的には第一条は原案賛成多数（一六名）で可決されたのである。

以上の経過と史料三を対比すると、史料三が五月二十八日の会議において発言すべく準備されたが、会議の展開により、自らと同趣旨の意見が出された（二八番）として、発言されないままに、賛成の意思表示のみに終ったものであるということになろうか。もちろん元田の意見は、「祖宗」という語については強くそれを残すべきことを述べているが、それ以上に「万世一系」を重視する判断がなされたのであろうか。

次に同様の性質の史料四を紹介する。(21)

〔史料四〕

此一条前会小数ニテ表決ニ至ラス議長ノ預リトナリタリ蓋数議員ノ明弁モアリタレトモ未タ其詳明ヲ得サルカ賛成者ノ少キヲ如何ニセン故ニ拙官ニ於テ今一言之ヲ補助セントス凡ソ帝室ノ常産規則アル外ハ天皇ノ之ヲ随意ニ使用スルハ素ヨリ云フニ及ハス然ルニ典範ノ上ニマテ之ヲ掲ケ挙ルハ無用ナルノミナラス却テ宜シカラサル事ナリ如何トナレハ典範ハ天皇ノ御自ラ家法ヲ子孫ニ垂レラレ玉フ者故凡ソノ財産ハ御勝手次第ニナサレテ素ヨリ御随意ニナサレテ誰モ之ヲ節制スルニ及ハス又節制スルヲ得サル者ナリ然トモ常度ナケレハ或ハ其度ヲ失ハンコトヲ慎ミ玉ヒテ規則ヲ示サレタルナレハ規則ノ外ハ御随意ナルコト仰セラレサル筈ナリ然ルニ僅カニ掲ケ挙ケタル賞与云々ノ数項ノミ御自由ニナサルト掲ケテ天下ノ人ニモ御告示ナサルレハ天皇ノ財産自由ノ権ハ僅カニ是丈ケト天下ノ人モ批判スルヤウニ至リ前会二十八番ノ説明アリタル如ク天皇ノ弱キヲ示シテ宜キヲ得サルト云タル乃此訳ナリ且ツ此原案ノ主意ニ依テ云フニモ凡ソ賞与等云々ノ数項モ当ニ賞与スヘキ其程度ニ応シテ賞与スヘキニテオ自ラ其節度宜キヲ得サルヘカラス決シテ天皇ノ随意気マヽニ其好ミニ随テ之ヲ与ヘ其悪ミニ依テ之ヲ与ヘサル等ノコト随意ニナスヘカラス然レハ之ヲ随意ニスルト云フヘカラス況ンヤ之ヲ典範ニ掲ケテ子孫天下ニ示スヘ

カラサルナリ旁以テ此条ハ当ニ削除スヘキナリ
剝脱《ママ》ノ二字典範ノ明文ニ掲ケ挙ルハ文字ノ体宜シカラス凡ソ皇族ハ親睦ヲ主トシテ天皇ノ仁慈ヲ万世ニ垂レ玉フヘキニ不幸ニシテ此皇族中ニ数件ノ罪科アレハ巳ムコトヲ得スシテ刑律ニ処セサルヘカラサルモ成ルヘク親愛ノ心ヲ刑法上ニ含マサルヘカラス然ニ剝脱ノ二字較苛酷ノ頭角ヲ露ハス然トモ忠順ヲ失フ以上ハ素ヨリ剝脱ニモ止マラスシテ重刑ニモ処セラル、モ測リカタシ故ニ文字ヲ修正シテ停止スルカ相当ノ刑ニ処スヘシ等今少シ寛ク弘キ文字ニ換フヘシ

かなり長文のこの史料は、二つの部分から成っている。前半は「比一条前会小数……此条ハ当ニ削除スヘキナリ」の部分である。この全文を読み、審議経過と照合するに、「此一条」とは即ち諮詢案第四九条のことであり、「前会」とは六月八日の第二読会をさしていることがわかる。[22]

諮詢案第四九条は次の如き条文である。

第四十九条　皇室常産ニ属セサル御料ノ土地物件ハ賜与及遺命処分総テ天皇ノ意ニ随フ

本条文についての審議経過は次の如くに記録されている。[23]

十八番（河野）　第四十七条ニ於テ常産ニ編入セラレタル土地物件ハ分割譲与スルコトヲ得ストアレハ常産外ノモノハ之ヲ賜与スル等天皇ノ意ニアルコト明カナリ依テ今玆ニ此条ヲ置クノ必要ナシ故ニ本条ヲ削除セン

二十三番（佐野）　二十四番（副島）二十八番（大木）十九番（元田）各々十八番ヲ賛成ス

二十四番（副島）　本官カ十八番ヲ賛成スル理由ヲ陳述セン抑国庫ヨリ皇室ノ経費ヲ供給スル所以ハ皇室常産ノ所得ヲ以テ皇室ノ経費ヲ支ユルニ不足スルカ為メナリ然ルニ今一方ニ於テハ皇室常産ノ外ノ財産ハ天皇ノ意ニ随テ之ヲ賜与スルコトヲ許シ他ノ一方ニ於テハ皇室経費ノ不足ハ国庫ヨリ供給スヘシト云フトキニハ人民ノ気合

ニモ幾干カ影響ヲ及ホスノ恐レアリ故ニ本条ハ削除セラレンコトヲ希望ス
二十八番（大木） 本条ニハ常産ニ属セサル御料ノ土地物件ヲ賜与スルハ天皇ノ意ニ随フトアレトモ天皇ニ於テ常産外ノモノヲ随意ニ賜与スルコトヲ得ルモノハ独リ土地物件ノミニ止ラス其他ノ所有物ニ及フモノナリ故ニ本条ハ却テ天皇賜与ノ区域ヲ狭縮ニスルモノナリ依テ本条ヲ削除セントス
（中略）
議長 十八番ノ削除説ニ賛成ノ各員ハ起立アランコトヲ乞フ
起立 十名
議長 削除説ハ少数ニ付原案ニ付表決ヲ取ル
起立 十一名
議長 原案賛成者モ亦少数ニ付本条ハ未定ニ存シ置キ議長ニ於テ之ヲ預リ他日ノ会議ニ譲ル次ニ第五十条ニ移ル
以上の如く四九条削除賛成は河野・佐野・副島・大木・元田等一〇名、原案支持は山田等一一名となり、議長預りの上「他日の会議」に付されることになった。枢密院は六月十一日の第二読会の継続審議により、残りの条文のすべての審議を終了したが、その際議長（この日は伊藤欠席の為寺島が議長をつとめている）より次の如き発言がなされた。
議長（寺島） 皇室典範ハ此ニ議了シタリ然ルニ第四十九条皇室常産ニ属セサル御料ノ土地物件ハ賜与及遺命処分云々ノ箇条ハ修正案モ少数ニシテ廃滅ニ帰シ原案亦同意者少数ノ故ヲ以テ議長ノ預リトナレルモノアリ殊ニ内務大臣ニ関係スル事柄ハ追テ取調ヲ要スヘキニ付其儘ニ為シ置キ議長ノ出席ヲ待テ更ラニ会議ニ付スヘシ而シテ明後日ヨリハ憲法草案ノ質問ニ取掛ルヘシ(24)
右の如く、六月十一日には四九条の審議はなされず、枢密院は六月十三日から憲法草案の審議にとりかかることとなったが、その後六月十五日、いわば第三読会ともいうべき会議が四九条をめぐって行われた。議事は次の如く展開した。

十八番（河野）　第四十九条ノ調査ノ為メ二十七番二十六番二十五番二十四番及本官ヲ委員ニ命セラレタリ依テ該委員ニ於テ本条ノ修正ヲ取調ヘタル末委員ノ議本条ハ前回提議セラレタル通リ全条ヲ削除スルノ外考案ナシト云フニ決セリ蓋シ第四十八条ニ於テ皇室常産ニ編入スル土地物件ハ勅書ヲ以テ之ヲ定ムトアル以上ハ其他ノ物件ハ天皇随意ニ御処分アルヘキコト固ヨリ当然ノコトトス然ル上ハ特ニ之ヲ典範ニ掲クルノ必要ナシ依テ削除ニ決セリ

三十一番（寺島）　委員ノ削除説ヲ賛成ス

三十番（土方）　削除説ヲ賛成ス

十九番（元田）　削除説ヲ賛成ス

議長　削除説ハ三名ノ賛成ヲ得タルニ付キ議場ノ問題トナレリ本条ニ就テハ各位既ニ前回ニ於テ討議ヲ尽サレタレハ最早別段ニ意見モアラサルヘシト信ス

意見アラサレハ直チニ表決ニ問ハン削除説ニ同意ノ各位ニ起立ヲ乞フ

（総員起立）

議長　全会一致ニ付第四十九条ハ削除ス(25)

右の如く全員一致で同条の削除が決定された。「皇室常産」についての元田永孚の考えは、史料四中の「僅カニ掲ケ挙ケタル賞与云々ノ数項ノミ御自由ニナサルト掲ケテ天下ノ人ニモ御布告ナサルレハ天皇ノ財産自由ノ権ハ僅カニ是丈ケト天下ノ人モ批判スルヤウニ至リ……天皇ノ弱キヲ示シテ宜キヲ得サルト云タル乃此訳ナリ」というところに端的に示されている。元田はこの点から典範において財産規則を定めることにより天皇の権限を制約することには反対をしたのである。従って史料四で元田は、二八番の意見（六月八日の会議での大木の発言）に全面的に賛成して、この条文の削除を支持したのであった。そもそも元田には、例えば明治十一年三月五日付の「帝室ノ所有地ヲ定ムル得失ノ議」という意見書（草稿）や、同十五年九月十日付の岩倉具視に宛てた「皇有地設置に付建言書」などにおいて、独自に皇室財産に関しての意見が存在している。それらの意見書については、別途詳細に検討してみなければならないであろう。

また史料四の後半の「剝脱ノ二字……寛ク弘キ文字ニ換フヘシ」の部分については、これが諮詢案第五五条にかかわるものであることが、同条文と対比することからわかる。同条文は次の如くである。

第五十五条　皇族其品位ヲ辱ムルノ所行アリ又ハ皇室ニ対シ忠順ヲ欠クトキハ勅旨ヲ以テ之ヲ懲戒シ其ノ重キ者ハ皇族特権ノ一部又ハ全部ヲ停止シ若ハ剝奪スヘシ

この条文について六月十一日の会議で問題となったことは「剝奪」という語をめぐってであった。「剝奪」の語は削除すべしとの意見が、一八番（河野）から出され、一二番（東久世）、二四番（副島）が支持したが、審議の結果は、原案賛成一六名で原案が成立しており[26]、削除説は不成立となった。元田が削除を支持する立場であったことは、史料に明らかである。

ところでこの史料四の成立日時についてであるが、後半部五五条の審議は六月十一日に行われており、前半部四九条に関する六月八日の審議が議長預りとなったこと、とあわせて考えるならば、史料四全体が、六月八日から十一日までの間に書かれたということは間違いないであろう。

またこの史料四の意見が、結局六月十一日、十五日の会議のいずれでも発言されていないことは、『議事録』に照して明らかである。このことは、あるいは前の史料三の場合も同様であるが、会議に至る以前に他の顧問官に文書として示すために作成されたのではないかと考えることもできるが、それを確認できない現在においては、一応会議での発言の準備として作成されたものと考えておくことにする。

おわりに

以上「元田文書」中に見出した、皇室典範会議における元田永孚の意見を記した史料についてその内容を検討して来た。

ところで元田は『議事録』を通覧すると、枢密院でのこの典範の審議にはすべて精励して出席し続けていたことがわかる。そこで第二節で検討してきた元田の第一条、第四九条、第五五条に対する意見とあわせて、他に彼が審議の中で如何なる発言をしているか、ということを考えてみた。そのためいささか煩雑になるが、典範諮詢原案の各条文の審議経過を分析し、そこでの元田の発言の有無、その内容、審議結果などをチェックした表を作成してみた。表6を参照されたい。

この表からわかるように、全会一致で原案通り第一審会議で成立した条文は（なお第一審会議第三読会で語句の修正をうけた条文もいくつか存在するが、ここでは第二読会の結果のみを掲げてある）、第二条・第五条・第一〇条・第一二条・第二〇条・第二四条・第二九条・第三一条・第三六条（原案の第三七条。第三五条が削除された為、一つくり上っている。以下同じ。表参照）・第三八条・第四〇条・第四二条・第四三条・第四四条・第四七条・第五一条・第五六条・第五八条・第五九条・第六一条・第六二条・第六三条・第六五条の二三ヵ条であり、これらについては、もちろん元田も賛成しているもの

表6　第一審会議における元田永孚の発言

諮詢原案	元田の意見表明の有無	内容	第二読会の結果
第一章　皇位継承			
第一条　大日本国皇位ハ祖宗ノ皇統ニシテ男系ノ男子之ヲ継承ス	第一条○（本文参照）	（本文参照）	（八名）少数否決（一六名）原案
第二条　皇位ハ皇長子ニ伝フ	第二条		（全会一致）原案
第三条　皇長子在ラサルトキハ皇長孫以下ニ伝フ皇長子及其ノ子孫皆在ラサルトキハ皇次子及其ノ子孫ニ伝フ以下皆之ニ例ス	第三条		（二五名）原案
第四条　皇子孫ノ皇位ヲ継承スルハ嫡出ヲ先ニス皇庶子孫ノ皇位ヲ継承スルハ長系次系ノ皇嫡子孫皆在ラサルトキニ限ル	第四条		（二四名）原案
第五条　皇子孫皆在ラサルトキハ皇兄弟及其ノ子孫ニ伝フ	第五条		（全会一致）原案
第六条　皇兄弟及其ノ子孫皆在ラサルトキハ皇伯叔父及其ノ子孫ニ伝フ	第六条		（二五名）原案
第七条　皇伯叔父及其ノ子孫皆在ラサルトキハ其ノ以上ニ於テ最近親ノ皇族ニ伝フ	第七条		（二四名）原案
第八条　皇兄弟以上ハ同等内ニ於テ嫡ヲ先ニシ庶ヲ後ニシ長ヲ先ニシ幼ヲ後ニス	第八条		（二五名）原案
第九条　皇嗣精神若ハ身体ノ不治ノ重患アリ又ハ重大ノ事故アルトキハ皇族会議及枢密顧問ニ諮詢シ前数条ニ依リ継承ノ順序ヲ換フルコトヲ得	第九条○「本官モ亦十八番ト所見ヲ同フス」	「重大ノ事故」の語句につき、一六番一八番より削除提案	（五名）少数否決（二二名）原案
第二章　践祚即位			
第十条　天皇崩スルトキハ皇嗣即チ践祚シ祖宗ノ神器ヲ承ク	第十条		（全会一致）原案
第十一条　即位ノ礼ハ西京ニ於テ之ヲ行フ	第十一条	二三番「一一・一三条合併」提案、一番「西京」→「京都」修正案	（八名）少数否決（一一名）可決修正
第十二条　即位ノ後大嘗祭ヲ行フコト祖宗ノ例ニ依ル	第十二条		（全会一致）原案

第十三条　践祚ノ後元号ヲ建テ一世間ニ再ヒ改メサルコト明治元年ノ定制ニ従フ	第十三条		（二〇名）原案
第三章　成年立后太子			
第十四条　天皇及皇太子皇太子孫ハ満十八年ヲ以テ成年トス	第十四条		（一二名）原案
第十五条　其ノ他ノ皇族ハ満二十年ヲ以テ成年トス	第十五条〇「六番ノ説ヲ賛成ス」「一八番ヲ賛成ス」	六番「其ノ他ノ皇族」→「前条外ノ皇族」と修正。一八番「其ノ他」を修正、表現を書記官長に付託、提案	（五名）少数否決 （一三名）修正 「前条外」と修正
第十六条　儲嗣タル皇子ヲ皇太子ト称フ皇太子在ラサルトキハ儲嗣タル皇孫ヲ皇太孫ト称フ	第十六条		（一二名）原案
第十七条　皇后又ハ皇太子皇太孫ヲ立ツルトキハ詔書ヲ以テ之ヲ公布ス	第十七条〇「公布スト云フハ法律命令」の語で「詔書不適」「宣告」とすべし、「一六番ニ賛成」	一六番「公布」→「宣告」に修正。二八番「宣告」→「宣布」として修正（元田は字義より宣告妥当とす）	（四名）少数否決 （四名）少数否決 （一三名）原案
第四章　敬称			
第十八条　天皇太皇太后皇太后皇后ノ敬称ハ陛下トス	第十八条		（二二名）原案
第十九条　皇太子皇太子妃皇太孫皇太孫妃親王親王妃内親王ノ敬称ハ高殿下トス	第十九条	一五番「高」削除提案	（五名）少数否決 （一七名）原案
第二十条　王王妃女王ノ敬称ハ殿下トス	第二十条		（全会一致）原案
第五章　摂政			
第二十一条　天皇幼年又ハ精神若ハ身体ノ不治ノ重患ニ由リ大政ヲ親ラスルコト能ハサル間ハ摂政一員ヲ置ク	第二十一条〇「幼年ノ字ハ未タ判然ナラス」（一八番支持）	一八番「天皇幼年」→「天皇未タ成年ニ達セサルカ」ト修正（一二、二五、一九番支持）	（一四名）可決修正
第二十二条　摂政ハ成年ニ達シタル皇太子又ハ皇太孫之ニ任ス	第二十二条		（一五名）原案
第二十三条　皇太子皇太孫未タ成年ニ達セサルトキハ左ノ順序ニ依リ摂政ニ任ス 第一皇族男子　第二皇后　第三皇太后　第四太皇太后 第五皇族女子	第二十三条〇「十八番ヲ賛成ス」	一八番「第四迄ヲ存シ、第五ヲ削除」修正提案（二五、二一番支持）	（五名）少数否決 （一七名）原案
第二十四条　皇族男子ノ摂政ニ任スルハ皇位継承ノ順序ニ従フ其ノ女子ニ於ケルモ亦之ニ準ス	第二十四条		（全会一致）原案

第二十五条　皇族女子ノ摂政ニ任スルハ未タ婚嫁セサル者ニ限ル	第二十五条		(二二名)原案
第二十六条　最近親ノ皇族未タ成年ニ達セサルカ又ハ其ノ他ノ事故ニ由リ他ノ皇族摂政ニ任シタルトキハ後来最近親ノ皇族成年ニ達シ又ハ其ノ事故既ニ除クト雖皇太子及皇太孫ニ対スルノ外其ノ任ヲ譲ルコトナシ	第二十六条○「但シ女子ノ摂政ハ最近親皇族成年ニ達シタルトキハ之ヲ譲ルコトヲ得ノ一項ヲ加フヘシ」「女子譲任ハ十八番修正ヲ賛成ス」	十八番「譲ルヘシ」とすべき。「本官ノ主意ハ十九番ニ同シ固ヨリ女子ノ摂政タルヲ望マサルニアリ」(二九、二五、一六、一五番各支持)	(一〇名)少数否 決 (二四名)原案
第二十七条　摂政タルヘキ者精神若ハ身体ノ重患アリ又ハ重大ノ事故アルトキハ皇族会議及枢密顧問ノ議ヲ経テ其ノ順序ヲ換フルコトヲ得	第二十七条	一一番修正提案(摂政解任の条件)	(五名)少数否決 (一七名)原案
第六章　太傅			
第二十八条　天皇幼年ノ時ハ太傅ヲ置キ保育ヲ掌ラシム	第二十八条		(一九名)原案
第二十九条　先帝遺命ヲ以テ太傅ヲ任命セサリシトキハ摂政ヨリ皇族会議及枢密顧問ニ諮詢シ之ヲ撰任ス	第二十九条		(全会一致)原案
第三十条　太傅ハ摂政及其ノ子孫之ニ任スルコトヲ得ス	第三十条		(二〇名)原案
第三十一条　摂政ハ皇族会議及枢密顧問ニ諮詢シタル後ニ非サレハ太傅ヲ退職セシムルコトヲ得ス	第三十一条		(全会一致)原案
第七章　皇族			
第三十二条　皇族ト称フルハ太皇太后皇太后皇后皇子孫皇女皇女孫及皇子孫ノ妃ヲ謂フ	第三十二条		(二二名)原案
第三十三条　皇子ヨリ皇玄孫ニ至ルマテハ生レナカラ男ハ親王女ハ内親王ト称フ五世以下ハ生レナカラ王女王ト称フ	第三十三条	六番、但書でも賜姓臣籍降下の制を認めること主張(稲田、一〇一四～一六頁参照)	(一〇名)少数否 決 (二四名)原案
第三十四条　天皇支系ヨリ入テ大統ヲ承クルトキハ皇兄弟姉妹ノ王女王タル者ニ特ニ親王内親王ノ号ヲ宣賜ス	第三十四条○二二番の通り「宣賜ノ事、皇兄弟姉妹ニ止リテハ不充分、父母・伯叔ニモ」	二二番「親王宣賜ヲ皇伯・叔・父ヘモ及ホスベシ」(三〇、一六、一五番支持)	(六名)少数否決 (一九名)原案
第三十五条　親王ノ妃ヲ内親王ト称ヘ諸王ノ妃ヲ女王ト称フ	第三十五条○「六番ニ賛成ス」	一番「記条削除」(二三、一一、一八、二八、二一、二六)六番「親王ノ配偶ヲ親王妃諸王ノ配偶ヲ王妃ト称スト」修正(二	(九名)少数否決 (一一名)少数否 決 (一一名)原案否

		五番支持）	決（一六名）削除
第三十六条　皇族ノ誕生命名薨去結婚離婚ハ宮内大臣ヨリ官報ヲ以テ之ヲ公布ス	第三十五条○「十六番ノ婚姻ト修正ニ賛成」、その位置を薨去の上とする。	一六番「結婚・離婚」を「婚姻」と修正、且「官報云々」削除	（九名）少数否決 （八名）原案否決 再採決トナリ （一四名）原案
第三十七条　皇統譜及前条ニ関ル記録ハ図書寮ニ於テ尚蔵ス	第三十六条		（全会一致）原案
第三十八条　皇族ハ天皇之ヲ監督ス	第三十七条○「二十九番ニ賛成」	二九番「監督」→「監護」修正［不成立］	（一三名）原案
第三十九条　摂政在任ノ時ハ前条ノ事ヲ摂行ス	第三十八条		（全会一致）原案
第四十条　皇族男女幼年ニシテ父ナキ者ハ宮内ノ官僚ニ命シ保育ヲ掌ラシム事宜ニ依リ天皇ハ其ノ父母ノ撰挙セル後見人ヲ認可シ又ハ之ヲ勅撰スヘシ	第三十九条		（一三名）原案
第四十一条　皇族ノ後見人ハ成年以上ノ皇族ニ限ル	第四十条		（全会一致）原案
第四十二条　皇族ノ婚嫁ハ同族又ハ勅旨ニ由リ特ニ認許セラレタル公侯ノ家ニ限ル	第四十一条○質問「皇后　皇太子ノ妃ト一般皇族ヲ同一ニシタ意味」説明により原案支持	二二番「公侯」→「華族」修正［稲田書、一〇一六～一〇一八頁参照］	（一〇名）少数否決 （一三名）原案
第四十三条　皇族ノ婚嫁ハ勅許ニ由ル	第四十二条		（全会一致）原案
第四十四条　皇族ノ婚嫁ヲ許可スルトキハ勅書ニ親署シ宮内大臣之ニ副署ス	第四十三条		（全会一致）原案
第四十五条　皇族ハ養子ヲナスコトヲ得ス	第四十四条		（全会一致）原案
第四十六条　皇族国疆ノ外ニ旅行セントスルトキハ勅許ヲ請フヘシ	第四十五条		（一三名）原案
第四十七条　皇族女子ノ臣籍ニ嫁シタル者ハ皇族ノ列ニ在ラス但シ特旨ニ依リ仍内親王女王ノ称ヲ有セシムルコトアルヘシ	第四十六条	一番、降下後も内親王・女王の称号を有せしむと修正	（六名）少数否決 （一三名）原案
第八章　皇室常産			
第四十八条　御料ノ土地物件ニシテ皇室常産ト定メタル者ハ分割譲与スルコトヲ得ス	第四十七条		（全会一致）原案

第四十九条　皇室常産ニ編入スル土地物件ハ勅書ヲ以テ之ヲ定メ宮内大臣ヨリ官報ヲ以テ公布ス	第四十八条		（二六名）原案
第五十条　皇室常産ニ属セサル御料ノ土地物件ハ賜与及遺命処分総テ天皇ノ意ニ随フ	第四十九条〇「十八番ヲ賛成」	一八番「此条削除」（二三、二四、二八支持）〔本文参照〕	（一〇名）少数否決（一一名）原案否決「議長預リ」（六月十五日「削除」となる）
第九章　皇室経費			
第五十一条　皇室諸般ノ経費ハ特ニ常額ヲ定メ国庫ヨリ支出セシム	第五十条		（二四名）原案
第五十二条　皇室経費ノ予算決算検査及其ノ他ノ規則ハ皇室会計法ノ定ムル所ニ依ル	第五十一条		（全会一致）原案
第十章　皇族訴訟及懲戒			
第五十三条　皇族相互ノ訴訟ハ宮内省ニ於テ特ニ裁判員ヲ命シ裁判セシメ勅裁ヲ経テ之ヲ執行ス	第五十二条	二九番、訴訟の文字の上に民事を加へ「特旨ニ依リ」の文字を宮内省の上に置き「特ニ」の二字削除（二一、二二、二五、一五、一六番支持）	（一八名）修正案成立
第五十四条　皇族ト人民トノ間ニ起ル民事ノ訴訟ハ控訴裁判所ニ於テ之ヲ裁判ス但シ皇族ハ代人ヲ以テ訴訟ニ当ラシメ訟廷ニ出頭スルコトヲ要セス	第五十三条	一一番「民事訴訟ノ初審及ヒ控訴」と修正	（六名）少数否決（一八名）原案
第五十五条　皇族ハ勅許ヲ得ルニ非サレハ勾引シ又ハ裁判所ニ招喚スルコトヲ得ス	第五十四条	一一番「勾引」→「勾留」修正（不成立）	（二四名）原案
第五十六条　皇族其ノ品位ヲ辱ムルノ所行アリ又ハ皇室ニ対シ忠順ヲ欠クトキハ勅旨ヲ以テ之ヲ懲戒シ其ノ重キ者ハ皇族特権ノ一部又ハ全部ヲ停止シ若ハ剥奪スヘシ	第五十五条	二九番「剥奪」→「五世以下親王ニ至リテハ除族スルコトアルヘシ」と修正　一八番「剥奪スヘシ」削除（不成立）〔本文参照〕	（一六名）原案
第五十七条　皇族蕩産ノ所行アルトキハ勅旨ヲ以テ治産ノ禁ヲ宣告シ其ノ管財者ヲ任スヘシ	第五十六条		（全会一致）原案
第五十八条　前二条ハ皇族会議ニ諮詢シタル後之ヲ勅裁ス	第五十七条		（二二名）原案
第十一章　皇族会議			

第五十九条　皇族会議ハ成年以上ノ皇族男子ヲ以テ組織シ内大臣宮内大臣司法大臣枢密顧問議長大審院長ヲ以テ参列セシム	第五十八条		（全会一致）原案
第六十条　天皇ハ皇族会議ニ親臨シ又ハ皇族中ノ一員ニ命シテ議長タラシム	第五十九条		（全会一致）原案
第十二章　補則			
第六十一条　現在ノ皇族五世以下親王ノ号ヲ宣賜シタル者ハ旧ニ依ル	第六十条		（一二名）原案
第六十二条　皇位継承ノ順序ハ総テ等親ノ実系ニ依ル現在皇養子皇猶子又ハ他ノ継嗣タリシ故ヲ以テ之ヲ混スルコトナシ	第六十一条		（全会一致）原案
第六十三条　親王内親王王女王ノ品位ハ之ヲ廃ス	第六十二条		（全会一致）原案
第六十四条　親王ノ家格又ハ世襲親王ノ諸達其ノ他此ノ典範ニ牴触スル者ハ総テ之ヲ廃ス	第六十三条		（全会一致）原案
第六十五条　皇族ノ財産歳費及諸規則ハ別ニ之ヲ定ムヘシ	第六十四条		（一四名）原案
第六十六条　将来此ノ典範ノ条項ヲ変更シ又ハ増補スヘキノ必要アルニ当テハ皇族会議及枢密顧問ニ諮詢シテ之ヲ決定スヘシ	第六十五条		（全会一致）原案

（諮詢原案は稲田前掲書による）

である。次に元田の発言があった各条文を列挙すると次の如くになる。

①第一条—史料三参照。少数意見として否決。

②第九条—「重大ノ事故」の語句について削除提案の河野（一八番）を支持。少数意見として否決。

③第一五条—「其ノ他ノ皇族」を「前条外ノ皇族」と修正提案の三条（六番）を支持、少数否決さるも、「其ノ他」を別の語に修正提案の河野（一八番）を支持、これは多数として修正される。

④第一七条—「公布」という語は「詔書」に不適であるとして、「宣告」と修正提案した吉田（一六番）を支持、少数

意見で否決。
⑤第二一条―「天皇幼年」を「天皇未タ成年ニ達セサルカ」と修正提案の河野（一八番）を支持。多数となり修正される。
⑥第二三条―摂政から「第五ヲ削除」の修正提案の河野（一八番）支持。少数意見で否決。
⑦第二六条―女子の摂政は、他の最近親皇族が成年に達したら摂政の任を譲るべしとして、河野（一八番）を支持。少数意見で否決。⑥⑦の事例は、「女子ノ摂政タルヲ望マサルニアリ」という点で一貫している問題であった。
⑧第三四条―親王内親王の宣賜を「皇伯叔及皇父」にも付与すべしとの東久世（二三番）の意見を支持。少数意見で否決。
⑨第三五条―「妃」を「配偶」と修正提案の三条（六番）を支持。一旦少数として否決となるが、原案も同数で否決となり、再度検討の結果此条文は削除に決す。
⑩第三五条（もと三六条）―「結婚離婚」を「婚姻」と修正提案の吉田（一六番）を支持、一旦は修正案・原案共に少数否決となるも、再討議の後原案が採択される。
⑪第四一条―条文の趣旨を質問、説明員（井上毅）の説明により原案支持。原案可決。
⑫第四九条―「此条削除」を提案した河野（一八番）支持。史料四参照。提案・原案共否決、議長預りとなり、後「削除」となる。
⑬第五五条―「剝奪」を削除という河野（一八番）と同意見なれど発言せず。史料四参照。佐野提案は議場で不成立。
一応一三の条文について、それらの中で元田が支持した修正意見が、多数となり採択されたのは、一五・二一・三五・四九、の四ヵ条であり、質問の上で原案支持の四一条、をも加えても、元田が少数意見となったものが八ヵ条と

多いことに注目せざるを得ない。また修正意見で同意している相手の中では河野敏鎌が八回と圧倒的に多く、他は三条実美二回、吉田清成二回、東久世通禧一回という具合である。しかしあるいはこれは偶然かもしれないし、さほど重視すべきではないのかもしれない。またきわめて粗雑な表現ではあるが、これらの修正意見を通して言えると思われることは、元田の考えが、皇室をより尊重する傾向を、他の顧問官以上に強くあらわしているということであろう。これらの諸点は、今後もう少し深く分析してみたい。ともあれ今回は新史料の紹介に力点を置いた形での報告ということにしておきたい。

注

（1）稲田正次『明治憲法成立史』下巻、第二九章「皇室典範の起草」（有斐閣、一九六〇年）、同「明治十九年における皇室制規と帝室典則の起草」（『富士論叢』一八―二、一九七三年、後同氏『明治憲法成立史の研究』有斐閣、一九七九年に所収）。

（2）小嶋和司「帝室典則について―明治皇室典範制定初期史の研究」（柳瀬博士退職記念『行政行為と憲法』有斐閣、一九七二年）、同「明治皇室典範の起草過程―附典範義解の成立・公表事情―」（杉村先生古稀記念『公法学研究』有斐閣、一九七四年）。

（3）島善高「明治皇室典範制定史の基礎的考察」（『國學院大学紀要』二二、一九八四年三月）、『近代皇室制度の形成』（成文堂、一九九四年）。

（4）小林宏「皇位継承をめぐる井上毅の書簡について―明治皇室典範成立過程の一齣」（『國學院法学』一九―四、一九八二年二月）、「明治皇室典範における皇位継承法の成立―西欧法受容における律令法の意義に寄せて」（滝川政次郎博士米寿記念論集『律令制の諸問題』汲古書院、一九八四年）、「明治皇室典範制定史の一考察」（『國學院法学』二三―一、一九八五年九月）、「井上毅の女帝廃止論―皇室典範第一条の成立に関して―」（梧陰文庫研究会編『明治国家形成と井上毅』木鐸社、一九九二年）。

（5）このことについては、二冊を対象とした坂本一登書評（『史学雑誌』九六―一〇、一九八七年一〇月）に詳しい。参照のこと。

（6）沼田哲・元田竹彦編『元田永孚関係文書』（山川出版社、一九八五年）、同書解題を参照のこと。

（7）「『元田永孚関係文書補遺』並びに『元田永孚文書目録』」（『青山史学』一〇、一九八八年三月）なお同文書は、現在は、国会図書館憲政資料室所蔵文書となっている。
(8) 小嶋前掲「帝室典則について」。
(9)「三条家文書」(国立国会図書館憲政資料室蔵) 所収。
(10) 小嶋注(8)論文。
(11) 前掲「元田永孚文書」(国立国会図書館憲政資料室蔵、以下「元田文書」と略す) 書類の部一〇六―5。
(12) 前掲小嶋論文四四八～四六〇頁による。
(13) 同右、四六九頁。
(14) 小嶋前掲「明治皇室典範の起草過程」。
(15) 前掲「元田文書」一〇六―2。
(16) 小嶋前注(14)論文及び稲田前掲『明治憲法成立史』下巻による。
(17) 前掲「元田文書」一〇六―6。
(18) この議事録は、一九八四年より東京大学出版会から影印本として刊行された(以下では『議事録』一と略記する)。
(19) 前掲『議事録』一、一二三～一二四頁。
(20) 同右、一二六～一二七頁。
(21) 前掲「元田文書」一〇六―6。
(22) 諮詢案として当初は第五〇条であったが、審議のなかで削除条文が出ることにより、くり上げられた条数となっている。
(23) 前掲『議事録』一、一一四～一一五頁。
(24) 同右、一三五～一三六頁。
(25) 同右、一四〇頁。
(26) 同右、一二四～一二六頁。

第三章 「国教」論の成立・展開
――「教学大旨」から「教育勅語」へ――

一 再び明治十二年夏前後

第二部第二章で検討してきたところにおいて、元田永孚の憲法論（「国憲」論）が、国体論的乃至国教論的基盤の上に展開されたものであること、またそれが儒教的解釈をもとにして導き出された憲法理解であることを見て来たが、このような憲法論が、前に論及した「親政」運動の一環であったこと、即ち、(1)勤倹の詔勅の発布、(2)国民教化のための運動、(3)元老院改革と立憲制についての提言、の三つが、「天皇親政」のもとでなされることを目標とした運動であり、国民教化の問題は、狭義の教育問題にとどまらず、[1]「国憲」論と密接に関連するものとして構想されていたことも確認した。本章では、国民教化・「国教」論の提起について、その具体的内容を分析することになろう。[2]

明治十二年三月十日、「勤倹の御沙汰」書が発布された後、三月二十二日元田永孚から佐々木高行に宛てた書翰で、元田は次の如く述べている。即ち、

今般勤倹被仰出候旨、一統へ貫徹仕候に付ては、続て今一つ被仰出有之度義は、教学の御趣意にて、是以て昨年還幸後は懇々御沙汰有之事故、何卒一統へ被仰出有御座度奉存候、近年教学の風、自然本を捨て末に配(酏)せ候様成行、忠孝廉恥を忌候て、外飾の開化に流れ候様にて、皇国の本色を失し、叡慮に不為叶候間、向後忠孝を本とし、

礼義廉恥を重んじ、其上に広く知識をも研精致し候様との御趣意、何分御拡充有之度企望仕候、此儀は未だ被行候儀とは不存候へ共、先々為御含申上、試申候、県々の小学校には、今一つ別に御確論有之候。(3)……(傍点引用者)

というのである。つまり、勤倹のことが仰出された以上、次の課題である教学のことも仰出されるようにしたい。昨年御還幸後、懇々と御沙汰があったことなので、(4)是非ともそうしたいとの意欲が示され、更に、近年の教学の傾向は本末を誤っており、忠孝廉恥を排除し、外面を飾る開化に流れている状況で、皇国の本来あるべきところを失っており、それは天皇の意志にも沿っていないことである。これからの教育のあり方においては、忠孝を本とし礼儀廉恥を重んじ、その上に知識を研精するという、天皇の考えを拡充してゆく方向にもって行きたい。なお各県の小学校については別に考えられているところもあり、別に述べるようにしたい、というのであった。このような元田の発言内容は、先取りして言えば、すでに何らかの形で「教学大旨」の趣旨を構想していたように、見ることができる。

ところで先に進む前に、ここで少々当時の教育政策について触れておきたい。元田の考えは、教育政策への批判のみから発したものではないが、前述の如く天皇の現行教育政策批判があったこと、元田もその批判の内容については我が意を得たものとしていた以上、教育政策に目をむけておくことが必要かと思うのである。(5)

周知の如く、学制「被仰出書」(6)では、「自今以後一般ノ人民(華士族農工商及婦女子＝割注)必ズ邑ニ不学ノ戸ナク、家ニ不学ノ人ナカラシメン事ヲ期ス」と、四民平等・男女平等の国民皆学の方針を立言している。そこでは「学問ハ身ヲ立ルノ財本」とされ、「学問ハ士人以上ノ事トシ国家ノ為ニスト唱フル」事(つまり儒教的な教学観)は、「従来沿襲ノ弊」として否定された。このことは、人民を近代的国民として目覚めさせるという、啓蒙的・開明的立場を政府が有していること、また人民のすべてに教育を与えることが、国家にとって必要であると考えられていることなどが示されている。このような立場からの文教政策は、当時「三田の文部省」（即ち慶応義塾をさす）の影響下にあるとの評さえあったように、「学問ハ身ヲ立ルノ財本」という表現には、この「被仰出書」の半年前に出版された福沢諭吉の『学問のすゝめ』初編の影響があると言われており(7)、福沢の「一身独立して一国独立す」との認識が共有されていると言うこともできよう。その意味から「被仰出書」では、「一国独立」の前提となる「一身独立」が強調され、その個々人のための近代的教育制度の必要が説かれており、その延長上にストレートに「一国独立」が予定されているという、個人と国家の調和的関係が見出される(8)。

しかし自由民権運動の登場と、それが政府にとって無視できない脅威に成長していったことは、前述の個人―国家の関係を分裂させる危険を、特に政府上層部に感じさせることになった。つまり前述の如き文明開化（近代化）の方向を徹底させ、対外的独立を可能とする近代国家の形成と、その担い手としての近代的人間（主体）の創出という目的において、明治政府と自由民権運動とは、共通の課題に対する競合者という立場に立たされたということにもなった。たとえば植木枝盛が、「教育ハ自由ニセザル可カラズ」との論説(9)において、「全国民ヲシテ一様一体ノ精神ニ養成」し、「操《あやつり》人形」のようにしてしまう画一主義は「国家開明ノ最モ害トスル所」、つまり国家発展にとって最大の障害になるとして、「宜ク精神ノ異同ヲ養成シテ以テ独立ノ気象ヲ煥発ス可キ也」と述べ、文部省の縮小を提案し、教育の自主性を求めている。

このような発想が「学問のすゝめ」や学制「被仰出書」から発展したものであったとすれば、明治政府としては民権運動に対抗して改めて自分たちの側に国民をひきつけてゆくべき試みを為さねばならなくなる。そしてそのような試みが、政治と教育の場において強く意識され、実践されてゆくことになる。政府部内において、立憲制の構想と教育政策の修正、「徳育」論・「国教」論の提起が、明治十年代に入って強まったことは偶然ではないし、まさにこのことを強く認識し、活動を強めていたのが元田たちであったと言うことができる。

以上のような流れに促されて、教育政策の修正、即ち「学制」の改正が具体的日程に上ってきたのが、明治十一年から十二年のことであった。明治十一年五月、文部大輔田中不二麿により「日本教育令」（案）が起草され閣議にかけられた。(10)これは伊藤参議のもとで翌年二月に修正が加えられ、「教育令」として起草され、同年四月二十二日元老院に付議され審議されることとなった。元老院では五月二十日の第一読会から六月二十五日の第三読会にいたるまで七回の審議を経て若干の修正をうけ、七月八日に元老院から太政官に上奏された。ところがこれが太政官布告第四〇号「教育令」として公布されたのは九月二十九日であった。注意すべきことは、上述の教育令の元老院での審議から公布に至る四月から九月という時期は、(11)前述した侍補たちによる天皇親政運動が展開されていた時期と重なること、更には元田による立憲制についての奏議がなされ、また侍補たち（特に元田）によって「万機御親裁ノ際ノ御沙汰」（案）が作成され、大臣・参議へ働きかけて発布させようとの運動が行われた期間とも重なっており、そしてまさに教育本旨に関する提案が、形をかえて、「教学大旨」となって具体化される時期にも重なっているということである。更にここで注目されるのは、七月八日に元老院から太政官に上奏されていた「教育令」が、九月二十九日迄二ヵ月半以上も発布が遅れていたことであり、しかもこの期間に「教学大旨」が出されたということは、決して偶然ではあり得なかったということである。元老院での審議の経過はどのようであったか、またその後の二ヵ月半にはどのようなことがあったのか、行論の本筋からはややずれていく感もするが、「教学大旨」が出される経過との関わりで、先行研究に拠りながら概観しておきたい。(12)

さて元老院での審議において、政府案に対して批判したのは佐野常民であったという。佐野は原案第三条が「小学校ハ普通ノ教育ヲ児童ニ授クル所ニシテ、其学科ヲ読書習字算術地理歴史修身等ノ初歩トス」となっているのに対して、「本条修身ノ字ヲ課程ノ冒頭ニ置キ竝ニ作文ノ二字ヲ挿入セント欲ス」と批判し、更には「夫レ修身ノ学ニ於ケルヤ畢生守ラサル可ラサルモノニシテ、幼時ニ在テ固ヨリ之ヲ教ヘサル可ラス」と、道徳教育の重視を強調した。しかしこの佐野の修正意見は否決された。このことだけで論ずるのはいささか論拠不十分ではあるが、「教育令」の制定において、政府は教育内容・理念についての修正はあまり考えていなかったように思われる。つまり道徳教育の重要性を前面におし出す必要は感じていないということである。それは「教育令」の制定が、政府においては制度面・行政面での問題点の改正に力点を置いていたことになると思われるのである。(13)

このような元老院での佐野の反対意見の内容は、元田などの考え方に近いと評することができよう。少くとも元老院会議の最終段階において、佐野と侍補グループとの間には連携が成立している。明治十二年六月二十五日付佐々木高行宛書翰で、吉井友実は、「教育令一条、佐野へ引合の旨も有之候間、夫形りにも難致置訳に付、明日聖上幷両大臣へも御一同建言致し度、御差閊へ無之候はゞ、御参朝可被下候……」と述べており、反対運動が元老院から侍補たちの手に移っていることを見ることができる。(14)その後の過程で、前述の如く議定された「教育令」への天皇の裁可が求められたが、裁可がないという状況が続くのである。おそらく天皇は元田の意見を聞いて、裁可を留保したのではなかろうか。同年七月二十八日の元田の佐々木宛書翰中に、(15)「……昼前迂生を御前に被為召候、教育の一条、先頃来の御趣意、尚御沙汰被為在、(中略)就て、右大臣より言上の件々も、御内沙汰を蒙り候次第にて……」とあり、「中略」とした部分には佐々木が「高行曰く、教育の義は兼々思召も被為在候御事にて、元田と毎度申し談じ、御国体より割出し、忠孝の道を基礎とせざれば、向来可恐人心と可相成と、其辺ハ聖上にも段々思召被為在、誠に難有御事也」との注を付している。これらのことからして、この頃(十二年夏、八月頃か)天皇から元田に対して教学大旨の起草が命ぜられたのではなかろうか。(16)もっとも元田は、前述の如く三月頃からこの構想を有していたのである。

以上の如く、明治十二年夏前後には、教育政策についても同時並行的に問題が起こっていたと言うことができる。かくして、明治十二年八月に至り「教学大旨」並びに「小学条目二件」がまず成立するのである。

二　「教学大旨」と「教育議」——元田と伊藤の論争をめぐって——

1　「教学大旨」のメッセージ

その「教学大旨」の全文を左に掲げる(17)。

教学ノ要仁義忠孝ヲ明カニシテ知識才芸ヲ究メ以テ人道ヲ尽スハ我祖訓国典ノ大旨上下一般ノ教トスル所ナリ然ルニ輓近専ラ知識才芸ノミヲ尚トヒ文明開化ノ末ニ馳セ品行ヲ破リ風俗ヲ傷フ者少ナカラス然ル所以ノ者ハ維新ノ始首トシテ陋習ヲ破リ知識ヲ世界ニ広ムルノ卓見ヲ以テ一時西洋ノ所長ヲ取リ日新ノ効ヲ奏スト雖トモ其流弊仁義忠孝ヲ後ニシ徒ニ洋風是競フニ於テハ将来ノ恐ル、所終ニ君臣父子ノ大義ヲ知ラサルニ至ランモ測ル可カラス是我邦教学ノ本意ニ非サル也故ニ自今以往祖宗ノ訓典ニ基ツキ専ラ仁義忠孝ヲ明カニシ道徳ノ学ハ孔子ヲ主トシテ人々誠実品行ヲ尚トヒ然ル上各科ノ学ハ其才器ニ随テ益々長進シ道徳才芸本末全備シテ大中至正ノ教学天下ニ布満セシメハ我邦独立ノ精神ニ於テ宇内ニ恥ル事無カル可シ

まず教学の要は、仁義忠孝を明かにして、ついで智識才芸を究めることにあるとし、これによって人道を尽すことになるとの基本が示される。仁義忠孝＝道徳と知識才芸＝知識との二つを挙げて道徳を根本であるとする。道徳と知識とのこの順序は、全体にかかわる価値の順序、「本末」の順として挙げられ、基本とされる。このような考え方は、

「我祖訓国典ノ大旨」と「上下一般ノ教トスル所」、つまり道徳に重きを置く考えが、伝統思想によって基礎づけられていることなのである。

その上で「教学大旨」は教育の現状についての批判を展開する。すなわち現行の教育における「知識才芸」の重視が、「文明開化ノ末」に走り、道徳を軽く見て「品行ヲ破リ風俗ヲ傷フ者」を多くしていると指摘し、それを西欧化政策の結果であると論じ、「仁義忠孝ヲ後ニシ、徒ニ洋風是競フ」と、当時の状況を強く批判するのである。とは言え、元田は維新以来の開明策について「知識ヲ世界ニ広ムルノ卓見」であり、「西洋ノ所長ヲ取リ日新ノ効ヲ奏ス」と述べているように、西洋の文物の全面否定という立場とは一線を画している。[18] そしてその上で「道徳才芸本末全備」する「大中至正ノ教学」を布かねばならないと述べるのである。そこには明らかに「道徳」=「本」、「（知識）才芸」=「末」という儒教的「本末」論の立場が示されている。「才芸」=「末」の領域では西洋化=文明開化を認め、「道徳」=「本」においては「仁義忠孝」=「君臣父子ノ大義」を守り通すということになる。[19] この「大中至正ノ教学」を守り広めることが、「我邦独立ノ精神」、すなわち民族的独自性を堅持することになるのであり、その際の拠りどころとされるのが、「祖宗ノ訓典」と「道徳ノ学」としての儒教であった（国教主義の立場）。

次の「小学条目二件」は、小学校教育の現状に対する具体的な改革要求であった。まず第一においては、あらゆる人間に本来備わっている「仁義忠孝ノ心」を、「其幼少ノ始ニ其脳髄ニ感覚セシメテ培養スル」必要を述べ、初等教育における徳育的要素の重要性を力説し、更に「当世小学校ニテ絵図ノ設ケアルニ準シ、古今ノ忠臣義士孝子節婦ノ画像写真ヲ掲ケ、幼年生入校ノ始ニ先ツ此画像ヲ示シ……忠孝ノ大義ヲ第一ニ脳髄ニ感覚セシメン事ヲ要ス」と、その具体的教授方法にまで説き及んでいることが注目される。[20] 次に第二として、まず「去秋各県ノ学校ヲ巡覧シ、親シク生徒ノ芸業ヲ験」した折の感想（「農商ノ子弟ニシテ其説ク所多クハ高尚ノ空論ノミ、甚キニ至テハ善ク洋語ヲ言フト雖トモ、之ヲ邦語ニ訳スル事能ハス」と述べている[21]にもとづいて、学校教育の実状を批判している。そして学校生徒の学ぶところが「高尚ノ空論」にむかっており、それでは学校を了えたあとも何の役にも立たないばかりか、更には「其博聞ニ誇リ長上ヲ侮リ、県官ノ妨害トナル」ことさえ現れている。これらは「皆教学ノ其道ヲ得」ていないところから来るものであるとして、学科は「高尚ニ馳セス実地ニ基」づくようにすべきであると説いている。

以上の如く、「教学大旨」「小学条目二件」は、維新以来の啓蒙主義的思潮と、それに基礎を置いていた「学制」による教育制度と教育内容、さらには自由民権運動の展開等に対する伝統的教学（儒教主義）の立場からの反対を示す強力なメッセージであると言えよう。

2　「教育議」―伊藤の反論―

前項においては元田永孚による「教学大旨」の内容を検討したわけだが、その起草が行われた（と思われる）八月末頃、内閣においては文部卿の新任問題が課題となっていた。当時は卿が置かれておらず、文部大輔田中不二麿[22]が文部行政を担当していたが、彼については、既述のところからも知られるように、天皇や侍補たちからは、アメリカ流の教育主義を執っているとして嫌われていたようである。内閣ではこのような状況において、外務卿であった寺島宗則を文部卿に転任させることを決めた[23]が、実際には寺島がすぐに文部卿を引き受けるかどうかについて、はっきりした見通しがあった訳でもない様であった。更に「……寺島之様子精々早ク相分リ候様有之度……昨日土方面会、佐々木之模様尋候処、文部ニ被仰付候ハハ可然申居候、左スレハ過日ノ御内意モ或ハ源因アル事歟ト邪推仕候、是又一之難件ト存候」という三条実美の岩倉具視宛の書翰[24]が語る如く、三条は、天皇や侍補達が佐々木高行を文部卿にとの意向であったことを、大変気にしており、その点からも寺島の意向を早く知りたい、と述べているのであろう。このことから考えても、寺島文部卿転任はかなりデリケートな問題であったらしいことがわかる。結果として、寺島は同月二十八日、文部卿転任を内諾し、外務卿には井上馨が就任することとなった。

寺島の就任に際して、天皇から、

一、兼而思召之廉元田ニ調筆被仰付教育御目的ニ紙①
一、過日御沙汰ニヨリ伊藤調筆教育見込一紙②
一、元老院議定済教育令一冊③
（注①〜③の番号は引用者が付したもの）

の三点を「寺島え御渡シ」になる様にとの、岩倉の天皇にあてた奏議[25]にあるように、天皇親政の立場に沿って、①②③の三点を下賜させることが実行されることになった。ここで注意すべきは、史料中の①が前述した「教学大旨」であることである。九月になってからと思われる頃、岩倉あたりの考えに沿って、天皇は伊藤博文を召し、「教学大旨」を示して伊藤の考えを問うた。伊藤はその後直ちに「教育議」を以て奉答し、「教学大旨」に反論した。史料中の②がこれであることは明らかであろう。[26]

以上の如き経過の中で成立した「教育議」は、ではどのような考えを示しているのであろうか。

「教育議」もまた当時の世相を「礼譲地ニ墜チ、倫理漸ク衰」うという「制行ノ敗レ」と、「人心ヲ扇動シ、国体ヲ破壊」し「禍乱ヲ醸成シ以テ快ト為ス」「言論ノ敗レ」の二つの現象を、「風俗ノ弊ニ外ナラス」と認めている。しかしこれには「由テ来ル所アリ」として、その原因を、開国・維新・文明開化という社会の一大変化、「世変ノ余ニ出ツ」るもの、というところに求め、従って「是ヲ以テ偏ニ維新以後教育其道ヲ得サルノ致ス所ト為スヘカラス」と、維新以来の教育の結果に責任を帰することに反対している。「弊端ノ原因ハ既ニ専ラ教育ノ失ニ非ス」との立場から、教育は「弊端」を療する「間接ノ薬石」であり、長時間の「涵養」が必要であり、「以テ速効ヲ求ムヘカラス」というのである。

従ってこのような考え方によれば、世相悪化の原因をもっぱら「本末」を誤った教育のあり方の中に求め、したがって「風俗ノ弊」を救うためには、「専ラ仁義忠孝ヲ明カニシ、道徳ノ学ハ孔子ヲ主トシテ」とした「教学大旨」の主張は、受け入れられ難いものとなる。それどころか元田のような考え方は「旧時ノ陋習ヲ回護スル」ものであり、「甚タ宏遠ノ大計ニ非サル」ものとして強く否定されねばならない。更には、「古今ヲ折衷シ、経典ヲ斟酌シ、一ノ国教ヲ建立」して実行するのは「賢哲」の任であり、「政府ノ宜シク管制スヘキ」事柄ではないと、「国教」を否定する政教分離の立場を示しており、「教学大旨」の主張はますます受け容れられないものである。

なおこの点について元田は特に強く反発しており、「教育議」への反論として執筆した「教育議附議」において、[27]国教を建立して世に行うといったようなことは「賢哲」その人あるを待つと、「教育議」は述べているが、「抑其人アルトハ誰ヲ指シ云歟、今聖上陛下、君ト為リ、師ト為ルノ御天職ニシテ、内閣亦其人アリ」と、天皇による教育親裁を強く主張し、「国教ナル者、亦新タニ建ルニ非ス、祖訓ヲ敬承シテ之ヲ闡明ニスルニ在ルノミ」であり、日本では天孫以降、天祖を敬するの誠心が凝り固まっており、儒教がこれに加わり「祭政教学一致、仁義忠孝」一に帰しておることは、歴史上明証があるのだから、「今日ノ国教他ナシ、亦其古ニ復セン而已」であると強調しているところであった。このように儒教の政教一致の理念と、「祖宗ノ訓典」に依拠した「国教」の樹立は、元田の一貫した主張であった。

更に「教育議」においては、「漢学」(儒教)について、儒教の「治国平天下」の学としての側面が、西洋の思想・理論の吸収の上でも機能して、「政談ノ徒」を生むことになっていると批判し、[28]青年子弟を「政談」―つまりここでは自由民権運動と認識されている—から切り離すには、「工芸技術百科ノ学ヲ広メ」ることが必要であるとしている。民権運動の盛行に対して、「教学大旨」が「仁義忠孝」＝儒教の強調により対抗しようとしているのに対して、「教育議」は、このように「工芸技術百科ノ学ヲ広メ」ることで「浮薄激昂ノ習ヲ暗消セシ」めねばならない。というのも「科学ハ実ニ政談ト消長ヲ相為ス者」だから、という開明策を提示している。

さて「教育議」はこのように「教学大旨」の現状認識や国教主義を否定し、反対していることは明らかであるが、その「教育議」にしても、維新以来の教育のあり方を全面肯定していたわけではなく、「学制」頒布以来「其興立日浅ク、或ハ形相ニ失シテ精神ニ欠キ、其末ニ馳セテ其本ヲ遺ス者アリ」と、「教学大旨」の指摘する状況を認めている。しかし「其教則ハ略ホ現行ノ法ニ依リ」と述べ、「学制」以来の開明教育路線（この時上奏されていた「教育令」にも基本的に継承されている）を根本的に変更することは拒否し、その上で教育の改良策について、「倫理風俗」に係る「読本」の選択への留意や、「教官訓条」の施行など、教科書の扱いや教官取締りの強化といった方策を示すことで対応しようとしていたのである。

以上見てきたように、伊藤の考え方（実は前述の如く下書きを行っていた井上毅の考え方でもあった）が、元田に対する「反対」の上奏であることは明らかである。だが事柄は、単なる「反対」では済まない、もう少し原理的な問題を含んでいるのではないだろうか。つまり「教学大旨」が、元田の（そしておそらくは天皇の）有している理念的・思想的基盤から発されていたことに対して、伊藤の「教育議」は、理念的・思想的に対置し得る如何なるものを有していたか、という問題はないだろうか。一つには前述した如く伊藤は「教学大旨」の指摘する「風俗ノ弊」が今日存在することを認めながらも、それは近代国家の建設にあたって止むを得ず生み出されるもの、「必要悪」として認識せざるを得ず、基本的には「学制」以降の教育政策の展開を肯定していた。ところで一方で元田と伊藤との共通認識となっている

「風俗ノ弊」が、「長上ヲ侮リ県官ノ妨害」をなす（「小学条目二件」）ものであったり、「欧洲過激政党ノ論」（「教育議」）に影響されるものであったりすることが示しているように、問題とされるのは、単に教育上の問題にとどまらず、政治のあり方、もしくは政治と教育との関係にかかわる問題なのであった。元田がこの問題を提起したのは、政治と社会のあり方に対する批判の一環としてであった。したがって、これに対する伊藤の反駁が、既述してきたように、教育政策の誤りにその原因があるのではなく、維新以来の政治的社会的変動にあるというだけでは、実は反論としては十分ではない。「風俗ノ弊」は否定されねばならないが、「其勢已ムヲ得サル者」という以上の全面的否定をすることは、それを生み出した政府の政策総てと、その一部をなす教育政策について、自己否定をしなければならなくなるのであった。

3 「論争」の「解決」―福沢諭吉「徳育如何」を媒介に―

以上見てきたような元田と伊藤の教育をめぐる論争は、どのように「解決」できるだろうか。そのことを考えるため、もう一つの比較対象を導入してみたい。それは福沢諭吉の教育論である『徳育如何』『徳育余論』を一寸だけだが検討してみることで試みたい。(29)

その前に明治十二年夏のこの教育政策の展開のその後の経過をまず見ておくことにする。既述したように十二年九月二十九日、天皇は文部卿寺島宗則を召し、「教学大旨」と「教育議」とを、「教育令」と共に下付した。天皇は更に元田に「教育議」を示し、元田はそれを筆写し、更に反論としての「教育議附議」を草したのであった。「教育議」が「教学大旨」と同時に文部卿に下賜されたということは、両者が同等に扱われたということにもなり、元田にとっては或はがっかりさせられることであったと思われる。(30) また同年十月に侍補職が廃止されたことも既に述べたところである。しかし教育政策について見れば、その後「教育議」も同意した教科書・教員の取り締りがはかられた。即ち十三年八月、小学校の修身教科書が改められた。明治初年に文部省自らが印行して普及に努めたウェーランド原著の阿部泰蔵訳『修身論』、大井謙吉訳『威氏修身学』の二つをはじめとして、福沢諭吉の諸書、加藤弘之の諸書、フィセリング述の津田真一郎訳、など大きな啓蒙的役割を果した諸書が追放されたのであった。そして十三年に文部省編輯局印行の西村茂樹選録とされる「小学修身訓」巻上下と題する修身教科書が現れたのである。次に十三年十二月改正「教育令」において、第三条が「其学科ヲ修身読書習字算術地理歴史等ノ初歩トス」と、「修身」が学科の筆頭に位置づけるように改められたのである(31)。この改正は天皇の意向によって行われたことがはっきりしており、元田の影響下、天皇の意志にもとづく道徳教育尊重の主義をあらわした、と言うことができる。更に翌年五月「小学校教則綱領」において、修身は儒教主義に依ることが明記された。また元田は十二年夏から、天皇の命によって「教育ノ一書ヲ編纂することとなり、「道徳彝倫ニ本ツキ、一篇ノ綱領ヲ立テ」、編纂に尽力したと言う。即ち「幼学綱要」の成立である。これは、孝行・忠節・立志等々儒教の徳目を立て「経語幷和漢歴史ノ材料ヲ集メ……余カ筆録スル所ナリ。十二年ノ夏起稿シ十三年ヲ経、十四年夏ニ至テ書成ル、序文ハ余カ撰スル所」であるという。刊行は十五年となった。そして皇族・大官・宮中勅任官・学習院へ賜わり、十五年十二月には地方官を召して賜わり、更に願出により公立学校、奏任官以下にまでも賜わる様にしたというのである(32)。

以上の事柄は「教学大旨」の趣旨に沿った施策であると言うことが出来、教育における儒教主義の復活とも評される出来事であった。しかしこれらは、修身科において顕著に実行されたことであった、ということにも注意しておくべきである。

さて以上のような経過を前提として踏まえたところで、福沢諭吉の『徳育如何』『徳育余論』が著わされた。この論旨を見ることで、我々は前述した元田と伊藤の対立の意味をもう少し深く理解できると思うのである。

福沢はその徳育論義の出発点、現状認識として、当時の青年子弟が「上を敬せずして不遜なり、漫に政治を談じて軽躁なり」[33]という状況を憂い、それが「開進ノ風」に伴う「弊風」であると認めつつも（この点では「教学大旨」や「教育議」の認識と同じである）、しかしその原因を「独り学校の教育に帰」[34]する態度には与せず、またその解決策として「専ら道徳の旨を奨励する其方便として周公孔子の道を説き漢土聖人の教を以て徳育の根本に立て、一切の人事を制御せんとする」[35]こと、即ち教育への儒教主義の導入に対しては厳しく批判している。何故なら福沢の見るところでは、その原因が教育施策の誤りにあるのではなく、開国から維新によってもたらされた明治年間の「公議輿論」のあり方に真の原因があるからである。つまり維新変革が社会の編成を根本から変えてしまった（＝旧身分秩序や旧道徳観念は崩壊してしまった）という認識が福沢にはある。要するに福沢は、儒教主義の復活を、「旧時ノ陋習ヲ回護スル」として厳しく批判した「教育議」と同じ立場に立っている。しかし「弊風」への具体的対策ということになると、福沢は青年子弟の「不遜軽躁」の原因を文部省の「学制」には求めず（この点は「教育議」の認識と同じ）、又教師の「不徳」、教科書の「不経」をも咎めず（この点は「教育議」ともちがっている）、「是等は皆事の近因」[36]であるとする。更に「徳育の一点に至りては学校教育のよく左右す可きものに非ず」[37]、つまり徳育を学校教育で行うことは無理である、としている点では特異である。福沢は「今日の徳教は輿論に従て自主独立の旨に変ず可き時節なれば、周公孔子の教も亦自主独立論の中に包羅して、之を利用せんと欲するのみ、今の世態果して不遜軽躁に堪へざる歟、自主独立の精神に乏しきが故なり」[38]と述べているように、「自主独立の精神」の乏しさを指摘し、更に道徳の次元でも「自主独立」の個人（即ち近代的個人）という理念を支えとして、「開進の風」を積極的に肯定していたのである。

この点を伊藤の立場と比較してみると、伊藤（や井上毅）にとっては、「道徳」という次元においては、元田的立場にも福沢的立場にも立てないことが示されていること、更に言えば福沢的立場は自由民権派に通じるものとして、むしろ伊藤（井上）にとっては対立するものと認識されるため[39]、打開の方向は元田的立場にむけて求めざるを得なくなることを示唆しているように思われる。勿論「教育議」においては、そこまで明瞭に述べられているわけではないが、このことを考慮して読み直してみると、「教育議」が「政府深ク意ヲ留ムヘキ所ノ者、歴史文学慣習言語ハ、国体ヲ組織スルノ元素ナリ、宜シク之ヲ愛護スヘクシテ、之ヲ混乱シ及ヒ之ヲ残破スルコトアルヘカラス」と述べて、民族的独自性・歴史的特殊性＝「国体」の問題を、「歴史文学慣習言語」に求めている点に気付く。「教学大旨」とはちがうニュアンスを示しながらも、「国体」論に道を開いているかのように見られる、とするのは読み込み過ぎであろうか。

以上いささか煩雑になるほど、福沢まで動員しながら、「教学大旨」と「教育議」における両者の主張を検討してみたが、この論争・対立において、「教育議」（伊藤・井上）は、「教学大旨」（元田）の国教樹立論に反対し、儒教主義による教育改革にも同意せず、国教主義的国体論（「祖宗ノ訓典」を根拠に、天皇は本を創造した神の子孫であり、神からその統治権を与えられ、「万世一系」日本を統治するのであり、それが日本の「国体」である、とする考え方）とも距離を置いていることが示された。この時期における伊藤の立場が、法律制度の創出と整備とを、西洋的立憲制の方向で行うというものであったとするならば、「国憲」論、「国教」論共に、明治十二年における元田・伊藤の対立は当然であったと言えよう。

おわりに代えて――「国教」論から「教育勅語」への道程――

以上見てきたように、明治十二年夏は、元田永孚にとっては、その「天皇親政」運動の展開の中で、特に「国憲」

論と「国教」論の主張の実現・実行のための活動が盛んに行われた時であった。本章は元田の「教学大旨」起草と、天皇による伊藤への下賜、伊藤による反論としての「教育議」上奏、「教学大旨」と「教育議」とが抱きあわせのようにして寺島文部卿へ下付された経過を中心に見て来た。この経過は元田の側から見れば、実質的には彼の意見＝「国教」の実現が否定されたことになるのだが、以下の事実の展開を見るに元田は猶実現をあきらめていなかったのではと思われるのである。即ち、まず元田永孚の明治十五年一月〜二月の日記を見ると、例えば一月三十日に「以書郵送福岡文部卿議大学校中置明典達徳之二学部之称名」(40)と、大学校中に明典達徳の二学部設置を建言した。これは受け入れられなかったが、その代りにとでも言う如く、同年五月東京大学文学部に古典講習科が附設され、国典・漢籍を生徒に専修させることになった。また同じ年二月二日には「十時参内会岩倉右大臣於内閣談教育改良之条及綱要之主義右大臣借与文部省書類聴内検」(41)とあり、岩倉と教育改良の事柄を論じ、更に同じ二月二十日「十時参内皇上御前親喩文部省教育条件改正之事及内閣機務」、二十一日「午後三時奉内旨之福岡文部卿邸卿有病就床上伝内勅卿謹而奉勅旨政談移時簿（ママ）暮帰邸」、二十二日「十時参内皇上親喩機務謹稟旨且奏福岡文部卿奉旨之条」、二十四日「十時参内御前奏文部卿稟旨之事」(42)という一連の記事に見られる如く、元田は天皇の内勅を奉じて福岡文部卿に伝えた経過など、まだまだ教育政策への関心は強く、関与もなされている。また一方では前述して来た十二〜十三年における教育政策、特に修身科・道徳教育への天皇（元田）の介入とも評される事柄、更には十四年の「幼学綱要」の成立などに関心のあり処を見ることができる。「国教」の確立については、前章で検討したように、元田は十二年の元老院の第二次国憲案への修正案をひそかに作成し、その中で、皇帝は立教の権を統ぶ、国民は皇帝を尊親し、国教を奉守し国憲を確信するの義務を有す、国民は各自に信仰する所の宗旨を奉ずること自由なりとす、然れども国教に妨害をなすはこれを禁ず、など、「国教」に関する規定を設けていた(43)。更に十三年九月三十日頃「国憲大綱」を天皇に奉呈したようであるが、その中に「一、国教ハ仁義礼譲忠孝正直ヲ以テ主義トス、君民上下政憲法律此主義ヲ離ル、コトヲ得ス。一、天皇ハ全国治教ノ権ヲ統フ」との条文を掲げていた。(44) 元田においては「国憲」は「国教」と一体に理解されていたのである。

しかし政府が元田の意見を採用することはなかった。明治十四年六月岩倉具視が井上毅に起草させた憲法の「綱領」の中にも、むろん天皇の「治教の権」などは認められてはいなかったのである。(45)

元田はその後も国教論を保持し続けていた。それを示すものが「明治十七年甲申八月」の日付をもち「此書吉井宮内大輔ニ呈シテ之ヲ伝達ス後参内シテ宮内卿ニ面会ス」との書き込みがある「宗教意見書草稿　国教ニ付伊藤宮内卿え贈書草稿　元田永孚」との書類である。(46) それを見ると、元田は猶も伊藤を説得しようと考え、更には伊藤を説得できなくとも、元田がこれまで行っていた道徳教育についての努力とその地点をあくまで確保することを考えた如くである。(47) また同じ頃、元田は簡約した国教についての意見書を作成して、吉井を通して三条太政大臣にも提出したのである。(48)

この国教論の内容を簡単にまとめるならば次の如くであろうか。(49) 即ち「吾之所謂天祖を奉ずるとは……其の徳を奉ずる也……天祖之徳は智仁勇にして賦いて人心之神府に在り……人々之固有する所」であるから、これを発揮して、「身を修め国を治め天下を平らかにすること、乃ち以て我天祖ニ奉ずる所也」というのである。これが国教の内容であるが、それは「孔子の教」「孔子の道徳」に他ならないし、「天祖の遺訓」を守ることである。このように天祖の遺訓を奉じて忠孝の道徳を実践せしめるための、天皇を最高の師とする国の教育体制を実現しなければならないというのである。このような「国教」論は、いわゆる純粋朱子学に拠る道徳主義だけではなく、それに「天祖の遺訓」即ち「国体論」をあわせた考え方であったと言うことはできるであろう。そして少くとも「国教」論に関する限り、元田は一貫して保持し続けていたと言うこともできる。

さて一方伊藤の命で「教育議」草案を起草した井上毅の考え方や立場はどのようであったであろうか。井上には、「教育議」起草後見逃すことができない思想的変化を、明治十四年以後に見出すことが出来る。それは第二部第二章の「国憲」論の問題とも連動しているが、明治十四年政変が井上に与えた影響は多大であった(50)。

井上は政変直後の十四年十一月に著した「人心教導意見案(51)」（「十四年進大臣」）において、「第四、漢学ヲ勧ム」として、維新以来の西欧思想の流入が、わが国に「革命ノ精神」を広めているという事態に対し、「忠愛恭順ノ道」を教えていく上で「漢学ヨリ切ナル者ハアラズ」、つまり「漢学」の効用は大きいと述べている。「教育議」において、「漢学」は「政談ノ徒」を生むと、否定的評価をしていた井上は、ここでは「忠愛恭順ノ道」を教えるに最適であると評価を変えている。これは一見矛盾のようであるが、井上にとっては必ずしもそうではない。つまりこの変化の理由は一つにはこの意見書が、民権運動の高まりに対しそれを抑えるための施策（人心教導）として考えられているという目的の違いによるのである。「教育議」では元田の説く「仁義忠孝」を直接否定していたわけではなかったことも考慮する必要があろう。

さらに井上は、同時期に書いたと思われる「儒教ヲ存ス(52)」においては、より積極的な儒教評価を行っている。そこでは儒教の政教一致を高く評価し、「今日ニ在テ広ク万国ノ長短ヲ鑑ミ、治具・民法・農工百般ハ、之ヲ西洋ニ取リ……又倫理名教ノ事ニ至テハ……古典国籍ヲ以テ父トシ、儒教ヲ以テ師トシ……学庸論孟ノ書ヲ以テ令典ニ著シ、学校普通ノ教トシ……経義ヲ斟酌シテ、国文ヲ以テ平易ノ小学書ヲ作リ、普通初歩ノ書トシ、略々義理ヲ教フベシ」（文中傍点引用者）と述べている。この井上の立場は、元田が「自今以往、祖宗ノ訓典ニ基ツキ、専ラ仁義忠孝ヲ明カニシ、道徳ノ学ハ孔子ヲ主」とせよとした「教学大旨」の立場と同一と言ってよいであろう。つまり明治十二年夏の「教学大旨」「教育議」論争における、元田・伊藤（井上）の対立は、儒教主義という点において道徳思想的に共通性を有することによって解消したと言うことができる。ただより細かく見てみると、井上と元田の儒教主義には、なお違いも存在する。それは井上が儒教には「官府ノ外ニ僧府ナキ」（「儒教ヲ存ス」）ことを挙げて、その「政教一致」を評価している点に見出される。井上の場合は、政治における政治的権力（「官府」）による統一として、法治主義の立場からなされた「政教一致」評価である。一方元田の「政教一致」は、王道論的立場による徳治主義の理想が一貫して存在し、儒教道徳はいわば政治の精神であり、目的であった。この点原理的な相違とも言えようが、しかし明治十二年の対立とこの明治十四年とを比べると、この両者の接近には驚かされる。

この接近について、特に井上の側における変化をもたらしたものは、明治十二年以降の井上の政治的立場・役割の変化と、それに伴う思想的変化に由来すると考えられる。すなわち、本来ならば詳論しなければならないのだが、結論だけ述べるならば凡そ次の如くかと思われる。すなわち井上は十四年政変に先立つ同年六月を中心に、多くの憲法意見を書いており(53)、その中でプロシア型憲法の採用と、欽定憲法の方針の採用とを主張し、伊藤のもとでの憲法草案作成に尽力していくことにまず関係する。特に「欽定」方針の採用における理論的根拠として、井上は「国体」、即ち「万世一系」的「国体論」の導入に拠る他なくなっていたのであった。

このようにして、井上における儒学評価の元田への接近と、憲法制定方針における「国体論」の導入、とは井上を元田に近づけることになるのである。ここから「教育勅語」への道のりは、遠いようで近くもなった。元田の主張し続けている「国教」論の導入が、帝国憲法と教育勅語に重ねられる限り、元田の立場への井上の妥協（あるいは屈服）が、教育勅語を生むことになるのである(54)。

注

（1）というのは、狭義の教育問題が無関係であり、無視しても差支えないということでは勿論ない。むしろ具体的には教育問題に発するると言うべきであろう。

（2）本章のラフ・スケッチ的先行論文は、拙稿「近代教育思潮の流れ」（安田元久監修『歴史教育と歴史学』〈山川出版社、一九九一〉三三～四四頁）である。

（3）東京大学史料編纂所『保古飛呂比　佐々木高行日記』（八〈東京大学出版会、一九七六年〉二七一～二七二頁以下、『保古飛呂比』と略す）。なお本書第二部第二章第一節を参照されたい。

（4）元田永孚「古稀之記」（元田竹彦・海後宗臣編『元田永孚文書』一〈元田文書研究会、一九六九年〉、以下「古稀之記」、一七六～一七七頁）。ここでの天皇の発言内容が元田の考えを殆んど反映したものであったこと、天皇による教育の現状批判としてきわめて重大な意味をもつものであったことを想起する必要がある。本書第二部第一章、第二章でも触れたところである。

（5）その際次の如き天皇の発言にも注意しておきたい。即ち①「是の歳（引用者注、明治十二年）四月十六日具視及び高行の御前に候するや、教育の事たる実に専要にして、漢学者にても可ならず、勤王家にても然るべからず、福沢諭吉・加藤弘之等の如き洋学者亦注意せざるべからずと垂諭したまへり」、②「又五月七日具視謁を賜はりて、或者の上れる共和政治の建言を朗読し、而して益々天職を尽させられんことを奏上せるに、政府の執る所公平ならざるべからず、且最も緊切なるは教育なりとす、……と上諭あらせらる」（以上、宮内庁『明治天皇紀』第四〈吉川弘文館、一九七〇年〉七五七～七五八頁）といった具体的発言がある。

（6）明治五年八月二日太政官布告。

（7）このことについては、例えば稲田正次『教育勅語成立過程の研究』（〈講談社、一九七一年〉二二一～二二四頁）参照。

（8）それがそのままに政府の確乎とした政策であったというより、当初は文明開化・西欧文明の導入政策の教育におけるあらわれであったと言うこともできる。教科書なども試行的状況にあったことも事実である（稲田前掲書一六～二六頁の「啓蒙的修身教科書」についての指摘、及び海後宗臣『教育勅語成立史研究』〈『海後宗臣著作集』一〇、東京書籍、一九八一年〉一一七～一一八頁、を参照）。

（9）明治十三年十月二十二日、『愛国新誌』一〇号（『植木枝盛集』第三巻〈岩波書店、一九九〇年〉一九三～一九五頁）。

（10）以下の経過等については、主として稲田前掲書、四一頁以下に拠っている。

(11) 以下の事柄については主として第二部第二章で検討したところである。
(12) 以下の点については稲田前掲書、四一頁。
(13) 「該教育令は主として亜米利加合衆国の制度に拠れるものにして、之れを学制に比すれば著しく自由主義を採り、地方の事情に適合せしめんとするを以て其の眼目と為す」というのが、他でもない『明治天皇紀』による評価である（明治十二年九月二十九日条、巻四、七六六頁）。「地方の事情に適合せし」めるということ、即ち制度面の自由主義ということである。
(14) 前掲『保古飛呂比』八、三〇一頁。
また前引の『明治天皇紀』では「教育令草案の元老院に於て議せらる、際、議官佐野常民・文部大書記官兼太政官大書記官九鬼隆一等友実に説く所あり、友実乃ち高行と相議して、六月二十六日共に太政大臣・右大臣に進言する所あり、即日大臣之れを奏聞せるに、重大の事件なり、且常に思慮する所あれば、他日筆録せしめて垂示すべき旨を勅したまふ」と述べている（第四、七五八頁）。
(15) 前掲『保古飛呂比』八、一三九〜一四〇頁。この書翰は『日記』では明治十一年となっているのだが、書翰の他の内容をも含めて考えると、明治十二年のものと判断できると思う。このことは更に調べる必要があるが、今はこうしておきたい。
(16) 元田永孚による「教学大旨」の作成経過については、「元田永孚文書」（国立国会図書館憲政資料室蔵、以下「元田文書」）中にその草案五点が残っており（文書番号一一〇―2〜5所収）、具体的に検討することができる。この作業は海後宗臣氏によって詳しくなされておりそれを参照されたい。海後前掲書、五一〜八二頁。
(17) これは『明治天皇紀』（第四、七五八〜七五九頁）から引用したが、前掲「元田文書」中の「一一〇―2　聖旨教学大旨」がおそらくは元田自筆浄書草稿である。海後前掲書、四八〜四九の写真版を参照されたい。また稲田前掲書四三頁も参照のこと。
なお海後氏は「明治十二年の教学聖旨の文書は今まで『政学大旨』という名称で取り扱ってきている。しかしこの文書は……『聖旨』という文字が右上に記されている。その次に『教学大旨』と題した一文と『小学条目二件』と題した一文とがあり、この二つを合せて聖旨としてある」（同前書四八頁）と述べ、「文書全体は教学聖旨とする」とされる。本章ではそれぞれを扱うに際して、「教学大旨」「小学条目二件」と別々に呼ぶことにした。また解釈については海後前掲書、八二〜九二頁参照。
(18) 元田は自らを横井小楠の学の忠実な継承者と自任しており、自らの学問を「頑迷固陋ノ腐儒」とは強く区別していたのである。また変革とその結果を認めながら、なお伝統思想を守るとするところには、保守主義の典型を見ることができよう。

(19) このような考え方は、元田の学問観などにおいて基本的に示されていた。本書第一部第二章第二節参照。

(20) 「小学条目二件」は、前掲『明治天皇紀』第四、七五九～七六〇頁。
ここで絵図即ち小学校で使用されている掛図を用いることが提唱されているが明治期になって新しい教具の一つとして掛図が用いられていたが、それらは数字図、単語図、博物図、動物図といった、いわば事物についての具体的イメージをつくり上げるために用いられていたのだが、その掛図を道徳教育にも利用すべきであるという。

(21) このことは注(1)でも触れた通りだが、文章的にも殆んど同じであることを付け加えておく。

(22) 田中不二麿の伝記としては、西尾豊作『子爵田中不二麿伝　尾藩勤王史』（咬菜塾、一九三四年）参照のこと。

(23) この動きの裏には、寺島外務卿により担当されていた条約改正交渉の行き詰りを打破したいとの政府の思惑もあったとされる。寺島の伝記としては犬塚孝明『寺島宗則』（人物叢書、吉川弘文館、一九九〇年）がある。

(24) 明治十二年八月二十八日付岩倉具視宛三条実美書翰（稲田前掲書、四五頁所収）。なおこの書翰は岩倉から伊藤へ廻送されたものである。

(25) 『明治天皇紀』明治十二年九月十一日条（第四、七六四～七六五頁）。

(26) なお元田文書中には、天皇からこれを見せられた元田が筆写した「一一〇—6　教育議」（前掲「元田文書」）が存在する。以下における「教育議」の引用は、これをもととし、更に海後前掲書一二三～一三三頁、及び稲田前掲書四六～四八頁を参照している。また井上毅文書中には、井上が作成したと言われる「教育議」の草稿があり、伊藤が井上に執筆させたことがわかる（井上毅伝記編纂委員会編『井上毅伝』史料篇第六〈国学院大学図書館、一九七七年〉「一六伊藤参議教育議」八五～九〇頁）。

(27) 前に少し述べた如く、九月に入って天皇から「教育議」を見せられた元田は、その全文を筆写すると共に、更なる反論としての「教育議附議」を執筆して上奏したのである。この全文は「元田文書」に収められている（一一〇—7・8、8は草案である）。ここでは稲田前掲書五〇～五二頁、及び海後前掲書一三三～一四二頁を参照。

(28) 「蓋シ現今ノ書生ハ、大抵漢学生徒ノ種子ニ出ツ、漢学生徒往々口ヲ開ケハ輙チ政理ヲ説キ、臂ヲ攘ケテ天下ノ事ヲ論ス、故ニ其転シテ洋書ヲ読ムニ及テ、亦静心研磨、節ヲ屈シテ百科ニ従事スルコト能ハス、却テ欧州政学ノ余流ニ投シ、転タ空論ヲ喜ヒ、滔々風ヲ成シ、政談ノ徒都鄙ニ充ルニ至ル」と言うのである。

(29) 『徳育如何』は明治十五年十一月刊、『徳育余論』は同年十二月発表で、儒教主義の徳育運動を批判したものとして知られる。両者は『教育勅語渙発関係資料集』（二、国民精神文化研究所、一九三九年）に収められており、本章はそこから引用している。現在は山住正巳編『福沢諭吉教育論集』（岩波文庫、一九九一年）にも収録されている。本章で福沢を対象とするのは、第一節で福沢の思想と「学制」との関係について言及したことを承けている。なおこのような構想については既に小股憲明「国民像の形成と教育」（飛鳥井雅道編『国民文化の形成』〈筑摩書房、一九八四年〉一二一〜一八二頁）がある。

(30) 九月二十二日元田は佐々木に宛てた書翰において次のように述べている。

（前文略）

追て御端書の趣御同様にて、如何相成可申哉、誠に頼みも無き事に成行可申候、教育令の方は先日より御内旨も奉伺候間、御帰りの上可申上と相心得居申候、然し是以てどう也こふ也の事に相成候事と被考申候、御閑暇の節参堂可仕と相含み未だ失敬罷過申候、今夕は侍従会読にて右迄拝答仕候也（『保古飛呂比』八、三四三頁）。

「然し是以てどう也こふ也の事に相成候事と被考申候」という一句には元田の十分満足できない気持があらわれているように思う。

(31) 以上の点は稲田前掲書六〇〜六一頁参照。

(32) この経過は元田の「古稀之記」一八二〜一八三頁に詳しく述べられている。また明治十二年十二月二十日付で熊本の下津休也に宛てた書翰の中にも、「当春已来は殊更に教育上に御誠心被為洒（ママ）、近日文部省にて小学読本改正も有之候勢に相運び、猶其上に御手元にて少年の読本しらべ方被仰付候事に而、総而忠考仁義を本とし候御主意ニ御座候、右等悉く迂老へ御内沙汰被為在候事にて、難有とも何共申上難く……」（沼田哲・元田竹彦編『元田永孚関係文書』山川出版社、一九八五年、一五二頁）とあり特に天皇の御手元で少年のための読本しらべ方を仰せ付けられた、というのが、幼学網要編纂であることは明らかである。

なお「元田文書」中には、幼学網要の編纂にかかわる文書草稿がかなり多数残されている（史料番号一一〇―10〜16）。

(33) 「徳育如何」（前掲『教育勅語渙発関係資料集』二）、六頁。

(34) 同右、九頁。

(35) 同右、六頁。

(36) 同右、七頁。

(37) 「徳育余論」（前掲『教育勅語渙発関係資料集』二）、一九頁。

(38) 前掲「徳育如何」、一一六頁。
(39) 例えば明治十四年政変の過程において、伊藤と大隈の対立が、特に伊藤の側の認識において強くなった時に、従来伊藤も大隈との関係から福沢に親近を覚えており、比較的良好な関係であったものが、ひっくり返ってしまい、福沢は大隈と通じているという認識が、民権派とも通じているとまで発展したことは事実であろう。その意味だけではないが、福沢的立場が（理論的にも）民権派に通じるものというのは原理としては正しい認識だったと言えよう。
(40) 前掲「古稀之記」、二六二頁。
(41) 同右、二六三頁。
(42) 同右、二六八頁。
なおこの件については、稲田前掲書、七五～七六頁に詳しい。詳細は同書に譲り、ここでは元田の活動の事例の一つということに止める。
(43) この点については本書第二部第二章における検討、また稲田正次『明治憲法成立史』（上巻〈有斐閣、一九六〇年〉四三六～四三七頁）を参照。
(44) この点についても前注(43)と同じ拙論を参照されたい。
(45) 稲田正次『明治憲法成立史』上巻、四八四～四八七頁。また『岩倉公実記』（下巻〈原書房、一九六六年復刻〉七一九～七二一頁）、および前掲『井上毅伝』史料篇第一、二三五～二三六頁。
(46) 前掲「元田文書」、一一〇―26。
(47) 明治十七年には、憲法調査で欧州に行っていた伊藤が前年帰朝し、宮内卿に就任し、洋風を取入れ諸般の改革を行い、人事では、元田らがキリスト教信者と疑っている森有礼が伊藤の推薦で「文部省御用」となることが決ったりしている。当然ながら元田はこのような状況に強い反撥と警戒の念を抱いた。これらの点については「古稀之記」、二一〇～二一一頁参照。
(48) 前掲「元田文書」中に「国教論」と題し「明治十七年甲申七月　東野元永孚子中著」と記された書類がある（「元田文書」一一〇―25）。これは三条文書中に残されているものと同じものである。
(49) 以下の理解は主として稲田前掲書、一〇八～一一一頁参照のこと。
(50) 井上毅と一四年政変及その後を論じたものと言えるかはともかく、梅渓昇「教育勅語成立の歴史的背景」「井上毅の思想的性格」

（ともに『明治前期政治史の研究』〈未来社、一九六三年〉所収）はまず参照されねばならない。坂井雄吉『井上毅と明治国家』（東京大学出版会、一九八三年）、坂本一登『伊藤博文と明治国家形成』（吉川弘文館、一九九一年）、木野主計『井上毅研究』（続群書類従完成会、一九九五年）等いささか紹介が遅れたが、必要である。

(51)『井上毅伝』史料編一、二四八〜二五一頁。

(52)『井上毅伝』史料編三、四九七〜五〇〇頁。

(53)『井上毅伝』史料編一、には多くの「憲法意見」草稿が収められている。

(54) 教育勅語の制定過程やその意義等については、海後宗臣、稲田正次、梅渓昇等の先学の研究がなされており、今回はこの問題の詳細に立ち入ることは禁欲した。ただ今後の課題として、勅語の制定、井上と元田の合作は何故明治二十三年に成立ったのか、を考えるつもりである。これは山県内閣成立や山県有朋を考える一つの視角ともなるはずである。

第四章　元田永孚と明治二十三年神祇院設置問題

はじめに――国家神道の成立へ――

明治二十三年十月は神祇官の復興の問題[1]が神祇院設置という形で急速に政治課題として浮上した時であった。時あたかも帝国議会の開会を約二ヵ月後にひかえ、また一方では教育勅語も発布への最終段階にさしかかっていた。ところで教育勅語の起草から発布にその努力を傾注していた枢密顧問官元田永孚が、同時にこの神祇院設置問題にも関与していたことは、先学によっても指摘されているところであるが[2]、本章においては、元田永孚が如何なる関与をしていたかについて、筆者がこれまでに知ることができた若干の新史料（主として書翰[3]）を紹介し、併せて前記二つの問題に共通して見出すことができる元田の「国教」論についてもいささかの考察を試みたい。

周知の如く維新当初祭政一致の理念に基づいて設けられた神祇官は、明治二年七月の官制改革で太政官の上位に置かれたが、早くも四年には格下げされて太政官中の一省となり、更に翌五年にはその神祇省も廃され、教部省となったが、明治十年には教部省も廃止となり、神社を含む宗教行政は内務省中の社寺局が扱い、祭祀のことはそれ以前より宮内省中の式部寮が掌ることとなっていた。内務省社寺局は神社・教会・寺院の行政的統轄を目的とする機関であって、例えば神祇官・神祇省が「宣教」のことを掌ることを職掌とし、また教部省が「三条ノ教則」の宣布を重要な仕事としたことなどと対比しても、その役割の低下が明白である。また社寺局はその名の通り、神社神道を仏教との関係では同等の地位に置いて特別扱いしない、一つの宗教にすぎないものとして扱おうというものであったし、これらのことは、宗教行政が、例えば条約改正などの対外的配慮を加えられながら、「信教の自由」とか「政教分離」といった近代国家の思想原理をそれなりに反映させるものであったと評されるのである。(4) かくて明治初年以来の神道国教政策は崩壊し、以後神道の取り扱いについては、一種の「放任」状況を経て、新たな政策が採られてゆくのである。(5)

その画期となるのが、明治十五年一月の神官・教導職の分離である。「自今神官ハ教導職ノ兼補ヲ廃シ葬儀ニ関係セザルモノトス」との方針(6)は、つまり神社を宗教的行為から切り離し、神社神道は宗教に非ず、国家の祭祀であるとの方針の表明であった。政府内においては岩下方平や海江田信義などの主導により、この教導職と神官とを分離し、「神道を以て宗旨と同視せず」、神道を宗教の上に立って包括的に民衆に対処する方向性が決定されていたのである。(7) 以後この方針に沿った政策が次々と実施されてゆくが、(8) このことが神社神道の国教化（国家神道の成立へむけて）の方向であったことは否定できない。ただ注意すべきは、明治十五年頃からのこの国家神道の成立への動向は、国家と神社（神道）の結合をはかるものでありながら、前述の明治初年の神道国教化政策の段階とは区別されるものであるという事である。神社（神道）は宗教にあらずという方針を掲げることは、政府にとっては一方では「信教の自由」や「政教分離」の原則を保持するとの態度をとりつづけた上でのことでなければならなかったのである。そのことは、後に帝国憲法二八条において「日本臣民ハ安寧秩序ヲ妨ケス及臣民タルノ義務ニ背カサル限ニ於テ信教ノ自由ヲ有ス」と規定し、伊藤博文が『憲法義解』の同条の解釈において「国教を以て偏信を強ふるは尤人知自然の発達と学術競進の運歩を障害する者にして、何れの国も政治上の威権を用ゐて以て教門無形の信依を制圧せむとするの権利と機能とを有せざるべし」(9) と述べたところにも示されていた。とは言え、国家神道の成立とは、この明治十四・五年より二十二・

三年にかけて、来るべき憲法制定・議会開設＝国民の政治参加へむけて、それに対応しうる政府側の体制の維持と民衆支配の方法の創出の為の一連の施策の一つであったことは改めて言うまでもないであろう。「神道ヲ以テ信仰自由ノ宗教外ノ者トシ神社ヲ以テ尊皇愛国ノ精神ノ基礎ト定ムルハ、国会開始前ニ於テ確定セサル可ラサルナリ」との千家尊福の意見は(10)、神社関係者からの発言として、そのことを肯定したものと言えよう。その「尊皇愛国ノ精神」とは天皇主権・天皇支配の正統性を支えるものであり、二十二年二月の憲法発布勅語において「我カ祖我カ宗ハ我カ臣民祖先ノ協力輔翼ニ依リ我カ帝国ヲ肇造シ以テ無窮ニ垂レタリ」と述べられ(11)、また二十二年十月三十日に発布された教育勅語において「我カ皇祖皇宗国ヲ肇ムルコト宏遠ニ……一旦緩急アレハ義勇公ニ奉シ以テ天壌無窮ノ皇運ヲ扶翼スヘシ……」と述べられたような万世一系・万邦無比の国体と天壌無窮の神勅に拠る忠君愛国の主張に他ならず、これが国家神道の理論的（イデオロギー的）基礎として大きな役割を果すことになるのである(12)。

以上の如き意義をもつ国家神道の成立＝祭祀と宗教との分離を、制度的に明確化する措置が必要になった時期、つまり国民の政治参加＝議会開設を目前に控えるようになった頃、政府の内と外において、いくつかの運動が展開されるに至った。大八洲学会・明治会・雑誌『国光』等に結集した人々の運動は(13)、政府関係者による上からの運動として、緊急課題として全国府県郷村社の神官の教導職・布教師兼帯の全面禁止と、神社尊崇と宗教との関係をたち切るという二点、即ち祭祀と宗教との分離及び神道の国教化の実現との二つであったといわれる(14)。更にこれは下からの、全国の神官達の運動と密接に連動していた。神官同志会の結成と「郷村社処遇に関する意見書」等の建白、元老院への四〇〇件にものぼる神社宗教分離の建白活動などは、その表われであった(15)。

そして国会開設を目途に政府部内で熱心に展開された運動こそが、神社尊崇を宗教から分離させ、神社の管轄官庁を内務省社寺局より分離させ独立の官衙を設置させるという、神祇院設置運動として立ち現われるのである。

一 元田永孚の「国教」論

神祇官の復興要求は、明治四年の廃止以後断続的に主に神官達によって行われていたが、それだけではなく、例えば山田顕義[16]など政府要人からも提起されていた。明治十四年十二月二十二日付と考えられる山田顕義宛三条実美書翰[17]は、次の如く山田の三条への働きかけをうかがわせてくれる。

昨日神祇官調草案廻覧一見仕候。右ハ明朝会議ニ付シ候得共、一応愚意申入置候。該官再設ニ付而ハ余程重大之事と存候間、篤ク評議も無之テハ不相成事と存候。就而は年内余日も無之故所詮年内ニ決定と申訳ニハ難至と存候。実際至急ヲ要シ候事情ハ猶明日直ニ可承候得とも一寸此段予メ申入置度如此候也。 実美

十二月廿三日

山田内務卿殿

また同十四年十二月三十日付の佐々木高行宛元田永孚書翰には「神道興隆・神祇官再興等、如何相成申候哉、皆々未ダ内閣中ノ御議論ニテ、上申無之内故、何共漏レ聞モ不仕、只々憂念致シ候……」とあり[18]、神祇官の設置が明治十四年末頃にはすでに政府内で問題となっていたこと、また元田永孚がこの問題について強い関心をもち、神祇官再興を支持していたこと、などが示されている。

では、元田が神祇官再興に賛成であったことは、彼の思想とどのように関わるものであったのだろうか。

明治四年侍読（のち侍講）として出仕して以後元田が一貫して「君徳輔導」を自らの職務とし、天皇が「有徳君主」として「宮府一体」のもとで「親裁」を行うことをめざし、いわば徳治主義的立場に拠って薩長藩閥の専制を批判し、

侍補グループの中心として活動したこと、更には「君徳」による民心の感応の為には国民教化が重要な課題とされたこと、などについては、既に論じたこともあり[19]、ここではくり返さない。侍補としての彼や佐々木高行らの天皇親政運動が[20]、明治十二年末に侍補の廃止と共に挫折させられたにもかかわらず、元田は以後も天皇の側近としての立場から、自由民権運動の激化と政府の対応のあり方に強い危機感を抱いて、例えば憲法問題について発言し、また国民教化問題に力を注いだのであった。

いわゆる「教育議」論争[21]において、元田が「自今以往、祖宗ノ訓典ニ基ツキ、専ラ仁義忠孝ヲ明カニシ、道徳ノ学ハ孔子ヲ主トシテ、人々誠実品行ヲ尚トヒ」（「教学大旨」）と、教育の原則を主張したことを、伊藤などは「若シ夫レ古今ヲ折衷シ、経典ヲ斟酌シ、一ノ国教ヲ建立シテ、以テ世ニ行フカ如キハ……」（「教育議」）と反対したが、これは一面で元田の主張が「国教」の樹立とうけとめられ、更にそれが一つの宗教と誤解された結果であるとも考えられる。元田はこの点については強く反論している。元田はまず「欧州ノ事、臣之ヲ審カニセスト雖トモ、其帝王宰相以下人民ニ至リ、皆宗教ニ基ツカサル者ハ無キナリ」（「教育議附議」）と述べて、政教の分離は欧州においてもなされていないのではないかと指摘したのち、我国の「国教ナル者」はキリスト教や仏教とはその質を異にし、「亦新タニ建ルニ非ス、祖訓ヲ敬承シテ之ヲ闡明ニスルニ在ル」という性格のものであるとする。ただ元田が更に「本朝瓊々杵尊以降欽明天皇以前ニ至リ、其天祖ヲ敬スルノ誠心凝結シ、加フルニ儒教ヲ以テシ、祭政教学一致、仁義忠孝上下二アラサルハ、歴史上歴々証スヘキヲ見レハ、今日ノ国教他ナシ、亦其古ニ復セン而已」（以上「教育議附議」）などと、きわめて復古的色彩濃厚な事を述べるため、「国教」＝宗教との誤解をうけやすかったのである。しかし注意深く読めば、元田が「国教」を宗教と区別していたことはわかるであろう。元田は同時期に憲法論についてもその見解を固めていったが、例えば、明治十二年、元老院第二次国憲案に対する修正案[22]を記しているが、その第一四条「国民ハ各自ニ信仰スル所ノ宗旨ヲ奉スルコト自由ナリトス然トモ民事政事ニ妨害ヲナスハ之ヲ禁ス」とある原条文について、「然トモ」と「民事政事」との間に「国教及ビ」の字句を挿入し、更にその説明として「蓋シ国教ハ天祖以来皇帝ノ立ツル所ニシテ即チ倫理ノ教君臣誠敬父子忠孝夫婦和順兄弟礼譲朋友信義ヲ本ニシテ正心誠意国家ヲ共済スルノ義ナリ」と述べ、「国教」とは「倫理ノ教」(23)であり、宗教信仰とは矛盾しないものであるとしている。更にことさらにこのように「国教」を立るとするのは「此教輓近漸ク衰茶シ世ノ人或ハ我邦教無キ者トスルニ至ル故ニ方今立憲ノ際、此教ヲ明示シテ国民ヲシテ一般ニ茲ニ基本セシメンコトヲ要ス」という理由によるのだと論じている。(24)このことからしても、元田の「国教」が教育と密接に関係をもちながら考えられたものであり、言い換えれば宗教とは次元のちがう性格のものであることがわかるであろう。

元田は以後も「国教」を確立すべく努力を続けていたようである。明治十七年七月、三条太政大臣に提出した国教についての意見書(25)では次の如く論じている。

方今之患。莫大於宗教。而治之洵難矣。蓋一言拒之。則開釁於外国。争乱不可測。一言容之。則発乱於内地。暴激立至。其間不容髪。可憂可懼之太甚者。故宗教者。不問何宗旨。任民之所信。政府立於不拒不容之地。無所偏倚。拠法処断而已。然政府若無所主。則民無所置信。久之将無所立焉。故政府当有所主而自立也。所主何也。主国教也。所謂国教。亦非新設而強為也。即因固有而実行之也。夫我天子至誠一心。奉天祖而治天下。是億兆之所信而不疑也。我天子既尊奉天祖。則皇族大臣群僚百辟為凡臣民者。亦当尊奉天祖。固無論也。其奉天祖也。非礼拝祭祀虚文之謂也。即奉天祖之教也。夫立国体。明人倫。修道徳。達智識。愛君恤民。貫之以誠敬。是我天祖之大訓。載在国典。今天子与皇族大臣群僚百辟。一意奉之。確乎不抜。以率先億兆。則億兆亦将有所観感而興起矣……。

この文の主意は、前述したところと基本的に同じである。「国教」とは「我天子」が「至誠一心天祖を奉ずる」ことにあらわれており、それは「天祖之教を奉ずる」ことであり、即ち「国体を立て人倫を明かにし、道徳を修め智識に達し、君を愛し民を恤し、之を貫くに誠敬を以てす」ということであるという。「天祖之教」と神道との区別は必ずしも厳密ではなく、時に同一視されうるものであったが、紀記聖典化、天祖皇祖の崇拝などを通して天皇の神聖化をはかることは、神道と同じである。ただ注意すべきは「其天祖を奉ずるや、礼拝祭祀虚文之謂に非ざるなり」との一句であろう。この点は注(25)に言及した伊藤への「国教論」においても「天祖を奉ずることは、かの釈迦を奉じ耶蘇を奉ずるとはその道固より異る。而して又祠官神職の徒の祭祀を奉ずるが如きにも非ざるなり、吾の天祖を奉ずるはその徳を奉ずるなり」と、同様に論及されている。二つの「国教論」において、「国教」が神官の祭祀とは別であると言われていることは、神道は宗教に非ずという主張を想起すれば、異とする必要はないのかもしれない。また一方では既に宮中の賢所などで天皇の親祭が行われ、文武官が参列し、また例えば憲法発布の際の賢所の告文が官報に載るなど、神道は国家祭祀という性格を強く有していたということもある。元田の以上の如き「国教」論は、元田にとっては「教学大旨」以来の懸案ともいうべきものであって、明治二十三年に至り、教育勅語という形で、いわば教育（という限定された場）における「国教」確定の具体化となったのである。

二　神祇院設置運動の展開

「はじめに」末尾で述べた如き神祇院設置の運動は、佐々木高行・山田顕義ら政府・権力内部からと、全国神官等からとの二つの相互に関連した運動として、明治二十一年以降、国会開設以前を目途として活発に展開された。

佐々木高行は、その日記[26]によると、明治二十二年にはすでにこの問題について積極的に活動していたようである。[27]彼は二十二年に発表した意見書で、

一、皇室の基礎たり国体の根拠たる神社は、上下之を尊崇し、君民之に敬事し、以て其依所を定め其結合を固くすべき事

一、宮中に神祇を管する完全なる一局を置き、伊勢両宮はじめ賢所、神殿、皇霊殿並に全国の官国幣社を所管となし、古義に因り、職務の区別を判然たらしむる事

一、神祇の長官は親任官となし、官国幣社の名称を廃して官社と称し、別に内規を設けて、取扱の法を定むべき事

一、官国幣社十五ケ年の保存金を廃し、元の経費額に復すべき事

一、官国幣社以外の由緒正しき神社を准官社とし、人心の尊敬を喚起し、忠孝の風を鞏固にする事

という五ヵ条を主張し[28]、宮内大臣の土方久元や元老院議長の柳原前光らに働きかけたという。次いで翌二十三年六月佐々木は、

神祇を崇祀するは皇国固有の礼典にして、神武天皇創業の時祭政一致の訓謨を垂れたまひしより、歴朝国家の大事は必ず之れを神祇に告祭し、天災・地変・人妖亦之れを神祇に由りて祈禳し、以て国家の安寧を永久に扶持することを得たり、明治維新の初祭政一致の古制に復するの旨を布令し、尋いで神祇官を再興したるは、蓋し廟議此に見る所ありしを以てなり、今や祭祀の式典は式部寮職掌の一部と為り、神祇の事幾ど告朔の餼羊視せられんとし、皇国特有の美風或は将に頽廃せんとす、今にして匡正することなくんば、風俗は愈々軽躁に陥り、人心は益々危険に趨り、遂に潰溢横流して不測の禍害を皇室に波及するの虞なしとせず、豈畏懼戒心せざるべけんや、

宜しく今の時に当りて、明治維新の初を顧念し、再び当時の廟議を継続するに力むべし、然れども時勢は変遷して常に一ならず、故に祭政一致は必ずしも其の名に拘泥するを要せず、其の実を取り、人をして神祇を崇祀するは皇国固有の礼典たるの道理を知らしむるを肝要とす、仍りて神祇司を宮内省中に創置し、正・権正・佑・令史の職を置き、皇族又は公爵以上を以て正と為し、宮中の神祇祭祀及び神宮・官国幣社竝びに神職のことを司らしむべし

との意見書[29]を山県有朋に提出したが、これに対しては「山県は神祇に対して敬遠主義を執り、土方は冷淡、柳原は賛成、吉井は熱心なる同意者、西郷は其の智識なきゆえ専門家に調査を命じた[30]」という如く、未だ十分な手応えを得なかったようである。その為同年九月二十四日佐々木は更に「（枢密顧問官）子爵佐野常民、宮内次官伯爵吉井友実、元老院議官子爵海江田信義、同男爵千家尊福、同丸山作楽、内務省社寺局長国重正文」等と連名で、「司法大臣山田顕義に就きて、（神祇院設置の）建議書を内閣総理大臣伯爵山県有朋に呈し、別に枢密院議長伯爵大木喬任及び各大臣にも之れを呈す[31]」と政府に対する運動を強めた[32]。この建議はその冒頭において、

今や帝国議会の開期太だ迫れり、是れよりして憲法実施の事に就かんとす。此の時に際して立憲政治を挙行せんとする其の最先著手には国家の秩序を維持し、民心の統一を鞏固にするより、重要且急務なるはなし。国家の秩序整然として立ち、内には憲法政治の実挙り、外には国家独立の体面を保つを得べし。而して国家の秩序を維持するは、其の基礎を定むるより善きはなく、民心の統一を鞏固にするは其の標準を立つるより善きはなし、国家の歴史に照らし、千古不変の国体に拠りて基礎を定め、国家の感情に基き、忠君愛国の皇猷に随ひて民心の統一を鞏くすべきなり。此の国体、此の皇猷は神祇官の必要を感ずる一二にして止らず

と[33]、きわめてはっきりと、神祇院設置の必要性を、国会開設・立憲政治の開始に先立って権力による上からの国家統

一の為のイデオロギーを強固にする手段として国家神道体制の確立を述べているのである。

山県はこの建議案を閣議に諮ることとし、閣議においては山田顕義が、当然のことながら熱心にこれを推した。山田自身も、佐々木達の建議とは別に十月初に、吉井友実・海江田信義らと神祇に関する独立官衙を宮内省中に設置すべしとの建議書を提出していた(34)。山田の考えも前掲の佐々木らの建議とほぼ同様であり、二十三年のものと思われる別の意見書に於いても、まず「神祇官ハ憲法実施ノ前ニ必ス決行セラルヘキ事」として「憲法ハ国会開場ノ日ヨリ実施セラルヘシ、又必ス実施ヲ猶予スヘカラサルモノナリ、而シテ既ニ其ノ憲法中ニ宗教ハ自由ニ任スルノ例文ヲ掲示セラル、茲ニ於テ神祇ノ礼典ト宗教ノ儀式ヲ判然分別セサレハ、其ノ憲法ニ非常ノ関係ヲ生シ、遂ニ云フヘカラサル困難ヲ惹起センモ計リ難シ」と述べ、特に神祇と宗教を区別することを強調し、その区別をはっきりさせる制令も必要であり、「神祇ノ礼典」も「議会ニ附セサルヲ得サル場合モ出テ来ラン」ことを恐れるのである。またそもそも明治五年の教部省が神官僧侶を共に教導職としたことや、内務省の社寺局が現在まで神社と寺院の事務を区別せずに扱っていることなどが、神道と宗教を混同させる原因であるとして、「特殊ニ神祇ノ官衙ヲ設置セラレ、官制及ヒ事務ヲ異ニシ、区分ヲ判然トシ、後来其ノ紛レ無カラン事ヲ要ス」と主張したのである(35)。

山田・吉井らは神祇院設置の実現をめざして、十月より活発な運動を開始した(36)。

十月三日付の吉井宛山田書翰(37)は、次の如く述べている。即ち、

本日午後土方大臣ニ面会縷々相談仕候処同氏ハ大体ニ於てハ飽迄同意ニ候得共只宮中ニ被属候より行政部内ニ被置度と申居候ニ付行政部内ニ被置ハ可然候へ共今突然新官衙を設立候時ハ御一新ノ節之神祇官を復再興候哉との感想を内外世人ニ生しめん事と今一ツハ現今宮中之神殿ニ被為在候天神地祇之社殿を神祇官ニ移し其神々之内ニ而も宮中ニ在ルへきものと神祇官に在ルヘキモノト祭典費其外之区別をナサ丶ルヘカラス終ニハ帝室費之御遣ヒ

分之区分之当否ヲ議会ニ而評論スルヤモ難計との懸念も有之候ニ付不得已提出シタル意見書之通被行候より致方有之ましくと申候処尚熟考可致ト申事ニ付無拠其儘ニ而相分申候、其節同人之談ニ過日佐々木之意見書ニ付聖上より伊藤へ御下問相成候処同氏ハ不可然ト口答申上候由因テ此度も昨日差出候書面を山崎直胤ニ持せ御遣相成意見御尋被成候よし右ニ付山崎之如き国典ニ暗き人物御遣相成候ハ不可然伊藤ニ而も他事ト違ヒ神祇之事ハ不案内ニ可有之と存候故誰歟別人御遣相成候而ハ如何ト申候へ共既ニ其旨本人江相達候と申事ニ付致方無御座候、前述之都合ニ御座候間伊藤之一言実ニ成否ニ関係致候間海江田丸山両氏之内一名又ハ両名明朝より小田原ニ出懸歴史上必要之点より近来人心之此事之為騒擾致居候等委敷懇話相成候而ハ如何可有之哉御考次第丸山御呼寄被成右之趣御相談相願度候山崎ハ今夕出立候歟又ハ明朝出立可致と存候ニ付其機ニおくれざる様専一と存候為右早々敬具

というものである。これによれば三日午後山田は宮内大臣の土方久元と面談、同意を求めたが土方の態度は不鮮明であること、また天皇がこの問題につき伊藤博文に下問を命じており、土方がこの件について山崎直胤を小田原に派遣する予定(38)であることなどを報じ、「伊藤ニ而モ他事ト違ヒ神祇之事ハ不案内ニ可有之ト存候」「伊藤之一言実ニ成否ニ関係致候間海江田丸山両氏之内一名又ハ両名」を明朝にも小田原に遣して、伊藤に説く必要があると勧めている。吉井はこの書翰に接して、同日直ちに、

拝見　小田原伯之一言誠ニ大事之場合御同感之事ニ而、既ニ元田と申合、一封ツ、是非宜勘考致シ給リ候様申遣候積ニ候。猶丸山え明早朝談合、是非気張呉候様尽力可仕候。土方之不決断ニ而如此大事ニ立至リ残念至極ニ候。猶拝顧可申承、貴酬ノミ荒々如此候也

十月三日　友実

山田盟台

との返書を山田に送っている。[39] 吉井が直ちに元田と打合せ、丸山作楽と連絡したことがわかる。丸山は翌朝吉井と面談後早速小田原へ出発していることも、翌四日付の吉井の山田宛書翰に明らかである。[40] 更に吉井は自らも直ちに伊藤へ宛てて「陳は今般神祇官御復興之儀建白ニ及候処、内閣之評議ハ一決、猶閣下之御異見御尋ね相成候由、何卒此節の御手厚き御崇敬之道天下に相願ひ候様頻に不堪希望候。宜御勘考可被下候」と、賛成を求める書翰を発している。[41]

元田永孚も吉井からの連絡により早速行動を起している。[42] 同三日付で伊藤に宛てた元田の書翰は、山田・吉井・佐野・海江田等の神祇官復興の建議が、閣議でも内決に至ったが、土方宮内大臣が「異見有之、聖聴にも相達し」、天皇から「閣下」へ「御下問」とのことであり、「就而は御返答次第に可否一決可致、誠に大事之御一言と奉存候」。また神祇官設置のことは目下「全国之神官并敬神固結党」も「翹首相侍居」ところであり、「閣下と宮内大臣との一言に而大典興復之議破毀に至り候得ば、如何成る感覚を惹起し可申哉」と「於迂老而ハ杞憂切迫悚然に堪へ不申」と、ややおどしめいた言葉を用いて、強く伊藤の賛成を求めている。元田は続けて、神祇院設立は「素より宗教に差障りも無之、偏に御尊崇之大体を顕明致し候迄之主意に有之候。之を要するに神祇官を興すと興さゞると、誠敬上より申せば無論興すを至当とし、知見政略上より申しても興せば全国敬神党之人心を帝室に収拾し、興さゞれば此党類之怨憤を帝室に来たし、利害得失誠に見易きもの」であると、自らの見解を述べている。[43] これが前述の佐々木や山田らの意見を一歩進めて支援するものであることは明らかであろう。なお元田は同三日「然ば今般神祇院御設置御尽力之御模様吉井より伝承仕居、実に国家之大典御興復、慶幸之至に堪へ不申、何卒速に御許可之御運びに相成度、冥々中老生にも聊尽力仕度く、一層之御尽忠奉企望候」と、山田顕義に激励と支援を表明している。[44]

さて以上の如く土方、吉井、元田からの働きかけをうけた伊藤博文は、翌四日、元田にあてて「……然ば神祇官御再興之儀、閣議一決之趣細縷蒙諭示、乍早晩御懇情不堪感謝候。勿論神祇御尊崇之事に付、異見可申上道理無之、官職御制定に付ては、当局之御原議可有之事に而、局外之小臣非何可容汚喙と奉存候間、右之趣旨を以宮内長次官へ可及回答候」との返書を送った。(45) 伊藤の従来の考え方を良く知っていた元田らの心配に反して、伊藤は思いの外あっさりと賛成を表明したのである。(46) おそらくはそのためもあろうか、神祇院設立は閣議において一旦は了承されたかの如くであった。(47) 十月十日頃山県は法制局長官の井上毅に意見を求めている。同日付の山県への井上書翰は、「神祇院ノ件各大臣皆捺印賛成ニテ西野文太郎太慶ト存候ヘト、生ハ御下問ニ応候テ無忌憚別冊意見奉供御参考候」と述べている。(48) その「別冊意見」(49) において井上は、神祇院設立の趣旨には「一理アルヲ認ムト雖」も、「神祇」を国家の非宗教の「礼典」であるとすること、及び「神祇院」を天皇の「直隷独立ノ物」とすること、については「未タ全ク同意ヲ表スルコト」はできないという。その理由は「其ノ国礼典ニ属スルカ故ニ国務ノ一部ナリトセハ此レ誤謬ノ甚キ者ニシテ、礼典ハ社会ノ事物ニシテ国務ノ事物ニ非ス、君主ハ国務ノ首長タルノミナラス、又社会ノ師表タリ、而シテ国務ノ事ハ之ヲ政府ニ任シ、社会ノ事ハ王家自ラ之ヲ燮理ス、礼典ハ宜ク王家ノ内事ニ属スヘクシテ之ヲ国務ニ混スヘカラズ」というのである。井上は神祇（祖宗ノ神事）を「社会ノ事物」と見なすことによって、それを宮内省に属させるべきであるとする。「祭祀敬神ノ道ハ其ノ宗教タルト然ラサルトニ論ナク」、「国務」ではないということにより政教分離の原則に反しないことになるというのである。これはかなり危うい解釈のように思われる。

井上は結局以後もこの立場から元田と協議して宮中に神祇局を置くという案を作って、(50) この問題の一応の解決に力を添えている。

以上の如く神祇院の設置は十月上旬には閣議において一旦は決定したかの如く見えた。しかしその後直ちに実施決定には至っていないのである。そのことは例えば十月二十二日付の吉井宛の元田書翰(51)に「……神祇官一条、未相運び不申候由、御憂念可被成と深察仕候……」とあることからもうかがえる。教育勅語の発布の翌日、十月三十一日、佐々木高行は元田と懇談、元田は、この勅語の「精神を以ても、神祇御崇敬の義は十分拡張は無論と存候も、何分其処までは不相分」と述べて、佐々木と二人で「嘆息致し候」という状況であった[52]。その状況は、十一月に入ってもなお山田顕義が三条実美に対して「……神祇官一件ハ於今決定仕不申、専ら尽力中に御坐候[53]」と報じなければならなかったり、元田永孚も山田に対して「神祇一条御配意可被成、老心冥々裡に尽力可仕候得共、何分箇明之御取調御急決相祈居申候。学者輩神官流之外にすらりと御運びに相成度、猶御配慮有之候様奉存候[54]」とはっぱをかけたりしている状況が続いていたのである。

佐々木高行は十一月初旬に「一、神祇の礼典は宗教の儀式にあらざる事、一、祭政一致と政教一致とは大なる区別ある事、一、神社と教会とは判然と分離せしむべき事、一、神祇官設置は必らず憲法実施前に決行すべき事、一、神祇官は独立せしむるも宮内省に置かるゝも之を撰ばず只速に設置する事、一、皇祖の遺訓は無窮に実施せざるべからざる事、一、神祇の礼典は皇祖皇宗の遺訓遺制なる事」という意見書を発表して、なお議会開院前の実現を追求している[55]。十一月二十八日帝国議会の開会前日、佐々木、吉井、丸山の三名は、なお山県総理大臣に対して、憲法実施前の神祇官設置の建議書を提出したが[56]、結局実現を見ず、神祇院設置問題は懸案のまま保留されることとなった[57]。

おわりに代えて

神祇院の設置が、一旦は決まりかけたに見えながら結局保留されるに至ったのは、一つには閣内に強い反対意見が存在した為である。それは既に先学により指摘されている如く[58]、外務大臣青木周蔵と、彼を支持する陸軍次官桂太郎、枢密顧問官野村靖であった。青木は「条約改正の議漸く将に緒に就かんとする所あるに、神祇官などといふ一大庁を然も独立に設置さるゝに至らば、日本の国教は神道なり、神道教など異教国の法律を奉ずる能はず抔改正上の一大障害たるや必然なり」[59]と、神祇院設置は条約改正の障害になると強く反対したという。いうまでもなく条約改正は明治政府にとっての最重要課題の一つであった。しかも明治二十年、二十二年と二度にわたり、井上馨と大隈重信の条約改正交渉が、国内の反対勢力の圧力により失敗しており、その後をうけた青木外相は、外国からの圧力、国内の反対派の圧力のもとで、政府主導で改正を成功させるべく、神祇院設置が国教制に通じるとして改正の大きな障害になると反対したのである。

以上のように神祇院設置問題は、二十三年の九月・十月にかけて政府部内を中心に活発な動きを生み出していた。設置論者、反対論者について考えると、この時期に、議会開設前の政策として、教育勅語発布と神祇院設置に力点をおき、国民統一・教化を重視するか、同じく議会開設前に条約改正交渉に関して少しでも政府主導による交渉の進展を重視するか、のちがいが大きかったのであろう。そう考えると、神祇院設置論者として挙げられる人々、即ち佐々木高行、吉井友実、元田永孚、佐野常民、海江田信義、丸山作楽等が、井上・大隈の条約改正交渉については強硬な反対派のメンバーであったこと[60]は注目すべきことと思われる。

元田永孚のこの問題についての関わり方とその活動、及びその思想については、本文中で考察したところでもあるが、未だ十分なものと言い難く、更に今後の課題としたい。

注

(1) この問題については従来は神道史研究などで主として扱われて来た。本章においてはその理解について主として次の各研究に負うところが大きい。
西田広義「明治以降神社法制史の一断面」(『明治維新神道百年史』四、一九六八年)。

阪本健一『明治神道史の研究』（国書刊行会、一九八三年）。

村上重良『国家神道』（岩波新書、一九七〇年）。

稲田正次『教育勅語成立過程の研究』（講談社、一九七一年）。

宮地正人『天皇制の政治史的研究』（校倉書房、一九八一年）。

中島三千男「『明治憲法体制』の確立と国家のイデオロギー政策」（『日本史研究』一七六）。

(2) 稲田前掲書、及び山室信一「天皇の聖別化と『国教』論」（『近代熊本』二一）など。

(3) 筆者は元田永孚の書翰を、元田の曾孫元田竹彦氏と共同して収集解読を進めていたが、その成果を『元田永孚関係文書』として昭和六十年七月山川出版社より刊行した。本章において使用する書翰はその中から紹介するものである（以下『関係文書』と略す）。また他に宮内庁書陵部蔵の山田伯爵家文書中からもこの問題についての山田顕義に関わる書翰数点を見出したのであわせて本章中で紹介する。

(4) 中島前掲論文、一六七～一六八頁。

(5) 中島前掲論文、一六八～一七三頁。

(6) ただ「但府県郷村社以下神官ハ当分従前ノ通リ」との但し書きを付けざるを得ない実情も存在していた。

(7) 宮地前掲書、一五四頁。

(8) 関連事項を年表風に概観すると表7の如くである。

(9) 『憲法議解』（〈岩波文庫、一九四〇年〉五八～五九頁）。

(10) 明治二十一年二月千家尊福意見書「神道ノ本義又神社制度ニ関スル意見」（国会図書館憲政資料室蔵「憲政史編纂会収集文書」四九四号）。

表7

年月	事項
明治十四年十月	いわゆる明治十四年政変 社寺総代人制度改定
十五年一月	神官教導職の分離

四月	伊勢に皇学館設置	
五月	氏子制度再編（氏子氏神の変更を禁止する）	
六月	東京に皇典講究所創設	
	各府県に分所置く	
八月	府県社以下の神官の資格を定める	山田顕義・吉岡徳明等の神祇官復興建議
十七年七月		元田永孚「国教論」　三条宛
八月		伊藤宛
	神社祭典費用の民費課出の廃止・教導職の廃止	
二十年三月	官国幣社保存金制度実施（内務省訓令）	
二十二年二月	帝国憲法発布	
十月	皇典講究所内に日本法律学校創設	
十一月		神官同志会組織さる
十二月		「郷村社処遇ニ関スル意見書」（芦部磯夫、穂積耕雲、芳賀真咲　総代）
二十三年一月		「神官制度改正ニ関スル意見書」（同前総代）
		～九月迄元老院への神社宗教分離建白（四〇〇件と云う）
七月	皇典講究所内に國學院創設	
九月	政府内で神祇院設置が問題となる	東京で神職会合、神官同盟結成
十月	教育勅語発布	
十一月	官国幣社保存金制度年限を明治二十年度より三〇年間延長	
	帝国議会開院式	
二十四年七月	府県郷社神官奉務規則改正（内務省訓令）	
	（以下略）	

千家は出雲大社国造家の出であり、祭神論争などでは神道宗教化の志向を保って活動を行っていた。千家の活動については藤井貞文『明治国学発生史の研究』（吉川弘文館、一九七七年）など参照。

(11) 前掲『憲法義解』一九二頁。この憲法の「告文」は宮中三殿の賢所に奉ぜられたのであるが、それが官報に公布されたということは、神道が実質的に国教の取扱いをうけていることを示している。

(12) 宮地前掲書、一五三頁など。

(13) 宮地前掲書、一五六〜一五九頁参照。
宮地氏の指摘はきわめて示唆に富むものであり、特に二十二年八月、西沢之助主宰の国光社が創刊した『国光』が、貴族院・枢密院レベルの人々を結集しており、創刊号には元田永孚、岩下方平、海江田信義、西村茂樹等が寄稿し、土方久元・佐野常民・吉井友実・高崎正風等が詩や和歌を寄せていたという指摘は、後述の神祇院設置運動に積極的に賛成した人々と重なる点で興味深い。

(14) 宮地前掲書、一五九頁。

(15) 西田前掲論文参照。及び注(8)参照。
なお本章、初出時以降次の各論稿がある。佐々木聖使「明治二十三年神祇官設置運動と山田顕義」（『日本大学精神文化教育制度研究所紀要』一八、一九八七年三月）、宮地正人「国家神道形成過程の問題点」（『日本近代思想大系五　宗教と国家』岩波書店、一九八八年）、また阪本是丸『国家神道形成過程の研究』（岩波書店、一九九四年）も重要である。最近の出色の考説としては山口輝臣『明治国家と宗教』（東京大学出版会、一九九九年）がある。特に同書第二部第二章（「神祇官設置運動と『神社改正之件』」）を参照のこと。

(16) 山田顕義は内務卿であった明治十五年皇典講究所の設立に尽力し、二十二年一月には司法大臣のまま同所長に就任している。同年十月の日本法律学校の創設を行い、更には国学院の創設も彼によるものと言える。このような山田の立場は、彼が早くから神祇官復興問題に関わっていたことと無関係ではないと言えよう。なお国学院の設立には井上毅も重要な役割を果しており、例えば明治十四年五月には伊藤博文と「国書取調と皇国学館設立と皷之方」（『井上毅伝』史料篇第四〈國學院大学、一九六六年〉三三七頁）を協議している。元田永孚も関係していたことは、次の書翰よりうかがえる。
御清祥可被為在、欣賀仕候。陳ば先比御気付被成下候国文学校主意書、爾後色々研究の末別紙の通粗論定仕候。是にて如何可有之哉。東西洋之論理を合一せしむるは、甚困難の場合も不少候間、不悪御推恕奉願候。草々敬具

六月十九日　　　　　　　　　　　　顕義

元田老台

（明治二十三年六月十九日、元田永孚宛山田顕義書翰、前掲『関係文書』三九〇頁）。

なお書翰中の「国文学校主意書」は海後宗臣『元田永孚』（文教書院、一九四二年）所収の「私立国文学校建設趣旨書」と同じものと思われる。

(17) 宮内庁書陵部蔵「山田伯爵家文書」八。

(18) 『保古飛呂比　佐々木高行日記』（一〇、東京大学出版会、一九七八年）明治十四年十二月三十日条。またこの元田書翰に対する佐々木高行の返書には「……神祇官再興之事は、過日一度御評議御座候得共、議論粉々に而、年内には御決定に不相成候。右様之景況ニ而、何事も差急御運相成候事件は一つも無之、右辺之事情篤と御内話、御高慮相伺度存候……」とある（前掲『関係文書』、三二六頁）。

(19) 本書第二部第一章参照。また渡辺昭夫氏の「侍補制度と『天皇親政』運動」（『歴史学研究』二五二、一九六一年四月）及び「天皇制国家形成途上における『天皇親政』の思想と運動」（同二五四、一九六一年六月）を参照。

(20) 前注渡辺論文。

(21) この点については稲田前掲書四一～五二頁。及び本書第二部第三章参照。

(22) 本書第二部第二章参照。また、稲田正次『明治憲法成立史』（上〈有斐閣、一九六〇年〉四三六～四三七頁）。

(23) これが儒教的倫理そのままであることは一見して明らかであり、そこには彼の儒教主義の堅固さを見ることができる。

(24) このことは、国立国会図書館憲政資料室蔵「元田永孚文書」（以下、「元田文書」）中にある明治十三年十月の「国憲大綱」の条文中にも明白に示されている。

国憲大綱

一、大日本国ハ天孫一系ノ皇統万世ニ君臨ス

一、日本国ノ人民ハ万世一系ノ天皇ヲ敬戴ス何等ノ事変アリトモ此天皇ニ背クコトヲ得ス

一、国教ハ仁義礼譲忠孝正直ヲ以テ主義トス君民上下政憲法律此主義ヲ離ル、コトヲ得ス

一、天皇ハ神聖ニシテ犯ス可カラス何等ノ事変アリトモ其神体ニ管セス

一、天皇ハ全国治教ノ権ヲ統フ
一、天皇ハ全国人民ノ賞罰黜陟生殺ノ権ヲ統フ一ニ憲法ニ拠テ処断ス
一、人民ハ身体居住財自由ノ権ヲ有ス法律ニ非サレハ妄ニ其権ヲ制スルコトヲ得ス
以下諸憲其目的多条ナリ。其主任者ノ撰奏スル所ニヨル。但右ノ七条ハ皇国君民ノ間必要ノ目ナリ。仍テ之ヲ掲載シ以テ乙覧ニ備フ

特に第一、二、三、五の各条文に注目されたい。「治教一致」の「教」は「国教」であるが、「教化」でもあることがわかる。なお、この考え方が政府当局者に受け入れられることはなかった。例えば明治十四年、岩倉具視が井上毅に命じて起草させた「憲法綱領」(『岩倉公実記』下〈原書房、一九六八年復刻〉の中にも、天皇の「治教の権」という語はなかったのである。

(25) 前掲「元田文書」(「一一〇—25国教論」)。
これについては稲田前掲書一一二~一一三頁参照。なお「元田文書」中には、同じく明治十七年八月に伊藤博文に呈した国教論についての意見書も存在する。それについても稲田前掲書一〇八~一一一頁参照。いずれについても本書第二部第三章参照。
(26) 津田茂麿『明治聖上と臣高行』(〈原書房、一九七〇年復刻〉以下『臣高行』と略す、六九四~七〇九頁参照)。
(27) もっとも注(18)などで見た明治十四年末の元田との往復書翰によれば、二十二年よりずっと以前から活動していたと言うこともできる。
(28) 前掲『臣高行』、六九六頁。
(29) 宮内庁『明治天皇紀』(第七、吉川弘文館、一九七二年)、五七三~五七四頁。
(30) 前掲『臣高行』、六九六頁。
(31) 前掲『明治天皇紀』第七、六三六頁。
この建議書の主旨は前引の意見書とほぼ同様ながらきわめて長文のものである。『臣高行』六九八~七〇四頁参照。また稲田前掲書三〇五~三〇七頁にも詳しい。
(32) 前述したようにこの年九月二十五日に東京で神職一同の会合があり、二十七日には神官同盟が結成され神官側からの運動も強まり、その動きと連動していると考えられる。
(33) 前掲『臣高行』、六九八頁。

(34) この点についても同意見書中に「……国会の開設たる個人的権利を重んずるの徒之を唱道し之を改革せんとす。……夫れ敬神尊王は建国立極の大義にして、一日も忽緒に附すべからず、今に於て敬神の典を明にし、尊王の道を講じ、祖宗の訓謨を明徴し、国家統一の思想を鞏固にするにあらずんば、恐くは不逞の徒、其の間に輩出し、万世の大計を愆るも亦知るべからず、之が予防計画をなすは、佐命元勲の責任なり」(同前七〇一〜七〇三頁)とはっきりと述べている。

(35) この建議書については稲田前掲書三〇七〜三一一頁に詳しい。なお同文書は前述の書陵部蔵「山田伯爵家文書」巻二中に収められている。

(36) この意見書も前掲「山田伯爵家文書」巻一一に収められている。

(37) 神奈川県立公文書館蔵「山口コレクション」所収。

(38) 十月三日付伊藤博文宛土方久元書翰には「陳は神祇院新設云々之儀に付、陛下より賢台御意見御下問相成候間御勘考之上御上答被成下度、委細は山崎直胤へ申含め差出候に付文略仕候。迂生も罷出度候得共此節柄種々風聞を生し可申と存し態と相止り山崎を出候……」とあり、うらづけられる(『伊藤博文関係文書』六〈塙書房、一九七八年〉四五二頁)。

(39) 前掲「山田伯爵家文書」巻四所収。

(40) 全文は左の通りである。

拝啓　今朝早ク丸山え面会、得意之雄弁ヲ振ふハ此時也と申聞候処、委細承知勇ミ進ンて出発いたし候、亦昨日元田え談合いたし置候処、旨趣残る所なく相認態と家来壱人差遣候由、是ハ余程功能可有之と存申候。只々小田原之一言万々世迄之基礎相定ル場合、一向明答ヲ祈リ居申事ニ御坐候。此段形行申上候也。

十月四日　　友実

山田顕義殿

(前掲「山田伯爵家文書」巻四所収)

(41) 前掲『伊藤博文関係文書』八、二一六頁。

(42) 前掲『明治天皇紀』によれば「元田永孚固より高行等の議を賛同し、侍従長侯爵徳大寺実則依りて高行等の建議を奏上す」(第七、六二七頁)とあり、佐々木の意見書を天皇へとりつぐなどの行動があった。

(43) 前掲『関係文書』、四三〜四四頁。

(44) 同前書、二三二頁。なお同書翰で元田は「神祇院之名称は、枢密・元老・貴族・衆議各院之名称と同唱に相成、祖宗に被為対御尊崇之区別分明に無之、殊に院之字寺院之唱も有之、其韻響不宣と愚考仕、願曰は古典之通りに神祇官と被成候而、何之支も無之のみならず、御尊崇の名称に通じ可申と奉存候」と、神祇官とすべきと述べている。このことは前引の伊藤宛の書翰でも主張していた。

(45) 前掲『関係文書』、二七三頁。

(46) 前に述べたような、元田の「国教」論に対する伊藤の反対といったいきさつから、伊藤が反対意見を表明するのではないかと元田らが危惧したのは当然であった。

(47) 伊藤の態度について吉井は六日付書翰で山田に次のように知らせている。

昨日被仰聞候山崎持帰り御返書今日一覧いたし候処、宮内大臣連盟ニ而矢張り内閣一定決議ニ付而ハ御尊崇之儀ニ付何共異存無之、……此上設立之方法ニ至而ハ何モ内閣之御評議次第ニ御決相成度、国家的之大事業ニ付宮内省ニ而兎角議論すへき事柄ニ而ハ有之間敷との事ニ而候由、一寸今日宮内大臣とも談合致候処、同人之見込ニも賞勲局之振合ニ内閣ニ而御治定役所ハ宮内省中ニ被召置可然歟との事候間、至極尤と申置候間、尚此上宜布御説可被下候。……。（前掲「山田伯爵家文書」巻四所収）

(48) この書翰は前掲『井上毅伝』史料篇第二、二八〇頁所収。またこの書翰については稲田前掲書、三一四頁参照。

(49) 前掲『井上毅伝』史料篇第二、二八二頁。

(50) 明治二十三年十一月五日付元田宛井上書翰〔別紙〕（前掲『関係文書』二九四頁）。

(51) 前掲『関係文書』、二五六頁。

(52) 前掲『臣高行』、七〇七頁。

(53) これは憲政資料室蔵「三条実美文書」所収の明治二十三年十一月十一日付三条宛山田顕義書翰の一節である。全文は次の如くである。

（端書　三条公閣下　顕義十一月十一日）

粛啓　一昨日は御書簡被下旧堂上方救助金支出方法之簾ニ付御配慮之趣敬承仕候。何と歟山県・松方抔へ相談尽力可仕候間、左様御含奉願候。神祇官一件ハ於今決定仕不申、専ラ尽力中に御坐候。今朝参殿御答可申上覚悟ニ而御答も遷延仕候処、生憎無拠急要出来不能其義、乍欠敬書面ニ而御答申上候。尚其内拝謁万可申上候、草々謹言　十一月十一日

(54) 明治二十三年十一月十三日付山田宛元田書翰（前掲『関係文書』、一二三三頁）。
(55) 前掲『臣高行』、七〇七〜七〇八頁。
(56) 前掲『明治天皇紀』第七、七〇二頁。
(57) 明治二十三年十一月二十七日の内務省訓令により、官国幣社への保存配布の年限を明治二十年度より三〇年間延長が決定された。これは前述の十月十日付井上毅の意見書の末尾にあった「一保存金ノ期ヲ延ヘテ三十年トス」（前掲『井上毅伝』史料篇第二、二八二頁）という方策の提示を採ったものである。
(58) 稲田前掲書、宮地前掲書など。
(59) 『日本新聞』明治二十三年十一月九日号。
(60) 本書第三部第三章参照。
なおその時の同志土方久元は、今回はむしろ消極的であり、司法大臣で元田らから攻撃された山田顕義が積極論と立場がいれかわっている。

第三部　「対外観」の諸相

第一章 壬午事変後における元田永孚の朝鮮政策案
――『朝鮮処法私案』『聖喩大旨』他――

明治十五年（一八八二）七月二十三日、京城で発生した朝鮮の軍卒の反乱にはじまる壬午事変は、政権を握っていた戚族閔氏一族とその政治に対して不満を有していた守旧派が大院君李昰応の使嗾によってひき起こした事件であり、朝鮮の新式軍隊の指導にあたっていた日本の陸軍中尉堀本礼造が殺され、また日本公使館も襲撃され、公使花房義質は辛うじて逃れるという事態となり、事変は反日暴動の様相をも示すに至った。花房公使は英艦によって脱出し、七月二十九日長崎に到着し、外務卿井上馨に事態の報告を行い指揮をあおいだ。この事態に対し井上は三十日参議山県有朋と協議、翌三十一日の緊急閣議以後日本政府の対応が展開されることとなる。この事件の経過の詳細やその意義等については、すでに先学による研究があり、ここではその詳細にたちいることはしない(1)。本章は後述するようにこの壬午事変の一応の決着がついた（済物浦条約の締結など）前後の時期における日本政府の対朝鮮政策（それは対清、更には対アジア政策と密接な関係を有するものであるが）が如何なる方向にむかおうとしていたのかという問題に関連して、当時明治天皇の側近的立場にあった侍講元田永孚が、壬午事変後の朝鮮政策について発言している史料を知ることができたので(2)、政府内部において同時期に検討されていた対朝鮮政策との概観的な対比を試みながら、同史料の紹介を行おうとするものである。

壬午事変にはじまる明治十年代後半期における対朝鮮政策の展開は、明治維新以来の日本と朝鮮との間の屈折をたどった外交関係の積み重ねと、朝鮮の背後にひかえる清国との関係に規定されるところの大きいものであった。すなわちそれは「明治維新いらい欧米をモデルとした近代化政策を推進してきた日本は、一方では欧米列強の東アジア進出を警戒し、他方では同じ東アジアの中で、朝鮮の支配権をめぐる清国との対決に備える、という二重の課題に同時に直面」[3]するに至るという情況において、朝鮮に対して（また清国に対して）如何なる具体的政策を選択してゆくか、という問題に他ならない。それは坂野潤治氏が述べられたところに従うならば「西洋列強の東アジア進出に備えるためには、日清両国は朝鮮問題における対立の激化を避けるべきであるとする『日清協調論』と、清国との対決を回避せずに朝鮮の内政に干渉してその親日化を進めるべきであるという『朝鮮改造論』の二つの対外論[4]」の夫々に基づく具体的政策のいずれを選択してゆくかということであった。

事変勃発後の朝鮮との交渉、済物浦条約の締結に至る外交交渉の過程については、前述のように田保橋氏の詳細な研究[5]等があるのでここでは詳細にはふれない。また壬午事変の報知は、日本国内に様々の反応をひきおこし、民間においても開戦論や種々の朝鮮政策や対外論の提起や論議をまきおこしていったのであったが[6]、政府としては、事件の解決策は、その当初から「想フニ朝鮮政府ハ素ヨリ和ヲ傷ルノ意アルニ非ルハ我政府ノ信スルトコロナレハ使臣ノ誠意ヲ以テ再ヒ両国ノ大局ヲ保全シ反テ将来ノ為ニ永遠ノ善良ナル交際ヲ得ルニ至ラハ其要求ト保証ノ条約ヲ併セテ彼国相当ノ大臣ト便宜ニ換約[7]」することをも、強硬な方針のもとで交渉を行うなかで認めていたり、「我国ハ朝鮮ト直接ニ対等条約ヲ締ビ、清国ノ居仲ヲ経由セズ、平和ニ交際シテ、以テ今日ニ至レリ、故ニ今度ノ事、若シ戦争ヲ開クノ場合ニ至ル時ハ、他ノ外国ハ或ハ局外ニ中立スル歟、或ハ両国中ノ一国ニ与国ト為ル歟、其随意ニ任ズト雖、平和ノ交際ニ於テ、決シテ他国ノ干渉ヲ容ルルコト無シ、今日我ガ国ハ、朝鮮ニ向テ、仍ホ平和ノ交際ニシテ、明治九年ノ条約ヲ続カントスル者ナレバ、条約記名ノ双方ノ外ニ他ノ関係ナシ」(8)という如く、清国の日朝間の交渉への介入を排して朝鮮政府との直接交渉による早期解決を基本方針としており、それは清国による出兵と大院君の拘引など朝鮮内政への具体的干渉がなされる中でもなお基本的には維持されていったのである。しかしながら、十五年八月、右大臣岩倉具視は「清国政府今日ノ挙動ハ、凡テ迅速ニ出テ使臣ヲ派シ、軍艦ヲ遣リ、陸兵ヲ発ス、実ニ意料ノ外ニ在リ、其意志ヲ推測スルニ、朝鮮ヲ以テ清国ノ属邦タリト、公然海外列国ニ言明セント欲スルニ在ルナラン……清国カ意志若モ推測スルカ如クナラバ、我カ国トノ談判モ、結局ハ兵力ヲ以テ曲直ヲ裁断スルニ至ラン、今日ヨリ預メ之ヲ覚悟シ、充分ニ戦備ヲ整フハ、目下ノ急務ト為ス」と述べて、日朝問題が日清問題となってしまうことを認めざるを得ず、それが最終的には武力による対決をも予想させることを認め、そのような中で当面「我ハ之ニ応スルニ、成ル可ク丈ケ清国ト論争ヲ避クルノ計ニ出テ、談判ヲナスヘシ……種々ノ辞柄ヲ設ケ、事ヲ朝鮮ニ託シ、清国ト直接ニ論争セサルヲ以テ得策トス、其故ハ、近日朝鮮ト新ニ条約ヲ結ビタル英米仏独ノ四ケ国カ、独立国ヲ以テ朝鮮ヲ公認スルトキハ、我ガ国ハ清国ト兵力ヲ以テ之ヲ争フニ至ラザルノミナラス、坐シテ以テ大勝ヲ得ルト謂フベキナリ……仍テ米英仏独等各国ノ意見ヲ探訪スルヲ以テ急務トス」(9)という消極策しかとり得ないと考え、今後の方針について苦慮することとなるのである。

さて明治十五年十月、朝鮮国特命全権大使兼修信使朴泳孝、副使金晩植等が来日し、金玉均も随員として同行来日した。井上外務卿は朴泳孝、金玉均等との会談の結果、朝鮮政府内に、日本に依頼して朝鮮の自主独立を計ろうとする一派が存在することを知った。このことをも考慮に入れて、井上は次の如き三ヵ条の対朝鮮政策案を策定し、三条太政大臣に提出した。また井上は当時在欧の参議伊藤博文に打電してその見解を質している。(10)

一 関係列強と協力して、朝鮮の独立を承認せしめること。

二　清韓宗属問題に関して、清国と直接交渉すること。
三　朝鮮国革新派に援助を与え、自発的に独立の実を挙げしめること。(11)

ということの意見に対して、岩倉具視は、第一条については「此ノ策ハ尤モ其ノ宜ヲ得タルモノ」であり「朝鮮ノ独立ト属国トノ決ヲ取ルハ各国ノ輿論ニ附」すという消極策を是とし、その上で第三条についても「朝鮮国我レニ倚頼セシ以上ハ固ヨリ幾分カ幇助ヲ加ヘ」るべきであるが、それは「朝鮮ノ倚頼ニ応スル区域ヲ画定シ……清国ニ対シテモ必シモ秘スルヲ用ヒサル公明正大ノ所置」として行われることが大切であると消極的な方針である。従って彼は第二条について「此ノ条ハ求メテ清国ト葛藤ヲ結フ所以ニシテ策ノ最モ下ナルモノ」であると否定するのである。岩倉は「清国ノ衰頽ハ甚キヲ極ムト雖、地広ク財多キヲ以テ往々ハ進歩ノ見込有ル国ナリ、今日亜細亜全洲ニ在テ僅ニ其独立ノ権ヲ全スルモノ、独リ我国ト清国有ルノミ、苟モ唇歯相依リ以テ独立ノ隄防ヲ固クスルニ非レハ、西来ノ狂瀾ヲ永遠ニ禦クコト難カルヘシ、然ルニ区々タル朝鮮ノ為メ日清ノ争端ヲ開クニ於テハ、我ニ在テモ一モ利スル所ナク……(12)」と述べているように、西洋列強の東アジア進出に対して日清両国が提携すべきであるという「日清協調論」的考え方を示しており、従って当然にも日本の対朝鮮政策を抑制すべきであると考えている。だが岩倉は一方で日本が朝鮮への援助を強く行えば清国も「朝鮮ノ内政ニ干渉」を強め、「日清ノ交際ハ到底親睦ニ至ラサルノミナラス、彼我忿怨ヲ挾テ相待チ、早晩干戈ニ訴ルコトヲ免カレサルヘシ(13)」という認識をもっており、十一月十九日の意見書においては「朝鮮ノ紛議漸ク妥穏ニ属シ、稍ク小康ヲ得ルカ如シト雖モ、支那ノ近状ヲ察スルニ更ニ安意高枕ス可ラサル者アリ、夫レ支那ハ数十年睡眠ノ郷ニ安セシモ、近日ニ至リ俄然一覚武備ヲ戒修シ庶政ヲ改良セントス、其意蓋シ我カ琉球台湾ノ挙ヲ怨恨シ我カ釁ヲ窺ントスル者ノ如シ(14)」と述べ、対清警戒論、軍備拡張の必要を主張するなど、必ずしも一定していない点は注意しなければならない。とは言え当面の政策として岩倉が消極策を是としたことは明らかである。

このような岩倉の意見と対照的に伊藤博文は「朝鮮を独立国となすのが緊要であるから、彼の政府の冀望に応じて補助を与へ、且つ彼の政府をして公然その独立を宣言せしめ、特使を欧米に派遣して相当の条約を締結せしめる方然るべし」という消極的な「朝鮮改造論」的意見を述べている。(15) 井上はこれに対して疑懼して更に十一月十七日伊藤宛に朝鮮の実情を説明し、「我ニ於テ想像セシ程ノ気勢無之、故ニ我ニ於テモ単ニ国王其他二三士ノ意ヲ以テ直チニ該政府ノ意嚮ナリト推測シテ、之ニ出力スルハ太早計タルヲ免レズ」との見解を伝えている。(16)

結局井上としては当面は「朝鮮国ニ於テモ各国ト直接ニ条約ヲ締結セシムル等ノ手段ヲ用ヒ、徐ニ独立タルノ地ヲ為サシメ」る外手段はないと決している。(17) このような対朝鮮政策は、「清国と協調を保ちつつ、朝鮮の自主独立を完成しようとする二重の矛盾した方向を有し、其実施は最も困難で且破綻し易」いものであると評されるものであった。(18)「日清協調」と「朝鮮改造」とは両立しえないものとの認識に対して、あえて当面両立をはかろうとする政策は、甲申事変の勃発として改めてその破綻を示すことになろう。

さて以上のような対朝鮮政策の模索の過程に関連して、前述の如く当時明治天皇の側近的立場にあった侍講元田永孚は、壬午事変をどのようにうけとめ、朝鮮との関係について如何なる認識をしていたであろうか。彼の自伝「古稀之記」は「此草卒ノ変報到リシヨリ処置畢ルニ至リ三条岩倉二大臣ノ密議ニ預リ屢聖上ノ顧問ニ対ヘテ奏上スル所」があったと述べ、前述のように「我国ノ策モ又朝鮮ニ干渉スルト干渉セサルトノ両策アリテ、岩公両ツナカラ奏聞アリ」という時に、「朝鮮ノ国勢タル支那ヲ離レテ決シテ独立スヘカラス、而シテ支那亦朝鮮ヲ許サス、然ルニ朝鮮ニ三好事ノ徒ノ計策ヲ幸トシ、我国ヨリ彼レニ干渉シ窃ニ財ヲ仮シ兵ヲ借シ陰ニ之ヲ助ケテ我ニ利セントスルカ如クナラハ、決シテ策ノ得タル者ニ非ス、支那若シ之ヲ聞カハ、我ト隙ヲ開ク目ヲ刮テ待ツヘキナリ、我国ハ世界ニ中立スルヲ以テ国是ト為スヘシ、決シテ朝鮮ニ干渉スヘカラス、其独立ノ成ルト否トハ米英諸大国ノ為ス所ヲ観、後来ノ勢ニ随テ漸クニ処置シテ可ナリ」という意見を天皇に奏上したと述べている。だが同時に「談判上ノ関係アルヲ以テ其実際ハ余カ聞知セサル所ナリ」(19)ともいうように、事変の勃発から交渉過程のいちいちなどについては、詳細にわたることまでは関与していなかったと思われる。元田の日記によれば、七月三十一日条に「昨日聞朝鮮内乱花房公使館受襲撃公使退帰到長崎之報、因九時参内会佐々木参議於内閣窃聴廟算之所向且陳愚見」(20)とあるように、かねてからの盟友である参議兼工部卿佐々木高行と会って情報を集め、また意見を述べており(21)、また八月十四日には「九時参内、岩倉右大臣与徳大寺宮内卿杉宮内大輔香川皇后宮大夫及永孚会於密間告以朝鮮事情至午時右畢而退帰」と、岩倉から宮中関係者の一人として「朝鮮事情」の説明を受け、行動を知ることができる(22)。残念ながら明治十五年の日記は九月三日までで終っておりその後の彼の動きは明らかにしえない。なお九月三日の記事中に「有韓地談判満足之電報於日見之喜悦太甚」(23)とあり、翌九月四日付の岩倉具視宛の元田の書翰(24)において事変の解決について「実に寛厳其中を得威恩並び立つの御処置に相運び毫も間然する処無之、皇上之聖徳神州の信義初めて海外に相顕はれ誠に維新已来の一大歓喜の美事と謂はざるべからず」と全面的に賛意を表わしていることを知ることができる。

さて元田の対朝鮮政策意見であるが、その趣旨については、前引の自伝においても見られた如く、朝鮮への不干渉を主張したものと言うことができるが、そのような考え方をより具体的に展開した意見書の草稿というべきものが、以下に紹介するところのA～Eの記号を付した五つの史料である(本章の注のあとに一括して掲げた)。これらはその内容において精粗の差はあるが、一貫した主張を行っている。即ち元田は前述した対朝鮮政策のもととなる二つの立場、つまり「日清協調論」と「朝鮮改造論」のいずれかに決するについては、「朝鮮ト我国トノ間ニ於テ利害得失ヲ較ラズ」「宇内ノ大局面」すなわち日本を含めたアジア、世界の状勢の中で考えるべきであるとする。元田はアジアにおいて西洋諸国に対して独立を保っているのは日本と清国のみであるが、「早晩其狂瀾中ニ陥没スルモ計リ難シ、之ヲ防禦スルニハ、唯日清一団結力ニ在ル而已」と認識する。これは明白な「日清協調論」の立場であり、そこから朝鮮の独立を援助することは日清の対立を招くことになり、それは西洋諸国の利になってしまうことであり、「我国ノ失計ノミナラズ、亜細亜全洲ノ大不幸」であると考えることになる。従って朝鮮の独立を援助することは「我国一国の私論」で決めるべきではなく、「同盟各国ノ公議」を以て行うべきであると言う。このような考え方から朝鮮に対する援助は「砲器ヲ贈リ、教師ヲ遣シ、礦山開業等ノ着手ハ其需求ニ応ズル」といった程度にすべきであるとして、「清国ノ猜疑ヲ解キ、日清両国一和団結力ヲ以テ、朝鮮ノ独立ヲ幇助シ、魯国ノ蚕食ヲ防禦シ、亜細亜ノ局面ヲ保全ノ大計」を今日よりめぐらすことが我国の大方針であるべきと論ずるのである。(25) 以上の如き意見は、先に見た十五年十月の岩倉具視の意見と基本的に同様の内容をもつものと言うことができる。ただ元田の意見には日清の武力対決に至る可能性については言及しても、清国の軍備増強への危機感といったものは見出すことはできない。また元田の意見書と岩倉の意見書の成立の先後関係等については明らかではない。元田が八月十六日、二十二日に岩倉に「韓地意見書」を提出していたことは先に述べたが、それらの意見書がここに紹介するものとはちがうであろうと思われるのは、例えば史料Bは「朝鮮修信使ノ支那ノ圧力ヲ忌ミ……」との書き出しをもつところからも十月になって成立したものであることを示しており、また史料D「聖喩大旨」は「十一月四日」の日付をもっていることからも明らかであろう。現在のところ他のACEの史料の成立時期は明らかにしえないが、内容からみてBDと同じ期間に成立したと考えられる。このような状態で史料紹介を行うことは、或は軽率であるかもしれないが、元田永孚の場合は、彼が明治前半期の政治に対して占めている特殊な立場、特に彼の意見が天皇からも一定の信頼を得ていたということ、またその為大臣参議等が彼を無視できないと考えていたり、警戒的でさえあった(26)ということ、などを考えるならば、その朝鮮政策の内容は大枠として「日清協調論」の中におさまるもので特に目新しいものであるとは言えないにしても、大臣、諸参議、外務関係者以外の対朝鮮政策意見として紹介に値すると考え、本章を草した次第である。

注

(1) 壬午事変については田保橋潔『近代日鮮関係の研究』(上巻、原書房、一九七三年復刻)が詳細をきわめている。また山辺健太郎「壬午軍乱について」(『歴史学研究』二五七、一九六一年七月)も参照した。史料としては外務省編『日本外交文書』(一五、巌南堂、一九九六年)、及び金成明編『日韓外交資料集成』(二、七、巌南堂、一九六二~六七年)を参照した。

(2) これらの史料は元田永孚の曾孫である元田竹彦氏旧蔵。現在、「元田永孚関係文書」として国会図書館憲政資料室蔵(以下「元田文書」と略す)。

なお各史料について紹介しておくならば、(A~Eの記号は筆者が付したものである)史料A・B・Cは元田家において「永孚対朝鮮策上奏案」として一括されて保存されており、Dは「聖喩大旨」の表題のもとに別に保存され、Eも「朝鮮関係意見書」として別にされていた。

A縦一八・一cm、長さ一〇三・五cm(請求番号一一一―59)
B〃一七・六cm、〃一四三　cm(一一一―57)
C〃一八・〇cm、〃九二・五cm(一一一―58)
D〃一七・八cm、〃一七八　cm(一一一―55)
E〃一七・八cm、〃一一五・五cm(一一一―56)

という和紙に墨書されたものであり、特にDは改削のはげしいものであった。復元にあたって原状をそのままに表記することは難しいので、成案を中心として主要な削除部分は(削―)としてあげておくことにした。

(3) 坂野潤治『明治・思想の実像』(〈創文社、一九七七年〉二二三~二二四頁)。

(4) 同右、二二四頁。

(5) 田保橋前掲書、第一五章~第一七章、及び第一八章第四九。

(6) この問題については坂野前掲書第一章及び同「『東洋盟主』論と『脱亜入欧』論―明治中期アジア進出論の二類型―」(佐藤誠三

郎・R・ディングマン編『近代日本の対外態度』東京大学出版会、一九七四年）が注目すべきすぐれた分析と見解を提示している。なお林茂「壬午政変と立憲改進党系新聞雑誌の論潮」（楊井克巳〔他〕編『帝国主義研究』岩波書店、一九五九年）同「壬午政変と自由党系新聞雑誌の論潮」（『社会科学研究』一三―四号、一九六二年一月）、山田昭次「立憲改進党における対アジア意識と資本主義体制の構想」（『史苑』二五―一、一九六四年八月）など参照。

(7) 井上外務卿より花房公使への八月二日付訓令（前掲『日韓外交資料集成』二、一二七頁）。

(8) 山県有朋の意見『日韓外交資料集成』七、八九頁。田保橋前掲書、八三六～七頁。

(9) 多田好問編『岩倉公実記』（下巻、〈原書房、一九六八年復刻〉八九七～八九九頁）。

(10)『世外井上公伝』（三、〈原書房、一九六八年復刻〉四九一～四九二頁）、田保橋前掲書、九〇四頁。

(11) 田保橋前掲書、九〇四頁。

(12)(13) 前掲『岩倉公実記』下、九〇六～九〇八頁。

(14) 同右、九四〇頁。

(15)(16)(17) 前掲『世外井上公伝』三、四九三～四九五頁。

(18) 田保橋前掲書、九〇六頁。

(19)「古稀之記」（海後宗臣・元田竹彦編『元田永孚文書』一〈元田文書研究会、一九六九年〉以下『文書』と略す、二〇〇頁）。

(20) 以上の引用は「明治十五年〔日記〕」（前掲『文書』一、三〇一頁）。

なお、この明治十五年八月、元田は、岩倉に対し以下の意見（前掲「元田文書」、「一一一―60　機密意見書」）を呈している。

機密意見書

韓地暴徒処置ノ詳細、垂喩ヲ蒙ル、廟算ノ在ル所固ヨリ間然スル所無シ、必ス当ニ彼ヲシテ正義ニ服セシメ、干戈ヲ動カスニ及ハスシテ叓（事）平クニ至ルヘキヲ信スルニ足レリ、然トモ支那談判ニ至テハ、或ハ紛議ヲ生シ交互撞着引クヘカラサルノ勢ニ至ルモ測ルヘカラス。是最策ノ拙キ者ニシテ、予メ此下策ニ陥ラサランコトヲ慮ラサルヲ得サルナリ。之ヲ慮ルニ当リ、先ツ韓地一時暴動ノ談判ト、清国属邦云々ノ談判ト分別シテ混合セサルヲ要トス。而シテ其談判彼ヲシテ服セシムルハ、唯其人ヲ得ルニ在ルノミ。

今其人ヲ論スルニ、威信名望衆ニ抽ツルアレハ、以テ彼ヲシテ服セシムルニ足ル。弁論理ヲ析タハ以テ彼ヲシテ服セシムルニ足ル。胆力人ヲ圧サハ以テ彼ヲシテ服セシムルニ足ル。若シ此ノ如キ人モ得テ談判ニ任セハ、特《(ママ)》リ今回ノ談判下策ニ落チサルノミナラス。亦将ニ向来ノ疑心ヲ併セテ解クニ至ラントス。豈人ヲ択ハサルヘケンヤ。

廟議已ニ花房公使ニ任シテ韓地一時ノ暴動責罪ノ談判ヲ為サシメ、又榎本公使ヲ任用スル時ハ清国今後ノ談判ハ専ラ其責任アルヘシ、果シテ其人ヲ得テ上策ノ談判ヲ後来ニ見ルヘキ歟、廟議必ス所見アルヘシ。

今清国談判ノ難シトスル所以ノ者ハ、彼カ疑心ヲ挟ムヲ以テナリ。其疑心ノ原因ハ琉球ノ処分ニ在ルヲ以テ喋々之ヲ説クモ彼ヲシテ服セシムルコト能ハサルナリ、従来日本ノ外国ニ対スル権略智数ヲ雑ヘ用フルコトヲ免レス、是ヲ以テ清国ヨリ日本ヲ見ル、今日韓地ヲ処分スル遂ニ琉球ヲ処スルノ故智ヲ用フルアラント、是清国ノ我ニ先ンシテ軍艦ヲ派遣スル所以怪ムニ足ラサルナリ。

故ニ今日ノ処置、悉ク之ニ反シ、智数権略ハ一切用ヒス、正々ノ弁、堂々ノ論、決シテ土地ヲ求ムルニ非ス。決シテ償金ヲ要スルニ非ス。天地ノ大道ニ依リ、宇内ノ公法ニ拠リ隣好通信ヲ重ンスル所以ヲ以テ、十反二十反ノ熟議ニ及ハ、何ソ彼カ疑心解カサルノ憂アランヤ。

今花房榎本ニ公使ニシテ事平カハ固ヨリ論ナシ。万一事調和セサルモ一跌ヲ以テ事ヲ破ルヘカラス、往時清国葛藤ノ日大久保弁理大臣ヲ欽差シテ柳原公使ニ協力セシ例ニ準シ、清韓両国ニ弁理大臣ヲ差遣シテ花房榎本ニ公使ヲ輔助シ、以テ平和ノ目的ヲ達スヘキナリ。

其弁理大臣ニ当ルノ人、最難シトス、之ヲ朝野ニ求ムルニ其弁論敏鋭機宜ニ適シ、且ツ外国交際ニ親睦ニシテ其援アルカ如キハ井上外務卿ニ若クハナカルヘシ、然トモ学識名望ノ清国人ニ信ヲ取ルニ至テハ、其短ナル所ニシテ、副島種臣ヲ以テ優ナリトス。

副島ノ学識清国人ノ知ル所ニシテ、李鴻章等従来ノ知己ナリ、清国ノ談判ニ於テハ他人ノ及ハサル所トス、但耐忍恒久結末ヲ拾収スルニ至テハ、或ハ其足ラサル所必スヤ井上ノ智力ヲ以テ弥縫スル所アルヲ待ツノミ。

今副島ヲ以テ清国一方ノ弁理大臣ニ欽差シ、井上ヲ以テ本任外務卿ノ任ニ拠リ清韓英米ヲ総ヘテ弁務総理ニ充タシメハ、冀クハ人ヲ得サルノ憂ナカランカ。黒田顧問ノ如キ、其胆力武略之ヲ開戦ノ日ニ用ルハ適当ナリトス。然トモ紛議清韓ニ亘リ英米ニ連リテ、和平ヲ弁論ノ間ニ保ツニ至テハ、或ハ未タ其長スル所ヲ見サルナリ。万一彼ヨリ事ヲ破リ戦端ヲ開カハ、万不得已ノ時機、義ニ拠テ之ヲ伐ツ、四億万ノ民衆六十余艘ノ軍艦アリトモ、義気ノ圧ス所、錦旗ノ向フ所、何ソ勝タサルコトアランヤ、兵法ニ貧兵驕兵憤兵ヲ忌ム、若シ彼ノ土地ヲ貪ホリ、弱兵ヲ侮リ、又彼ノ一時ノ無礼ヲ憤ルヨリ戦ヲ開ク時ハ、勝ツベカラサルノ理已ニ我ニ在リ、恐レザルベケンヤ、慎マサルヘケンヤ、況ンヤ日清韓ハ東洋ノ一部、唇歯ノ国、固ヨリ当ニ道義相親シミ患難相恤フベキノ義アリテ、而今互ヒニ相鬩クニ至ラントス、是実ニ失策ノ大ナル者、廟謨宜ク万和平ヲ主トシテ時機ニ投シ、以テ上策ヲ収ムベキナリ、然ラスンハ蚌鷸相持、終ニ漁父ノ収ヲ免レサラントス、是杞憂ノ堪ヘサル所ナリ。右ハ区々ノ鄙見、固ヨリ已ニ贅言ニ属ス、然トモ鄙衷ノ止ムヘカラサル所敢テ　閣下ニ献ス、伏乞諒焉

明治十五年八月　　元田永孚拝

岩倉右大臣公閣下

(21)　佐々木高行の日記を見ると、この時期には数多くの朝鮮関係の情報が記されており興味深いが、その中に八月七日、元田永孚より佐々木への次のような書翰が収められているが、この時の元田の心配が奈辺にあったかを示している。

本日御参官ニ候ヘハ、於内閣、暫時ノ拝話ヲ得度候処、御参無之ニ付、書中ニテ一応愚意相述申候、韓地一条、近々ノ電報ニ仍テ、逐一御著手可相成候処、清国軍艦三艘相廻シ候由、如何ナル所置ニ出候哉、此節開戦ニ至リ、其軍略勝算ニ於テハ、総督将校ノ機智ヲ以テ、百勝ヲ保チ可申モ、爾後ノ談判ニ至リテハ、緩急軽重、其機ヲ不失様、実ニ一大事ニテ、殊ニ清国ノ関係重大ノ上、魯英米仏、蚌蟜《鷸》漁夫収ヲ相待候勢ニ有之候ヘバ、此時ニ至リ、誰ゾ壱人ノ人材ヲ御撰擢、清国公使ヲ以テ韓地事務調停ノ任ヲ被命不申テハ、善後ノ策決シテ宜ヲ得申マジクト、老婆心、近日実ニ憂念ニ堪ヘ不申候、此所廟議如何ナル御見込ニ候哉、右一人ノ人材、今日実ニ乏シク候処、責テハ副島ニテ可有之、少シハ気遣ノ処モ可有之候ヘ共、第一ニ、清国ニハ信モ取リ、李鴻章等ノ知己ニモ候ヘハ、其都合モ宜シク可有之、且、御熟知ノ通リ、皇国ノ恥辱ヲ取候様ノ儀ハ不致人物ニ候間、特別ノ御撰擢有之候テ如何、黒田内望ノ由ニ候ヘ共、軍略ハ其任ニ可有之候得共、清国ヘ関係談判等ハ如何哉ト掛念仕、且、此人功成リ帰朝ノ上、其驕亢可憂事ト相考ヘ申候、何卒御熟慮可被下、固ヨリ御賢慮ノ次第ハ御示教奉希候、委細ハ拝顔云々、

八月七日　永孚

佐々木賢台

尚々、副島ハ、同人ヨリ岩公ヘハ近々建言致居候由、御見込次第ニハ、老生ヨリ岩公ヘモ申上候モ支ヘ不申、尤モ、参議ノ御衆議六ヶ敷事歟ト被察申候。

老生ニモ、斯人ニ限リ不申、誰ゾ安心依頼ノ人、別ニ有之候ヘハ、尚更宜敷ト存候、往昔、加藤・小西ノ相争ヒ、近今、山県・黒田ノ相抗スル等、殷鑑不遠、何卒一戦ノ後、速ニ談判相整候様ニト、深祈仕候、尤モ、花房ニテ十二分謝罪、開戦ニモ不至候ヘハ、右ノ婆心モ無用ニ属シ、国家ノ幸福ニ候、心事書中ニ尽シ難ク、先々閣筆仕候、再拝（『保古飛呂比　佐々木高行日記』一一〈東京大学出版会、一九七九年〉、二一六〜二一八頁）

(22) 前掲『文書』一、三〇三頁。

(23) 同右、三〇六頁。

(24) この書翰も元田竹彦氏の旧蔵の史料である（沼田哲・元田竹彦編『元田永孚関係文書』山川出版社、一九八五年、八〇頁）。あわせて左に全文を紹介させて頂く。

謹啓朝鮮談判締結の条件、花房公使よりの電報御内示、宮内卿より伝見仕候処、実に寛厳其中を得、威恩並び立つの御処置に相運び、毫も間然する処無之、皇上の聖徳、神州の信義、初めて海外に相顕はれ、誠に維新以来の一大歓喜の美事と謂はざるべからず、閣下御忠慮の至る処、今日の快然深く祝賀を表する所に候。仍而不取敢恐悦を啓述仕候也。頓首拝

九月四日　　元田永孚

右大臣公閣下

(25) 以上は史料A「朝鮮処決私案」より引用した。

(26) 例えば明治十二年十月侍補職廃止後も元田は侍講として「日日顧問ニ預」っており、「皇上ノ眷顧益々親密ニ三条有栖川岩倉三大臣モ之ヲ知リ一日永孚ヲ招キ密告シテ曰、……今我等三人協議シ卿カ機密ノ顧問ニ備ハルコトヲ承諾セリ、自今以往更ニ卿ニ望ム宜シク益々忠誠ヲ尽シ以テ君徳ヲ輔翼セラルヘシ謹テ機密ヲ漏スコト無ク建議スル所アレハ必我等三人ニ密告セラレヨ」とその立場を認められたと記しており（「古稀之記」、前掲『文書』一八〇頁）、またこの朝鮮問題に関して「此際ニ岩公余ニ語テ曰卿ガ顧問ニ預カル参議中始テ信用ヲ得タリト蓋岩公ノ余ガ参議中ニ疑ヒヲ受ケザル為メニ苦心アリタルヲ始メテ知リタルナリ」（同二〇〇〜二〇一頁）という記述は、逆に参議達の元田に対する対応を知らせて十分であろう。

史料A「朝鮮処決私案対朝鮮策上奏案（三）」

今朝鮮ニ向テノ政略、甲乙両端ニ分レテ、之ヲ甲ニ決センカ、清国ノ嫌疑ヲ招テ、遂ニ戦端ヲ開クモ料ルヘカラス、之ヲ乙ニ決

センカ、朝鮮遂ニ独立ヲ得スシテ、清兵韓地ニ砲台ヲ築キ、兵艦我ニ迫ルノ勢アルモ料ルヘカラス。一得一失一利一害、両ツナカラ免ルヘカラサルナリ。（削―是皆小利害小得失ヲ争フテ、未タ大識見ヲ以テ見サルニ由テ、両端決シカタシ、然ルニ大識見トハ何ヲ以テ之ヲ見ルカ）大凡、大事ヲ謀ルニハ、先ツ大小軽重ヲ審カニシテ、大識見ヲ定テ、之ヲ断決セサレハ、小利小得ニ惑ヒテ、終ニ大計ヲ誤ルナリ。

故ニ朝鮮ノコトタル、之ヲ朝鮮ト我国トノ間ニ於テ、利害得失ヲ較ラス、宇内ノ大局面ヨリ之ヲ達観スレハ、其利害得失瞭然タリ。之ヲ大識見ヲ定メテ断決スルト云ナリ。

今西洲各国、智力相競ヒ、富強相進ノ勢ハ、日ヲ逐テ東侵シ、亜細亜全洲モ、其禝《（ママ）》気ヲ受ケサル国ナシ。独リ我国ト清国トノミ、僅ニ独立ノ権ヲ保全スルコトヲ得ルト雖トモ、早晩其狂瀾中ニ陥没スルモ計リ難シ。之ヲ防禦スルニハ、唯日清一団結力ニ在ル而已。是米国ノクランド、布哇帝ノ言フ所モ符合スル所ニシテ、有識ノ見ル所同一ナリト云ヘシ。故ニ我国ニシテ、宇内並立ノ基礎ヲ拡張スルニハ、必ス清国ト従来ノ嫌疑ヲ解キ、一和団結ヲ謀ルヨリ、今日ノ急務大計ハ之アラサルナリ。

然ルニ今、朝鮮ノ独立ヲ幇助センカ為メ、甲ノ策ノ如キ時ハ、忽チ清国ノ嫌疑ヲ生シ、従来ノ葛藤ヲ併セテ遂ニ解クヘカラサレハ、終ニ西洲ノ博取ニ落ル。大局面ノ大計復収ムヘカラサレハ、特《（ママ）》リ我国ノ失計ノミナラス、亜細亜全洲ノ大不幸ナリ。且夫甲ノ策ノ主眼ハ、清国ノ韓地ヲ占有スルヲ防カン為メノ計策幇助ナルニ、一旦清国ト戦ヲ開キタランニハ、乃チ韓地モ戦争ノ街トナリテ、其勝敗日月ヲ期スヘカラサレハ、未タ幇助ノ益ヲ見スシテ、徒ニ大害ヲ見ルノミ。是乃チ大小軽重ノ差異、至テ見易キ者ナリ。

故ニ今、朝鮮ノ依頼ニ応スルニ、独立国ト認定スルト否ト、之ヲ幇助スルト否トハ、我国一国ノ私論ヲ以テ諾否ヲ言難ク、必ス同盟各国ノ公議ヲ以テ決定スルヲ待ツヘシト云ヲ以テ、之ニ答ヘテ何ノ不可アランヤ。

且清国モ乃チ我国ノ同盟国ナルニ、一ノ同盟ノ朝鮮ハ、其依頼ヲ承諾シテ、一ノ同盟ノ清国ニハ、其属邦論ヲ陰ニ圧倒セント謀ルカ如キハ、我国正大光明ノ、決シテ為スヘキコトニ非ルナリ。且ツ朝鮮ニ於テモ、清国ノ圧力ヲ忌ミ、新ニ我国ニ依憑シテ独立ヲ謀リテ、旧来内属ノ援助ヲ受ケシ清国ト相抗セントスルカ如キ、決シテ朝鮮ノ為ニ策ノ得タル者ニ非ス。而シテ又決シテ為シ得ヘキ策ニ非ルナリ。若シ同盟各国、朝鮮ヲ独立国ト認定スル日ニハ、各国ノ公論ヲ以テ清国ヲ談判センニ、其結局必ス公議ノ在ル所ニ決シ、我国敢テ私スル所ニ非サルナリ。

但、朝鮮ノ依頼心ニ於テハ、我国少シク恵与スル所無ルヘカラサレハ、砲器ヲ贈リ、教師ヲ遣シ、礦山開業等ノ着手ハ、其需求ニ応シ、同盟国ノ規則ニ違ハサレハ、何ノ秘密スル所アランヤ。

到底清国ノ猜疑ヲ解キ、日清両国一和団結力ヲ以テ、朝鮮ノ独立ヲ幇助シ、魯国ノ蚕食ヲ防禦シ、亜細亜ノ局面ヲ保全スルノ大計ヲ今日ヨリ運ラスヲ以テ、我国大識見ノ廟算ト云ヘキナリ。

史料B 「対朝鮮策上奏案（一）」

朝鮮修信使ノ支那ノ圧力ヲ忌ミ、独立ヲ欲シテ我邦ニ依頼スルハ、其国議好ミスヘクシテ、其情憐ム可シト雖トモ、我邦ノ之ニ干渉スルト否サルトハ、後来ノ利害得失大小軽重、之ヲ審カニシテ、之ニ応スルノ道ヲ慎マサルヘカラサルナリ。

宇内ノ大勢ヨリ之ヲ論スルニ、我邦ノ策ハ、清国ト和好シ以テ亜細亜ノ聯合ヲ団結シ、依テ以テ魯西亜・英・仏ノ襲撃ヲ予防スルニ在レハ、今朝鮮ニ干渉ヲ起シテ、清国ト葛藤ヲ生スルノ慮アルハ、予シメ之ヲ為ササルニ若クハ無カルヘシ。

今朝鮮ノ独立ヲ幇助スルハ、小義軽利ニシテ、清国ト猜忌ヲ生シ紛議ヲ招クハ、大義重利ヲ損スルナリ。況ンヤ未タ軽利ヲ見スシテ、忽チニ大害ヲ招クニ至ルヲヤ。

且夫独立ト云ハ、所謂己レ自ラ独リ立ノコトニシテ、譬ヘハ二歳ノ童ノ初テ立ツカ如ク、人ニ依憑シテ立ツハ、是独立ニ非サルナリ。朝鮮ノ実体ヲ見ルニ、只外国条約上ノミ独立ノ名アリト雖トモ、曩ニ兵士ノ一変乱ヲ以テモ、自ラ征討スル能ハス、大院君皇親ノ貴キヲ以テ、清国ニ拘送セラルヽニ至リ、今猶清兵ノ護衛ニ依テ、国安ヲ得ルノ勢ナレハ、今直ニ独立ヲ謀ラント欲シテモ、何ノ実アリテ其功ヲ奏センヤ。已ニ我朝ニ依頼スルヲ以テ、其独立スル能ハサルノ実判然タリ。

已ニ人ニ頼テ独立ヲ謀ル時ハ、譬ヘハ小児ノ未タ自立ツコト能ハサル者ヲ、保母アリテ之ヲ扶ケ立ツルカ如シ。我邦今保母ノ頼ミヲ諾スル日ニハ、始終手ヲ放ツコトヲ得ス、万一傍人ヨリ之ヲ妨害スル時ハ、始終之ヲ扶植セサルヲ得ス、我邦ノ任亦重カラスヤ。故ニ保母ノ任、之ヲ我邦一人ニシテ之ヲ肯セスシテ、各国ノ独立ヲ見認ルヲ待テ、共同首肯スルハ是上策ナリ。然トモ各国共同、独立ヲ見認ルト雖トモ、清一国之ヲ独立ヲ見認メサル日ニハイカンセン、是緊要ノ話ナリ。

朝鮮ノ支那ニ於ケル、国初以来親睦ノ国ニシテ、其属国ト否サルトヲ論セス、其支那ノ扶助ヲ享クルコト、幾万々ナルヲ知ルヘカラス。今新タニ独立ヲ欲スルトシテ、俄ニ我朝各外国ノ可認ヲ利シテ、清国ト不和ヲ生スルハ、朝鮮ノ国誼ニ於テ已ニ道ヲ失ヒ、其利害ニ於テモ愆マレリト云ヘシ。

是ニ由テ之ヲ観レハ、我朝ヨリ朝鮮ニ処スルニ、其独立ヲ欲スルノ精神ニ於テハ、素ヨリ嘉ミスル所故ニ、旧好ノ清国ニ交誼ヲ愆ラス、之ニ接スルニ礼義ヲ以テシテ、一国独立ノ体面ヲ立ツルヲ以テ之ニ喩示シ、我邦一国ノ干渉シテ之ヲ幇助スルハ、朝鮮ノ為メニ宜シカラス、我朝ニ於テモ、清国ヲ置テ専行スヘカラサルノ理由ヲ告喩スヘシ。尤モ教師ヲ遣シ、器械ヲ需用スル等ハ、同盟国ノ交誼、愈々扶助ヲ為スノ厚意ヲ示スヘシ。

若シ之ニ反シテ、独立ヲ幇助スルノ諾ヲ与ヘタランニハ、以後朝鮮ヨリ請求スル所、悉ク之ヲ諾セサルコトヲ得サルノ勢ニ至リ、方今大院君モ未返ラス、清兵モ七道ニ護衛シ、此際ニ当リ、炮器ヲ送リ、礦務ヲ興ス等、種々ノ干渉ヨリ清国ノ猜疑ヲ生シ、終ニ大紛擾ヲ引キ起スコト、鏡ニ掛ケテ見ルカ如シ。

史料C　「対朝鮮策上奏案（二）」

朝鮮ノ独立ヲ欲スル其精神ハ固ヨリ嘉ミスヘク、我邦ノ幇助ヲ依頼スル其情ニ於テハ、憐ムヘシト雖トモ、其独立ヲ認定シテ之ヲ幇助スルハ、我邦一国ノ私議ヲ以テ相対ノ許諾ヲ為スヘカラス。必ス同盟国ト謀リ、輿論公認ヲ以テ其独立ヲ認定シテ、幇助ノ方法ヲ施スヘシ。

同盟国ノ輿論公認スル所、独立国ト認定スルコト能ハサレハ、我邦亦私議ヲ以テ、独リ独立国ト認定シテ、幇助スルヲ得サルナリ。

同盟国ノ輿論公認スル所、独立国ト認定スル時ハ、我邦モ亦独立国ト認定スヘシト雖トモ、清国乃チ属邦ト云フ時ハ、各国ノ公論ニ拠リテ、公平正大ニ清国ト談判シ、其結局ハ亜細亜一大局ノ公是ニ帰着ス可シ。

亜細亜一大局ノ公是ト云ハ、乃チ日清韓ノ一和団結、公道ニ由リ正義ヲ立テ、宇内ニ抗衡スルニ在ルノミ。是曾テグランドモ、我邦ノ為メニ説ク所、亜細亜東洋ノ国是茲ニ在ルコト判然タリ。

故ニ我邦、朝鮮ノ依頼ニ応スルニ、右ノ国議ヲ以テ公然ト談判シ、支那ヲ忌憚シテ我邦ト陰ニ結約スル如キハ、朝鮮ノ為メニ宜キヲ得サルノ理由ヲ明カニ説喩シ、而シテ教師ヲ雇貸シ、銃器農具ヲ恵与スル等ノ細事ハ、旧ニ依テ彼ヲ扶助スルハ妨ケナシ。

朝鮮ヲシテ清ノ藩属ニ帰セシメ、清ヨリ炮台ヲ築キ兵艦ヲ繋キ、我ニ迫ルノ勢アラシメハ、我ニ在テ其害最大ナリトストノ甲ノ議ハ、我邦ノ患フル所ト雖トモ、之ヲ防ン為メニ、朝鮮ヲシテ独立国ト為ラシメ、我之ニ与フルニ武器ヲ以テシ、之ニ借スニ教師ヲ以テシ、内乱ヲ鎮圧スルノ兵ヲ訓練セシメ、又其利源ヲ開キ、礦務ヲ興シ、農具ヲ与ヘ、国力ヲ永遠ニ鞏固ナラシムルノ策ニ至テハ、之ヲ二三年ノ間ニ功ヲ収ムルコト能ハスシテ、清国トノ猜疑紛擾ハ必ス期年ノ内ニ生シ、徒ニ其利ヲ見サルノミナラス、忽チニ其害ヲ生シ、亜細亜一大局ノ大計ヲ愆リ、欧州ノ餌トナルノミ、実ニ失策ノ大ナル者ナリ。

史料D　「聖喩大旨」

朝鮮ノ依頼ニ応シテ、我国ノ政略如何ヲ慮ルニ、甲乙二案アリテ、其利害得失相半ハスト雖トモ、之ヲ断スルニハ、先ツ、亜細亜局ノ大勢ヲ察シ、次ニ朝鮮ノ国勢時情ヲ審カニシ、而シテ我国ノ公義大道ニ由リ、甲乙二案ノ中ヲ執リテ、之レカ断定ヲ為サヽルヘカラザルナリ。

亜細亜ノ大勢ヲ論スレハ、今西洲各国智力相競ヒ、富強相進ミ、亜細亜全州モ漸ク其脅迫ヲ受ケ、独リ我国ト清国トノミ、独立ノ権ヲ保全スルコトヲ得ルト雖トモ、早晩其狂瀾ニ枉溺センモ料リ難ク、之ヲ防禦スルニハ、乃チ乙案ニ論スルカ如ク（削—我国ノ独立ヲ宇内ニ堅立シテ西潮ノ侵犯ヲ防禦スルニハ）、唯日清一和団結ノ力ニ在ルヲ以テ、務テ清国ト葛藤ヲ解キ、唇歯ヲ以テ、宇内並立ノ基礎ヲ堅クスルヲ以テ、亜細亜全局ノ大計ト為ス時ハ、後来両国ノ間ニ猜疑ヲ生サルヲ以テ、第一緊要トナサヽルヘカラサルナリ。

次ニ朝鮮ノ独立ハ、清国ト共ニ之ヲ幇助シ、米英仏ノ各国ト和親交信シテ、以テ魯西亜ノ圧力ヲ防禦シ、日清韓ノ一和ノ力ヲ以テ、亜細亜ノ大勢ヲ堅立スルヲ以テ朝鮮ノ大計トス。

然ルニ清国ノ我国ニ於ケル、其猜疑猶解ケズシテ、未タ急ニ一和団結ニ至ルヘカラス。又朝鮮ノ国勢ヲ云ヘハ、我国已ニ独立ノ仮条約ヲ結フト雖トモ、其実ヲ見ルニ、清国ノ声息ヲ受ケテ進退スル時ハ、我国ト雖トモ未タ其独立ヲ認定スル能ハス。（削—故ニ今俄ニ独立ヲ熱心スルト雖トモ其精神ハ嘉ミスルニ足ルモ急ニ之ヲ）米英仏モ其独立ヲ認定スルト否トハ、未タ確知スヘカラスシテ、今清国又属邦ト明言スル時ハ、仮令米英仏各国ノ独立ト認定スルモ、清国トノ談判急ニ其局ヲ結フニ難カルヘシ。然ラハ則我国独リ其独立ヲ認定シテ幇助セントスルモ、徒ニ力ヲ労シ、未タ其功ヲ見スシテ、其害ヲ見ルヘキナリ。

○其時情ヲ云ヘハ、今切ニ我国ニ依頼スルモ、従来ノ国民ハ、清国ニ依頼シテ我ヲ疑憚スル者猶多シ。但其大院君ヲ脅迫拘送セシヨリ、俄ニ清国ヲ忌ムノ情ヲ起シ、且ツ我国ノ信義始テ相信スルニ足レルヲ以テ、始テ我国ニ依頼シテ、清国ノ圧制ヲ免レントスルカ如キ、所謂窮シテ泣キ掛ルト云者ナリ。然レハ則（削—尹確烈ト英鎬ノ如キ二三忠臣ノ心ハ）二三使臣ノ依頼心ハ疑フヘカラサルモ、（削—帰国後）全国人心ノ向背ハ未タ計ルヘカラス。且ツ其清国ヲ忌ンテ暗ニ我ニ依頼シ、其属邦タルヲ免レテ、独立ヲ謀ルノ事情、清国ノ探知スル所トナレハ、清国ノ朝鮮ヲ圧制スルヤ必セリ。其時ニ至ラハ朝鮮全国ノ人心其向背如何モ知ルヘカラスシテ、（削—是時ニ当テハ尹確烈等我国ニ陰謀スルノ輩）二三独立ヲ謀ルノ使臣等其興廃死生亦知ルヘカラサルナリ。故ニ今二三使臣ノ依頼ヲ信用シテ、其独立ヲ幇助シテ、我国ノ利益ヲ保護シ、清国ノ藩属タルヲ防カントシテ、彼レニ深ク干渉スルカ如キハ、深慮遠謀ナクシテ、我国ノ策ノ得タル者ニ非サルナリ。

我国ノ公義大道ハ固ヨリ論ヲ待タス、其清国ニ交ハルモ、朝鮮ニ交ハルモ、皆是公明正大ニシテ、（削—亜細亜洲大局面ノ公義大道ナレハ）彼ヲ悪ミ是ヲ好ンジ（ママ）、陽ニ交リ陰ニ謀ルカ如キハ、決シテ為サヽル所ナリ。故ニ今朝鮮、清ノ属邦タルヲ忌テ、独立ノ幇助ヲ我ニ依頼スルカ如キ、其情ニ於テハ固ヨリ憐ム可シト雖トモ、（削―其交誼ヨリ論スレハ是私ノ論ヲ免レス）我之ヲ承諾スル時ハ、乃チ清国ヲ外ニシテ、朝鮮ヲ内ニスルノ処置ニ出テ、我国立ツル所ノ公義大道ニ非ス。而シテ朝鮮ノ為メニ謀ルモ、亦計ヲ得サルナリ。

（削―故ニ其独立ヲ幇助スルト否トハ仮条約各国ニ商議シ各国ノ公議ニ由テ其独立ヲ認定シ其独立ヲ幇助スルノ甲案ノ議ハ公義大道ニ背カス而シテ）

故ニ我国ノ政略ヲ為スニ、朝鮮ノ独立ヲ企望スルハ、亜細亜全局ノ大計ナリト認定スルト雖トモ、是ニ依テ清国ト猜疑ヲ生シ、葛藤ヲ重ヌルノ所為ヲナサンヨリハ、寧ロ止ムニ如カス。而シテ其独立ハ、各国ノ公議ニ依テ漸次ニ之ヲ認定シ、遠永（ママ）ニ之ヲ幇助スルノ策ヲ以テ、我国政略ノ宜キヲ得タリトス。

（削―然レトモ各国ノ認定スルト否トハ未タ知ルヘカラス米国ハ已ニ独立国ヲ以テ仮条約ノ結約アリ、英ハ公使パークスノ議ヲ聞クニ独立国ト認定シテ可ナルカ如シト雖トモ本国ノ議ト支那在留公使ノ論如何ヲ知ラスト、仏ノ議未タ聞ク所ナケレハ独立ヲ認定スルト否トハ未タ予知スヘカラサルナリ）

各国皆独立国ト認定スルモ（削―時ハ我国モ乃独立ヲ認定シ而シテ清国ノ異同ハ）、清国ト談判ニ於テハ、亦急ニ其結局ニ至ルヘカラス。我国各国ト共ニ順次談判シテ、我国単ニ之ニ干渉スヘカラス。

各国皆独立ト認定セス、或ハ米国ハ独立ト認定スルモ、英仏ハ之ヲ認定セサル時ハ、我国ハ在来仮条約ニ準シテ、当然ノ交誼ヲ守リ、深ク干渉セサルヲ以テ得タリトス。而シテ其我国ニ依頼心ノ如キハ、幾分カ恵与スル所有テ、応答セサルヘカラス。故ニ銃器ヲ贈リ、教師ヲ遣シ農具ヲ渡シ、礦務ヲ開ク等ノコトハ、其需求ニ応シテ、従来ノ条約ニ順ツテ之ヲ給与シ、（削―スルハ上ニ於テモ然ルヘキコトニシテ）（削―トモ何ノ憚ルコトカ之アランヤ又仮令猜疑ヲ起ストモ之ヲ解クニ難カラサルニ於テヲヤ）益々交誼ヲ厚クシテ、其信ヲ失ハサルカ如ハ、清国モ亦猜疑ヲ生スルニ至ラサルヘシ。是等実施ノ際ハ、其担任人ノ注意方略ニアルノミ。

唯我国其依頼ヲ承諾シテ、陰ニ其独立ヲ幇助スルトノ一点ニ至テハ、朝鮮ニ向テ言フヘカラス。是我ト朝鮮ト両国、陰ニ結ンテ清国ヲ外ニスルノ意思所為ニ亘リ、（削―ノ交際私交私恩ニ出テ乃公義大道ニ非ス）清国ノ疑フト疑ハサルトヲ待タス、已ニ我ニ於テ公明正大ヲ失フヲ以テ、我国ノ政略ト為スヘカラス、（削―況ヤ此陰ニ幇助ノ一点ハ万）況ヤ万清国ノ疑心ヲ招クニ於テヲヤ。

（削―ノ私術ニ出テ我策ニ於テモ最モ拙劣ナル者ト云ヘシ）

故ニ亜細亜全局面ノ大計ヲ以テ之ヲ論スレハ、日清両国一和団結力ヲ以テ、独立ノ大権ヲ堅立シ、而シテ朝鮮ヲ独立国ニ認定シテ、共ニ之ヲ幇助シ、欧州各国ノ風潮ヲ予防スルヲ以テ、日清韓ノ大計ト為スト雖トモ、方今清韓ノ事情形勢如彼ナレハ、我国ハ唯此目的ヲ以テ各国ノ公議ヲ取リ、清国ト和親ヲ全フシ、而シテ韓人ノ威信ヲ失ハス漸次其大計ヲ達スルノ政略ヲ施スヲ今日ノ上策トス。

（削―若シ是ノ大計ヲ以テ我国ノ廟算トスル時ハ今一二使臣ノ言ヲ信シ之ヲ機会トシテ軽佻躁進朝鮮ヲ幇助セントシテ清国ト嫌隙ヲ生シ遂ニ干戈ヲ起シテ朝鮮モ亦其国ヲ保ツコト能ハサルニ至ルカ如キハ遠慮ナク深謀ナク下策ノ最劣キ者今日決シテ為スヘカラサルナリ）

十一月四日

史料Ｅ「勅諭案」

貴国ノ独立ヲ企望シテ、其内援ヲ弊国ニ依頼スルハ、其情義感スルニ堪ヘタリ。然トモ独立ノ勢力ヲ実際ニ施スハ、急速ニ為シ得ヘキ者ニ非ス。而シテ清国アリ、米国アリ、英仏アリテ、其認定異同モ未タ判然タラサレハ、弊国ノ私議ヲ以テ承諾スヘキ者ニ非ス。況ヤ一国ノ力ヲ以テ、到底内援ノ功ヲ奏スヘカラサレハ、其依頼ニ於テハ謝辞スル所ナリ。然トモ隣交ノ旧誼ハ、益々親睦ヲ敦クスルハ固ヨリ希望ス所ナリ。

貴国清国ノ脅迫ヲ忌テ、弊国ニ信ヲ結フハ固ヨリ慶幸スル所、然トモ清国ハ数千年ノ旧誼、一旦ニシテ之ヲ忌悪シ、弊国ニ結ンテ其圧力ヲ拑制セント欲スルハ、大国ニ事フルノ道ニ非スシテ、貴国ノ処置ニ於テ甚タ危ム所ナリ。弊国亦清国ノ猜疑スル所無キニ非サルモ、弊国ニ於テハ敢テ忌悪スル所ニ非ス。今宇内ノ大勢ヲ云ニ、亜細亜東洋モ皆西洋ノ風潮ニ侵犯セサル者ナシ。今之ヲ防禦センニハ、清国ト貴国ト弊国トノ間、一和団結力ノ強キニ在ルノミ。然ルニ清ハ貴国ヲ属邦トシテ、之ヲ圧制セント謀リ、貴国ハ清国ヲ忌ンテ、弊国ニ依頼セント欲シ、又清ノ弊国ヲ猜疑シテ、陰ニ備ヲ為スカ如キ、此ノ唇歯兄弟ノ国ニシテノ如此内自ラ擾乱シ、何ヲ以テ西洋各大国ニ抗衡スルヲ得ンヤ。是弊国ノ常ニ寒心スル所ナリ。幸ニ貴国曩日ノ変ニヨリテ、稍弊国ノ偽リナキヲ諒トス。願クハ自今以後、三国一和団結、互ニ相救援スルニ至ラハ、何ソ陽ニ従ヒ陰ニ結ヒ、委曲術策ヲ用フルニ及ハンヤ。共ニ誠心ヲ開キ、公道ヲ布テ、相疑惑スル所ナカランコトヲ希フナリ。

第二章　元田永孚と明治二十年条約改正問題
──「元田永孚手記」を史料として──

いわゆる条約改正問題が、明治政府の対外政策の展開において、その対アジア（朝鮮・清国）政策と表裏の関係を有しながら、西欧に対する日本の立場を規定する重要な問題であったことは、今更言うまでもないであろう。(1)

ところで元田永孚がこの条約改正問題に少なからぬ関わりを有していたことについては、これまで殆ど知られていなかった。(2) 元田永孚が明治二十年の井上馨外相による条約改正への反対運動、並びに同二十二年の大隈重信外相の条約改正反対運動とに、天皇の側近というその立場から、かなりの関わりを有していたことを、「元田文書」中に残された各種史料から知ることができる。(3) 本章及び次章においてはこの両度にわたる条約改正反対運動に、元田永孚がどのように関与していたのかを明らかにすることを通して、当該問題の展開過程に、これまで知られていなかった、新たなる一面が存在したことを明らかにしようと試みるものである。

一　元田永孚と条約改正問題

明治十五年三月十三日、当時参事院議官であった井上毅は、郷土の先輩で、侍講として明治天皇の側近に仕えてい

た元田永孚に宛てて次の如く報じている。(4)

条約改正之件につき、其後種々事情有之、決定に至兼、掛念之至被存候処、昨日外務卿邸に而評議有之、漸く一決して、開談の筈に迄相運候由に御座候。右御内報申上候。猶詳細は拝晤之上可奉申上候。先日差出候意太利公使提出案に付伊藤巽議之意見書奉供内覧候。頓首

三月十三日　　　　　　毅

元田先生侍曹

ここにおいて「種々之事情有之、決定に至兼」ていた「条約改正之一件」というのは、この年一月、条約改正予議会に井上馨外務卿が提案を予定し、事前に閣議に示した改正案と、それに対して政府内で惹き起こされた種々の反対(意見)と、その調整の過程のことである。(5)以下においてまずこの明治十五年前半にくり広げられた条約改正案をめぐる一連の経過を、先行研究に拠りながらごく概括的に検討し、次いでその過程における元田永孚の関わり方について言及する。それは元田が条約改正問題に、かなり早い時期から関わりを有していたことを明らかにすることになるであろう。

さて井上外務卿が示した案は、(1)外国人の日本の行政規則の遵奉と違反者の日本の法律による各国領事裁判所での裁判、(2)警察規則中の軽罪の裁判権の回収、(3)開港開市場の雑居地を広める、(4)野蒜港の開港、(5)東京―高崎・前橋迄等の旅行通商の許可、等であった。(6)井上のこの提案に対しては、西郷従道・大山巌両参議が賛成したのみで、松方正義・佐々木高行・伊藤博文・山県有朋・山田顕義・大木喬任・福岡孝弟・川村純義の各参議は反対した。そして井上案に対して最も体系的批判を行ったのは、当時参事院議官であった井上毅で、(7)彼は参議兼参事院議長の伊藤博文に、詳細な反対意見と提案を送付した。井上毅の意見は、条約改正は「内地通商ヲ許ス時ハ同時ニ其通商ヲ求ムルノ外人

ハ内地トナク居留地トナク共ニ我カ民法裁判ニ服シ我裁判所ノ裁判ヲ受ケ並ニ我警察及行政規則ヲ遵奉セシムベシ」「若シ進ンテ内地雑居並ニ営業ヲ許スノ日ニ至ラハ全ク治外法権ヲ廃シ民刑共ニ総テノ外人ハ皆ナ日本ノ法ニ服スベシ」(8)との二大原則の上で行わねばならないとする。井上は外国側が既得権益を容易に放棄することはなく、またあらゆる機会を捉えて自国に有利な諸権益を獲得しようとしているとの認識の上に立って、外務卿案が示す不当な譲与が行われれば、日本の不利が強化され永続化される危険性が高いと指摘した。そのような危険を防ぐために、井上は改正に際しては部分的なものであっても、「互角」の原理が貫かれるべきであるとしている。(9)

この井上毅の意見に伊藤は賛意を表し、その意見に基づいた次のような対策を提起した。即ち「外国人警察幷行政規則遵奉ノ事、民法裁判回復ノ事、内地通商」というもので、国権回復のためには通商の拡大の必要性を主張した。この伊藤案は、山県・西郷・松方・川村・大山の賛成を得、閣議の議論の中心となっているが、佐々木・大木・山田・福岡は反対であった。二月二十四日の閣議は、伊藤と山田・大木の意見の応酬など紛糾したようである。その中で右大臣岩倉はかなり強引に会議をまとめようとし、山田案の「全ク我国法ニ従ヘハ総テ内国人同様営業貿易ノ権ヲ許スベシ」を「標準」として決定する。これは以後の交渉の基本方針として設定されたことを意味するが、現実の交渉における妥結の可能性を有する対策が必要であった。しかし遂に意味の一致を見ないままに宸断を仰ぐこととなり、三月六日裁可された。それは、

第一、全ク我民法刑法ニ服従スレバ外人ノ為ニ全国ヲ開クコト

第二、我行政諸規制ニ服従シ、其警察規則ノ違註罪(軽罪)ニ係ル罪犯及ビ民法上ニ係ル案件ニ付テ、都ベテ我裁判ニ服従スルニ於テハ内地通商ヲ許スコト(10)

というもので、第一案は前述の「標準」・原則であり、第二案が現実的な交渉案であり、伊藤案に近いものと言えよ

う。従って宸断・裁可を得ながらも、なお山田・大木・佐々木の反対は収まらなかった(11)。しかし結局のところ、閣内の不一致のまま日本側の方針決定が出来ず、一ヵ月余も予議会を中断していたことへの危機感と、憲法調査のための伊藤参議の欧州出発が目前に迫って来た（三月十四日出発予定）ことから、三月十二日に漸く政府方針が決定した。それは前掲の方針とほぼ同様ながら、まず第一で交渉し、成立しない時は第二で行い、それでも成立しない時は再度衆議を尽くす、というものであり、伊藤が主導したものと考えられる(12)。最初に紹介した元田宛の井上毅書翰はまさに以上の経過を「種々事情有之決定に至兼」ていたのが、「昨夜外務卿邸ニ而評議有之、漸く一決」し、交渉が再開されるはず、と報じているのである。

ところで以上の経過について、この井上毅の書翰の文面からも察せられるように、元田永孚はかなり強い関心を有していたと見ることができる。それは明治十五年の元田の日記(13)の記事からも知ることができる。日記を検する限り、条約改正に関する記事の初出は三月三日であり、以後連日の如く関連記事が記され、三月十六日に至っており、以後しばらく記載が見えず、後述の如く六月七日に至って再出する。以下にまずこの三月前半の記事を掲出しながら、元田の関わり方を見てゆきたい。

三月三日　……土方久元（傍点引用者、以下同）来密談条約改正之議

四日　……八時三十分応岩倉右大臣之招至其邸受条約改正及帝憲帝室所有地礼儀教育等之密示、九時三十分参内　皇上親喩条約改正之閣議謹承……

五日　……佐々木参議来話条約改正之内議至正午、午後草奏議……

六日　……午後一時三十分再出　御前賜親喩条約改正案内決之事謹奏意見畢三時三十分退……夜井上毅来談機務……

七日　……午後一時三十分再出　御前謹奏賞勲之意見、更親喩条約改正之事件及板垣大隈等之事及三時而退……

十四日　……伊藤参議欧州独逸国行、以本日発錨条約改正発議之内評決定之旨昨夜井上毅之密報至……

十五日　……十時参内　皇上御前稟旨条約改正問答書賜内覧許持帰……夜井上毅来一時間談機務……

十六日　……十時参内　皇上御前上条約改正問答書因奏意見……

以上を見て来ると、元田がこの間の動向について、土方久元、佐々木高行ら旧侍補以来の同志的政治家と条約改正の件を談じているのは当然としても、井上毅とも既に三月六日には談じており、また三月十四日の条の如く前掲書翰の到来の件も記されており、井上毅との連絡は緊密なようである。また前述した経過の重要な節目の時には、すべて天皇の御前に出て話を聴いており（「皇上親喩」「賜親喩」）、且つ自らの意見を奏しており（四・六・七日など）、更に伊藤参議の欧州出発後、三月十五日には天皇から「条約改正問答書賜内覧許持帰」との注目すべき記事さえある（翌日返上、且つ意見を奏している）。元田が早い段階より条約改正問題について、天皇から機密情報を得たり、井上毅からの報を得たりして、強い関心を有していたことは明らかである。[14]

さて一応の方針が決定された上で、伊藤が二日後に渡欧してしまった為、その方針についての大幅な裁量権を井上外務卿に委ねる結果となり、そのことが伊藤や井上毅の意図に反する予想外の結果を生むこととなり、更に一波乱をもたらすことになった。[15]それは六月一日井上外務卿が第一三回予議会に提示した改正案の細目の内容であった。それは要約すれば、治外法権廃止と交換に内地開放を行うが、その際外国人への保証と免除として、日本の各級裁判所に外国人判事を任用し、特に外国人が被告の時は、外国人判事を多数とすること、当分の間外国人への死刑・懲役の実施の権利は外国側に委ねる、等々が盛り込まれており、これは交渉において不当な譲与が行われることを警戒していた井上毅や伊藤の考えと、その上に合意されたはずの三月十二日の決定の趣旨を逸脱し、日本の独立を回復するどころか、一層の主権侵害をもたらすものと、井上毅には受け止められた[16]。

しかし当時外務卿から警戒され、条約改正問題から一時的にせよいわば干されていた井上が、この細目案の内容を知ったのは閣議決定後であり、驚いた井上は直ちに反対のための活動を開始したのである。即ちまず五月三十日、井上は承認時の閣議に欠席していた山県有朋に、細目案の問題点を列挙し、再検討を訴えている[17]。また元田日記を見ると「(六月)三日……於御所与井上毅談条約改正案」とある如く、元田にもいち早く知らせている[18]。更に六月六日には三条・岩倉両大臣にも建言を行っている[19]。六月九日にはベルリン滞在中の伊藤博文にも書翰にてこの件を知らせている[20]。井上の批判は、①細目案の譲与条項は、日本の独立・主権を著しく傷つけ、日本を現在以上の従属的地位に陥れるものであることを具体的に指摘し、②更にそれら譲与条項の施行期限が具体的に明示されていないため、永続的に解消できなくなること、③この細目案による新条約を国民が知れば、民権運動が再燃し、国会開設期限の短縮など、政府を窮地に追いこむことになる、といった諸点に求められている[21]。井上はこの立場から、細目案が既に予議会に提示された後ながら、記名調印前であることから、日本政府の意向として同案を撤回するか、大幅な修正を行うことを目ざし具体的な提案を行う。それは譲与条項に明確な期限(十五年)を設け、期限後は全く対等の立場で、外国人への保護は行わず、それらを外国側が承認しなければ譲与条項を撤回する、というものであった[22]。井上はこの意見を岩倉・山県に強く働きかけた。七月十日の閣議で岩倉は井上との打合せにもとづき、細目案について強く反対し、翌日予定されていた予議会は延期され、十二日に政府再評議と決まった。井上はこのことを早速元田に報じているようであり、元田の日記には「(七月)十一日……夜八時因前期井上毅至談条約改正上機務」と記されている[23]。七月十二日の閣議には山県の「条約改正意見」が外務卿に提示された。その内容は井上毅の意見に拠ったものといわれている[24]。岩倉と山県からの強い反対、修正要求を外務卿も無視することは出来なくなり、修正方針を一部変更しながらも受け容れ、七月十九日の予議会への提案、と外国側の反撥を経て、七月二十一日の閣議に於て「定期年数一歩も不枉、確乎貫徹候以上、事之不成ときは、現今条約之侭三四年間経過の上、更に御改正之儀可然」との方針を決定している。(25)

この間の経過について「先夜御内話後は如何之御運に候哉と不堪懸念……岩公之御都合も難計、実は日々と御通知を相待、万一些し之機会もあらば、此節は老後之一精神天聴え尽し奉らんと存じ込罷在……時々参内、窃に御模様を奉窺居候事に而、何分安寝なり兼申候処……」(26)と注視しながら気をもんでいた元田は、この井上からの知らせへの返書を認め、さらに日記にも「(七月)二十二日……十一日之夜井上毅来有所密語、爾後無所聞至是抜翰得吉報返書……」(27)と記している。またその井上の知せて来た「吉報」に対する返書において「……一昨日閣議之趣、別紙右府書名の通りに有之候。紙御示し被下、悉く一説二説、実に不堪快照之至奉存候」(28)と、喜びを表している。

以上主として津田敬子氏の研究を中心に先行研究に依拠しながら、井上毅の行動を中心に、明治十五年前半における条約改正交渉の経過を調べて来たのだが、それは同時に元田永孚のこの条約改正問題に対する関心・関与のあり方が、明治十五年前半にははっきりと存在していることを知らしめるものとなった。そしてそれが井上外務卿の方針に対する井上毅の反対意見に同調しているものとして見出されたことも明かになった。

ではそのような元田の条約改正に対する意見、考えは具体的には如何なるものであっただろうか。

二 元田永孚の条約改正反対論

前述した明治十五年前半以降の条約改正交渉の展開の中で、明治十七年以降に起きた事柄は次の如くであった。(29) 即ち予議会での協議をふまえて、各本国政府と行われた交渉は、翌年末までに英国の厳しい態度などから、ほぼ行き詰まり乃至失敗との結果に終った。以後外務卿は改正提案の内容を変更してゆく。その経過について概観すると、まず井上は十七年八月四日、一九ヵ条の覚書を作成して、各国公使に交付し本国政府に伝達を求めた。この時の内容は、関税率平均約一割譲与として、三〜四港の開港、法権回復については、行政・警察・地方規制への服従と、同規制で罰金三〇円、懲役一〇日以内の処罰等であり、また日本法に服する条件で、日本人と外国人の合弁会社、外国人の日本の商工業会社の株券所有を認めること、などがあった。そしてこの覚書に対し同年十一月英国の回答を最後に、各政府が大体賛成して来たことにより、井上外務卿は改正条約案の準備に着手し、翌十八年四月、二六条から成る改正条約案が出来、同案は内容的には前年のものを踏襲していた。そして同案は四月二十六日井上外務卿より私信を以て内密に各国全権委員に通知され意見を求めたのである。さらに各国委員から示された種々の意見を参考として、多くの修正を加えて、全文三四条の改正条約案が作成され、翌明治十九年五月一日、日本で開催された第一回条約改正会議に提出されたのである。そして五月二十九日井上外務大臣は閣議に意見書を提出し、明治十五年の改正予議会以後の経過を述べ、条約改正会議に於ける方針について上奏することの閣議決定を求めたのである(30)。その後六月十五日第六回会議に於て、英・独共同の提案として、通商条約案と共に新たな裁判管轄条約案が提出された。この案は内地開放を条件として領事裁判を廃止せんとするものであるが、そのために明治十五年の予議会に日本が提出した案を取捨して、一つの改正案を作成したものである。最大の問題は外国人裁判官任用の復活にある。そして同案を対象として十月二十日第八回会議より各条審議を開始するに至ったのである。

さて以上の如き経過を辿っていた条約改正交渉に対して、元田永孚の対応は如何なるものであっただろうか。もとより政府・井上外務卿(後大臣)は、交渉は秘密裡に行っていたし、上述の経過についての情報が、逐一元田の耳に入っていたはずもないであろう。ただ元田はこの時期も変らず天皇の側近に奉仕する立場に在り[31]、天皇が知り得た情報は、おそらく前回の時と同様天皇から知らされていたであろう。ただ残念なことに、明治十六～十九年の間については、元田史料には該当する日記や書翰は存在していない。しかしその自伝「古稀之記」には、明治十七年の記事として、「谷干城来テ井上外務卿宗教雑居ヲ主張スルト聞ク、因テ上書シテ其大害ヲ奏上ス」との記述がある[32]。やや簡略に過ぎてわかりにくい文章となっているが、年来の同志であり、「道義の友」である谷干城[33]から、井上外務卿が「宗教雑居」を主張しているとの話を聞いたので、元田はその「大害」を天皇に奏上したというのである。そこで改めて、「元田文書」を検してみたところ、

臣永孚誠恐誠惶謹言、近日窃ニ聞ク所ニ拠ルニ、蓋シ条約改正ニ付政府邪蘇教ヲ容ルヽニ非ザレハ改正ヲ成就シ難ク、国権ヲ復スルコト能ハス、若シ宗教ヲ容ルヽコトヲ拒マハ攘夷ニ若カスト、此言外務卿ニ発シ将ニ上疏シテ決スル所アラントス、臣永孚密ニ之ヲ伝承シテ驚愕憂悚ノ至ニ堪ヘス、若シ果シテ然ラハ、実ニ皇国未曾有ノ大患ナリ、然トモ窃ニ惟フ、未タ上聞ニ、達セサルヘシ、若シ已ニ上聞ニ達シタリトモ、陛下ノ万々許可セサルコトヲ信ス（傍点引用者）

との文言に始まる一つの文書[34]を見出した。この文章と前引「古稀之記」の記事とはきわめて符合すると思われる。元田は更に続けて次のように述べている。即ち、

条約ノ体面改正シタリトモ、若シ宗教ヲ容レ、雑居ヲ許シ、裁判ヲ彼ニ任カスカ如キハ、終ニ彼ノ欧州ノ奴隷トナルコトヲ免レス、夫故条約ハ旧ニ依リテ改正セサルモ、猶内地富強ノ後日ヲ待ツテ改正スヘシ、一度宗教ヲ容ル、時ハ、忽チ祖宗ノ訓典ヲ廃シ、人倫ヲ蔑シ国体ヲ破壊シ、天下ノ大乱ヲ招キ、復挽回スヘカラス、其信スル者アルモ之ヲ不問ニ置クハ可ナリ、決シテ之ヲ容ルヽト云ヘカラス、願クハ陛下確乎不抜ノ聖鑑ヲ以テ、決シテ

許可スルコト忽レ、更ニ熟慮アリテ別ニ処断スル所アランコトヲ

と言うのである。条約改正を行って、内地雑居を許すことによるキリスト教の優遇を憂うというこの論は、どちらかと言えば後者に重点が置かれている如くであるが、元田の条約改正反対論はもう少し全体的な判断の上に展開されているようである。

「元田文書」中に「明治十七年甲申八月」の日付をもつ元田自筆の「条約改正論」と題された文書[35]が存在する。これを見ると元田はまず、

条約改正ノ極点ハ我裁判権ヲ復シ、治外法権ノ名目ヲ廃シ、文明各国ト同等ノ権ヲ得ルニ在リ、是我独立帝国ノ素ヨリ期望スル所、然トモ其体面上仮令治外法権ノ名目ヲ廃スルモ、其実力ニ於テ未ダ各国ト同等ナル能ハザレバ、却テ其害ヲ蒙ル、治外法権ノ日ニ百陪《ママ》スルヤ必セリ

と、条約改正の目的は、裁判権の回復により「文明各国」と同等の立場となることにあるとの認識の上に、現状を観察すると、西洋諸国と比べて財産・兵備・法制などの実力が「各国ト同等ナル能ハ」ざる日本の現状があり、そのようなままでに仮に裁判権の回復ができたとしても、その代償として「彼ニ与フルニ雑居通商等ノ自由」を許さねばならず、「彼既ニ雑居通商ノ自由ヲ得ル時ハ、則土地財産ノ利、終ニ悉ク彼ニ呑有セラル、ニ至ラントス、是ニ至リテ我裁判ニ訟ヘン乎、我裁判ノ実力亦素ヨリ彼ニ及バサレバ、彼ニ瞞着セラレテ終ニ彼ニ勝ツコト能ハズ、是ニ至リテ又我兵力ニ訟ヘン乎、我兵ノ実力亦素ヨリ彼ニ及バザレバ、彼ニ圧制セラレテ終ニ勝ツコト能ハズ、土地財産ノ利彼ニ占有セラレ、裁判ノ権、兵備ノ力悉ク彼ニ圧制セラル、時ハ、人心内ニ叛キ、国力外ニ疲シ、如何トモ為ス可カラザルニ至ル」という事態が予測される。「仮令条約ノ改正ハ極点ノ満足ヲ得ルモ、雑居通商ノ自由、彼ヨリ之ヲ占有スレバ、空名ヲ得テ実害ヲ受ク何ノ利カ之有ラン」、従って「強テ条約改正ヲ要セバ、猶少シク改正シテ、寧ロ我ニ取

ルノ少キモ、彼ニ与フル所多カル可カラス、譬ヘバ通商ノ地方ヲ広メ居留地ヲ益スガ如キハ可ナリ。雑居ノ一点ニ至テハ決シテ許スベカラズ」と。このように内地雑居は日本の現状にもたらす弊害が大きすぎるとして反対し、せいぜい譲与の範囲を居留地の拡大に止めるべきであるとしている。この意見書(B)を見る限り、前引のもの(A)と比して、雑居=宗教雑居であるが故の反対という論理は見出すことは出来ず、むしろよりバランスのある反対論と言えよう。

次に「元田文書」中にある「上奏意見草稿」という、十八年に書かれたと思われる文書中には、(36)「一、外国条約改正ニ付テ、若シ内地雑居ノ議起リ候ハヽ、深ク御熟慮被遊、御許可無之様奉願候事」との一文が見出され、元田が天皇に対し内地雑居は許可しないよう働きかけていることが示されている。

さらに「元田文書」中には、明治十九年十月付の意見書・上奏案(37)がある。

まず文頭に「謹而内旨ヲ承ケ窃ニ外国条約案ヲ閲読スルニ」とあるように、天皇の内命をうけて条約案を実際に見ていることがはっきりしている。元田は前節でも見た如く、明治十五年には、かなりしばしば天皇から条約改正についての話を聞き、且つ条約案をも天皇から直接見せられており、そのことから考えるに今回は勿論前引の十七年、十八年にも、その都度、条約案を見ていたと考えられよう。

条約案については「此条約果シテ定結《ママ》シタランニハ、之ヲ表面ヨリ観ル時ハ、我国裁判権ヲ彼国臣民ニ施行スルコトヲ得、従来彼ヨリ治外法権ヲ以テ蔑視セシ汚辱ヲ脱シ、彼国ト同等ノ地位ニ列シ、日本帝国ノ対面ヲ一層進メタルカ如シト雖トモ、之ヲ裏面ノ実際ニ察スル時ハ、彼ニ自由旅行・住居ヲ許シ、動産不動産ヲ領得所有スルノ権理ヲ享有セシムルノ禍害ハ勝テ言フヘカラサル者アルナリ」と、内地開放・雑居に論を集中して批判している。その反対理由は、「今外人ト内国人ト雑居交接ス、其財産ノ力素ヨリ万々相及バズシテ、其ノ智識ノ度、商業ノ才、亦相敵スルコト能ハス、日ニ月ニ不識不知土地財産諸ノ所有物、総テ外国人ノ占領スル所トナルハ論ヲ待サルナリ、況ンヤ其生質習慣大ニ同カラサル者アレハ、亦終ニ外国人ノ下ニ忍ンテ服従スルコト能ハス、故ニ貧民賤者ノ土地財産日々ニ外国人ニ占有セラル、ヲ見ルヤ、外国人ヲ仇視シテ、内地ノ乱必起ラサルコトヲ得ス、若シ之ヲ征討セン乎、是外国人ヲ保助シテ我赤子ヲ殺ス、国家ニ長タル者豈忍ンテ為ス所ナランヤ……是等大弊害ノアル所、最見易キ者ニシテ、其他姦商ノ利ヲ射、宗教ノ民ヲ惑シ、従テ人心煩擾、種々瑣砕ノ障礙ハ、実ニ枚挙スルニ暇アラス」との諸点を挙げており、「故ニ臣雑居ヲ以テ皇国無涯ノ禍端ト為」すと断言するのである。では元田はどうすべきと考えているのだろうか。彼は「我レ吾カ兵ヲ足シ、吾カ食ヲ足シ、上下相信シ、政事法律善美ヲ尽シ、兵力財力智力彼ト同等ノ日ニ至レハ、条約ノ改正更ニ労スルコトナク、区域ヲ限リテ雑居許スモ、亦難カラサルヲ覚ルナリ」と、国力の増大する将来に於ては、改正も困難でなくなるのだから、「条約ノ改正ハ敢テ之ヲ急ニスルニ及ハス」ということになる。以上(A)〜(D)の元田の意見書を、状況を参照しながら見て来たが、彼の考えは一貫しており、その立場は保持され続けていたと言えるであろう。

三　「元田永孚手記」に見る明治二十年条約改正反対運動

前節でも引用した元田の自伝「古稀之記」は、明治二十年七月のこととして次のように記している[38]。即ち「条約改正中止ノ論起、屢顧問ニ侍シ奏議スル所アリ、井上外務大臣職ヲ辞シ、伊藤宮内大臣兼職ヲ解クノ際、屢奏請論議スル所アリ、土方宮内大臣、吉井宮内次官ニ任撰セラル、ニ当リ、又奏議スル所少ナカラス」というのである。前二節を通して見てきた井上馨外務卿（外務大臣）による条約改正交渉についての井上毅の危惧、元田永孚の内地雑居反対の立場からの改正に対する意見などにもかかわらず、条約改正会議は、前述した如く、十九年十月二十日の第八回会議から、英独提案を日本案として審議を始め、十一月二十二日以後、特に外国人裁判官任用につき討議を続け、途中法典通知問題などをはさみながら、翌二十年四月二十二日第二六回会議で、裁判管轄条約案が可決されるに至った。そしてまさしくこの裁判管轄条約案が問題の核となり、条約改正反対論が噴出して、重大な国内政治問題化してゆくのである。以下のこの経過の概観は、注(39)に収めた略年表に譲ることとして、本節では、この反対論が高まって行き、終に改正中止に至る経過について、元田永孚の関わりを中心に見てゆくことにする。「元田永孚文書」中に存在する「元田永孚手記」と題した長文の史料(40)が、この間の経過と元田自身の関与について詳細に述べており、きわめて興味あふれる内容で満たされている。そこで以下においてはこの史料を適宜引用しながら、いわばそこに注を施すといった形で検討してゆくこととする。

まず冒頭、元田は次の如く述べる。即ち、

> 昨春来制度改正勅令発布等続々施行シ、爾後未タ徳政ノ実施ニ及ハス、而シテ甚人目ニ触ル、所ハ、内外交際専ラニシテ、宴会盛ニ舞踏会流行シ、建築ハ議院ノ準備ヨリ臨時建築局ヲ置キ、井上外務大臣其長トナリテ、其費用巨万ノ額ニ及ヒ、大臣ノ官邸ハ逐次ニ造成シ、皇后宮ノ御洋服ヨリ貴族夫人ノ洋服一時ニ改観シ、其費額ハ外品ヲ購求スルヨリ巨万ヲ重ネ、仮装会演劇天覧等、最モ遐陬ノ観聴ヲ驚セリ、加之海防費献金ヲ誘奨シテ、富豪ノ者独リ栄誉ヲ被リ、所得税ヲ賦課シテ中産以下失望ノ者少ナカラス。瞻ル所聴ク所奢靡ノ欧風ニシテ、一モ正人義士ノ心ヲ感セシメ、匹夫匹婦ノ沢ヲ蒙ルノ施政有ルヲ見ス、永孚窃ニ謂ク、政府ノ実行如此、久シキヲ保スヘカラス

と述べて、当時展開していた所謂欧化主義政策に対する強い批判的立場を明らかにしている（文中傍点部〈筆者による〉に明らかである）。

ところで欧化主義者としては、井上馨がその代表としてつとに著名であるが、実は伊藤博文もそれに劣らぬ欧化主義者であったことを、元田はこの手記に書き留めている。即ち伊藤に対する世論の批判が「瑣小ノ事、舞踏ノ如キ、仮装会ノ如キ、婦人ノ洋服ノ如キ、閣下ノ意ヲ用ヰザル所ノ皮相ノ事件」から始まって、「終ニ閣下ノ行フ所ヲ以テ日本ヲ挙テ丸ノ欧州ト為ントスト、随テ世論ヲ惹起セリ」という如き迄に至ったことを、元田が忠告したところ、伊藤は元田に対して「舞踏仮装会ノ如キ、各国公使其間暇ニ依テ慫慂セシコトナリ、欧州風ト云カ如キハ抑故アリ、先ニ帰朝ノ折、内閣ニ於テ陛下ノ前ニ陳述セシコトアリ、凡ソ我国ヲシテ万国並立ノ地位ヲ建ンコトヲ欲ス、宗教ハ之ヲ置ク、其他百般ノ行事宜シク務テ欧風ニ模倣シ、欧人ヨリ一見シテ侮ヲ客レサラシムヘシ、遂ニ将ニ東洋ニ於テノ一ノ欧州的ノ日本ヲ造立セントス、可ナラン乎ト」（傍点引用者）と、確信犯的に欧化の実現を目標としていることを強調している。

我々はこの伊藤の意見をより強めたものとして次の如き意見を見るを得る。即ち後述の如く二十年七月井上外相が内閣に提出した意見書において、西洋諸国によるアジア・アフリカの植民地化の進展する中で「茫々タル亜細亜中、只我日本及ヒ支那ノ二帝国ノ独立スルアルノミ」という状況となっており、我が国が独立を維持するためには、国民が「敢為ノ気象」「独立自治ノ精神」をもたねばならず、そのために「我国人ガ各自ニ文明開化ニ要スル」「泰西活発ノ知識ヲ吸収」しなければならない（欧化政策の導入・展開の根拠）。それにより「我帝国及ビ人民ヲ化シテ恰モ欧州邦国ノ如ク、恰モ欧州人民ノ如クナラシムルニ在ルノミ、即チ之ヲ切言スレバ欧州的一新帝国ヲ東洋ノ表ニ造出スル」（傍点引用者）ことが強調されている。(41) この井上の考えは、まさしくそのまま伊藤の考えと重なりあっていることがわかる。伊藤が欧化主義者であることは明らかである。

やや話がずれたかに見えるかもしれないが、元田はこの伊藤の臆面もない欧化主義の表明に対し当時「之ヲ伊藤ニ忠告セントスレハ、伊藤自ラ以テ得タリトシ、之ヲ言フモ益ナシ」と、匙をなげてしまっている。というのも伊藤との関係については、「伊藤ノ宮内卿トナルノ始メヨリ、聖旨ヲ稟テ屢其人ト為リヲ論シ、皇后宮ノ御洋服モ旨ヲ承テ奏議シ、伊藤ノ議ニ合ハサル者アリ」(42)という如く、伊藤と考えが合わないことを自認していたのであった。

さて、明治二十年六月下旬、元田は「外務大臣条約改正ノ失誤ヲ発見スルニ遇」ったという。勿論「此改正談判タルヤ素ヨリ機密ニシテ、局外人ノ知ルニ及バザル所」だったのだが、「永孚ハ時々顧問ノ次ニ其端緒ヲ聞クニ預ル」ことができ、そのたび毎に「某裁判ノ実権ヲ得サルト、雑居ノ実害ヲ被ルノ非ヲ論奏セサルコト無シ」と述べている。元田はその側近的立場から、しばしば天皇への面会、或は天皇からの呼出しがあり、その都度の用件が終るとその後に「更ニ親喩条約改正之事件」といった具合に、天皇から話を聞くことが多くあったということであり、前節までの経過と文書によって既に確認してきたところでもあった。

元田によれば、「仏人ボアソナード（司法省雇教師＝割注）首トシテ其損害ヲ切論シ、井上毅曽テ改正ノ事ニ預リ、深憂スル故ヲ以テ、夙ニボアソナードニ就テ之ヲ聴キ、余ニ来リテ密告シ、与ニ共ニ謀ル所アリ」という展開があった。その日次については元田の思いちがいなのか、或は単なる表現上のズレがあり、実際にボアソナードが井上に意見を陳述し、井上がそれを「対話筆記」として記録したのは、五月十日のことであった(43)。井上はこれを反対論のための最大の武器として利用してゆく。また元田と共闘することは、既にこれまでも行っており（本章第一節参照）、元田がこの史料で述べている通りであったと思われる。

井上はこのボアソナードの意見を、「余ハ今日日本ノ為ニ喪ニ居ルノ心地ス、日本ハ将ニ回復スヘカラサル哀悼ノ地ニ沈マントス、其故ハ条約改正ノ談判、段々外国公使ノ為ニ侵入サレ、今ハ已ニ最初ノ原案ノ形ノミヲ存スルト雖モ、其内部ニ包含シタル精神ノ部分ハ、総テ日本ノ為ニ甚シキ不利益ノ点ニ落チ……」との如く、伝聞との形で伊藤博文に知らせている。[44]更に井上は司法大臣山田顕義にもこの対話筆記を見せていることが、山田宛書翰によって明らかであり、井上がこれを最大限に利用しようとしたことも明らかである。[45]なおボアソナード自身が、六月一日伊藤総理大臣宛に、裁判権の条約草案に関する反対意見書を提出したことも周知の如くである（山本前掲書）。

元田としては、外務大臣が秘密裏に実行を謀ろうとしても、「批准ノ期ニ至ラハ必ス聖上ノ顧問アルハ疑無シ」、つまり批准ということになれば、必ず天皇からの下問があるはずで、「若シ事茲ニ至ラハ、衆力ヲ協セ何等ノ策ヲ以テシテモ之ヲ破毀スヘシ」との決意をもって、「佐々木・吉井・土方ノ三氏」と連携している。

この様な状況を大きく変える事態が出現した。即ち「谷大臣外国ヨリ帰ル」とある如く、農商務大臣谷干城は、大臣就任後間も無い十九年三月欧州視察を命ぜられ、一年余の視察を終えて二十年六月二十三日に帰国したのである。[46]元田は、前にも述べたように、「道義ノ友」である谷のことであるから、「其意見必同シカラン」と思って、「直ニ之ヲ訪フ」ている。これが何日のことであったかは詳かではないが、谷が条約改正反対意見書を伊藤に提示し（七月三日）、ついで閣議に提出するのが七月五日のことであるから、それまでの間のことであると考えられる。

谷は「諸政事ノ非、素ヨリ匡正セサルヘカラス。然トモ其急ナル者ハ条約改正ノ一事、此一事ヲ論シテ、其余ハ急ニセサルヲ可トス」と、まず条約改正反対を最優先させるという考えを述べ、更に「山田ト同議」であると述べている。以後実際に「内閣ニ出テ之ヲ論スルヤ、大ニ改正ノ非ヲ論シ、併テ諸失政ノ条貫ヲ痛論シ、意見書ヲ提出シ、伊藤・井上ト合ハス」という展開となった。[47]そして「其議聖聴ニ達シテ屢々顧問ニ預ル」という如く、天皇は元田や佐々木、吉井、土方などを通して谷の考えを聴取しようとしている。[48]「元田文書」中に有る「元田永孚上奏条」という書類[49]は、「臣永孚謹テ親喩ヲ奉シ、窃ニ土方久元ニ就テ、[50]谷大臣ノ意見ヲ審ニスルニ、其閣議ニ異見アルハ数条アルモ、其主旨トスル所ニ外国条約改正ノ一条ニ在リ」と述べる。天皇にとっては、元田、佐々木、吉井、土方という旧侍補達は、依然として信頼し、連携すべき者達であったことが明らかであり、それは元田達相互の関係でも同様であった。元田は続けて次のように述べていく。即ち「窃ニ謂ラク、若シ改正ノ一条、閣議ト谷意見ト相反スル所アリ、陛下素ヨリ谷一人ノ論ヲ取テ閣議ヲ廃スヘカラスト雖トモ、又閣議ヲ取テ谷一人ヲ不問シ置クヘカラス、宜シク他ノ公論ヲ聴キ、以テ英断ニ決スヘシ、但其議事ナルヲ以テ広ク衆ニ問フコトヲ得サルヲ以テ、先ス思召ヲ以テ、内大臣・陸軍大将・内閣顧問・宮中顧問官等、国家ノ大事顧問ヲ賜スヘキ者ヲ召サレテ、精シク親問ヲ垂レテ、各意見ノアル所ヲ尽サシメ、然ル後断然宸衷ヨリ決セラルヘシ」という。この手続きが果して正当か否かはともかく、天皇の私的顧問に預るべき者が挙げられている。後述の二十二年の段階では、枢密顧問官の意見を問うことを求めることに変ってゆくが、基本的に同様の考え方である。

また、「手記」でも、以下のように谷の考えを天皇に伝えようとしている。即ち「谷ノ意見内閣ト熟議和談ニ出テス。其疎卒ニ失スルハ誠ニ遺憾ノ至ナリ。然トモ其心忠誠ニ発シテ、其言深ク時弊ニ中ル、天下之ヲ聞ク、一人モ之ヲ非トスル者アラジ、自由民権ニ陥ルト云カ如キハ、決シテ谷ノ為ス所ニ非ス(51)、条約改正ノ失ニ至テハ、臣屢々奏スル如ク、裁判ハ外国人立合ニシテ国権ヲ損シ、土地所有ノ権ヲ彼ニ許与シテ、国民ノ禍害ヲ被リ、国命ノ縮迫他日ヲ待タスシテ内乱外寇交々起リ、実ニ云フヘカラサルノ禍、速ニ之ヲ中止シテ改テ談判セサルヘカラサルナリ」というのであって、谷の意見の簡明な要約となっている。

七月二十日、谷は参内して改正中止を上奏し、辞表を提出した。同二十六日谷は辞職、後任の農商務大臣には土方久元が任ぜられた(52)。

谷の辞職は民間に多大の反響を引き起こすこととなった(53)。元田が「是ニ於テ閣中ヨリ宮内各省議官地方官ニ至ル迄、条約改正ノ非ヲ言フ者相継テ起リ、尊王ノ有志ハ憂憤ニ堪ヘス、改進自由ノ党ハ此機ニ投シテ政府ヲ攻撃セント欲シ、世論沸騰、将ニ何ノ処ニ変動ヲ生スルモ測ルヘカラサラントス」と述べる如き状況が展開し始めていた。元田はこれを危機的状況であると認識した上で、「此物議ヲ鎮定スルハ、速ニ条約改正ヲ中止シ、井上外務大臣ヲ退職シ、伊藤ノ宮内大臣ヲ分離スル、此三案ヲ決スルニ在ル耳」と、①条約改正交渉の中止、②井上外相の退任、③伊藤首相の宮内大臣兼任の中止、の「三ヶ条」の実行が必要であると論じている。特に井上馨が外務大臣を続けるならば、「爾後ノ改正前議ヲ保守スルノ疑ヲ免レス、井上ニ切歯スル者、如何ナル暴挙ヲ為スモ測ルヘカラス」と、井上の留任という事態は、今後の政府の条約改正方針に何の変化もないということを示す事になると述べている。元田はこの「三ヶ条」の実現のために、「書ヲ草シテ伊藤大臣ニ論争スルアラン」としたが、「井上毅ノ留ルニ遇フテ止ミヌ」となったというのである。また「伊藤ニ至テ忠告シ、其身自カラ宮内ヲ辞セシメン」と考えたが、「再思シテ果サズ」と元田自身の活動には限界があったことも記しているが、あわせて井上毅の活動とその「功」とを高く評価している。井上を高く評価するのは元田のみではなく、佐々木高行は「……此度改正延期之事は……其功勲井上君第一と被存候得共、井上君他に漏洩は憚り、吾が功を不顕候誠信、尤感心仕候」と評しているのである。(54)(55)

さて強気の井上外相も、益々もり上ってくる反対の潮流に抗し持ちこたえることは出来なくなり、七月二十九日、関係各国に対して改正会議の無期延期を通告することに決定した。その発表の「前一日」、元田は天皇の「召ニ依テ侍シ延期ノ顚末・詳細ノ聖喩」を奉じている。その後も元田は度々天皇に召され、自分の意見を奏したりしている。(56)その中には、「人心鎮定策」として、「一、外務大臣及次官辞職之事、一、総理大臣外務大臣兼勤ニテ宮内大臣ハ免許之事、一、宮内大臣ハ次官昇任ノ事、一、学習院長江谷中将復職之事」といった、具体的人事、人選の提起の他に、「一、租税之内幾分ノ減省布告ノ事、……一大臣及勅任官ハ最モ徳行ヲ重ンジ挙動ヲ慎ム事」といった項目が挙げられており、元田の道徳主義を基本に置く考えと共に、同時期において新しく賦課された所得税といった問題—民衆へ(57)

の負担増―に対する減税が提示されていることに注目すべきかと思う。

おわりに代えて

以下「手記」の後半部分は、八月三十一日、九月五日と二度にわたる元田と伊藤の会談の顚末が詳細に述べられている。この後半部分の史料は、井上外相の辞任に関わる問題をも含むが、主として伊藤の宮内大臣兼任をやめるべきか否か、という問題についての元田と伊藤との意見交換の実際が率直に述べられている。この後半部分での主題を切り離してしまうわけにはいかないのだが、この部分は史料として比較的早い時期から、例えば『伊藤博文伝』中巻などにも収録されるなど、著名な扱いをされており、また先行研究においても論じられている[58]ので、本章で触れることは止めておくことにした。これに比べて、前半部分がこれまで紹介されて来なかったことを不思議に思うと共に、筆者の問題設定には、まさしくお誂えの如くあてはまったので、前節で詳しく紹介・検討してみたところであった。

さて話を戻すと、前述のところでも見たように、元田の解決策は、次の如くなろうか。即ち条約改正交渉が延期となった以上、何よりも担当者としての井上の責任は明確にされるべきで、井上の辞任と伊藤の外相兼任が、この点では求められ、従ってそれとあわせて伊藤の宮内兼任をはずすことが求められる、ということになっている。

　拝誦　陳は井の字は宮内御同僚へ、総理より当分外務を兼、小生宮内へ転じ、右跡へ黒の字被任候事に御決定、
則明十七日御発表之筈に有之候……

という土方久元より元田永孚宛、九月十六日付の書翰[59]は、この問題についての人事面での決定について、真先に元田

へ知らせたものであった。人事面についてはとりあえず元田が求めていたところに落着したと言えよう。しかしながら、以上の如き顚末が、以後の条約改正交渉に対して、どのような意味をもつものであったか、改めて言う迄もないであろう。井上馨は退いたが、前に見たように、井上と同じ位に強烈な欧化主義者でもある伊藤が、当面外相を兼任し、その下に青木周蔵次官が配される体制、やがて伊藤は周知の如く大隈重信をとりこんで外相に配し（大隈が欧化主義者であることもこれまた言う迄もないが）、自らは憲法問題に取り組むため、枢密院議長となり、総理大臣を黒田に譲り、その黒田内閣でも大隈は引続いて外相として、改正交渉にあたっていった。とすれば、二十年夏のこの条約改正交渉（反対運動）で示され、また元田が危ぶんでいた問題点などは、何も解決された訳ではなく、継続していた課題といったことになろう。大隈外相のもとでの条約改正交渉に対する、より大規模な反対運動が二十二年に勃発し、元田もこの問題にとり組まざるを得ない状況が展開するのも、また当然だったと言えよう。

注

（1） 条約改正問題については、深谷博治『初期議会・条約改正』（白揚社、一九四〇年）、山本茂『条約改正史』（高山書院、一九四三年）、外務省監修『条約改正経過概要』（日本国際連合協会、一九五〇年）、井上清『条約改正』（岩波書店、一九五五年）などを参照した。

（2） 注（3）の史料を用いることにより、拙稿「元田永孚と明治二二年条約改正反対運動」（『日本歴史』四四四、一九八五年五月）が成立した。本書第三部第三章として参照されたい。

（3） 「元田永孚文書目録」（沼田哲作成、『青山史学』一〇、一九八八年三月所収）では、例えば「一一一、外交・条約改正、朝鮮等」として、六四件の文書・史料を掲げてある。現在国立国会図書館憲政資料室蔵、以下「元田文書」と略す。

（4） 沼田哲・元田竹彦共編『元田永孚関係文書』（〈山川出版社、一九八五年、以下、『関係文書』と略す〉二七五頁）。

（5） 以下において当該問題についての筆者の理解は、山本前掲書、また横山晴夫「条約改正会議の挫折について―特に井上毅を中心として―」（『国学院雑誌』六一―四、一九六〇年四月）、および津田多賀子「井上条約改正の再検討―条約改正予議会を中心に―」

（『歴史学研究』五七五、一九八七年一二月）、に殆んどを負っている。

（6）注（5）と同じ。

（7）井上については未だ十分な伝記が書かれていないが、木野主計『井上毅研究』（続群書類従完成会、一九九五年）が氏の長年の研究に拠っている。また少し古いが古城貞吉稿『井上毅先生伝』（木鐸社、一九九六年）が刊行された。伝記を辿る上でも井上毅伝編集委員会『井上毅伝』史料篇一～六（國學院大学図書館、一九六六年～）、が基本史料を網羅しており、何と言っても頼りとなる（以下では『毅伝』一、等と略記する）。

（8）前掲『毅伝』一、二七一～二七三頁。

（9）この前後の記述は、津田前掲論文に拠っている。

（10）『世外井上公伝』（第三巻〈同編纂会、一九六八年〉三四四頁）。

（11）佐々木高行は、内地開放について現状は日本側に競争力が無い中で「外国人ニ内地雑居ヲ許ス時ニハ、彼等ハ無尽無限ノ資本ヲ我国ニ輸入シテ……我農工商ノ権力ハ外国人ガ掌握ノ中ニ陥リ」という経済的従属をもたらすことになり、さらに「内地雑居ヲ許ス時ニハ、外国人ハ勿論、我民法・刑法ニ服従」すべきだが、我国の不十分な司法の状況下で外国人を服従させることは甚だ困難であり、また外国人の内地進出は反政府派が民心を煽る格好の具となる、と論じている（佐々木高行『保古飛呂比　佐々木高行日記』一一〈東京大学出版会、一九七九年、以下『保古飛呂比』と略す〉一四五～一五八頁）。佐々木の意見は天皇にも影響を与えており、また後述の元田ともほぼ同意見であることを確認しておきたい。

なおこの頃の天皇の意見は「我が国民の智識未だ彼に及ばず、財力亦頗る劣る、若し彼ニ居住・営業の権を与へ、通商を許すに於ては、其結果頗る憂ふべきものなしとせず」（宮内庁『明治天皇紀』第五〈吉川弘文館、一九七一年〉六五七頁）というものであったことも付け加えておきたい。

（12）津田前掲論文。

（13）海後宗臣・元田竹彦編『元田永孚文書』（一、元田文書研究会、一九六九年、以下『文書』と略す）二五四～三〇六頁。

同書中には元田の自伝「還暦之記」「古稀之記」と共に、日記の記事・断片が多く収めてある。多くはまさに「断片」的ながら、明治十五年についてはたまたま一月一日から九月三日迄が書かれていた。

（14）佐々木の日記を検したところ次のような記述があった。左に引用紹介しておく。

一　元田氏書翰、左ノ如シ。
余寒又々敷敷候所、益御清康奉賀候。然ハ、先日御一言ノ末、昨夕土方氏御来話ニテ、大綱拝聞仕候所、今日始メテ御内旨ヲ蒙リ申候ニ付、今一応委細ノ御内話拝聴致シ度候間、今夕歟明朝夕ノ内御繰合セ、御来臨被下候共参堂仕候共、御都合ニ宜敷候、御模様被仰下候様奉願候、此段相伺候也、頓首。

三月四日　　　　永孚

佐々木賢台

（前掲『保古飛呂比』一一、明治十五年、七六頁）。

(15)(16)　津田前掲論文。

(17)　前掲『毅伝』一、二九五～二九七頁。

(18)　前掲『文書』一、二九二頁。

(19)　前掲『毅伝』一、二九九～三〇〇頁。

(20)　前掲『毅伝』四、明治十五年六月九日付、伊藤博文宛井上毅書翰、六五～六七頁。

(21)(22)　津田前掲論文。

(23)　前掲『文書』一、二九八頁。

(24)　津田前掲論文。

(25)　全文を掲載すると左の如くである。

明治十五ヵ年七月二十三日

先頃御内話申上候後、山県非常之尽力に而、建白草稿迄出来候処、外務卿も山県に同意を被表、右建白は井上手元に預りに而、特別保護の年限は十二年と短縮確定申候。右年期後は全く平等条約たるべき之談判に被取掛候処、各公使中、英仏は頗異論を唱へ出し候末、一応本国政府へ申遣す迄の運に至候へ共、とても破談に帰し候ものと相見へ、誠に為国慶賀無此上事に存候。右に付一昨日閣議の趣、別紙右府書面之通に有之候。右為御安心御内報仕候。頓首。

七月廿三　　　　毅

東野先生

〔別紙〕岩倉書翰

昨日御評議、定期年数一歩も不枉、確乎貫徹候以上、事之不成ときは、現今条約之儘三四年間経過の上、更に御改正之儀可然との議に相決候。外務卿にも一点無異論、全く御意之模様に見受候。前日来非常之御苦心に付、聊御放念可相成と存候。不敢取一筆申入候。匆々以上

六月廿二日《(ママ)》 具視

井上毅殿

（前掲『関係文書』、二七五～二七六頁）。

(26) これもまたいささか長いが、元田の気持が率直にあらわされている（文中傍点を付したところなど）こともあり全文を掲載した。

明治十五ヵ年七月二十三日

御密示拝誦仕候。先夜御内談之末、山県にも非常之尽力にて御建白草稿迄御出来候処、外務卿にも同意を表し、右御建白書は、外務卿手元に預り候而、猶談判に取掛候処、英仏公使は頗異論を唱へ、一応本国政府へ申遣候運に至り、右之次第に而はとても破談に帰し候ものと御見込被成、誠に国家之慶賀無此上事と、先々御安喜之本、仍而一昨日閣議之趣、岩公御別紙御示し被下、忝く一読二読、実に不堪快然之至奉存候。先夜御内話後は如何之御運に候哉と不堪懸念、翌日御書面中にも何とも御申越も無之候へば、岩公之御都合も難計、実は日々と御通知を相待、万一些し之機会もあらば、此節は老後之一精神天聴え尽し奉らんと存じ込罷在、近日脳病不気力ながらも、時々参内、窃御模様を奉窺居候事に而、何分安寝なり兼申候処、今日の御一報を得、初而胸隔を開き、誠に御国運を恐賀奉り候。是畢竟賢兄非常の御尽力御誠心徹する処に而、敬服仕候計に候処、御進退を早く御決し候一条も、実に投機之御一着と今更に感喜仕候。尤此節改而談判之致し方、御書面中に而は詳細愚意に落兼申候故、御面論を相願申度、猶此上も愈以無御油断御尽力に成、公使外務卿之間、此後之成行も、或は反覆も難計歟と老婆心には心遣に存じ申候。更に願曰御忠誠深祈之所に候也。一応之謝答匆々如此に候。頓首

七月廿三日 東野拝

井上兄

尚々御別紙は正に返上仕候也。拙詩左に録し、御一粲に供し申候。

不惜歳華頭上霜、猶憐顔色帯恩光、眇軀自負邱山重、涓滴難酬雨露長、万巻功夫帰謹独、十年心事在含章、只祈国祚無虧缺、未識孤誠達彼蒼、

結末微意之洒く処、亦是条約改正の一条に有之候也。呵々

（前掲『関係文書』、四九～五〇頁）。

(27) 前掲『文書』一、三〇〇頁。

(28) 注(25)書翰参照。

(29) 以下の叙述は山本前掲書及び津田前掲論文に拠るものである。

(30) 方針第一については山本前掲書、二九八頁を参照。

(31) 例えば、

明治十四年五月、一等侍講・皇后宮御用掛兼任。

明治十九年二月五日、任官中顧問官、「御手許御用従来同様相務め候様」。

明治二十一年五月十日、枢密顧問官親任、「御手許機密の顧問及び後宮出入もとの如し」。

という発令によっても、元田が「御手許御用」「御手許機密顧問」ということで側近に仕えることは続けられている。

(32) 前掲『文書』一、二一二頁。

(33) 谷は、佐々木などを通し早くから元田と知り合っている様である。特に明治十四年七月開拓使官有物払下げ事件が起こると、三浦梧楼、鳥尾小弥太、曾我祐準らと現役陸軍中将の立場で反対を表明、ついで佐々木らと中正党を結成している。十七年学習院長となっており、元田は十八年末の内閣制度改革に際し、天皇と共に谷の文部大臣起用を押したが、この時谷は農商務大臣として入閣したのであった。

(34) 前掲「元田文書」一一一―9。なお目録では明治二十年としたが、これは史料中に「外務卿」との表現があることなどからも誤りであった。では何年かということになるが、この前文と前引の「古稀之記」とを対比してみると、或は明治十七年と考えても良いかとも思うが、確証は無い。なお今これを仮りに文書Aとしておく。

(35) 前掲「元田文書」一一一―1。同様にこの文書を文書Bとする。

(36) 前掲「元田文書」一一〇―29。これが明治十八年と思う根拠は、文書中のもう一項「宗旨ヲ信スル人ハ文部省教育ノ官ニ不被仰

表8 条約改正関係略年表

明治十五年一月二十五日	条約改正予議会始まる(〜七月二十七日、第二〇回迄開催)。
七月二十七日	第二〇回予議会、各国公使、改定事項を本国政府へ進達す。
十七年八月四日	各国公使へ覚書を交付、本国伝達を求める(一九ヵ条)。
十八年四月	改定条約案(二六条)。井上外相私信にて内密に各国委員の意見打診。
十九年四月二十日	井上外相・青木次官が全権委員に任命さる。
五月一日	第一回条約改正会議開催。改正条約案(修正、三四ヵ条)提出。
二十九日	井上外相、改正会議に於ける方針につき閣議に意見書提出、承認求める。
六月十五日	第六回会議、英・独、裁判管轄条約案を提出。
十月二十日	英独提案を日本案として審議始める(第八回)。
十一月九日	第九回会議、法典編纂に関して討議[一九年八月六日外務省法律取調所設置]。
二十二日	以後、外国人裁判官任用につき討議。
二十年三月十八日	第二三回会議、法典の英訳を外国へ通知する問題で日本と外国側対立。
三十一日	第二四回会議で通知問題解決。
四月二十二日	第二六回会議、裁判管轄条約案可決。
五月十日	ボアソナード、井上毅に意見陳述。
六月一日	ボアソナード、伊藤宛に反対意見書(裁判権の条約草案に関する意見)提出。
六月二十三日	農商務大臣谷干城欧州より帰朝す。
七月三日	谷、条約改正反対意見書を伊藤に提出。
五日	谷、閣議において改正反対を論じ、井上と激論。
九日	井上の意見書閣議に提出。伊藤の谷への反論。
十一日	谷、書を山田顕義に託し内閣へ提出、時事を論ず。天皇、佐々木高行を通して谷の意見を問わせる。
十二日	佐々木、谷に面会し、谷の意見を質し、徳大寺侍従長を通し奉答。井上毅、井上馨宛意見書作成。
十五日	谷、吉井友実を通し、意見書を天皇へ上奏す。
十七日	井上毅、伊藤宛意見書。

十八日	第二七回改正会議。
二十日	谷参内。中止を上奏し、辞表提出。
二十三日	天皇、伊藤を召し、意見を問う。
二十六日	谷辞職。土方久元農商務大臣となる。佐々木高行→明宮御教育掛主任。吉田清成→元老院議官。花房義質→農商務次官。
二十九日	改正会議無期延期通告。
八月一日	伊藤、黒田清隆(内閣顧問)と善後策謀る。
二日	井上馨、天皇へ改正中止につき拝謁報告。
三一日	伊藤、元田会談。
九月五日	伊藤、元田会談。
十七日	伊藤の宮内兼任免、井上外務免(伊藤の兼任)、土方→宮内、黒田→農商務。

付様奉願候事」との文が、明らかに森有礼の「文部省御用」任命後の事として書かれているところによる。この文書を仮りに文書Cとする。

(37) 前掲「元田文書」一一一―2及び3。十日付は浄書稿の日付であり、別稿には「六月廿九日」とあったのが訂正された形となっている。また別稿には「此上書ハ差出スコトヲ停メ此趣意ヲ以テ顧問ヲ賜フノ時ニ言上セシナリ、永孚記ス」との永孚の書きこみがあった。六月二十九日との日付は第六回会議の後になる。五月二十九日の閣議における井上の提出意見書についても、元田は前引の如く天皇から知らされていることが注目される。文書Dとする。

(38) 前掲『文書』一、二二七頁。

(39) 条約改正関係略年表(表8、沼田作成)。

(40) 前掲「元田文書」一一一―15。
これはかなり長文で一綴となっている。後述した如く、後半部分は伊藤博文の宮内大臣兼任の是非(元田は非としている)を中心の議論として早くから著名で紹介されているが、前半部は今回初めて紹介される。以下の議論の展開のように、条約改正交渉の中止に至る過程と元田、井上毅の関与のあり方などが詳細に述べられている。以下、特に引用注を示していない史料引用は、この史料による。

(41)　この井上の意見と伊藤の意見の類似に注目して頂きたい。『大日本外交文書条約改正関係』二(日本外交文書頒布会、一九五三年～)、一五六番、五四七～五五〇頁。

(42)　前掲「古稀之記」、二〇九～二一〇頁。

(43)　前掲『毅伝』五、六九六～七〇〇頁に「四二、ボアソナード氏応接書　明治二十年五月十日」として収録。これは大変有名なものでありこれ以上言を重ねることはしない。山本前掲書、三一〇～三一二頁参照のこと。

(44)　明治二十年五月七日付伊藤宛井上毅書翰(前掲『毅伝』四、一〇三～一〇四頁)。またこれに対する伊藤の返書、即ち同年五月八日付井上毅宛伊藤書翰(前掲『毅伝』五、三三頁)も参照のこと。

(45)　明治二十年五月二十四日付、山田宛井上書翰(九番)には「ボアソナト氏対話筆記に御返却奉冀候」とある(前掲『毅伝』四、六三四頁)。

(46)　谷の渡欧について、『伊藤博文伝』(中、春畝公追頌会、一九四〇年)では「初め谷に洋行を勧め、斡旋の労を執りしは実に公(伊藤のこと)であった。公は谷の忠誠謹直の資性に望を嘱し、西洋諸国の現状を目撃せしめ、その立憲政治家たる素養を積んで帰り来らば、これに宮内大臣の職を譲らんと期待したのであった」(五四〇頁)と述べている。つまり政府の欧化政策を快く思っていなかった谷を海外の空気に触れさせることにより変えようと考えてのことであった。この洋行の結果、谷は伊藤の期待するような欧化政策に同調する官僚政治家意識の持ち主にはならず、一層日本主義的となり、伝統的な儒教的理想主義の理念を捨てなかった半面、民主的な国民主義の政治と思想にはかなりの理解を深めて帰国した。谷は自分の目で確認し、シュタインの講義を受けて、更に王道政治の理念が確認されるに至っている。洋行期間中における谷の政治意識の展開を辿るならば、そこに、帰国後の谷の意見に至る前提を見出すことが出来るが、ここでは省略せざるを得ない。『谷干城遺稿』(上、靖献社、一九一二年)所収の「洋行日記」を見ることで理解願いたい。なおこの問題について早くに坂野潤治「『日本主義』者の外国観と日本観—谷干城の『洋行日記』を中心として」(雑誌『知の考古学』一、一九七五年三月)、近年では小林和幸氏が谷についての論文を多く発表している。

(47)　明治二十年七月五日、谷は閣議にて改正反対を論じ、井上(外相)と激論、同七月十一日谷は書を山田顕義に托し、内閣に提出、時事を論じた。これらが谷の「条約改正反対意見書」及び「国家の大要」である。

(48)　明治二十年七月十一日、天皇は佐々木高行に達して谷の意見を問わせる。同十二日佐々木は谷に面会し、その意見を質し、徳大寺侍従長を通し奉答。同十五日、谷は吉井友実を通して意見書を天皇に上奏している。また後述の如く、元田も天皇の命を承け、土方久元を通して谷の意見を問うている。このように、天皇は自らの信頼する側近達を動員して谷の真意を確かめようとしている。なお「元田文書」中に「谷話記　元田永孚筆記」という史料が残っている（一一一―5）。その中の谷の意見は例えば次の如くである。「条約改正草案外国人混交裁判ハ日本ノ法律モ悉ク外国ノ措置スル所トナリ、之ヲ許ス時ハ日本ノ屈辱是ヨリ大ナルハナシ、故ニ先ツ中止シテ国会ノ開クヲ待テ之ヲ議スルカ、又国乱ヲ防禦スル兵衛準備スルノ後ニアラサレハ許可スヘカラス、必ス身ヲ以テ之ヲ争ヒ進退ハ無論仮令身ヲ退クトモ百方之ヲ争ヒ、天下後世ノ為ニ之ヲ拒キ留ムヘシ、此事既ニ山田ト談シ伊藤ニ向テ之ヲ論セリ、先ツ中止ハ成ルヤト云ヒシニ、伊藤中止ハ出来ルナリ、但シ井上ハ退クヘシト云、天下ノ大事ニハ一身ノ退クハ顧ミ難シト云ヒ置キタリ、苟シ天皇ノ批准ニ臨ミテモ決シテ御許可ナルヘカラサルヲ言上スヘシ、予一人ヲ以テ自任シ、他人ヲ頼マスト雖トモ、何人タリトモ其意見ハ建言アリタシ」（傍点引用者）というものである。

(49) 前掲「元田文書」、一一一―4。

(50) 例えば明治二十年七月十八日付の元田永孚宛土方久元書翰（前掲『関係文書』、三七四頁）など参照。

(51) 例えばこの期間に谷が伊藤を訪問した時のことを、伊藤が黒田に報じて「同人過日夏島へ訪問の節も、自称して民権論者と相成たりとの事に有之候処、此意見書（谷の改正反対意見書のこと）にても其鋒先は充分相露候様被察申候」（平尾道雄『谷干城伝』〈冨山房、一九三五年〉五八二頁）と言ったとある。この様な事が天皇をいたく心配させたと思われる。なお谷の辞職後、谷のまわりには乾坤社の人々（小村寿太郎、杉浦重剛、千頭清臣、古荘嘉門等）や陸羯南、三宅雪嶺、志賀重昂などが集まり、国粋主義を旗印とする一勢力が形成されていったとの指摘もある（酒田正敏『近代日本における対外硬派の研究』〈東京大学出版会、一九七八年〉一五～二三頁）。

(52) 明治二十年七月二十七日付元田永孚宛土方久元書翰（前掲『関係文書』、三七四頁）。及び同七月二十八日付谷・元田の往復である左の書翰（元田書翰は前掲書一六四頁、谷書翰は同書三五一頁）参照のこと。

明治二十七年七月二十八日

爾来不接徽音、定知起居寧静、孚嘗読易曰大人否亨程子曰身之否乃道之亨也、孚深信此言而今於閣下見之故肯悲其身之退職而善其道之亨於天下矣、况有聖明在上同志之承其後任果知其身否於陽而其言之行於陰也、閣下亦宜有所慰焉、抑通塞進退在時与命而於人各尽其道而已、是韓范富欧所以時異進退也、孚雖不敏亦信而不疑有尽而無枉者閣下請諒焉、孚謹啓

丁亥七月念八　永孚百拝

谷賢兄閣下

明治二十年七月二十八日

芳簡拝読仕候。拙者今般之事に於て、深く先生之称誉を辱し感謝に不堪。疎暴無遠慮之挙は、誠に恥入候得共、薄々にても廟堂の注意を引起し、邦家之失態を匡正する処あらば、死亦不避之心得に御座候。多少有識之賛成も有不而已、先生之芳簡を得て、一層精心を発揚致候心持いたし申候。孰れ不日参上、万般之御礼可申上候。匆々頓首

七月廿八日　谷干城

元田先生函丈

(53) 例えば指原安三『明治政史』(上〈冨山房、明治二十五年〉一六一八～一六一九頁)。

(54) これに該当する史料が「元田文書」中に存在する。即ち「元田永孚意見、伊藤博文宛」(前掲「元田文書」、一一一―10)である。「明治廿年七月宮中顧問官元田永孚拝啓、総理大臣伊藤伯閣下」と結ばれるこの意見書では例えば「此改正案ノ四方ニ聞フルヤ、憂国頑固ノ士民皆起テ曰ク、我国民ヲシテ外国裁判官ノ頤下ニ屈伏セシメ、国権ヲ枉ゲ、国辱ヲ受クル亦太甚シト、万国同音不測ノ変ヲ惹起シ、延テ外国人ニ及ホシ、各国之ヲ名トシテ呑噬ノ欲ヲ逞フセンモ亦予期スル所ニ在リ、是蓋永孚カ杞憂ニシテ実際如此ナラザルト仮定センモ、亦決シテ安全ノ条約ト云コトヲ得サルナリ、閣下ト外務大臣ノ敏明且内外ノ事情ニ諳熟ナルヲ以テ、平心ニ之ヲ遠慮スル時ハ、豈之ヲ危険ナラサルノ条約ナリト陛下ニ明言スルコトヲ得ンヤ、但改正ヲ要スルノ初一念勇進シテ反顧スルニ遑アラス、談判上ノ勢已ムコトヲ得スシテ遂ニ玆ニ至リ謂ラク、マアコ、デヤツテ見ヨウト云ニ過キザルノミ、……マアコ、マデヤツテ見、若シ変乱ヲ惹起スル時ハ、閣下ト外務大臣トノ義膽身ヲ殺シテ国家ニ謝シ敢テ懼ル、所ニ非スト決定ストモ、皇上陛下ト国民ニ於テハ寸毫モ益スルコト無ク、従ニ無涯ノ患害ヲ遺シテ、実ニ言フベカラザルノ不祥ナリ……」と批判しているが、直接に辞任等は求められていない。

(55) 明治二十年八月七日付元田永孚宛佐々木高行書翰(前掲『関係文書』、三二七頁)。全文は左の如し。

明治二十年八月七日

尊翰拝見。昨日は参上、不相替御高話拝聴、本懐之至奉存候。然ば先般御示之条約改正御論・国論・伊藤へ之御贈翰、都合三冊返上仕候。甚だ延引仕候間恐縮仕候。孰れ帰宅之上拝謝可仕候。将過日粗申出置候十五年二大臣迄差出候意見書草案、入貴

覧候。尤大臣差出候は、清書致候事にて、此の草案も文字も、本式無御座候間、御含に而御一覧被下度候。扨又過日参上仕候節、申上候心組に候処、失念仕候。此度改正延期之事は、最初ボアソナードの意見差出候得共、内閣大臣にはさのみ感動無之場合、井上毅君之賛成尽力に依り、愛国之向々大に感動、遂に延期之運相成候事、其功勲井上君第一と被存候得共、井上君他に漏洩は憚り、吾が功を不顕候誠信、尤感心仕候。老台には井上君と夫是御談話も有之、御賛成相成候事候得ば、此度井上君之勲功は、百年後に泥滅不致段、老台御手許に於て御記し置候義、希望此事に御座候。是亦孰れ帰宅之上可相伺候得共、先は右得貴意度、拝答旁如此御座候。頓首

八月七日　　　　高行

元田老台

追而　小子義は、表面は昨日出足之届致置候得共、内実は明後九日出足之含に御座候間、右段御聞取被下度候也。

なおこの問題を井上毅を中心として分析する論説は重要であり、横山前掲論文、津田前掲論文は共にその点でも高く評価されるべきである。

(56)「七月廿七日於御前」と結ばれている「御内諭控」(「元田永孚文書」一一一―14)がそれに該当する。天皇の意見という点で左に全文を紹介しておきたい。

一、土方農商務大臣拝命ニ付、明宮教育御用掛之人、谷中将江被仰付候思召ニ候処、此度辞職之都合ニ而ハ宜ク有之間敷との大臣奏上ニ付、佐々木宮中顧問官へ被仰付候事、

一、条約改正之儀、谷建言之主意中止ニ相成度との事に候処、如何成主旨を以中止との確論無之、閣議と不折合之様成行、畢竟熟議ニあらす候而抗論ニ出候故、誠ニ残念ニ被思召候、然処右改正之儀も、外務大臣之失策有之、談判中凡ソ三十余ケ条之失誤相見へ候を、更ニ修正を加エ改メ而談判を開も、外国公使之ニ異論無之候へは、其ケ条ナレハ安心ニ至リ可申、若し又外国公使之ヲ否ミ候得は、其時ニ中止を申し向け、猶後日ニ至り而別途之改正談判と申ス事ニ内議ニ相成り、公使ニも英仏公使尤六ケ敷候故、大概改正は中止ニ可相成との内評之由ニ而、谷中止とハ談判上異同も有之候得共、今般之改正は先つ中止之見込ニ候由、

右両条　御内諭

七月廿七日　於御前

(57)　前掲「元田文書」一〇九―25。

(58)　特に坂本一登『伊藤博文と明治国家形成―「宮中」の制度化と立憲制の導入―』(吉川弘文館、一九九一年)は重要な先行研究である。

(59)　明治二十年九月十六日元田永孚宛土方久元書翰(前掲『関係文書』、三七五頁)。

第三章　元田永孚と明治二十二年条約改正反対運動

はじめに

明治二十一年二月伊藤内閣の外務大臣に就任した大隈重信は、伊藤の枢密院議長就任の後をうけた黒田内閣においても引続き外務大臣となり、井上馨が失敗した条約改正交渉を再開することになった。大隈は黒田及び伊藤と協議し改正に関する大綱を定めた後、条約改正交渉に専念した。その交渉の方針や経過の詳細などについては、既に先学の諸研究(1)があり、ここではごく簡略に関連するところの叙述にとどめたい。大隈は現行条約を励行することにより外国側に不便を感じさせることで条約改正に持込む方針を採るとともに各国別に談判することにし、明治二十二年になって、まずアメリカ・ドイツと商議を逐げ、調印に至り、ついでロシア・フランス・イギリスとの交渉を開始していた。その交渉は当然にも秘密裏に行われており、民間では当初は大隈の諸外国に対する強硬（と見える）態度のみから、その交渉を支持する風潮が強かった。そのような折から、二十二年四月十九日、ロンドン・タイムズ紙上に条約改正案の内容が掲載され、五月三十一日より『日本』新聞がこれを訳述紹介するに及び、改正案は民権・国権両派からきびしい非難を浴びることになった。『日本』新聞は六月五日「大隈伯の政略」と題して「前年の条約改正会議案と、其期限等に多少の差違あるも、大体に於ては矢張り混合才判の構成と泰西主義の法典を以つて、治外法権の権利を買ふに外ならず」と、大隈案が井上案と大差のないことを報じ(2)、以後七月中にかけて大隈案反対の論説を集中的に掲げて、反対派の急先鋒となったが(3)、この『日本』新聞が、陸羯南を主筆とし、柴四朗、杉浦重剛らを社友とし、浅野長勲、谷干城、三浦梧楼が支援していたことは、改めて指摘するまでもないであろう。反対運動は七月から八月にかけてますます勢いを増し、全国に波及してゆくとともに、政府周辺の学者、教育者、また官吏及び枢密院、元老院、華族の中にも反対論が形成されていったことが指摘されている(4)。

ところで「元田永孚関係文書」(5)書翰中に当該時期のものが非常に多く残されており、またその書翰を往復している人物について、後述の如く枢密顧問官をはじめ、反対論者とされる人々が多いことなどの傾向を見ることができる(6)。そこで以下においては、これらの書翰及び元田家に残されていた文書類をもととして、反対運動の諸潮流のなかで、これまでその実態が必ずしも十分に明らかになっているとは言い難い、枢密院を中心とした反対運動の展開過程の一面について、若干の考察を試みたい。

一　元田永孚の条約改正反対論

明治二十二年当時枢密顧問官をつとめていた元田永孚は、その自伝「古稀之記」において、「七月条約改正ノ失誤ヲ発見シ天下ノ輿論激興シ」た時期に、「始終内ニ在テ機密ノ顧問ニ備ハリ反復奏議スル所」(7)があったと、この間の自分の行動を簡単に記しているが、前述の如きこの時期の元田の往復書翰の多さから考えても、実際はこのさり気ない記述以上のものであったと考えられる。すなわち、明治二十二年十一月と推定される書翰案において、「此度の条約改正を中止するは実に一大難事に而、迚も在朝之議は頼むに足らず、寧ろ党派の非難を蒙るとも、天下の公論を集合し而、之を破るに非んは挽回為し難しと、初めより心決致し申候故、老体一身を以て此大事を引受候精神に而、一生の御奉公と心期致し候」[8]と自ら述べているところには、元田のこの問題に対するきわめて積極的な反対の態度が明らかに示されている。

前節でみてきたように井上外相の条約改正に対する明確な反対意見を表明していた元田が、井上案と大差なしと考えた大隈外相の条約改正案に対しても反対意見を抱いたことは当然である。元田家所蔵史料中に存在するこの時の意見書を更に紹介・検討しておきたい。[9]元田は今回の条約改正に反対する理由として、まず国内の土地を、「一旦ニシテ外国人ニ所有セシメ、彼ガ強欲多智財産ノ富有力ニ依テ良田美地ヲ占領セシメ、鉱山ニ山林ニ工業ニ商業ニ、皆彼ガ専ラ利用スル所トナリ、貧弱ナル我国ノ赤子ヲシテ彼ガ奴隷トナリ、其困窮憤怒ノ余、之ヲ訴訟ニ出願センニ、其上等終審ノ裁判権ハ、亦既ニ三四ノ外国人ノ掌握ニ在リ、我国ノ臣民タル者将来ヲ予想シテ豈之ヲ寒心セザランヤ」と、内地開放、土地所有権附与、外国人判事の大審院任用ということが、将来日本人を著しく不利な状態に陥れると論じる。その理由としては十九年の意見書と同じ立場を維持しているが、今回は更に、「上等裁判権ヲ外国出身ノ人ニ譲与シテ、特ニ憲法ニ違反スルト云ガ如キ」という点を取り上げ、既に憲法が制定施行されている現在、その「憲法ニ抵触スルニ於テハ、無論速ニ之ヲ廃棄シテ、別ニ改正案ヲ修正セザルベカラザルナリ」と、憲法に違反するという点が加えられたのである。また元田は、「現今ノ条約案ニシテ、仮令完全善美ナラシムルトモ、臣民ノ異論ヲ生ジ、衆心ノ不服ヲ唱フルニ於テハ、断然停止シテ、以テ衆論ノ安着スル所、与論ノ向フ所ヲ求メテ之ニ従ハザルベカラズ」との立場を表明する。ここに述べられていることは、人心が服さない事柄は強行すべきではない、為政者は人心の向うところに従うべきであるという、単純明快なことであるが、これは元田の政治に対する態度として注目しておくべきことと思われる。

ところで以上の如き元田の条約改正反対論は、当時における様々な条約改正反対論の中で如何なる位置を占めるものであろうか。稲生典太郎氏の研究によれば、明治初年から二十二年までの時期に、条約改正・内地雑居に関して、書物やパンフレットなどの形で公刊されていたものとして、八三の書目が挙げられている(10)。それらの中で明治二十二年に著されたものとして、元田との関係で特に注目すべきものとして、井上哲次郎の「内地雑居論(11)」と、坂本則美の「不得已論(12)」とがある。二十二年九月十六日付の佐々友房の元田宛書翰には、「別冊内地雑居論は有名なる井上哲二(ママ)郎氏之著に而、一読仕候処、余程面白相覚申候間、一冊献上仕候。御隙之折御一覧被下候はば幸甚(13)」とあり、佐々から元田にこの書物が送られていることが明らかであり、また同日付の元田の佐々への返書に「別冊面白きとの事に候得ば世道の為めに安喜致し候、必一見可致(14)」とあり、元田も読んだであろうと推察される。坂本の建白書についても、佐々は、「不已得論抔も、どふか天覧に御供へ相成候様に承り候へは、生等之意見即ち別冊も、万々一、乙夜之覧に被供候様の運び共に相成候へば望外之仕合と存候(15)」と述べている如く、自分の意見書ともども天皇への取次ぎを願っており、その内容等については元田が当然目を通しており、同意見であることがうかがえよう(16)。井上・坂本をはじめとする種々の「内地雑居」に関する意見を詳細に分析すること(17)はできないが、例えば井上は、内地雑居は時期尚早であるとの立場から、その理由について、内地雑居となれば、外国人と日本人との間に種々の面において烈しい競争が行われるようになり、この競争において日本人は敗北者の地位に立つであろうと述べ(18)、「外国人に内地雑居を許さば、欧米各国の人内地に入て我日本の土地を占有せん」「特に最良の場所は先づ欧洲人の手に帰する事となるは今より預期するを得べし、此の如く次第々々に外国人が日本の土地を占有せば、日本人の生活居住すべき土地は遂に大に縮減すべし(19)」と、外国人による土地占有の危険性を強調している。また内地雑居の結果として外国資本が流入して、日本経済においてヘゲモニーを掌握し、それが契機となって日本の政治的独立が失われるに至る危険があるとして、坂本則美は、外国人に内地を開放するならば、「表面上仮令独立の体裁をなすも、其実際に至ては外資の為めに占領せられて遂には経済上の作用より国権をも左右せられざるを得ず、国其国にあらずと謂ふに至らんとす」と述べ、もしも内地雑居を実施するのならば、外国人の享有し得る私権の範囲を広く制限すべきであると主張している。[20] 以上ごく簡単に見ただけながら、これらの論説が、前述した元田永孚の条約政正反対論の主張とも、相通ずるところの多いことは明らかであると考える。元田の反対論はその意味では、反対論として特殊なものではないと評することができる。

二　元田永孚と二十二年条約改正反対運動

さて以上の如き反対論を展開した元田は、反対運動に対しては如何なる関わりを有していたのであろうか。前引した書翰案には、「此度も井上毅の周旋尽力実に与有力焉と可申、其外品川弥次郎、鳥尾小弥太、谷干城、三浦梧楼、山川浩等も始末熱心の中止論に而、大に力を得申候、迂老は只々冥々中之補助に而、特に吉井、土方之助を得申候」[21] と述べている部分があり、自らの立場を示している。また「元田文書」中の次の如き手記[22] はこの点できわめて興味深いものである。すなわち、

三条大臣　　伊藤議長
山県大臣　　松方大臣
土方大臣　　徳大寺侍従長
吉井次官　　寺島副議長
川村顧問　　福岡顧問
佐々木顧問　副島顧問

東久世顧問　勝顧問
吉田顧問　鳥尾顧問
品川顧問官　三浦顧問官
西村顧問官　海江田議官
井上法制局長　谷中将
山川少将　米田侍従
右条約改正中止同志
安場保和　津田静一
佐々友房　古荘嘉門
坂本則美　伊藤巳《（ママ）》代治

というものである。この史料は元田が「条約改正中止同志」と認めた人々を列挙したものであるが、まず三条から米田迄の人々については、枢密顧問官、宮中顧問官を中心に圧倒的に宮中関係者が多いこと、内閣の大臣には少ないこと、特に改正反対の大臣の中に後藤象二郎の名前があげられていないが、これは元田が「同志」扱いをしていないことで、元田の立場をはっきりと大同派から画していること、安場・津田・佐々・古荘は、いずれもかつての熊本の実学党以来の関係者かまたは紫溟会の政客であること、などの特色がある、これらの史料や元田永孚関係の書翰の傾向などをあわせて考え、また後述するところでその実況は明らかにしたいと思っているが、元田が条約改正を中止さすべく如何なる行動を展開していたかは推測できよう。すなわち、(1)徳大寺・土方・吉井らと連絡しながら、天皇に度々自分の意見を奏上したり、在野の意見書などを天皇の一覧に供したり、天皇の命を承けて伊藤博文らへの諮問の取次ぎをするなど、側近としての立場での行動、(2)なかでもとくに伊藤博文に対しては自分の意見をも述べて強い働きかけを行っていること、(3)伊藤との交渉と関連しながら、井上毅を説いたり、井上を通して内閣諸大臣の動向を知るなど、井上との交渉が特に密であること、(4)勝海舟・佐々木高行・川村純義・鳥尾小弥太・福岡孝弟ら枢密顧問官や、品川弥二郎、三浦梧楼（三浦は日本倶楽部で谷と連携している側面もある）、西村茂樹ら宮中顧問官、元老院議官海江田信義らとの共同行動が展開され、(5)更に在野国権派反対運動の中心である日本倶楽部に拠る谷干城との接触がなされていること（谷とは前述の如く条約改正反対については明治十七年以来の同志的関係が存在する。また谷は佐々木・勝・副島、等々ともこの間連絡・交渉が多い）、(6)熊本紫溟会（反対運動を福岡玄洋社と共に展開）の政客佐々友房が頻繁に元田と連絡しており、佐々は同時に日本倶楽部に出入しており、元田と谷や在野反対運動を結ぶパイプ役であったと思われる。なお言う迄もないが、これらは当然それぞれに重なりあって展開しているものであり、一応便宜的に区別してみたものである。これを要するに元田永孚らが大隈外相による条約改正交渉に対して、主として宮中関係を拠点としてきわめて積極的な反対運動を展開していたことが明らかであると言えよう。以下においてその間の実況を更に明らかにしてみたい。

前述の如く条約改正中止論者の中には枢密顧問官が多く含まれていた。そして彼らが最も強く反対したことは、外国人裁判官の任用を外務大臣公文で宣言したことが、憲法に違反するという点であった。この点について七月になって法制局長官の井上毅によって、(23)帰化法を発布し、外国人法官とは日本に帰化した法官を意味するとの公文を発するという策が提議されるが、曲折をたどり八月二日の閣議においてようやく決定されるに至った。それ迄の間に、元田は例えば、「臣曩ニ内旨ヲ承ケ外務大臣ノ許ニ至リ、親シク大臣ノ説話ヲ聴キ、其宣言書ナル者ヲ見ル、頗ル其言ノ瞞着ニシテ、其意ノ踈傲ナルヲ疑懼シ、退テ同坐ノ顧問官ニ質シテ皆云爾ヲ聞ケリ、因テ七月廿二日ヲ以テ謹テ陛下ニ対奏スルニ、其宣言書ノ果シテ憲法ニ許サヾル所ヲ公言シ、是之ヲ反正セスシテ条約ヲ締結センニハ、皇国ノ大憲ヲ破毀シ、臣民ノ権利ヲ奪ハレ、天下ノ輿論ヲ省ミス天下ノ人心ニ悖」ると、枢密顧問官達の同意見を背景に、大隈の方針について激しく反対し、「仰キ願クハ外務大臣一人ノ言ヲ是トシ玉ハズ、広ク内外ノ公論ヲ聴キ、先ツ伊藤議長ヲ召シテ其意見ヲ下問シ、改正ノ是非ヲ正シ玉ハンコトヲ以テセリ」[24]と、伊藤の意見を聴すべきことを天皇に奏問している。[25]そしてその結果として、七月二十四日の伊藤の謁見、二十六日伊藤と井上馨と大隈の三者会談となるが、そのとき元田によれば、大隈との会談の結果等について、「大隈より逐一言上ノ筈ニ候得共、是迄行懸リ之末ニ而自身之失錯尽シ兼候哉も難計、伊藤自身より申上候事はさし扣居候故、永孚へ相話し候故、永孚より御聴に達し候様依頼を受候事」[26]と、伊藤が言い難いことを代りに天皇に奏上するという行動をしているのである。[27]したがってこのような経過により、元田達はなお原則の問題として、あくまで条約改正に反対し続けることになるのであった。

ところでこの七月～八月初の期間の元田永孚関係の書翰を見ると、[28]顧問官等からの来翰の最初は勝海舟よりのものであった。七月十五日の勝海舟日記には「元田へ一封遣す、返書来る」との記述[29]があるが、同日付の往復書翰も存在する。勝の手紙では、まず「当今世上紛々之説、論者強而乞面会候者不少、是も御奉公と存候間、勤而面語(ママ)、其談承候へは」と述べ、勝のところにも「条約之可否是非」を論じに面会を求める者が多くあり、彼らの意見を聴いてみるとそれらは、「大抵皮相之見多く、着実之説少く、況此是非得失之範囲外に及候は絶而無之」と評している。勝は「超然此外に立候道は、誠意徳義より外は無御座候」との原理的立場が必要であると述べている。そして自分は「条約改正幷国会にも差向、私内々多年少々愚存認」ており、「入貴覧、尊慮も伺度と心掛候」と、自分の考えをいずれ明らかにし意見を伺いたいと述べている。[30]この書翰に対し元田は、「条約一条も、土台実地之権利其対等を得不申候而、強而皮相上之対等を求め候段、迚も六ヶ敷事に成行」と、条約改正が「皮相上の対等を求め」るといった形でなされようとしていることを批判し、「救之之道、高論之如くに、誠に着実本に反り候外無之と奉存候得共」と、原則的に勝に同意しつつ、「今日に至り当局者之聞く所に無之」という現状を歎いている。[31] 勝海舟は明治政府の政策についてこの時期批判的な見解を有しており、周知の如く明治二十年五月には時弊二十一ヵ条を論じた意見書を提出して政府を批判していたのであり、その意見書は井上外相の条約改正に対する反対運動のなかで民間において秘密出版されて流布したほどであった。したがって今回勝についてはその条約改正に関しての意見が公にされていない時から、勝を反対論者と目して、その意見を問いに来る者が多かったのも理由がないわけではない。なお勝は、八月三日「先月中認試候拙考、漸清書出来候間入高覧候」[32]と、条約改正意見書を元田に呈しており、元田は「近頃改正之紛議御苦慮被成候て御考案之御別冊御投示、深く忝く敬領仕候、一見候処至極御同感之次第」[33]と賛意を表しているが、その「別冊」は残されていない。おそらく「御別冊は都合を以乙覧に供し可申」[34]とある如く天皇のもとに呈出されたのであろう。[35]

さて八月になると、反対派の動きは活発となり、[36] 八月三日には熊本紫溟会の佐々友房、福岡玄洋社の頭山満の二人が、副島種臣及び元田永孚を訪れ、改正反対を論じ、[37] 以後佐々、頭山は谷干城、三浦梧楼のもとに出入して反対運動を展開し、八月二十二日に谷・三浦らにより結成される日本倶楽部に拠ることになる。特に佐々はしばしば元田のもとに出入し、あるいは書翰での連絡を頻繁に行うことで、谷等と元田との連絡役・情報ルートの役を演じてゆくことになる。[38]

八月四日には「別冊意見書拝呈。供台覧候間、宜敷忠謀讜議を被為尽度、為国家不堪冀望候也」との鳥尾小弥太よりの書翰が元田宛に届いており、[39] 鳥尾が諸方にむかって反対意見を明白にしたことがわかり、例えば「鳥尾より意見書到来、一読仕候是は帰化法議事開け候時に至り、十分討議相成度と愚考仕候」[40]と土方が元田に報じていることからも明らかであろう。

八月七日、谷干城は元田永孚を訪問した。

八月十四日、枢密顧問官副島種臣・鳥尾小弥太・元老院議官海江田信義・原田一道・宮中顧問官西村茂樹が、大隈重信を訪ねて条約改正反対の立場から大隈と論戦している。この頃民間では反対派の演説会・集会が相次いで開催されており、八月十一日には大同協和会が新富座に演説会を開催、八月十五日、神田明神開花楼における集会にて鳥尾小弥太が演説、十八日には大同倶楽部・大同協和会・保守中正派・紫溟会・玄洋社等の諸団体が連合し、江東中村楼において全国非条約改正論者連合大懇親会が開かれ、翌十九日大同協和会演説会、二十二日谷・三浦等の日本倶楽部結成、二十五日、日本橋千歳座にて全国同志連合政談大演説会開催、等々の状勢が展開され、「貴諭之通り実に可憂時勢に而、各地より建白家とか有志とか、大分入込み申景況(41)」となっていった。

八月十九日、谷の日記には、「佐々氏井上毅氏に会せし由の所井上氏云ふ英国の談判六ケ敷事になりたり大隈氏は調印済の分を決行して英とは無条約とする事を言い張ると雖も余は不同意なり伊藤氏も必然らん是破綻の期なりとの談ありしと云ふ右事件に付松方氏も井上氏等の考と同じく且元田氏頻りに松方氏に諭し松方氏も愈明日の閣議には右の事を呈出すると云(42)」との記事がある。元田が松方に工作していることは元田の同日付の井上宛書翰にも「松方には罷越一時間程談話にて愚見大概申述置候(43)」とあることにも符合する。また井上毅の態度が変化していることも注目されるが、彼は八月二十二日松方正義への意見、二十七日の黒田総理への書翰・意見書において、ついに条約改正を中止すべきことを進言するに至る。井上は条約の憲法違反を回避すべく帰化法を提議したが、その実行の不可能を認め、また憲法解釈上の問題を明確化するために（それは井上の憲法成立過程への関与に由来する自負心による）、九月九日、『内外臣民公私権考』を著し、結局外国人裁判官採用に強く反対することになった(44)。

九月十三日海江田信義より意見書が元田に送られてくるが、この九月下旬から情勢が切迫して来るのを反映し、元田関係書翰の頻度がきわめて多くなっている(45)。

九月十七日の井上毅の元田宛書翰には、「重なる華族より上奏之事、若相成候はば、万斤の力と存候。時機已に切迫候へば拙速は巧遅に勝ると存候、簡短にても可然、両三日中には実行相成度懇祈奉存候、今朝吉井へ参候而中外電報附録之不得已論最も明白に有之候へば、聖鑑に被供度申込置候」[46]と、井上なりの画策が企図され、元田にも依頼している。翌日坂本則美の「不得已論」が天皇に供された如く、十九日天皇の許に祗候した元田に対し、「今日如此与論を来したれば、此与論を取りて閣議を尽し、外国えの告知文を消却し、中止するとも改正案を修正するとも、不得已論之趣旨を取り、結局之施行宜敷を得るの考案如何、其見込を承度との御沙汰」[47]が天皇から下され、元田は二十日伊藤博文を訪れ、意見を質している。天皇はこの後、更に大臣及び枢密顧問官に協議させてはどうかとの意見を伊藤に下問するに至り、元田がその伝達にあたっている。[48]

九月二十一日、勝の日記に「元田へ一封遣す、返書あり」[49]とある如く、「改正も未だ御不決に候哉。邦内益謗議盛に成行、御心痛之御事と万御察申上候、政府上案外矼と御見留も無之哉。只目前を以而御所分候勢爰に及候事歟、疑惑不少、如此候而は改正後之所、箱館以北は魯国之有に可属事、不出十年候歟。……上官方於今日確乎之御評決も有之度と奉存候」[50]との書翰を元田に呈しており、元田はこれに対して「種々愚案も運らし候へ共、無効に属し候而已に而、不見識を自反仕候外無之、今日之形勢誠に困難を極め、薬石を投じ候機会も無之、一心のみ切迫を覚へ申候。尤天聴御聡明、必挽回之期可有之と注目奉待候計之仕合に御座候」[51]と返書しているが、翌二十二日谷干城が勝を訪問した時の話として、谷日記に「勝氏云ふ、御上は必ず御宜し、又元田氏の手紙をも示す、書中にも其意味現る。同氏も非条約論の根拠は殆んど堅固なりと見へたり」[52]との記述があり、前引の勝宛元田書翰のことをさしている。[53]

ところで九月二十三日に、七月から常宮御養育主任として伊香保へ随行していた佐々木高行が帰京した。佐々木は八月中は息子の高美を通して反対意見などを表明していたが、[54]帰京後二十五日、早速「松方を訪ひ、親しく意見を述べ、速に枢密院の議に付すべきを告げ、次で元田永孚を訪ひ聞く」と日記にある如く、以後元田との連絡を密に活動しはじめている。(55) 前述の如き条約改正案について枢密顧問官への諮問協議は未だ伊藤も時期尚早としていたが、この頃に至り、枢密顧問官の動向が政局の中で注目されてくるようであり、例えば佐々などは九月二十三日に、「唯此上は速に閣議を開かれ、議論二派に分れ候上、聖裁に出候外有之間敷候。併し内閣員のみにては味方少数に付、枢密院の議に付せらる事最大急務と、此事熱望に堪不申候(56)」と元田に対して枢密院を動かすことを希望している。このことは十月一日の佐々木の日記にも、「元田来り、枢密院に御諮詢の事に付、伊藤に御使を遣はされたるに、伊藤は今日御下問ありては直に破裂すべければ、猶内閣にて熟慮の上にて然るべしと奉答(57)」したとあり、また十月六日付の井上毅の元田宛書翰にも、「枢密院にて公文取消の事を、御建言有之等の策は無之哉、何共一計無之候而は到底だめと存候(58)」と、枢密院が動くことを期待しており、佐々木は十月八日に内大臣三条実美を訪問し、枢密院へ諮詢のことについて尽力を願っており、九月末より十月初旬にかけて、枢密院の動向が政局を動かしうる新たな要因として浮上して来た如くである。

前後するが九月二十六日、宮中顧問官三浦梧楼は学習院長としての資格を以て天皇に拝謁し、条約改正中止を直奏した。三浦は天皇に対し特に大隈の罷免を請う意見を述べ、且つ意見書を提出して退出したが、その夜三浦の家に元田永孚が訪れ、大いに三浦を賞讃したという(59)。

十月に入り、内閣においても動揺が見られるようになり、二日に欧州より帰国する山県有朋の動向が注目の的となり、改正中止派では品川弥二郎が山県を説くことになっていた(60)。元田関係の書翰を見ると、十月に入ると、井上毅、伊藤博文、佐々友房との書翰の往復が連日の如くなされ(61)、また谷、佐々木、勝の日記を見ると、彼らの行動も活発をきわめていることが明らかに示されている。

十月八日の佐々の元田宛書翰は、「昨日井上へ参候処、宜布御伝声申上候、今日より大磯へ一週間斗参候筈、此は品川の計画に而、実は山県伯彼之地へ避け、取調候に付、井上を伴候訳の由に御座候。併し此事は尤も秘密にいたし置度との事に付、左様御含み置可被下候。此にて山県之大丈夫なること卜知可致、夫は安神の事と存候」[62]と、井上毅が山県の反対意見の形成に協力していることを報じており、さらに井上は十日、元田に宛てて、「(山県が)寸時も早く主上の特旨を以而被召寄、意見御垂問被為在候はば国の大幸と奉存候、尤特別に被為召候事、尤妙奉存候」[63]と、山県を天皇が特別に召すことを元田に謀っている。

また十月十日参内した佐々木高行は、天皇に拝謁し、時事問題について、「一体、今般の改正には、実に向来御国体にも相関し、憂国の面々、日夜苦心致候義に付、何分共速に閣議相定まり、枢密院へ御下問被為遊、厚く向来の義御勘考被為遊候義一刻も差置きがたく奉存候」と所見を奏上し、大隈をも非難している。佐々木は、「御前退出、元田に面会、何分伊藤は黒田と相談等には弱り込可申程難計と申候処、元田も同感に付、幸ひ井上毅が大磯の山県の処に参り候間、伊藤に十分腹を据候様、元田より井上へ至急文通致候事に相成候」[64]と、黒田・大隈と相談することを天皇からも期待されている伊藤を、改正中止意見に腹をすえさせるべく、井上毅より工作すべきことが謀られている。このことは、同日付井上宛元田書翰に、「天下安危存亡之決する所、伊藤之一言に有之、実に重大之上之重大にて、毫も曖昧苟且之言詞無之様に希望致候間、貴兄より十分御忠告有之度」[65]とあることによっても明らかである。

十月十一日元田は天皇に拝謁している。この日閣議が開かれ、松方の提議により改正条約実施に備えるための予備取調委員の設置が決定された。ところがこの日、伊藤博文は枢密院議長の辞表を提出した。元田はむしろこの伊藤の行動を、改正交渉中止の為に有益な材料と転ずることを考えたらしく、伊藤があくまでその決心を動かさないことを望むと書翰において述べている[66]。谷日記は「伊藤氏は会議の席にて直に辞表を出したるを黒田氏止めたれ共頑として不動と云ふ」と記し、「此談は元田氏より佐々氏聞き来るものなり」と情報の出処も記している。谷の判断でも、「孰れにしても三ケ所より火起りしは事実なり、大勢は勝算を得たるが如し可賀々々」(67)と、情勢が改正中止に有利となったと考えている。

十月十四日谷の日記に、「佐々氏来る、元田氏の手紙を一見す、元田氏の尽力可思なり」(68)とあるが、これは同日付佐々宛の元田書翰に「枢密院は川村・佐々木・副島を押し立、今日集会の話合にて、好議論発起を祈り居申候」(69)とあることをうけており、かくの如く枢密顧問官達は会合をくりかえしており、翌十五日にも、閣議が御前会議として開かれている一方で、「枢密院にても顧問官一同が相集り、最早一日一刻も早く上奏して御裁断を仰ぐの外なし」(70)と決している。元田も当然この会合には出席していた。

十月十六日、「寺島・副島・佐々木の三人が惣代となり、十六日拝謁を乞ひ、委曲闕下に伏奏した。佐野と吉井とは総理大臣へ申告し、大木と河野とは条約改正断行に賛成者にて此の行動に同意せなかった」(71)との枢密顧問官による行動があった。そして同日付で勝海舟は元田に宛てて、きわめて注目すべき内容の書翰を送っている(72)。勝は、「改正之談、其初深く国情を不了悉、性急に出候、其失及于今日、人心激昂、此上強而断行候共、此末流多年に引続、国内之紛擾は無虚日、国財為に空費に到可申」と、政府の改正への手続・手順の悪さが今日の如き国民の反対をよんでおり、そのような状況で改正を断行すれば、国内の混乱はなお続いてゆくであろうから、此際は中止した方がよいと言うのであり、それはそもそも「聖上之叡慮は、祖霊より御遺伝之蒼生向背に因而、聖断被為在候御議は申迄も無之」という勝の考えている原理があり、現在の如く国民の反対が強い場合、勝によれば天皇はその反対の声を代弁して決断すべきであるという考えになるからである。これはきわめて注目すべき思想であると考えられる。勝は中止の為の具体的方策として「一二之大臣え、極御内々聖諭御座候ては如何哉」と、天皇から大臣への内諭という手段を提案し、その聖諭の趣旨の案文をも元田に示している。元田がこの考えに対してどのような反応を示したかは、返書が見つからないため不明であるが、前節でみた元田の意見書にも通じるところのある勝の意見そのものには賛成であったことは、恐らく疑いないところである[73]。

以上の如く元田永孚や顧問官達を中心とした一連の反対運動の動向について、いささか羅列的にではあるが検討してきたわけであるが、民間での反対運動もますます激化していたなかで、十月十八日閣議後退朝途中の大隈重信が、玄洋社の壮士来島恒喜の投じた爆弾で重傷を負い、これを直接のきっかけとして、二十一日に至り、政府は閣議で改正の中止を決定するに至ったのである。しかしながら各方面からの反対の動向は、もはや黒田・大隈の独走を許さなくなっていたことも明らかであったので、爆弾によらずとも改正交渉は中止の方向へむかっていたと思われる。そのなかで、元田ら枢密顧問官・宮中関係者の反対運動が、既述してきた如き経過を辿っていたとすれば、それは中止についてそれなりの一定の役割を果していたと評してもよいであろう。

おわりに

十月二十二日黒田首相が辞表を捧呈し、大隈外相と山県内相を除く全閣僚もつづいて辞表を捧呈した。二十五日黒田の辞表のみ許可され、内大臣三条実美が総理大臣に任ぜられ、他の大臣の辞表は却下され留任となり、三十日には伊藤枢密院議長の辞職も許され、彼は宮中顧問官になったが、この過程に元田は天皇の意を承けて動いている。例えば十月二十四日の日付の入った元田の手記[74]は、

一、辞表は御許可之御内慮之事、

一、国事危急之際ニ付意見は可申述無伏臓陳上候様御下問之事、
一、総理大臣人撰之事、
一、山県三条西郷之事、
一、条約延期談判之手続如何シテ可宜哉之事、
一、将来天下之見込其節々御下問も可被遊思召ニ付為国家其身は退職候共其心は尽忠之覚悟ニ可有之定而其意見丈は可申出一々御聴被遊度との事、

という内容であるが、この史料は、同日天皇の内命をうけて小田原へ伊藤を訪ねる元田が、伊藤に対する天皇の意を伝達する為に控えたものであろう。

その後十二月二十四日山県有朋が首相に任ぜられ、青木周蔵外務次官が大臣に昇格任命されるまでの期間、政府においても重要な課題とされ、また元田がもっとも関心を示していた問題は、大隈外相の後任の問題、つまりは当然にも今後の条約改正の政策如何、という問題であった。

政府では十月下旬、辞表を提出して山口に退隠していた農商務相井上馨を臨時外相にとの案が出、十一月二日井上は神戸において品川弥二郎・野村靖・伊藤博文と会談し、一旦山口に戻った後、十一月十九日に東京に帰着し、当面の善後措置に関する意見書を提出するなど活動を始めるのであった(75)。ところが一方で改正反対派では、十月十八日大同倶楽部は早くも保守派国権派との共同戦線を拒否し、十一月三日には谷らの日本倶楽部も解散してしまった。大同派は再び政社・非政社の争いを開始し、保守派も互いに争い続ける始末であった。このように大隈遭難以後、反対派は急速に反対運動の熱がさめてしまった如き状態となり、政治運動としては停滞に陥ってしまうのである(76)。かくの如き状況は、元田にとってはきわめて危機感をもってうけとめられている。十一月六日、神戸より帰京した品川弥二郎

に宛てた書翰において、元田は「然ば外務一条如何相運候哉、近日は一切承候義無之、当分は青木次官彼是心配致し居候事とは被察候得共、一日も早く専任之大臣を被得不申而は相成不申、井上伯も如何に外交熟練に而、御内議諮詢には被充候共、敗軍之将再度覆轍を接続被致候事は、天下人心之所不許……」(77)と述べているように、元田は井上の外相再任については強く反対しており(78)、外務大臣には「誠直にして信義を踏み、忍耐して国事に純なる人を、御用有之度希望致し申候」との原則論を提示した上で、更に「伊藤伯之松方大臣を主任として青木を指揮致し候へば可宜之考案に左袒し、先日既に奏聞も致し、三条大臣へも言上致し置き、猶山県大臣へ参邸相達し置申候」と、伊藤・松方路線での外交を是として、天皇や三条・山県へ働きかけている程である(79)。また十一月二十一日付の勝海舟への書翰(80)において、元田は「薩長人に而は六ケ敷、条公之御決断に而、権衡平均深祈之処、今日山県・西郷辺之耳目を経過不致候而、条公も独断は中々以六ケ敷事と被察、山県・西郷辺は又小田原之見込を諮詢不致候而、同意は成り兼候事と想像仕、則如貴諭内閣諸公は虚器を擁するに過ざる者、今日既に已に其迹瞭然致し居、先日以来小田原之会合、三田尻之御呼返しなど新聞に出候如くに、天下皆内閣に其人無きを知り、誠に不体裁を極め申候」と、現状を批判し、更に「山県・松方大臣之地を保ち、其余は一等下た《ママ》之義は至極可宜、条約改正之見込相貫き候は、此二人而已に而、其人物一は質直、一は正純にて、稍人心を繋ぎ、跡は少々入れ替無之候半而は、到底治り申間敷と見込み申候」と、山県・松方を高く評価し期待している点が注目に値する。

その後の政局の経過については論及する迄もなく、十二月十日の閣議は「将来外交の政略」という井上の指導下に成立した条約改正方針を決定し、山県内閣へバトンタッチされるのである。この過程に元田の意見が影響を有し得たか否かは、もはや問うまでもないであろう(81)。

注

（1） 深谷博治『初期議会・条約』（白揚社、一九四〇年）、山本茂『条約改正史』（高山書院、一九四三年）、外務省監修『条約改正経過概要』（日本国際連合協会、一九五〇年）、稲生典太郎『日本外交思想史論考』（第二、小峯書店、一九六七年）、等を主要に参照した。

（2）（3） 山本前掲書、三七一～三七二頁。

（4） 同右、三七九～三八〇頁。

（5） 沼田哲・元田竹彦編『元田永孚関係文書』（山川出版社、一九八五年、以下『関係文書』と略す）。なおその後更に元田家の史料調査を続けた結果、書翰については、来翰五四通、差出書翰二五通の計七九通を「補遺」として収録できた（『青山史学』一〇、一九八八年三月）。またあわせて「元田永孚文書目録」を作成し、書翰以外の多数の文書類の全体を明かにできた（前掲『青山史学』一〇所収）。現在元田文書は国立国会図書館憲政資料室所蔵となっており、同室での仮目録として本目録が用いられている、以下「元田文書」と略す。

また「元田永孚文書」については『日本近代思想大系 別巻』（岩波書店、一九九二年）中の「近代史料解説」一四として筆者が解説を行っている。

（6） 注（5）に収録した書翰数は、それぞれ元田差出書翰三二四通、元田宛来翰三二一通、合せて六四五通であった。そのうち明治二二年の当該時期にかかわる書翰は差出六八通、来翰七五通（合計一四三通）であった。書翰数の多い順に挙げるならば、井上毅五〇通（差出二四、来翰二六）、佐々友房二八（一四、一四）、伊藤博文一九（一二、七）、吉井友実一四（八、六）、勝海舟一〇（五、五）、が特に多い。以下品川弥二郎四（二、二）、海江田信義四（来翰）、佐々木高行・安場保和・川村純義各二通、黒田清隆・三条実美・伊東巳代治・谷干城・三浦梧楼・鳥尾小弥太・福岡孝弟・牧野伸顕が各一通という状況である。前掲「補遺」収録の明治二十二年にかかわる書翰としては、差出六通（佐々木高行二、吉井友実三、宛先不詳一）、来翰五通（佐々友房一、徳大寺実則一、土方久元一、吉井友実二）があった。

（7） 海後宗臣・元田竹彦編『元田永孚文書』（一、元田文書研究会、一九六九年、以下『文書』と略す）、二一七頁。

（8） 前掲『関係文書』、二六一頁。この書翰案は、後半を欠くなど断片的なものであり、また宛先も不詳であるが、その内容より推測するに、おそらくは郷里熊本の知己の誰かにあてたものと考えられる。

(9) ここではこの二十二年の意見書の全文を以下に紹介しておきたい。

某誠惶謹言、比日以来非条約改正ノ論内外ニ起リ、人心危懼底止スル所ヲ知ラズ、而シテ政府ハ之ヲ顧ミズ将ニ断行セントスル者ノ如シ、某身皇恩ニ浴シ貴族ノ列ニ居リ、王室藩屏ノ責ヲ負ビ、常ニ国家有事ノ日ニ報ズル所アランコトヲ思ヒ、近日ノ事情ヲ察スルニ危乱将ニ至ラントスルノ勢アリ、豈晏然傍観スルノ秋ナランヤ、抑条約改正ノ事主任大臣ノ専行スル所ニシテ、某等ノ素ヨリ与リ知ル所ニ非ズト雖ドモ、然ドモ全国ノ異論者、彼ガ如ク日々ニ多数ヲ加ヘ、人心ノ背反スル此クノ如キノ迫切ニ至ル者其故何ゾヤ、深ク之ヲ思ハザルベカラザルナリ、蓋天祖開闢以来金甌無欠ノ国土、一旦ニシテ外国人ニ所有セシメ、彼ガ強欲多智財産ノ富有力ニ依テ良田美地ヲ占領セシメ、鉱山ニ山林ニ工業ニ商業ニ、皆彼ガ専ラ利用スル所トナリ、貧弱ナル我国ノ赤子ヲシテ彼ガ奴隷トナリ、其困窮憤怒ノ余、之ヲ訴訟ニ出願センニ、其上等終審ノ裁判権ハ、亦既ニ三四ノ外国人ノ掌握ニ在リ、我国ノ臣民タル者将来ヲ予想シテ豈之ヲ寒心セザランヤ、其弊ノ至ル所ヲ極ムレバ、北海道ノ如キ対馬ノ如キモ、外国人ノ所有ト為ル亦言ヲ待タズ、其他ノ弊害時論ノ悉ス所、某ガ喋々スルニ及バザルナリ、我土地ノ実利ヲ失ヒ、我国ノ公権ヲ屈シ、祖宗以来未ダ曾テ有ラザル所ノ国害、看々之ヲ行ハントスルハ思ハザルノ太甚シキナリ、況ヤ憲法ニ抵触スルニ於テハ、無論速ニ之ヲ廃棄シテ、別ニ改正案ヲ修正セザルベカラザルナリ、某未ダ条約ノ如何ヲ審カニセザルト雖ドモ、其要ヲ言ヘバ、内国臣民ノ安全利益ヲ保タシムルニ外ナラズ、故ニ現今ノ条約案ニシテ、仮令完全善美ナラシムルトモ、臣民ノ異論ヲ生ジ、衆論ノ不服ヲ唱フルニ於テハ断然停止シテ、以テ衆論ノ安着スル所、与論ノ向フ所ヲ求メテ之ニ従ハザルベカラズ、然ルニ現今ノ条約ニ拠レバ、其土地所有権ヲ無制限ニ外国人ニ放開シ、上等裁判権ヲ外国出身ノ人ニ譲与シテ、将ニ憲法ニ違反スルト云フガ如キニ至テハ、与論ノ従ハザル所衆心ノ服セザル所、至理至当、政府当ニ速ニ反省修正セズンバアルベカラザルナリ、若シ是ヲモ反顧セズシテ決行スルノ日ニハ、内乱脚下ニ起リ外勢四方ニ迫リ、善者有リト雖ドモ復之ヲ如何共為スベカラズ、国家生民ノ禍害見ルニ忍ビズシテ、皇室ノ困難実ニ言フベカラザルナリ、此時ニ至某等鞠躬シテ藩屏ノ職ヲ竭サントスルモ亦既ニ益無キ而已、故ニ今日黙々スルコトヲ得ズ、敢テ微衷ヲ陳ジテ采択ニ備フ、伏シテ請フ聖明洞察、某誠恐頓首再拝

(10) 『条約改正』と『内地雑居』に関する書誌」(稲生前掲書、一四九〜二一〇頁)。同論文によれば、明治二十二年のものとして二五の書目が挙げられている。

(11) 井上哲次郎がベルリンにおいて、井上円了にすすめられて起草したという。二十二年九月刊。吉野作造編『明治文化全集』(外

交篇、日本評論社、一九二七年）に収められている。なお二十四年五月井上は「内地雑居続編」を著している。

(12) 坂本則美は高知県人で当時職を京都府に奉じていた（『高知県人名事典』参照）。八月二十一日大隈外相を訪問し条約改正の可否を論じ、その後書き上げた意見書が「不得已論」と題された。筆者は遺憾ながらその原文を披見することができなかった。稲生氏の前掲書誌にも本書は挙げられていない。坂本の書としては二十三年十二月刊の「実力政策」が挙げられている。

(13) 前掲『関係文書』、三二九～三三〇頁。

(14) 同右、一三四～一三五頁。

(15) 明治二十二年九月十七日付元田宛佐々友房書翰（同右、三五〇頁）。

(16) 前引した二十二年十一月の書翰案には、「貴紳中ニ而は鳥尾・西村・三浦・海江田の建白、谷・勝の意見書、在野ニては坂本則美之不得已論、佐々・頭山等之建白等、一は叡覧ニ入り広く人言を御聴納被遊」との記述があり、これらの意見書は皆元田も披見したものである。なお宮内庁『明治天皇紀』（第七〈吉川弘文館、一九七二年〉三五一頁によれば、坂本則美のこの「不得已論」は九月十八日井上毅より吉井友実を経て天皇に呈されており、元田は九月二十二日この書を三条実美に送り閲読を望んでいる。

(17) この点に関しては岡義武「条約改正論議に現われた当時の対外意識㈠・㈡」（『国家学会雑誌』六七―一・二、三・四、一九五三年八・九月）の特に㈠に多くを拠っている。

(18) 「外国人に内地雑居を許さば、日本全国の人老幼貧富の別なく、上下貴賤に論なく尽く直に欧米人と競争するの途に上らざるを得ず。然るに概して之を論ずれば、日本人は智識に於ても、金力に於ても、体格に於ても、其他百般の事に於ても、多くは西洋人に劣れる事なれば、競争上常に敗北を取るは必然の勢」（『明治文化全集・外交篇』四五七頁）。

(19) 同右。

(20) 岡前掲論文によった。

(21) 注(8)参照。

(22) 「一―一―35、元田永孚メモ」（「元田文書」）。

(23) 井上毅が七月頃どのように考えていたかについては、谷干城の日記七月七日の条に、

七日朝井上毅氏を訪ふ、談改正条約の事に及ぶ、井上氏曰く大隈氏の改正案は或部分は反対なり、或部分は同意なりと、其同意なりと言ふ所は、前大臣の改正に比して年限の短きなり、外人判事の少きなり、税の一分二厘と為るなり、反対の点は憲法

に背戻するなり、其背戻の点は帰化法を設けて避くるに不如云々と、余云ふ今足下の説明の如くは、余は全く服する不能、国の為反対に立つの心得なり……井上氏頻りに今度又々中止となりては日本の信義を失するを喋々す、余は反つて意見を異にし、如此不条理なる条約の与論の為に破る丶は、日本の価値を益すもの也と答ふ（『谷干城遺稿』上、七八〇〜七八一頁）

とあるところに良く示されている。井上は明治二十年の条約改正に反対していたが、今回はその時と比較して少しましな部分があることと、外国に対する日本の立場から支持するとの態度をとって、なお憲法違反の点について帰化法といういわば弥縫策をとろうとするのである。しかし後述の如く井上はこの立場を維持し得なくなるのである。

(24)「外務大臣大隈重信ノ外国宣言書ニ対スル意見書」と題されている（前掲「元田文書」一一一―41）。

(25) この伊藤召命について、

昨日は御書面敬読、今朝土方子へ参り、議長台謁の事、猶申込置候。世間徒に外に向て虚喝教嗾して、一己の侠名を売るもの多しと言えども、真成に国を憂ひ、難を冒し険を衝き、冥々の間に大勢を挽回するの誠を尽すもの、寥々乎たるは痛嘆の至奉存候。枢員（ママ）もはかばか布相見え不申。御一見丙丁に付せられ度候。頓首

七月廿三日　　　毅

元田大人

猶昨日さし上置候意見書、御返却奉冀候

という元田宛井上書翰があり、井上との協力により運ばれていることを知ることができる（前掲『関係文書』、一一八二頁）。

(26)「元田永孚手記」（前掲「元田文書」一一一―20）。

(27) 同右。同手記には、

伊藤中候には此度憲法に相触レ候義をも不顧帰化法等との申訳を付ケ調印批准も相済候上ニ而、各県之有志輩続々と建白上言等混雑を生し候勢ニ相成候へば、政府は如何処置致し候而鎮静致し候哉、一昨年なれハ保安条例等を発し一時之紛雑を鎮定候得共、……此度は憲法之御発出、人民言論之自由参政之幾分を御許しニ相成居候へば、其憲法ニ抵触し外国人裁判之下ニ日本人民を屈服致サセ候儀は政府之罪を申スと申出、人心煽動致し候時には迚も只今之政府を保持スルハ六ケ敷、随而外国人は条約実施を迫マリ中々以大事之儀なりと真ニ憂慮致し、此辺之処を聖上ニも能々御明察被遊候様ニと元田へ相語り申候

という伊藤の本音と思われることが記されている。伊藤は自らが作り上げた憲法との関係で、反対派から外国人裁判官任用を憲法

表9

月　日	元田来翰	元田差出
7月4日	井上毅	
5日		井上毅宛
7日	井上毅	
13日	井上毅	
15日	勝海舟	勝海舟宛
18日	井上毅	
22日	井上毅	井上毅宛
23日	井上毅	井上毅宛
24日	井上毅	井上毅宛
25日		吉井友実宛
29日	吉井友実	吉井友実宛
	伊藤博文	伊藤博文宛

表10

月　日	元田来翰	元田差出
8月3日	勝海舟	勝海舟宛
4日	鳥尾小弥太	伊藤博文宛
5日	伊藤博文	
7日	土方久元	
10日	徳大寺実則	
19日	井上毅	井上毅宛
20日	黒田清隆	
24日	土方久元	
29日		井上毅宛

表11

佐々書翰	元田書翰
9月16日	9月16日
17日	18日
23日	23日
24日	
10月4日	10月4日
4日	4日
6日	6日
8日	8日
9日	9日
9日	9日
10日	10日
11日	11日
14日	14日
15日	16日
16日	23日

違反と非難されることをきわめて憂慮しており、この時期から早くも逃げ腰であることがわかる。事実周知の如く、この直後七月二十九日天皇は伊藤に参内を命じたが、伊藤は所労を理由にこれを辞したので、天皇は元田に伊藤の意見を聴取すべしと命じ、元田は同日この旨を伝達したが、伊藤は微力を以て救済しうる所にあらずと辞退の意を回答している（七月二十九日付、伊藤・元田往復書翰―これは『伊藤博文伝』中〈春畝公追頌会、一九四〇年〉にも収められている）。

(28)　七月中の元田関係書翰は表9の如く存在する。

(29)　勝部真長・松本三之介・大口勇次郎編『勝海舟全集』（二一〈勁草書房、一九七三年〉三二六頁）。

(30) 明治二十二年七月十五日付元田永孚宛勝海舟書翰（前掲『関係文書』、三二〇頁）。
(31) 同日付勝海舟宛元田永孚書翰（同右、一一一頁）。
(32) 同右、三二一頁。
(33) 八月三日付勝宛元田書翰（同右、一一一頁）。
(34) 明治二十二年八月三日付勝宛元田書翰。
(35) この意見書が具体的に何かは特定し難い。しかし松浦玲氏の編集・校訂による『勝海舟全集』（二一、講談社、一九八二年）には、二十二年八月一日の日付をもつ「条約改正と薩長政府の責任」と編者により題された意見書草稿が収めてある（三三五～三三六頁）。また明治二十二年八月の日付をもつ『外交余勢』は八月二十七日天皇の許に供されている。こちらを指すものかと考えられる。
(36) 八月の書翰の状況は表10の如くである。
(37) 前掲「元田文書」中に「改正条約案ニ対スル意見手控　福岡玄洋社総代頭山満、熊本紫溟会総代佐々友房」と題された文書（一一—46、47）がある。
(38) 元田・佐々の書翰の往復状況は表11の如くである。
(39) 前掲『関係文書』、三六八頁。「鳥尾得庵先生年譜」の明治二十二年の項に、「〔時事〕元田永孚侍講の来信に云く、別冊意見書拝見乃至何分御協力同心にて危機挽回の功を奏し度云々」とある（『得庵全集続篇』得庵会、一九三四年）。なお「元田文書」中には「新条約ニ対スル意見書　鳥尾小弥太　明治二二年八月」という文書が残されている（一一—45）。
(40) 八月七日付元田宛土方久元書翰（前掲『関係文書』、三七六頁）。
(41) 八月二十四日付元田宛土方書翰（同右、三七六頁）。
(42) 前掲『谷干城遺稿』上、七八六頁。
(43) 前掲『関係文書』、五四頁。
(44) 九月十三日付海江田信義書翰には、「陳者先達而粗得御意置候通、別紙一昨十一日各大臣へ差出申候……其内別紙御覧置可被下候」とある。「元田文書」中には「条約改正反対意見書　海江田信義　明治二二年一〇月二八日」という文書が収められている（一一—50）。
(45) 九月の元田書翰の往復は表12の如くである。

表12

月　日	元田来翰	元田差出
9月1日	井上毅	
2日	井上毅	
9日	井上毅	
13日	海江田信義	
14日	吉井友実	
16日	佐々友房	佐々友房宛
	井上毅	井上毅宛
17日	佐々友房	
	井上毅	井上毅宛
18日	海江田信義	佐々友房宛
20日	勝海舟	
21日	井上毅（2通）	勝海舟宛
		井上毅宛
22日		三条実美宛
		伊藤博文宛
		井上毅宛（2通）
23日	佐々友房	佐々友房宛
	伊藤博文	伊藤博文宛
24日	井上毅	井上毅宛
	伊藤博文	
	佐々友房	
25日		伊藤博文宛
26日	井上毅（2通）	井上毅宛（2通）
28日	海江田信義	
30日	井上毅	井上毅宛（2通）

(46)　前掲『関係文書』、二八四頁。

(47)　「明治廿二年九月十九日午後二時於御前奉内旨　永孚」と末尾に記されている「御内旨袖控」という元田の手記（前掲「元田文書」一二一—22）。

(48)　前掲『伊藤博文伝』中巻、六八〇～六八三頁。

(49)　前掲勁草書房版『勝海舟全集』二二、三三七頁。

(50)　九月二十日付元田宛勝書翰（前掲『関係文書』、三一一頁）。

(51)　九月二十一日付勝宛元田書翰（同右、一一二頁）。

(52)　注(51)の元田書翰の続きに、「対等の条約と云名目にて、全国を放開し、制限も無之雑居土地所有権を許し財産商策之実利実力も彼れに占有せらるるの不幸成る条約に、裁判権を彼に譲与する之告知文之国憲を毀損するをも不気付なるをも顧みず、猶更種々之辞を作りて非を遂げんとするが如き、実に沙汰之限りと存候。素より一も二も無之之を中止するは当前に候処、此着手に到り不申候段、諸閣臣之処置誠にはがゆき次第就ては老生之微力を自ら責め申候而、更に涯分を尽し候覚悟に御座候」とあり、谷の評はこれをさしていると思われる。

(53) 前掲『谷干城遺稿』上、七九八頁。

(54) 津田茂麿編『明治聖上と臣高行』、六五五〜六六六頁（以下『臣高行』と略記する）。

(55) 前掲『臣高行』、六六七頁

(56) 九月二十三日元田宛佐々友房書翰（前掲『関係文書』、三三一頁）。

(57) 前掲『臣高行』、六六八頁。

(58) 前掲『関係文書』、二八八頁。

(59) 三浦梧楼の『観樹将軍回顧録』二七四〜二七八頁では、この日付を「十月十五日か十六日であつたと思ふ」としているが、『明治天皇紀』第七では九月二十六日にしてあり、ここでは後者によった。なおこの時の三浦の意見書は、山本四郎「三浦梧楼の大隈改正案反対上奏文案」（『日本史研究』三五、一九五八年一月）参照。

表13

月　日	元田来翰	元田差出
10月1日	安場保和	井上毅宛
2日		井上毅宛
3日	井上毅（2通）	
4日	佐々友房（2通）	佐々友房宛（2通）
	井上毅	井上毅宛
5日	安場保和	佐々木高行宛
6日	佐々木高行	
	佐々友房	佐々友房宛
	井上毅	井上毅宛
8日	佐々友房	佐々友房宛
9日	佐々友房（2通）	佐々友房（2通）
10日	井上毅	井上毅宛
	佐々友房	佐々友房宛
		伊藤博文宛（2通）
11日	井上毅	佐々友房宛
	佐々友房	伊藤博文宛
12日	川村純義	伊藤博文宛
	黒田清隆	井上毅宛
	井上毅	
13日	伊藤博文	
14日	佐々友房	佐々友房宛
		伊藤博文宛
15日	佐々友房	
	勝海舟	
16日	佐々友房	佐々友房宛
16日	井上毅	
17日		井上毅宛
		吉井友実宛
18日	徳大寺実則	品川弥二郎宛
19日	土方久元（2通）	土方久元宛
	吉井友実（2通）	
21日	勝海舟	
22日	土方久元	
	井上毅	
23日	吉井友実	佐々友房
24日	土方久元	
	伊藤博文	
25日	谷干城	
28日	品川弥二郎	伊藤博文宛
29日	海江田信義	
30日		伊藤博文宛
11月5日		井上毅宛
		吉井友実宛
6日	品川弥二郎	品川弥二郎宛
	吉井友実	
7日	吉井友実	
16日	川村純義	
19日		勝海舟宛
21日		勝海舟宛

(60)　十月四日付元田宛佐々書翰には、「昨日品川氏尋問候処、山県伯と談話の始末承り、不怪好都合候よし、品川氏も安神と被申居候、此段一寸御報申上候」とある（前掲『関係文書』、三三一頁）。
(61)　十月中の元田関係書翰の状況は表13の如くである。
(62)　前掲『関係文書』、三三三頁。
(63)　同右、二八八頁。
(64)　前掲『臣高行』、六六九～六七一頁。
(65)　前掲『関係文書』、六〇頁。
(66)　「然ば昨夕御辞表に付而御内意之趣、下官へ御話し之儀は、今朝拝謁具に言上仕、聖聡得と御聴納被遊候。……素より御決心之段も申上置、御動きも無之儀は了察仕居候得共、此節之大事姑息調停之政略は断然御謝絶之儀と奉存候」との十月十二日付伊藤宛元田書翰参照（同右、三七頁）。
(67)　前掲『谷干城遺稿』上、八〇五頁。
(68)　同右、八〇六頁。
(69)　前掲『関係文書』、一三八頁。
(70)(71)　前掲『臣高行』六七四頁。
(72)　前掲『関係文書』、三二一頁。
(73)　この点については、松浦玲『明治の海舟とアジア』（岩波書店、一九八七年）が、「第七章条約改正問題」（同書一三四～一五二頁）において拙論と同趣旨の論を展開している。松浦氏は同書の（注(45)、二四一頁）において、この趣旨を展開した論を『世界』一九八二年十一月号に書いたと記している。筆者はこの拙論執筆当時（一九八四年）全くそれに気が付かなかった（というより『世界』まで参照することは考えても見なかったというのが本当のところであった）。結果論ながら松浦氏と同趣旨ということは筆者にとっては大変嬉しいことであった。同書は様々な意味で知的刺激を数多く与えてくれ、勝と元田との関係についても多くのことを考える契機となっている。
(74)　「袖控」と題するもの（前掲「元田文書」一一一―26）。
(75)　山本前掲書、三九七頁。

(76) 稲生典太郎「明治二十二年の条約改正論の昂揚」(稲生前掲書所収) 一四四頁。
(77) 前掲『関係文書』、一四三頁。
(78) 品川は同日付元田宛返書で「井上は勿論外務に正面立つ事は、出来もせねば、出でもせぬ事と存候」と報じている(前掲『関係文書』三四二頁)。
(79) なお井上の再任については元田だけではなく、例えば川村純義も「内閣は雲行いまだ不宜之模様とも被察候間、此儘遷延致候而は、不容易事とも被存、且又井上云々に付而は、意見をも篤と(松方へ)申述置候得共、万一敗軍之将を以て、再度外務の主任者と相成候而は、内外救治之難出来候場合にも立到候義」(十一月十六日付元田宛書翰)と、同様に反対していたことがわかる(同右、三一四頁)。
(80) 同右、一一三頁。
(81) 二十二年十二月二十八日、三浦梧楼の主唱により条約改正のことに奔走した同志が毎月一回星ヶ岡茶寮に懇親会を開き、常に時勢に注意し、内外の大事あらば共に協力することになり、枢密院副議長寺島宗則、枢密顧問官東久世通禧、同副島種臣、同佐々木高行、同川村純義、同福岡孝弟、同鳥尾小弥太、同吉田清成、同元田永孚、宮中顧問官三浦梧楼、陸軍中将谷干城、元老院議官海江田信義、侯爵浅野長勲、華族女学校長西村茂樹の一四名が加わり、約一ヵ年継続し条約改正問題の推移に注意を怠らなかった(山本前掲書、四三七頁)というが、一つの政治勢力ではあっても、政治運動にはもちろんなり得なかった。

補論　「聖旨」の伝達者・記録者
――元田永孚の一側面――

はじめに

かつて「元田永孚文書」の整理を行った際、(1)筆者は同文書中に例えば、「御内旨」「御内沙汰」「聖旨控」等と題された書類が二十数点存在することに注意をひかれた。(2)これらはその表題の通り、明治天皇が側近として仕える元田に語った言葉を元田が書き留めたものであり、内容は多岐にわたり、様々の性格をもつものである。例えば、

①御内旨

皇室典範草案宮中顧問官へ下議如何、伊藤へ内談ノ事、

井上外国公使転任事、

宮中官制文武枢密局建立如何、

参事院設立如何、

右之内へ寺島等出仕如何、

十月廿五日記

という事例(3)である。この史料の年次は内容から明治二十年と推定したが、(4)「……如何」という天皇から元田への下問、

或は「伊藤へ内談ノ事」という指示など、元田がメモとして記したものと思われる。また、

②御内旨

典仁親王御追尊ノ儀ハ、御歴代ノ先例ニ準シ、光格天皇ノ御誠念ニ出サセラレ候処、時世ノ勢其事ヲ遂ゲサセラレズシテ崩御ニ至リ、孝明天皇ニモ其御沙汰モ在ラセラレタレトモ、未タ、其思召ヲ達セラレザリシニ依リ、叡慮特ニ光格天皇及ヒ孝明天皇ノ御遺志ヲ御継述遊ハサレ、当年九十年ノ忌辰ヲ以テ、太上天皇ノ尊号ヲ御追贈遊ハサルトノ旨、

右御内沙汰ニテ、猶九十年ノ処ハ篤ト取調へ、御諡号ノ儀モ追テ評議致スベクトノ事、

十二月廿一日

という史料がある。(5) これについては、『明治天皇紀』を検すると、明治十七年三月十九日条に、「光格天皇の実父故一品典仁親王に太上天皇の尊号を追贈し、慶光天皇と諡したまふ」との記事があり、②の年次は明治十六年かと思われる。また「元田文書」中には「太上天皇尊号追贈略記」と題された一級の書類が残されており、(6) 同問題について元田が調査など行ったことを知ることができる。②は天皇の尊号追贈の意向が明らかに示された史料である。また次の如き史料がある。(7) 即ち、

③聖旨控

（前略）

一、九月西南賊徒平定ノ後、右大臣岩倉具視ヲ召サセラレ維新已来各処出兵ニ付テ出ス所ノ軍費総テ精密調査言上スベキ旨仰出サレタル由、右ハ頻年兵役打続キ国用窮乏人民亦困弊ニ至ランコトヲ憂サセラレテナリ、(イ)

一、同月神戸ヨリ西京マテノ間ノ轍路ニテ滊車衝突死傷アリシコトヲ側ニ聞召サレ、直ニ右大臣岩倉具視ヲ召サ

セラレ、右ノ顛末幷死傷人名等委曲取調速ニ上申スベキ旨仰出サレタリ、其ノ人命ヲ重ンシ玉フコト総テ斯ノ類ナリ、（ロ）

（中略）

一、本年夏頃ヨリ少シク御腫気アラセラレタルニ付、侍臣協議シテ人煙稠密市街熱閙ノ地ヲ離レ、空気清鮮土地高燥ノ攸ヲ相シ、離宮ヲ建テ、明夏ハ該宮ヘ行幸御保養アラセラレハ、玉体モ益御健ニナラセラルベクト評決シ、其次第ヲ宮内卿ヨリ言上セシニ、熟々聞召サレ仰セケルハ、成程左モアルベシ、東京ハ脚気病連年流行死亡モ尠カラス甚タ憫ム可キ事ナリ、偖右離宮ヲ設クルノ地ニ東京人民ヲ悉ク率ヒ偕ニ与ニ保養セハ可ナリ、朕独リ赴クトモ人民ヲ如何セン、願クハ今一層人民ノ年々脚気病ニ罹ル者ノ尠キ様、該病理等ヲ研究講明シ、治療ノ方ヲ尽サンコトヲト仰セアリタリ、人民ヲ子愛シ玉フノ厚キ斯ノ如シ、（ハ）

いささか長文のため抄出に止めたが、この史料の場合は、天皇の言行の記録という形式をとっており、天皇の徳を称賛するためのものと思われる。しかも注意すべきことは、元田はその自伝「還暦之記」や、侍補勤仕時の日誌「当官日剳」の中で、前引史料中に、記された事柄を、同趣旨の文章で記述しており、(8)その成立の前後関係は詳かにできないが、おそらくは史料③の記述が元となって「還暦之記」の記事等が成立したであろうと考えられ、「聖旨」の記録という性格が史料③では明らかである。

以上の如き①②③の事例は夫々に性格がやや異なるが、他の諸史料もこの①②③のタイプを中心としたいくつかの類型に分けることもできる。また筆者はこれらの史料が、例えばある政治的問題が政府内、あるいは宮中で議されてゆく過程において天皇の発言や意向がどのように伝達されてゆくか(9)を知る素材となるのではないか、またその場合の元田の役割を示す素材ともなるのではないかと考えるに至った。勿論天皇の発言や意向の伝達について調査する場合には、必ずしも前記の文書の如き形ではなくとも、例えば書翰においてそれが果たされていく場合も多くあり[10]、あわせて検討してゆくことが必要であろう。とすれば、天皇の意向の伝達、ということについて、一般的にその経路を辿るといったことは、数多くの事例について、また元田永孚に限ることなく[11]、調査することが必要であり、その上での類型化等が試みられねばなるまい。しかしながら、それは現在の筆者の能力を超えるものであり、ここでは元田永孚に限定して、彼が如何なる形で、天皇の意向（「聖旨」）を他の人物へ伝達していったか、その政治的役割は如何なるものであったか、またどのように「聖旨」を記録していたか、といった点について、具体的事例を検討してみることにしたい。

一　明治十八年十二月内閣制度の改革に関して——「改正稟旨概言」——

明治十八年十二月の内閣制度の改革と新制度に基づく伊藤内閣の成立、の経過については、先行諸研究[12]により詳かであり、ここではその詳細については省略する。

ただ注目すべきことは、当問題について言及する諸書において、典拠として挙げられている諸史料の中で、特に天皇の意向や考えなどについて触れる場合の典拠として引用される史料は、「稟旨剳記　改正稟旨概言[13]」（以下「剳記」）という表題のついた元田永孚による自筆手記である、という点である。

さてこの史料は「明治十八年乙酉十一月十九日、臣例ニ依テ顧問ニ侍ス、上諭ニ曰ク、……臣謹対テ曰ク……」といった具合に、天皇の発言とそれに対する元田の返答を詳しく書き留めたものであり、最後の部分には、「又上喩ニ曰ク、今度ノ改正再三熟慮スル所従前十四年ノ事等ニ比スレハ調整ヲ覚ユト、臣謹テ対テ曰ク、内閣機務ノ統轄セサル、陛下ノ之ヲ憂フルヤ久シ、臣既ニ当春ノ頃屢内旨ヲ稟ク、早晩カ其機アランコトヲ待ツ、今日乃其機ナリ、況ヤ今般官制ノ組織ヲ先ニシテ大臣ノ撰任ヲ後ニスルハ、陛下ノ宸勅ノ発セリ、而シテ官制ノ大変革亦宸断ニ決シテ、総理大臣ノ撰ハ聖鑑ニ出タリ、万機御親裁ノ実明カナルコト日ノ初テ昇ルカ如シ、是天下億兆ノ幸、海外各国ニ対シテ君主ノ帝国タルコト肯テ耻チサル所、臣謹テ仰賛スルニ堪ヘザルナリ」、とあるように、天皇の意向、行動の記録として重要なものであり、同時に天皇の政治的主導権の発揮に対する讃美という目的をも含んでいる記録であったと言えよう[14]。

以下においては、主として文部大臣の人選問題について、この史料の語るところに沿いながら、天皇の意向や、元田の行動などについて考えてみたい。

聖喩ニ曰ク、㋑外務内務大蔵陸軍司法ハ今ノ卿ヲ以テ之ニ充ツ、海軍文部農商務ハ別ニ之ヲ撰フ、参事院工部ハ其院省ヲ廃シ、逓信大臣ハ亦別人ヲ任スヘシ、大木川村福岡佐々木等ハ宮中顧問官ニ任スヘシ、海軍ハ西郷転任ニテ宜シカルヘシトノ伊藤等ノ考量ナリ、㋺文部ニハ谷任用ニモナカン乎、人撰ハ更ニ閣議ニ定ムヘキナリ、㋩総理大臣ニ至リテハ伊藤ニ若ク無キハ朕素ヨリ之ヲ知ルト雖トモ、外人ノ見ル所亦如何、汝宜シク汝ノ意ヲ以テ吉井ニ問テ見ルベシ（㋑㋺、文中傍点引用者）

これは十二月五日元田が天皇の御前に出て聞いた経過の部分であるが、三つの内容に分けられる。㋑は、天皇から三条の内奏した各大臣の候補者の名前について内示されたことを記している。続けて㋺において、天皇の意見として、文部大臣は谷干城を任用してよいのではと述べられており注目すべき点である。しかしこの時文部大臣の名前が内奏されなかったと考えるのは不自然であり、やはり森有礼の名前が挙がっていたと思われる。元田は森については不適任と考えていたわけであり、或はそのことが天皇にも影響を与えていたのであろうか（更に後述する）。さて㋩の部分は別の意味で興味深い。すなわち総理大臣については、天皇は伊藤の他にはないと考えるが、外の人がどう見ているか、吉井友実(15)の意見を（元田自身の発意という形で）尋ねるようにと命じている。「剳記」は続けて次のように記している。

退テ吉井ニ遇ヒ窃ニ問テ曰、過日以来右大臣ノ人撰聞ク所ノ如クナレハ黒田堅ク辞シテ受ケス、将タ誰カ此重任ニ当テ可ナラン乎、吉井曰ク、伊藤其人也、黒田ノ辞表ハ余等実ニ之ヲ勧成セリ、今日ノ大任伊藤ニ非スシテ誰カ之ニ当ランヤ、唯陛下ノ重ク之ニ任センコトヲ庶幾スルノミト、臣乃上ノ前ニ至リ謹テ言テ曰ク、伊藤ノ事臣吉井ニ問フニ吉井答フルコト臣カ陳スル所ニ異ナラス、唯陛下ノ重ク之ニ任セラレンコトヲ庶幾スト、惟フニ公論ノ帰スル所伊藤ニ在リ、決シテ疑フ可ラス、若シ一日二日遷延セハ機事ノ漏洩真ニ懼ルヘシ、当ニ速カニ宸断ニ決スヘシ、言畢リテ退ク

すなわち元田は吉井に、黒田に代って右大臣となる適任者は誰があるかと問い、吉井から伊藤しか無い、黒田に辞退させたのは自分たちであるとの答えを得、元田はこれを天皇に復命し、「公論ノ帰スル所伊藤ニ在リ」、速に決せられたいと奏上したというのである。この一連の記事には、元田が天皇の意を承けて、「聖意」の伝達・復命にあたったことがよく示されている(16)。

ところで文部大臣の件については、十二月十二日付の三条実美の伊藤博文宛書翰(17)に次の如く見える。

……今日両人参内拝謁委曲言上御承知相成候。海軍卿西郷、農商務黒田、大略思召不被為有候。併今日は御勘考と被仰聞候。文部之事は森は初より御六ヶ敷、谷なれは思召無之候。扨今後之手順は如何相成宜哉、尚御教示有之度候。

即ち同日三条、有栖川両大臣が天皇に拝謁し、大臣候補について裁可を求めたところ、天皇は海軍の西郷従道、農商務の黒田清隆については、大体異存はないようであるが今日は考えておくと保留されたが、文部の森有礼は初から

異存があって難しく、谷干城ならば異存はない様子であったと報じている。天皇のこのような意向はやはり元田の助言によるのであろう。森についての天皇の不可の意向は続いた様であり、更に次の如き三条の伊藤宛書翰(18)がある。

……森之処言上之上御六ヶ敷節ハ第二ノ考按モ尚御同僚御内談相成度、実ハ甚遺憾ニ候得共其ノ為時日遷延御決定無之事ニ相成候而者是亦大ニ不都合相生シ可申候。先者右迄草々申入候也。

三条は伊藤に対して、森のことを言上しても天皇がどうしても聞き容れない場合には、同僚たちと第二策を内談してはどうか、時日が遷延しても不都合を生じるのではないか、と勧めている。しかし事態は急に動いたようである。十二月十五日付の同じく三条から伊藤宛の書翰(19)が次の如く述べている。

内啓　森文部卿之事御承知相成候由好都合に有之候。右は兼て元田より段々申上候より上にも御配慮被遊候事と存候。此上又々彼是申上候而は上にも御困りと存候間、元田へは貴官より能々御説諭相成候は丶、甚可然と存候。御賢慮も可有之候得共気付早々申入候也。

伊藤はこの日にでも天皇に拝謁し、森の文部大臣就任について強く上奏したのであろう。また天皇もようやく裁可を与えたことを伊藤が三条に報じ、それに対する返翰ということになる。ここで三条が「右は兼て元田より段々申上候より上にも御配慮被遊候事と存候」と、元田の天皇への働きかけの影響を認め、だからこそこの上元田が天皇に「彼是申上候而は上にも御困り」になるだろうから、貴官（伊藤）から元田をよく「説諭」した方が良いと述べている。

このことは、元田もその後十二月二十一日天皇に拝謁し、文部大臣人選問題の経過を天皇から聞いて、「剳記」に次の如く記している。

……各大臣ノ内ニシテ、森文部大臣ハ宗教ノ嫌ヒアリテ已ニ外議モ来セリ、宜シク別人ヲ撰フベシ、然トモ伊藤カ言フ所ハ、此人既ニ文部御用掛ヲ勤メリ、大臣ニ任セラレテ可ナリ、臣カ総理大臣ニ在ラン間ハ決シテ憂慮ヲ煩ハサヾル可シ、若シ其任ヲ愆ルコトアラン日ニハ忽ニ免ゼラル可シト、自今既ニ総理大臣ニ委任シテ、其言已ニ此ノ如シ、之ヲ容納セザル可カラス、後日ノ挙動ヲ待テ処スル所アルベシ、臣謹テ対テ曰、……森文部大臣ニ至テハ、陛下ノ常ニ言フ所ノ如ク、臣亦深ク憂慮スル所ナリ、故ニ文部大臣ハ初ノ聖喩ノ如ク谷干城ニ任セラレハ可ナリ、況ヤ農商務ハ谷ノ長スル所ニ非ス、何ノ故ニ伊藤聖意ノ在ル所ヲ奉行セザル、然トモ今其言フ所前ニ云々スル所ノ如クナレハ、陛下之ヲ許可セザル可カラス、臣復言フ所無シ、唯将来ノ措置如何ヲ察セラレン而已ト、……

いささか長い引用となったが、天皇は森がキリスト教信者であるということ（「宗教ノ嫌ヒアリテ云々」）で別人を選びたかったが、伊藤が森は既に文部御用掛も勤めたので大臣に任じてもよい、自分が総理大臣である限り御心配をおかけするようなことはしない、森が任を誤るようなことがあればすぐに免職させてもよいと言うので、認めざるを得なかったと元田に語り、これに対して元田は、森文部大臣については陛下と同様に深く心配している、文部大臣は陛下の初めの言葉のように谷に任ぜられれば良いのに、何故伊藤は聖意に従わないのか、しかし伊藤がそのように言う以上は陛下も許可される他はないと、答えている。

以上既知の事柄を含めてだが紹介してきた森文部大臣の任命の経過、並びに元田永孚の果した「聖意」伝達の役割は明らかであり、また天皇と元田における森文部大臣への憂慮・反対の意向もはっきりしている。また「改正稟旨概言」は内閣制度の改革をめぐる「聖意」の記録者としての元田の姿を伝えるものともなっていると言えよう。

二　明治二十二年条約改正問題に関して――書翰に見る「聖意」の伝達を中心に――

明治二十二年における大隈外相の条約改正交渉とそれへの反対運動の展開過程の詳細については、既に多くの先行諸研究[20]があり、筆者も元田永孚を中心として見た同問題の展開について論じたことがある[21]。本章においては改正反対運動が激化してゆく七月以降における、政府内部でのこの問題の展開の中で、元田永孚が伊藤博文との関係において、天皇の意向を如何に承け、それを伊藤に伝達する役割を果したかについて、「元田文書」中のいくつかの史料と、伊藤宛元田書翰に拠りながら検討してみたい。なお元田自身のこの問題についての考え及び行動については、第三部第三章において詳細に論じてあり、ここでは省略する。

さて条約改正反対論の強まる中で、特に政府を動揺させた点は、外国人裁判官の任用を外務大臣の公文で宣言したことが憲法に違反するという指摘であった。この点について、七月に入り法制局長官の井上毅によって、帰化法を発布し外国人法官とは日本に帰化した法官を意味するとの公文を発するという策が提議され、曲折をたどり八月二日の閣議においてようやく決定されるに至るのである[22]。

この期間に、元田が天皇の「御内旨」を承けて、それを伝達するという動きは、以下の如くに見受けられる。

①元田は「臣嚢ニ内旨ヲ承ケ外務大臣ノ許ニ至リ、親シク大臣ノ説話ヲ聴キ、其宣言書ナル者ヲ見ル……七月廿二日ヲ以テ謹テ陛下ニ対奏スルニ、其宣言書ノ果シテ憲法ニ許サヾル所ヲ」述べ、また天皇に対して、「仰キ願クハ外務大臣一人ノ言ヲ是トシ玉ハズ、広ク内外ノ公論ヲ聴キ、先ツ伊藤議長ヲ召シテ、其意見ヲ下問シ、改正ノ是非ヲ正シ玉ハンコトヲ以テセリ[23]」とあるように、まず天皇の「内旨」を承け、大隈の許に赴きその説明を聞き、七月二十二

日天皇に奏聞、更に続けて大隈の方針に反対の立場を表明した上で、天皇が伊藤を召してその意見を聴すべきことを上奏したのである。その結果としてか、七月二十四日の伊藤の拝謁、二十六日の伊藤と井上馨と大隈の三者会談となるのである。[24]更に元田は伊藤からその会談の結果について聞き取り、手記としている。それによれば「大隈より逐一言上之筈ニ候得共、是迄行懸リ之末ニ而自身之失錯尽〻シ兼候哉も難計、伊藤自身より申上候事はさし控居候故、永孚へ相話し候故、永孚より御聴に達し候様依頼を受候事」とある如く、伊藤が天皇に言上し難い事を代りに天皇に奏上することになった（そのための手記という性格がある）。[25]伊藤はこの時、自らが作り上げた憲法との関係で、反対派から外国人裁判官任用を憲法違反と非難されていることを強く憂慮しており、[26]この時期に早くも事態解決について悲観的な様子が伺われる。

②実際伊藤は逃げ腰のようであり、七月二十九日天皇が伊藤に参内を命じたのに対し、伊藤は病気と称しこれを辞している。天皇は元田に対して、伊藤から「（元田が）将来之御賢慮相伺候而（天皇に）申上候様との」「御内沙汰」を下し、元田は同日書翰にてこの旨を伝達している。[27]なお八月四日付の伊藤宛元田書翰には、「過日は参堂羅縷御懇諭其誠憂深慮之御示趣感服敬承、帰路直に参内、於御前御賢慮之次第逐一言上仕置候……伝承仕候得ば一昨日之閣議は総理大臣邸に而閣下にも御出席被成……」[28]とあり、「過日」が何日のことか分明ではないが、「一昨日之閣議」（八月二日）以前であることは文面上明らかであり、前述の二十九日の「御内沙汰」に関して、二十九日の書翰で予告している如く、翌三十日朝に伊藤を訪問、その帰途に「参内」して伊藤の話を天皇に「言上」したということであろう。

八月になると反対派の動向は活発となり、一方伊藤は二日の閣議の結果に失望して、東京を離れ小田原に引き移ってしまった。[29]反対運動は益々勢いを増し、一方政府内では、法制局長官井上毅が、九月九日「内外臣民公私権考」を著し、外国人裁判官任用に反対するに至り（十六日辞意を表明）、九月下旬には情勢は一段と切迫して来た。[30]

③九月十九日天皇のもとに祇候した元田に対し、天皇は「今日如此与論を来タしたれハ、此与論を取りて閣議を尽し、外国え之告知文を消却し中止するとも、改正案を修正するとも、不得已論之趣旨を取り結局之施行宜キを得るの考案如何、其見込を承度」との「御沙汰」[31]を下し、伊藤の意見を問わせるため、元田を小田原へ訪わしめた。翌二十日元田は伊藤を訪れ、詳細にその意見を聞取り帰京し[32]、二十一日「参内於御前御談話之趣旨具申仕候処、快く御聴納被遊候」とある如く、天皇に詳細を報告したことを、二十二日付伊藤宛書翰[33]で報じている。

④更に同書翰には、

> 閣議御開き各大臣之意見御聴被遊候思食に候処、各大臣迄に而は人数も少く十分之意見申出も如何と被思召上候に付、枢密顧問官共御加へ御下問被遊候思召に而、此儀総理大臣へ御沙汰可被遊との御内旨に奉伺候。右枢密顧問官へ御諮詢之一条、閣下には如何之御見込に候哉と下官へ御尋に付、一昨日は其話に相亘り不申候得共、初発より枢密院へ御下問可然との儀は、永孚と談じ合同意之事に御坐候間、此節同院御加へ之儀は極め而御賛成可申上と申上候。……

とあり、天皇が大臣及び枢密顧問官合同の閣議を開いて下問しようとの考えを示し、この件について伊藤の考えを元田に問うており、元田は、伊藤の考えと推察した事柄（枢密顧問官を加えることに賛成という）を天皇に申上げた、と伊藤に報じた。更にこの書翰への伊藤の返翰に基づいて、元田は翌日、「閣臣御下問之儀先づ内閣而已御下問被為在候方穏当ならん歟と（伊藤が）御考へ被成候段敬承仕候。至極御尤に奉存候間、其趣を以拙官より一応奏聞可仕と奉存候」[34]と、伊藤の意見を天皇に奏聞することを伝えている。ここでは書翰の往復の中で、天皇の意向の伝達と、伊藤の考えの奉答を元田が行っていることがわかる。

⑤なお同二十三日天皇は徳大寺侍従長を通して黒田総理大臣へ「御沙汰之旨」を伝えさせており、翌日元田は「拝

謁に而右之次第御直に拝聴仕」り、その情報をも伊藤に伝えている。(35)

十月に入り、二日に山県有朋が欧州より帰朝し、その後内閣においても改正断行をめぐり動揺も見られるようにになった。

⑥十月十日付の伊藤宛元田書翰(36)は、

……然ば先日来御沙汰に相成居候内閣開議弁黒田より閣下え談合之一条、黒田御受有之候而、未だ実際相運び不申候処、猶又御催促被為在候末、吉井、大山、西郷之談合に而、此節黒田には閣下と御協議致し候上に而、其模様に応じ開議も可致との議に相決し、西郷儀其御地へ出張其趣御談じ合致し候由叡聞に達し、右様黒田より申出候に付而は、閣下には其意に被応ぜ必御熟談、可否御談決可被成と被思召上候得共、先頃来老拙御内談掛り之末に付、今一応得貴意候而折角黒田儀是迄に相運び候事に付、何卒閣下御出張十分之御論談有之候様深祈之至に奉存候、右御沙汰之旨に依り特に使を差立拝呈仕候、……

という注目すべき内容を伝えている。すなわち、天皇の再度の催促もあり、また吉井や大山らの尽力もあって、黒田がようやく伊藤との協議に応じる意向を示すに至ったことを知った天皇は、伊藤に対して黒田との会談を行い、「可否」を「談決」するようにとの「御沙汰」を、元田に与えたこと、元田は伊藤との往復は「先頃来老拙御内談掛り之末に付」との立場から、この件を伊藤に伝達しているのである。翌十一日元田は天皇に拝謁した。同日伊藤は枢密院議長の辞表を捧呈し、元田は「昨夕御辞表に付而御内意之趣下官へ御話し之儀は今朝（十二日）拝謁具に言上仕、聖聡得と御聴納被遊候」とある如く、辞表捧呈についての伊藤の「内意之趣」を天皇に伝えている。(37)

以後数日は、伊藤に対する慰留が、大隈（十二日）、黒田（十六日）により行われた。

⑦更に十七日には天皇が徳大寺侍従長を派して伊藤を慰留せしめている。(38)これについては細かいことながら次の如

き吉井友実宛元田書翰[39]の語るところが興味深い。即ち、

拝啓仕候。昨日来者迂老事腰痛ニ而在居、歩行ニ難儀致し候。此際恐入候得共両日三日加養、早々出勤仕度引入、明日迄者不参可仕。時事如何相運候哉憂念ニ不堪奉存候。一昨日者人御迄御待申上候而、閣議之模様も奉伺候。其節御内沙汰ニ、伊藤辞表者閣議ニ而精々引留メニ相決し候処、何分行届キ不申節者、叡慮より御留メ之儀願出之由、就而御留メ之御手段種々御配慮被遊候末、賢兄と御謀り合申候様御沙汰被為在候。右ニ付昨日出勤候へ者、御談合之筈ニ御坐候処、生憎之腰痛ニ而其儀出来兼奉恐入候。……

というのである。つまり、伊藤の慰留について内閣では上手くいかず、内閣からの願い出により、天皇が伊藤を慰留することになり、天皇は「種々御配慮」の結果、元田に対し吉井と相談の上で慰留すべき様「御内沙汰」を下した。元田はそれを承け、吉井と相談のつもりであったが、「腰痛ニ而在居、歩行ニ難儀致し」相談でき兼ねるというのである。そのため、前述のように、徳大寺が（元田に代って）伊藤を訪れたということになったのである。

周知の如く、条約改正は十月十八日の大隈外相遭難が決定的打撃となり、翌十九日改正延期の決定、二十二日の黒田総理大臣以下の辞表捧呈という経過を辿る。

⑧二十四日、天皇は元田を小田原の伊藤の許に派し、以下の如き「御内旨」を伝えさせている[40]。即ち、

袖扣

一、辞表は御許可之御内慮之事

一、国事危急之際ニ付意見は可申述、無伏臓陳上候様　御下問之事

一、総理大臣人撰之事

一、山県三条西郷之事

一、条約延期談判之手続如何シテ可宜哉之事
一、将来天下之見込、其節々御下問も可被遊思召ニ付為国家其身は退職候共其心は尽忠之覚悟ニ可有之、定而其意見丈は可申出、一々御聴被遊度との事
十月廿四日

というものである。その伝達の結果については、二十八日付の伊藤へ宛てた元田の左の書翰(41)が語りつくしていると言えよう。

……過日は幸に得拝接……御下問之件々御奉答明了を得、於下官は使命を全くし、翌朝一番汽車より帰京、直に参内拝謁一々上奏仕候処、天顔殊に麗敷御聴納被遊候間御安神可被成、於下官も安心仕候。……（三条が後継を受ける決定がなされたことを述べ）……右は下官帰京前に既に御内決に相成居、聖上にも閣下之御返答を御待、其上之御親裁之思召に被為在候得共、事機相迫り不得已御決定に相成候段下官へ御沙汰被遊候而、御残念に被思召上候御模様に奉伺候。其他之件々は大概御見込通りに相運び可申……閣下御身上之御内話は具に申上置候処、御情実も篤と御明察被遊、御辞表之通りに可被仰付、左候而宮中顧問官を御受被成候而、御下問被為在候度々に御意見御上申被成候得ば御安心可被遊旨、下官へ御沙汰被為在候に付、其段は此節確と談じ合置申候間於下官保証可仕と申上候。右之次第に候間不日に御願済に而、宮中顧問官之御運びに可相成と相考申候間得御内意申候。何分前日之御内話を御違却共無之様に於下官も希望之至に候。……

以上周知とも思われる経過を辿りながら、特に天皇⇅元田⇅伊藤、という「聖意」の伝達、「奉答」の上申のあり方について、具体的に検討してきたわけである。当該期間中の「聖意」の伝達と考えられる①〜⑧の各件のうち、⑤⑦は徳大寺が役目を果している（前述の如く⑦は本来元田の役目であった）。また①は「聖意」伝達の対象は伊藤ではなく

大隈であったが、元田の役割は同様である。また②③④⑥の各件では、天皇自身の条約改正問題に対する明確な対処方策や意志（事態打開のための方策など）を伊藤に示して、その所見を問わしめたり、指示を与えようとしているのである。これらを通して見れば、明治二十二年の七月から十月における元田の役割も明確であり、情況の変化する局面毎に、天皇が伊藤に意見を問い、指示を与えるために、元田を用いていることがよく示されている。なお元田自身の、この条約改正問題に関する立場は明らかな反対派であり、一方でそれに応じた活発な活動を展開していたことは、第三部第三章で述べた如くであり、その点では、この「聖意」の伝達とあわせて、伊藤への説得も行われたようにも思われる。

三　谷干城の政府復帰問題に関して

元田による「聖意」の伝達は、政治問題のみに止まらず、人事案件についても行われていた（勿論人事案件が政治問題に関連して出てくるような場合が多いが）。その一例を次に検討してみよう。

周知の如く、谷干城は明治二十年七月、伊藤内閣の農商務大臣でありながら、伊藤内閣の井上馨外務大臣の推進していた条約改正交渉に反対し、同時に政府の政治姿勢を痛烈に批判し、閣僚を辞し野に下った。在野の条約改正反対勢力は谷の行動を称賛し、以後谷は短期間学習院御用掛を勤めた外は政府に出仕することなく過し、在野のままであった。[42]このような情況を最も心配したのは、明治天皇であったと『明治天皇紀』は次の如く記している。即ち、「天皇、干城の野に在ること久しく、交を在野の士と締し、不平の徒に擁せられ、或は譏問之れに乗じて、遂に江藤新平・西郷隆盛等の轍を踏むに至らんことを虞れ、速かに之れを引きて枢密院に出仕せしめんと思召したまひ」、土方久元・吉井友実・徳大寺実則・元田永孚等に諮っていたという[43]。これによれば谷を在野のままに放置することへの強い懸念から、谷の政府復帰をはかる動きは、天皇の主導であったということになる。以下においてそのような「聖意」が如何に伝えられていったかを検討する。

管見の限りでは、この問題について言及した史料は、二十一年十一月十五日の谷干城の日記に「土方氏来る、枢密院の事也」とあるのが最初である。ついで十七日には佐々木高行からも枢密院出仕を勧められ[44]、二十六日には、「今日元田先生来る。聖上の御内諭に依るものなり。余か枢密院出仕の事を御内諭を帯て勧告せらる、なり、若し奉命の意もあれば、改めて侍従長を以て御内命を伝へらる、の由なり。余縷々奉命いたしがたき理由を述へ、不敬に相成不申様御断りを申す。先生も余の言を最もに聞かれ、不悪様申上呉る筈にて帰へられたり」とある如く[45]、天皇の「内諭」を承けた元田永孚が谷を訪れ、枢密院出仕の打診を行うが、谷の断りを聞きそれを天皇に奏上するとして戻ったというのである。

ところがこの問題は年を越しても猶天皇の念頭を去らなかったようである。

拝啓　陳ば今朝御談仕候谷子爵之件に付、猶亦御沙汰之御議も有之、土方へも委敷御話被為有候に付、吉井次官とも篤と先生御話有之候上、即今が好機に候哉、亦は他日之好時機を御見計可然歟之処、猶御相談可被成候。

……

という二十二年一月五日付の徳大寺実則の元田宛書翰[46]には、天皇の谷出仕の「御沙汰」が元田に伝えられ、あわせて土方・吉井・元田がこの件について相談するようにとの意向も伝えられている。

さて谷は一月より熱海に赴き滞在していた。元田は一月十六日、天皇の命により、御教育主任曾我祐準と共に熱海に滞在中の明宮の許に伺候するため、同地に赴いた。その元田に宛てた一月十八日付の徳大寺書翰[47]は、……偖者昨日上より御沙汰被為有候ニは、此節谷子爵其地え罷越居候ニ付、兼而貴官え御沙汰被為在候同子御採用方之事、曾我氏ニも御談合之上、今一応谷子御請相成候様、御説諭可被成旨御沙汰ニ御坐候。御請ニ相成候様子ニ候ハ、、以小官御内意被仰出候間、御一筆御報可被成下候。……

と、天皇から元田に対して「兼而貴官え御沙汰被為在候同子(谷)御採用方之事」を、曾我祐準と協議の上、谷に出仕を承諾するように「説諭」すべしとの「御沙汰」を伝えている。ここでは天皇→徳大寺→元田(→谷)へと、「御沙汰」の伝達がなされていることが示されている。元田は、二十二日に谷を訪問[48]、その夜熟談し、その不調の結果について徳大寺に次の如く報じた[49]。即ち、

……先以去十八日の御細翰忝く拝読、御内沙汰の旨奉敬承……谷子爵御擢用の儀、御書中の趣も有之、曾我中将従来の友誼上より熟話に及候得ば都合も可宜と、先は同子へ謀合候処、同氏にも既に土方大臣の内話も承り居り、当所へ着後直ちに谷子へ話合候処、大分口気も和らぎ候様に相見え候。猶自身より熟話を遂げ申度との事にて、谷子へ話合申候処、……谷子に於ては無拠情実種々申出、何分奉命可仕との返答に至り不申、近頃残念の段申出候。右に付下官より猶又谷子へ熟話の義申入……数刻の熟話に及び申候処、谷子申候には、御懇篤の上命度々に及び、御断り申上候は誠に固陋の至、奉恐入候次第に候得共、何分行懸りの末に而、今更無味に御受申候筋に至り兼……

というのであった。元田が谷に話す前に、曾我が谷と話合っており、その結果は不調であったとの曾我の話をうけて、元田が説いたが上手く行かなかったということである。元田はその事情に同情的であり、谷の事情を詳細に同書翰で徳大寺に報じている。

ところが更に一月二十八日、吉井友実が天皇の「御沙汰」を谷に伝えに熱海に赴いた。

……谷子爵一条に付而……此節吉井当地へ罷越候に付而、猶又御沙汰之旨奉拝承、同人より直に伝承仕、誠に以御懇篤の叡慮に被為在……吉井にも早速右御沙汰之旨、谷子へ篤と伝達仕候処、谷子にも熟考之上御答へ可仕と申出に相成申候。右に付下官よりも是迄追々談じ合之末、此節は君臣至誠之感合に被出候而、何も打捨御受可然段相勧め置候処、昨夜吉井へ返答之趣に而、度々之御沙汰御懇命之次第難有、最早致し方も無之、此節は謹而御請可申上決心致し候段申出に相成申候。……

という一月三十一日付の元田の徳大寺宛書翰[50]は、吉井よりの再度の「御沙汰」の伝達について、元田からも谷への勧めも行われ、谷が「御請」するに至るであろうということを報じている。ただ同書翰によると谷が枢密顧問官よりは宮中顧問官を受けたい意向のようであること、できるならば任命された上で「二月十一日之御式」（紀元節、同日は憲法発布の式典の予定であったこと）に参列の希望のあることも伝えている。この一件はこれで解決したかに思われたが、結果としては二月十一日まではこの話は進展しなかったわけである。また、同日には森文部大臣が暗殺されるという事件も起り、その後谷出仕の話は形を変えて再燃して来る。即ち、三月に入り、政府における内閣強化の動きがあり、黒田・伊藤らによる後藤象二郎引出しが着手されていた。谷日記によると三月九日「元田永孚氏来る、又々先般来の談の再燃なり、篤と勘考御返答可申とて帰る」[51]とあり、再び谷に出仕を勧めている。この元田の動きは元田の独断によるものとは思われず、事実三月十三日元田は次の如き書翰[52]を谷に送っている。即ち、まず、

拝啓仕候。過日は参堂御妨仕候。其節の御内話の件に付、今日猶又御内沙汰の旨被為在候に付、先時参上仕候処、御他行中に付、明朝参上可得拝話候得共、至急を要し候儀に付、一応御内沙汰の意味左に得貴意申候。

と述べている如く、過日（九日）訪問の時の「御内話の件」（つまり谷出仕を勧めたこと）について、今日（十三日）「猶又御内沙汰の旨」があったと言うのであり、九日の訪問も天皇の意を承けていたと推測される。なお「先時参上仕候処、

御他行中」というのは、十三日谷は病床にあった勝安芳を訪問しており、勝は元田からの依頼をうけ、谷に出仕を勧めていたのである。(53)

さて同書翰は続けて「御沙汰」の内容を報じている。即ち、

大憲発布後は於閣議も、将来の事は既往を打すて、在野の人も出仕挙用に而、同心協力の目途に有之候処、於閣下は維新已来軍務に御勤労被成、特に西南の乱には其御勲功格別にて、猶其後に於て大臣の地位も御経歴に候得ば、此際に当り是非御出仕にて、既往は打捨て御協力有之度、若し此儘御出仕も無之候得ば、天下の目する所も、自然政党之嫌疑も有之候様にては、元来の御志操にも相悖り候哉と、御懸念に被為思召に付、向後政党者流にも追々出仕の前に、必閣下の御出仕を御期望被為在候叡慮に奉伺也。

右の通りの御主意にて、今日午前十二時拝承、他の在野の政党者流とは大段区別の真の思召に被為出、何共感佩に堪へ不申候。何卒篤と御熟慮被成度、……

というものであった。内閣の方では「政党者流」(即ち後藤、板垣をさす)を引出す相談をしているが、それよりも先ず谷に出てもらうのが天皇のかねてからの意向でもあるという趣旨といえよう。

翌十四日元田永孚が来訪し、谷に出仕する場合いかなる所を望むかという天皇の内意を伝えたのに対し、谷は枢密院は平に御免を蒙りたし、入閣は別であるけれども入閣しても長持ちはしないであろう、同僚と風波を起すときは、天皇の御心配を増すことになるから、むしろ御採用なき方然るべし、また出仕するときは黒田の意見を聞き、同意できなければ容易に御受け申し難いと答えたと、谷日記は記している。(54)元田はその後も谷出仕のため尽力している。三月十八日付の元田宛徳大寺侍従長の次のような書翰(55)がある。

拝誦、然ば谷一件御内沙汰に而、今日内大臣邸へ御参向可被成之処、貴官少々御風気に而御出向難被成、猶一両

日は御加養被成度、就而は段々延引に相成、思召如何と縷々御紙表之趣委詳申上候処御承知被遊候。此末谷御取扱之義、条公如何之御意見なるや一応被知食度に付、小官条公邸へ可行向御沙汰を蒙候。委細之事情は貴官より御申入可相成候得共、後藤・板垣等御登庸に相成、孤立之姿に立到り、終に旧里へ立去候様に相成、御登庸時機後れ候而は、噬臍之悔あらんやと、深御配慮之御模様奉伺候。何卒此機御用心被遊度、猶条公御見込之処可申承と存候。……

即ち、天皇の御内沙汰で貴官（元田）が今日、谷の取扱いをどうするかについて三条内大臣を訪れてその意見を聞くということになっていたが、貴官が病気でできないというので小官（徳大寺）が代って天皇の命で三条の処に行くことになった。天皇は後藤や板垣が登用されて谷だけが孤立して郷里に立去るようになっては困るから登用の時機がおくれてはいけないと深く心配しておられると伝えている。このように天皇も心配し、元田も尽力したにもかかわらず、谷の出仕問題は、実現しなかった。この三月段階の動きで注意されることは、元田や勝の考えは文部大臣出仕という線にあったようであるが、天皇の意向は、特に文部とは示されてはおらず、(56)ともかく出仕させることのみが強く表明されているのである。三月二十二日、内閣の一部更迭が発表され、後藤象二郎が逓信大臣として新たに入閣し、そのためそれまで逓信大臣であった榎本武揚が文部大臣に横すべりしたのであった。谷の入閣（文部大臣）は今回も実現しなかった。(57)

おわりに

以上三節にわたり、元田永孚を中心に、彼が如何なる場合に「聖旨」を伝達していったかの具体的事例を、元田永孚文書及び書翰を素材として検討してみたわけであるが、もとより限られた事例に過ぎず、一般的結論を導き出すにはいささか心許無いものとなってしまった。しかし天皇が、このように政治問題の微妙な局面や最終局面などにおいて、自らの意志を伝達させるため、或は自らの判断の為の諮問の使として、伊藤博文に対し（第二節）、また谷干城に対して（第三節）、或は吉井友実に対し（第一節）元田を用いていることは、天皇にとって元田が側近に侍する信頼すべき存在であったことを良く示していると思われる。

また最初に述べた如く、「聖旨」の伝達という役割は、徳大寺実則も、或は元田以上に果していたとも考えられるが（例えば本論においても、第二節、第三節中で、徳大寺が元田と共にその役目を果していたが）、それについて両者を比較した渡辺幾治郎氏の次の如き評は興味深い。すなわち「彼（徳大寺のこと）はなにか重大問題が起ると、勅命を奉じて元老・重臣等の間に御使をした。こうした際、君臣両者の間に誤りのない其のままの意見を伝達したものである。その間に作為もなければ、誤達もないというのが彼の性格の現われであつた。……元田永孚なども、能く御使を奉じたことがあるが、自ら信ずるところあり、常に輔翼をもつて任じていた彼には、とかく自己の意見が加わるのである。……」というのである。徳大寺が常に「作為」も「誤達」もなかったかどうかはともかく、元田について「自己の意見が加わる」という評は、一面において首肯されるところがある。条約改正問題の展開における伊藤に対する「御沙汰」の伝達に見たところで、元田が天皇の「御内旨」をメモしてそれを伊藤に伝達し、また伊藤の奉答内容をこれまた詳細に筆記し天皇に上奏していたことは、史料をもとに紹介した如くであるが、同時に書翰による「御沙汰」伝達に際しては、「御沙汰」を伝えると同時に自己の意見をもあわせて記していることも、これまた見て来た通りである。大隈条約改正への反対意見をもつ元田という一面を知る我々からすれば、元田が伊藤に対して様々に働きかけを行っていたことと、この「御沙汰」伝達の使いとしての立場とが重なり合っているように見てしまうであろう。渡辺氏の評はその点で首肯されよう。これは谷干城の政府復帰問題、森文部大臣登用問題においても同様と言えるかもしれない。しかし元田の側に立って見ると、条約改正問題の終盤での天皇の考えは、例えば九月十九日の伊藤への「御沙汰」に見る限り、元田の意見と同様の如くであり、谷問題については、元田は勿論賛成なのだが、むしろ天皇の主導によって始められたとも考えられ、森問題も、これまた元田と天皇とは同意見であったと言うことができる。従って元田は、天皇の「御沙汰」伝達に際して、強いて自分の意見を加えると意識するまでもなく、天皇の意を自らが体していると考えていたと見ることもできるのではないだろうか。その意味では、天皇もまた自らと同意見と考える元田を使者とすることに躊いがなかったと言うこともできるのではないだろうか。もとより以上は推論に過ぎない。元田永孚と天皇との関係について、元田の果した役割は注(2)に紹介した関係史料を見ても多方面にわたるが、本章はその一面の紹介に終ってしまった。大方の御批判を願うものである。

注

(1)「元田永孚文書」(以下、「元田文書」と略す)は現在国立国会図書館憲政資料室に収蔵されている。その整理経緯及び目録は、拙稿「『元田永孚関係文書補遺』並びに『元田永孚文書目録』」(『青山史学』一〇、一九八八年三月)を参照。なお同文書の概要については拙稿「元田永孚文書」(『日本近代思想大系　別巻　近代史料解説』岩波書店、一九九二年)を参照されたい。

(2) 前掲目録より掲出すると左の如くである。

関係史料一覧

一〇六―2「御内旨」(皇室典範草案宮中顧問官へ……)　(二〇)・一〇・二五
―14「聖旨」(皇居造営につきて……)
―29「皇后宮へ献言並皇后宮御親諭」　二〇・九・二〇
―32「御内沙汰」　・一〇・五
―33「内旨控」(明宮御殿続き御学問所……)

—35「稟旨」（明宮常殿の事　五摂家保護の事……）　一七・三・一五
—36「御内喩」（皇后入内ノ家ノ事　四親王家ノ事）
—37「御内旨」（典仁親王ニ太上天皇追尊……）　（一六）・一二・二一
一〇七—5「元田永孚手記」（帝室職制令……）
—13「内旨控」（皇后宮大夫の事……）
一〇八—4「御内喩」（国憲定立ノ事・元老院改正ノ事）
—9「御内旨控」（国憲取調ニ付而伊藤参議へ……）　（二〇）・一〇・二九
一〇九—4「聖旨控」　（二一）
—21「稟旨」（内閣大臣官名案）　一八・一二・　五
—23「稟旨剳記・改正稟旨概言」　一八・一二・
—26「御沙汰之記」（枢密顧問官……）　二一・
一一〇—2「教学大旨」　一二・　七・
—22「勅喩大意」（福岡文部卿へ）　（一五）
—31「聖喩記」（大学教科と道徳につき）　一九・一一・　五
—53「御親喩」（華族女学校教育ニツキ）
一一一—14「御内喩控」（条約改正　谷建言……）　二〇・　七・二七
—21、22「御内旨袖控」（条約問題……）　二二・　九・一九
—24「稟旨」　二二・　九・二六
—26「御内旨袖控」（辞表は御許可の事・総理大臣人選の事……）　二二・一〇・二四
—55「聖喩大旨」（対朝鮮外交）　一五・一〇・　四

（3）前掲「元田文書」一〇六—2。

（4）本史料の内容も興味ある事柄を示しているが、これについては拙稿「皇室典範の制定と元田永孚」（本書付論2）で触れており参照されたい。

（5）前掲「元田文書」一〇六―37。

（6）同右、一〇六―38。

（7）同右、一〇九―4。

（8）いささか煩雑だが、史料③に引用した各条との対比を左に試みる。

（イ）「西南賊徒平定ノ後岩倉右大臣ヲ召サセラレ維新後各処征討ノ軍費幾個ナルヤ聞シ召サレ度総計調査上申スヘキ旨仰セ出サレタリ右大臣敬承シ奉リテ斯ク国用ノ費弊ニ聖意ヲ注カセ玉フコト真ニ国家ノ至幸ト感称シ奉リタリ」（「当官日剳」海後宗臣・元田竹彦編『元田永孚文書』〈元田文書研究会、一九六九年〉以下、『文書』と略す。一、三一八頁）

（ロ）「九月ノ比ニテ神戸ヨリ西京迄ノ間ノ鉄道ニテ汽車衝突シ死傷アリシコトヲ聞シ召サレ直ニ岩倉右大臣ヲ召サセラレ其顚末并ニ死傷人名等委細調査上申スヘキ旨仰セ出サレタリ、其人命ヲ重シ玉フコト皆此類ナリ」（同右、同書三一九頁）

（ハ）「……昨年西京御駐輦以来御脚気症ニ罹ラセ玉ヒ已ニ御平愈ナリト雖トモ再発ノ恐レアリ予防ノ為メ御転地ノ所ヲ択ヒ離宮ノ設置アルヘシト侍医ノ上申ニ依リ岩倉右大臣侍補同議ニテ右大臣ヨリ言上ニナリシニ御諭ニ転地予防ハ然ルヘキ事ナリ然トモ此病ハ全国人民ノ患ニテ朕一人ノ病ニ非ス仮令朕一人ハ土地ヲ移ストモ全国人民ハ土地ヲ換フヘカラス故ニ全国人民ノ為メニ別ニ予防ノ方法ヲ思索スヘシ……」（「還暦之記」、同書一六六～一六七頁）

夫々の対応は一読して明らかであろう。

（9）天皇の名による公式の伝達には、詔書・勅書・勅語があり、また天皇の思召を宮内大臣や侍従長を介して伝えるものに御沙汰書がある。注（2）に掲げた「元田文書」中の史料中には、「御沙汰被為在」など同様の文言を含むものがあり注目されるが、いわゆる御沙汰書と言えるのかどうか未詳である。

（10）この書翰による意志の伝達については、坂野潤治氏が「明治天皇と選挙干渉―伝記と議会議事録を読む」（『週刊朝日百科　日本の歴史別冊歴史の読み方』七〈朝日新聞社、一九八九年〉二五～二七頁）において早く鋭利な指摘をされており触発された。

（11）「聖旨」の伝達において元田以上にその役目を果していたのは、或は侍従長の徳大寺実則であったかもしれない。

（12）例えば稲田正次『明治憲法成立史』（上巻、有斐閣、一九六〇年）、鳥海靖『日本近代史講義』（東京大学出版会、一九八八年）など参照。

（13）「元田文書」一〇九―23。

（14）しかし実際は「伊藤の進言があった上で天皇の組織改正の考えが決まったと思われる」という稲田氏の評言の如くであったと考えられる（稲田前掲書、七四三頁）。元田の主観的意図は本文に述べた通りであったと思われる。

（15）天皇は、何か決定すべき件が起ると、このように、吉井、或は佐々木高行、土方久元らの意見を聴すことがあった。これについて元田は「聖上ノ佐々木吉井土方三人ヲ待遇セラル、亦宮中ニ在ル時ノ如ク常ニ永孚ニ内喩シテ曰此事ハ吉井ハ如何佐々木土方ハ如何ト永孚ヲシテ密ニ其意見ヲ問ヒ三人亦余ニ就テ各其意見ヲ上陳スルコトヲ得タリ」（「古稀之記」、前掲『文書』一、一八一頁）と、明治十二年十月の侍補廃官後も、天皇が上記三名を信頼していることを記している。

（16）このような元田の役割について、三条太政大臣がかなり気にしていることが、以下に記す「剳記」の記述により明らかである。

（天皇の御前を退いた所に続けて）既ニシテ三条大臣内閣ヨリ臣ヲ招キ告クルニ官制改正ノ大意ヲ以テシ、且陛下ノ猶予無ク速ニ宸断アランコトヲ庶機セラレ、臣其意ヲ含テ聖断ヲ賛襄センコトヲ云、臣乃答フルニ前ノ上喩ニ因テ陳スル所ノ愚言ヲ以テシ、且吉井ニ談スルノ内旨ヲ告ク……（前引の吉井との問答、復命上奏の部分）……即夜三条大臣書ヲ飛ハシテ来リ告テ曰ク、吉井ノ言如何、機密ノ或ハ漏ンコト真ニ慎ムヘシ、若シ之ニ由テ陛下ノ遅疑スルカ如キハ莫キ乎敢テ問フト、臣乃書ヲ以テ対テ曰、吉井ノ問答永孚己レノ意ヲ以テ之ニ問フ、決シテ機事ヲ洩サス、其答ハ直チニ之ヲ奏上シ、其速ニ宸断ニ決セラレンコトヲ陳セリ、惟フニ必不日ニ決セラル可シト

（17）伊藤博文関係文書研究会編『伊藤博文関係文書』（五〈塙書房、一九七七年〉一四六頁）。

（18）稲田正次『教育勅語成立過程の研究』（講談社、一九七一年）、一一六頁。

（19）前掲『伊藤博文関係文書』五、一四八頁。

（20）深谷博治『初期議会・条約改正』（白揚社、一九四〇年）、山本茂『条約改正史』（高山書院、一九四三年）、外務省監修『条約改正関係日本外交文書別冊　条約改正経過概要』（日本国際連合協会、一九五〇年）、稲生典太郎『日本外交思想史論考』（第二、小峯書店、一九六七年）など。

（21）拙稿「元田永孚と明治二十二年条約改正反対運動」（本書第三部第三章）。

（22）このような経過については、例えば山本前掲『条約改正史』等による。

（23）「一一一―41　外務大臣大隈重信ノ外国宣言書ニ対スル意見書」（前掲「元田文書」）。

（24）春畝公追頌会編『伊藤博文伝』（中巻〈春畝公追頌会、一九四〇年〉六六八頁）。

(25)「一一一―20 元田永孚手記」(前掲「元田文書」)。

(26) 同右文書中に次の如き箇所がある。

伊藤申候ニハ此度憲法ニ相触候儀をも不顧帰化法等との申訳を付ケ調印批准も相済候上ニ而、各県之有志輩続々と建白上言等混雑を生し候勢ニ相成候へは、政府は如何処置致し候而鎮静致し候哉、一昨年なれハ保安条例等を発し一時之紛雑を鎮定候得共、其時迄は憲法御発布無之人民之権利も定マリ不申候故先ツ相治マリ申候へ共、此度は憲法之御発出人民言論之自由参政之幾分を御附しニ相成居候へハ、其憲法ニ抵触し外国人之裁判之下ニ日本人民を圧服致サセ候儀は政府之罪と申スと申出、人心煽動致し候時ニは迚も只今之政府を保持スルハ六ケ敷、随而外国人は条約実施を迫マリ中々以大事之儀なりと真ニ憂慮致し、此辺之処ヲ聖上ニも能々御明察被遊候様ニと元田へ相語り申候……

(27)「……然ば今日御召之由に候処、御所労に而御不参之段、無御余儀御事と奉察候。右に付而猶下官へ御内沙汰之旨被為在、将来之御賢慮相伺候而申上候様との事に御坐候間、今夕直に参邸之心得に候処、今朝御内話之次第も有之、明日之閣議相定り不申内は御受対も如何哉と愚考仕候へ共、右御沙汰之旨は今一応御伝へ可申、明朝八時比迄に参殿可仕……」(沼田哲・元田竹彦編『元田永孚関係文書』三一～三二頁、以下、『関係文書』と略す)。なお、伊藤は同日付元田宛返翰において「到底以微力之を救済仕候事、断じて能はざるを知り候故、御下問も無益之事と奉存候」(同前書、一六七頁)と、辞退している。

(28) 同右、三二頁。

(29) 前掲『伊藤博文伝』中巻、六七一～六七二頁。

(30) この間の反対運動の展開等を元田を中心として見た情況については、本書第三部第三章参照。

(31)「一一一―22 御内旨袖控」(前掲「元田文書」)。

今日之時体誠ニ困難之勢ニ而、伊藤は見込無之ト云而一切手ヲ引キ為ス所無之、黒田は総而大隈か為ス所ニ任せて異論なく、大隈ハ己がまゝニ決行せんとす、内外之議論ハ日ニ増し集り来り、此儘ニ致し置テハ結局如何成ルも測り難し、改正案之憲法ニ違反せしを初メニ心付かざるハ致し方なく、心付テハ其思慮之届かざるを共ニ自反し而善後之方法を談し合ヒ、帰化法の如きも不都合ならハ猶又別ニ談し合たらば必閣議之纏まらさる筈ハ有之ましく、伊藤黒田之間不和ニもあらば、松方ニ而も其中を談し合而こそ宜しかるへきに、夫も出来ずと云ハいか成ル故歟、

今日如此与論を来タしたれハ、此与論を取りて閣議を尽し外国え之告知文を消却し中止するとも、改正案を修正するとも、不

得已論之趣旨を取り結局之施行宜キを得る之考案如何、其見込を承度との、御沙汰、
明治廿二年九月十九日午後二時　　於御前奉　内旨　永孚

なお文中の「不得已論」とは高知県人の坂本則美の著した改正反対論で、九月十八日吉井友実を経て天皇に達している（この史料は『伊藤博文伝』中巻、一〇四七頁に「参考四十三」として掲出されているが、改めて引用した）。

(32) 前掲「元田文書」中の「一一一―23　元田永孚手記」は、かなり長文の元田による伊藤の話しの筆記である。その一部は次の如くである。

……右ノ次第ニテ閣議ノ方針相分カラス、聖上陛下各大臣ヲ召サレテ各其意見ヲ御下問ニナリ、将来確乎タル方針ヲ御定メニ相成リ度、不日山県モ帰朝スヘシト雖トモ、一日モ早ク各大臣ニ屢御下問アリタキコトナリ、御召ニナレハ自身モ出仕ハ勿論ナレトモ口ヲ開ケハ或ハ反対論ヲ吐テ、自己ヨリ閣議ヲ破毀スルヤウニナリテハ御為メニ宜シカラスト考察スル故ニ、願クハ黒田松方大隈山田後藤ノ諸大臣ヘ御下問ニテ其意見ヲ十分ニ御吐カセニ相成リ度希望スル所ナリ、

（中略）

自身モ迚モ御用ニ立タヌ次第ナリ、辞職ニ決心セント思ヘトモ我ヨリシテ各大臣ヲモ促スヤウニナリテハ心外ナル故ニ未タ考案シテ決セス、右ノ次第ニテ今日見込ミ御下問ニナリテモ御返答モ申上ケ難ク実ニ恐レ入リタルコトナリ、

（中略）

不得已論ニハ同意頗ル感心ノヤウスニテ、坂本則美コトハ頻リニ其人物ノ忠実ナルヲ賞セリ、此不得已論賛成ノコトナレハ、内閣ニ向テ言ヲ発スルヲ深ク慎ミ居ルモヤウナリ

右概略説話ノ記　九月廿日鷗盟館ニ於テ

(33) 前掲『関係文書』、三三三頁。

(34) 同右、三四頁。

(35) 天皇から黒田への「御沙汰之旨は告知文取消之一条、帰化法、構成法も差支有之条、英之談判上如何相運可申哉之条、閣議を尽し御聴被遊旨」というものであり、翌日元田が天皇から聞いたことは、「御沙汰には黒田には段々見込有之候趣に相聞へ、大隈も告知文は誠に軽々と思ひ居候模様に而、英之様子も格別六ケ敷とも申さぬ、如何之もの歟と被仰候……」というものである（明治二十二ヵ年九月二十五日付、伊藤宛元田書翰、前掲『関係文書』、三三五頁）。

(36) 同右、三六頁。

(37) なお同書翰の後半部分は「……就而は閣下之御処置如何に候哉。素より御決心之段も申上置、御動きも無之儀は了察仕居候得共、此節之大事姑息之調停之政略は断然御謝絶之儀と奉存候。……」(同右、三七頁) と述べ、伊藤の行動が改正交渉中止の為の有効な材料となると考えたらしい元田が、伊藤にその決心をあくまで動かさないことを望むと伝えている。

(38) 明治二十二ヵ年十月十八日付元田永孚宛徳大寺実則の書翰 (同右、三六三頁) には次の如くある。

……小官昨日御使として伊藤旅寓へ出向、御沙汰之次第懇々陳述候得共、過日来貴官へ心情御話申候次第之通、即時御受出仕と申場合に到兼候。至難之時体、深御配慮被遊候。……

(39) 明治二十二ヵ年十月十七日付吉井友実宛元田永孚書翰 (前掲拙稿「元田永孚関係文書補遺」『青山史学』一〇)。なお同書翰の後半には「愚案ニ者、もはや伊藤御留メ者御無用ニ而、伊藤より申上候如ク、此危殆之条約を断行スルハ、国家之大乱を惹起スルモ難計を以、断然中止を被仰出候時宜歟と相考へ申候」と、自らの考えを明らかにしており、伊藤慰留はするべきでないとの判断を示している。

(40) 前掲「元田文書」一一一―26。

(41) 前掲『関係文書』、三八頁。

(42) 谷干城の伝記は平尾道雄『子爵谷干城伝』(冨山房、一九三五年) 参照。

(43) 宮内庁『明治天皇紀』明治二十二年一月二十二日条 (第七〈吉川弘文館、一九七二年〉一九一頁)。

(44)(45) 谷干城日記 (島内登志衛編『谷干城遺稿』上〈靖献社、一九一二年〉六七三～六七四頁)。

(46) 前掲『関係文書』、三六一頁。

(47) 前掲拙稿「元田永孚関係文書補遺」(『青山史学』一〇)。

(48) 谷日記一月十五日条に、

十二時頃曾我氏来る。余か身の上の事に付土方氏より内談ありし由なり、聖上の厚き御思召不肖の某実に恐れ入りたる事共也、曾我氏は篤と考察すべしと答へ置きたり

また同二十日条に、

午後五時頃より曾我氏来る。又余か身前の事に付き頻りに出仕を勧めらる、且云ふ徳大寺氏より元田氏へ手紙来る、聖上之

思召にて被命たるものにして元田氏も大きに心配し居れり、我れ君とは朋友間の事なれは先づ過日の行掛りもあれば我より御話し申すなり

とある如く、曾我による説得があり、元田の出番となったのであり、書翰の記事を裏付けている。

(49) 前掲『関係文書』、一八七～一八九頁。きわめて長文の書翰であり谷より聞取った谷の側の事情を細かに述べている。

(50) 同右、一八九～一九〇頁。

(51) 前掲『谷干城遺稿』上、七一六頁。

(52) 前掲『関係文書』、一六六頁。

(53) 谷日記、三月十三日条(前掲『谷干城遺稿』上、七一九～七二〇頁)。

なお前掲『関係文書』中の明治二十二年三月十一日及び十三・十四日付の元田と勝の往復書翰参照(同書一〇〇頁及び三〇八頁)。

(54) 谷日記(『谷干城遺稿』上、七二〇～七二二頁)。

(55) 前掲『関係文書』三六二頁。

(56) ただ『明治天皇紀』の明治二十二年三月十四日条は「……偶々文部大臣子爵森有礼非命に斃れ、後任未だ定まらざるを以て、干城を以て之れに擬し、旨を永孚に告げて干城に諭さしめたまふ」と述べ、天皇の意向としても谷の文部大臣出仕であったとする。明治十八年の内閣制改正(本章第一節参照)の折の天皇の意向からすれば、天皇が谷の文部出仕を考えたとしてもおかしくないが、前述して来た如く、徳大寺や元田の伝える「聖意」には直接、「文部大臣」という語は見えない。元田はこれも従前からの持論であり、谷の文部大臣出仕は異論ないところである。

(57) 結局谷は、翌二十三年七月貴族院議員に当選し、以後貴族院で活動することになる。これについては七月十二日付元田宛谷書翰及び十五日付元田返翰を参照(前掲『関係文書』一六七、三五四頁)。

(58) 渡辺幾治郎『明治天皇』(下巻〈明治天皇頌徳会、一九五八年〉二〇六頁)。

初出一覧

序論　明治前期保守主義と幕末・明治の儒学（書き下ろし）
第一部　思想の形成と展開
第一章　元田永孚の思想形成（『文経論叢』弘前大学人文学部一二―四、一九七七年三月）
第二章　幕末維新期における元田永孚の思想と行動（書き下ろし）
付論1　横井小楠思想の特質（原題「「仁」と「三代之道」」『日本歴史』三三二、一九七六年一月）
第二部「国憲」と「国教」
第一章　元田永孚と「君徳輔導」論（『文経論叢』弘前大学人文学部一三―四、一九七八年三月）
第二章　元田永孚と「国憲」論の展開（書き下ろし）
付論2　元田永孚と皇室典範（原題「皇室典範の制定と元田永孚」『私学研修』一一四、私学研修福祉会、一九八九年）
第三章「国教」論の成立・展開（書き下ろし）
第四章　元田永孚と明治二十三年神祇院設置問題（『国史研究　第八〇記念号』弘前大学国史研究会、一九八六年三月）
第三部「対外観」の諸相
第一章　壬午事変後における元田永孚の朝鮮政策案（『青山史学』六、青山学院大学文学部史学科研究室、一九八〇年七月）
第二章　元田永孚と明治二十年条約改正問題（書き下ろし）
第三章　元田永孚と明治二十二年条約改正反対運動（『日本歴史』四四四、一九八五年五月）
補論「聖旨」の伝達者・記録者（福地惇・佐々木隆編『明治日本の政治家群像』吉川弘文館、一九九三年）

あとがき

本書は、表題の通り、故沼田哲先生が、研究生活の多くをついやして追究された元田永孚の思想を通じて儒教的理想主義と近代保守主義を解明された遺稿論文集である。ただし、遺稿といっても、先生自ら目次・構成を決められ、結論などは脱稿されなかったものの、ほぼ完全な形で原稿は揃っており、出版がご逝去のあとであったというだけで、生前の御著作といっても差し支えないと思う。したがって、校正にあたっては、引用史料の原典との照合や各論文の語句・表記の統一などは行ったが、その他は、先生のお原稿に忠実に従った。

沼田先生は、二〇〇四年六月十九日、さいたま市立病院で呼吸器不全のため逝去された。享年六十三歳であった。先生は、一九四二年、近世洋学史研究者であり元東京大学史料編纂所長の故沼田次郎教授の長男としてお生まれになった。東京大学文学部国史学科を経て、東京大学大学院に進学され、尾藤正英教授に師事された。一九七三年弘前大学専任講師、同助教授を経て、七八年青山学院大学文学部助教授、八七年同大学教授になられた。青山学院大学では、学科主任並びに専攻主任、学生部長、体育会長などを歴任されたが、在職中の急逝であった。

先生は、近世思想史特に平田派国学に関する研究から研究生活に入られ、その後、近世における儒学思想の展開・変容を明治時代まで辿ると共に、儒学が日本の近代化過程に果たした役割を究明することを課題とされ、専門を近世近代思想史に広げられた。そのご研究の中で、近代日本「保守主義」の源流に儒教思想の役割を見いだされ、したがって、その「保守主義」の解明を以て研究の集成をはかろうとされていたように思われる。かかるご研究の主たる分析の対象とされたのは、元田永孚という人物であった。沼田先生は元田永孚のご子孫から史料の提供をうけ、それを整理し、主な書翰については『元田永孚関係文書』（山川出版社、一九八五年刊）として刊行され、その他の書類などは、目録を作成された上、国立国会図書館憲政資料室に寄贈の手続きをご子孫と共に進められ、同室で公開された。この「元田永孚関係文書」は、その後、多くの研究者に利用され、幕末から明治期における、天皇研究・明治政治史研究・思想史研究において常に参照される最重要史料の一つとされるに至っている。沼田先生の近代史研究に遺された史料的御功績は特筆すべきものがあった。また、近年では、品川弥二郎や木戸孝允などの史料集の刊行や、青森県出身の探検家・政治家笹森儀助の研究、沖縄の近代史などにも広く興味を持たれ、研究を続けておられた。さらに、先生は、その実証的な学風を受け継ぐ研究者も多く育てられており、河西英通・浪川健治両氏をはじめとする弘前大学時代に教えを受けた方々や、青山学院大学での教え子とも史料集を刊行したり、研究上のパートナーとされたりすることも近年は多くなっていた。ご研究の進展の中にあり、また教え子の一人としてまだまだ多くのご指導を賜りたく思っていたものとして、先生の急逝は残念でならない。

本書の執筆は病床でも、ご家族の手を借りて最後まで進められ、本書の出版を私に託されて逝かれた。その刊行の日を見ることを望んでおられたことと拝察する。本書が、遺稿集としての出版になってしまったのは、教え子の指導を優先され、また青山学院大学発展のため、進んで貴重なお時間を費やされたからである。先生の優しさにあまえ、先生のご体調への配慮、貴重なお時間をいただいていることへの自覚が足りなかったのではなかったかと、そのことは、残念でならない。ただ、先生は、私たち一人一人の論文の完成を、まるでわが事のように喜ばれ、学生やゼミ卒業生との会話や交流を心から楽しんでおられた。また病床でも学生の卒業論文を心配され、病をおして指導に出られたことも一再ならずあった。先生は、青山学院大学と私たち教え子のことを愛されていた。そしてそのことは、私たちは皆よく知っていた。先生と学生時代を過ごさせていただいたことに感謝しないものはいないと思う。広く教え子に慕われていた先生は、教育者として幸せであったと思う。先生の教育者としてのありかたは、私のお手本である。

また、先生は、日本歴史学会をはじめとする様々な学会や研究会、青森県史編纂や国立国会図書館客員調査員、文部科学省教科用図書検定調査審議会委員など要職を歴任された。そのような場でも、先生の周りには、堅実な学風とご人徳を慕う研究者が常に集った。特に若手の研究者には、惜しみない配慮をしてくださった。先生のご葬儀の折の途切れることのない人の波は、忘れることができない。

本書の刊行は、長年にわたって沼田先生をささえられた奥様をはじめとするご家族の並々ならぬご支援があってのことである。先生の急逝に際してのご親族のご心痛は拝察するにもあまりあるが、本書は、日本史研究に多くの輝かしい業績を遺されてきた沼田家に新たな名誉をもたらすものとなったと思う。なお、本書の校正に際しては、在京の先生の教え子である嶋村元宏、内藤一成、古川江里子、鈴木勇一郎、水野京子、矢作知香の諸氏にも御助力いただいた。吉川弘文館の阿部幸子氏（沼田先生の教え子でもある）にも校正などご配慮いただいた。感謝申し上げたい。

本書が、広く読まれ、さらに元田永孚あるいは近代保守主義の研究が進展することを沼田先生は望まれていることと思う。今後長い間、本書が、読み継がれ、多くの人に先生のご研究が伝えられることを心より祈り、筆を擱きたい。

平成十七年三月

小林和幸

は　行

ま　行

や・ら行

さ　行

た　行

な　行

主要人名索引

あ　行

か　行

著者略歴

一九四二年　生れ
一九六六年　東京大学文学部国史学科卒業
一九七三年　弘前大学専任講師
一九八七年　青山学院大学文学部教授
二〇〇四年六月十九日　没

〔主要編著書〕
元田永孚関係文書（共編）　「東北」の成立と展開（編著）　明治天皇と政治家群像（編著）

元田永孚と明治国家
明治保守主義と儒教的理想主義

二〇〇五年（平成十七）六月一日　第一刷発行

著　者　沼《ぬま》田《た》哲《さとし》

発行者　林　英男

発行所　株式会社　吉川弘文館
郵便番号一一三―〇〇三三
東京都文京区本郷七丁目二番八号
電話〇三―三八一三―九一五一（代）
振替口座〇〇一〇〇―五―二四四番
http://www.yoshikawa-k.co.jp/

印刷＝株式会社 ディグ
製本＝誠製本株式会社
装幀＝山崎　登

元田永孚と明治国家（オンデマンド版）
—明治保守主義と儒教的理想主義—

Digital Publishing

2018年10月1日　発行

著　者　沼田《ぬまた》　哲《さとし》
発行者　吉川道郎
発行所　株式会社 吉川弘文館
〒113-0033 東京都文京区本郷7丁目2番8号
TEL 03(3813)9151(代表)
URL http://www.yoshikawa-k.co.jp/

印刷・製本　株式会社 デジタルパブリッシングサービス
URL http://www.d-pub.co.jp/

沼田　哲（1942～2004）
ISBN978-4-642-73772-2